btb

Sie war der erste weibliche Superstar des 20. Jahrhunderts – kompromisslos und radikal. Die Tänzerin Isadora Duncan (1877 – 1927) war eine champagnertrinkende Rebellin mit Hang zum großen Drama und den falschen Männern. Ihrer Zeit stets ein Stück weit voraus, lebte sie eine Freiheit, die für Frauen bis dato undenkbar schien. Mit ihrer Kunst begeisterte sie die Massen. Auguste Rodin hielt sie für die bedeutendste Frau, der er je begegnet war, und es hieß, man müsse Isadora Duncan tanzen gesehen haben, um glücklich sterben zu können. Die ganze Welt liegt ihr zu Füßen, bis sich an einem Nachmittag in Paris ihr Leben für immer verändert. Michaela Karl macht aus einem hollywoodreifen Leben eine fesselnde Biografie, detailreich und aktuell.

Michaela Karl, promovierte 2001 an der FU Berlin mit einer Arbeit über Rudi Dutschke. Ihre Biografien über Dorothy Parker, Zelda und F. Scott Fitzgerald, Unity Mitford, Bonnie & Clyde und Maeve Brennan waren allesamt vom Publikum geliebte und von der Presse hochgelobte Bestseller. Michaela Karl ist Mitglied der Münchner Turmschreiber.

Michaela Karl bei btb

»Noch ein Martini und ich lieg unterm Gastgeber«
Dorothy Parker

»Wir brechen die 10 Gebote und uns den Hals«
Zelda und F. Scott Fitzgerald

»Ladies and Gentlemen, das ist ein Überfall!«
Die Geschichte von Bonnie & Clyde

»Ich blätterte gerade in der Vogue, da sprach mich der Führer an.«
Unity Mitford

»Ich würde so etwas nie ohne Lippenstift lesen.«
Maeve Brennan

»Ich brauche einen Liebhaber, der mich am Denken hindert«
Katherine Mansfield

Michaela Karl

Lasst uns tanzen und Champagner trinken – trotz alledem!

Isadora Duncan

Eine Biografie

btb

In memoriam
meiner geliebten Mutter
Christl Karl
(1946–2007)

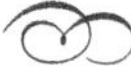

Gewidmet
Christian Feller (1970–2020)
und der
Absolvia '91

Ich war elf, und später wurde ich sechzehn.
Verdienste erwarb ich mir keine,
aber das waren die wunderbaren Jahre.

(Truman Capote, *Die Grasharfe*)

»Gut zu sein ist offenbar ganz einfach.
Es erfordert lediglich einen gewissen Grad kleinlicher Angst,
einen Mangel an Phantasie und ein gemeines Versessensein
auf die Ehrbarkeit des Mittelstandes.«

(Oscar Wilde)

Inhalt

Berauscht euch, Freunde, trinkt und liebt und lacht
Und lebt den schönsten Augenblick,
Die Nacht, die man in einem Rausch verbracht,
Bedeutet Seligkeit und Glück.

(Die Nacht ist nicht allein zum Schlafen da)

Prolog: Ein Tanz auf dem Vulkan

Glückwunsch! Sie halten gerade ein außergewöhnlich spannendes Leben in den Händen! Im Idealfall können Sie daraus vielleicht Strategien zur Bewältigung eigener Krisen ziehen – und falls nicht, werden Sie sich zumindest keine Sekunde langweilen! Und das nicht, weil dieses Leben in jeder Hinsicht mehr Hollywood als kleines Fernsehspiel ist. Auch nicht, weil die Frau, um die es geht, ihr Leben in jeder Lage im Griff hatte. Ganz im Gegenteil. Aber mal ehrlich, wer möchte so etwas Langweiliges auch lesen, geschweige denn schreiben? Nein, Isadora Duncan war die Königin des Scheiterns, des Aufstehens, des Überlebens größter Katastrophen und Tragödien – und das alles mit einer ungebrochenen Leidenschaft fürs Leben und einem schier unerschütterlichen Humor: »Mein Leben ist eine Abfolge von Niederlagen. Dagegen bin ich schon seit langer Zeit immun.«[1]

Sie war der erste weibliche Superstar des 20. Jahrhunderts und eine wahnsinnig anstrengende Person, kompromisslos und radikal. Starrköpfig, selbstbewusst und keck, litt sie auch unter schrecklichem Lampenfieber. Dennoch waren ihr Mut, ihre Großherzigkeit, ihre Loyalität, ihre Tollkühnheit, ihre Begeisterungsfähigkeit und ihr schier unerschütterliches Vertrauen in sich selbst grenzenlos.

Die Frontfrau des Modern Dance hatte blaue Augen, schwarzes Haar, das sie später mit Henna rot färbte, war nur etwas mehr als 1,50 Meter groß und redete, ganz gleich in welcher Sprache, immer mit einem leicht amerikanischen Akzent, der ihre Herkunft verriet. Sie gilt als eine der meistporträtierten Frauen der Geschichte, und zweifellos schieden sich an ihr die Geister.

Auguste Rodin hielt sie für die bedeutendste Frau, der er je begegnet war, ja, vielleicht sogar für die bedeutendste Frau, die je gelebt hat.[2] Andere waren eher geneigt, dem amerikanischen Massenprediger Billy Sunday zuzustimmen, der sie als »bolschewistisches Flittchen« bezeichnete, »das nicht einmal genug Kleidung trug, um ihren Intimbereich zu bedecken«.[3] Isadora Duncan war eine champagnertrinkende Rebellin mit Hang zum großen Drama und den falschen Männern. Manche fanden sie überspannt, andere göttlich, und der amerikanische Journalist Floyd Dell schrieb, man müsse Isadora Duncan tanzen gesehen haben, um glücklich sterben zu können.[4]

Isadora Duncan war eine Weltfigur im hegelschen Sinne, die auch außerhalb ihrer Kunst eine der einflussreichsten Persönlichkeiten der Jahrhundertwende war. Schon zu Lebzeiten war die Duncan der Inbegriff einer unabhängigen Frau, die auf die herrschenden Moralvorstellungen pfiff und stattdessen Werte verkörperte, die zeitlos und universell sind. Politisch immer auf Seiten der Unterdrückten stehend schloss ihre aufrechte Haltung Genuss und Leidenschaft niemals aus. Der irische Künstler John Butler Yeats, Vater des Dichters W. B. Yeats, erlebte sie 1908 in New York und schrieb anschließend an seinen Sohn: »Ich habe sie in einem Restaurant getroffen, und mir war sofort klar, dass sie die außergewöhnlichste Person der Welt sein muss. Sie macht ihre eigenen Pläne, und es ist ihr völlig egal, was man von ihr denkt oder über sie sagt. Sie unternimmt keinerlei Anstrengungen, irgendjemandem zu gefallen. Die Leute sind in ihrer Meinung über sie äußerst gespalten, und die sich gegenüberstehenden Parteien hassen sich wie die Capulets und die Montagues.«[5]

Isadora Duncan selbst führte viele ihrer Charaktereigenschaften auf die Natur des Nordwestens der USA und spezifisch amerikanische Einflüsse zurück: »Ich war ein Produkt des amerikanischen Puritanismus (...) – Amerika hat mich in meiner Jugend tief geprägt; ich war eine Puritanerin und eine Mystikerin auf der Suche nach dem Ausdruck von Heldenmut, weit mehr als nach dem Ausdruck von Sinnlichkeit, und ich glaube, dass die meisten amerikanischen Künstler vom gleichen Schlag sind.«[6] Dass ihr Selbstbewusstsein, ihr Mut und ihr Gerechtigkeitsempfinden unmittelbar mit ihrer Herkunft zu tun hatten, wurde zu ihren Lebzeiten sogar von Historikern so gesehen, stand sie mit dieser Einschätzung doch in völligem Einklang mit der bis heute berühmtesten soziohistorischen These über die USA: der Frontierthese von Frederick Jackson Turner. Im Juli 1893 hielt der junge Professor der University of Wisconsin-Madison einen Vortrag, der ihn zu einem der angesehensten Historiker des Landes machte. Turner erklärte, dass die Entwicklung der USA grundverschieden sei von der Europas, weshalb sich europäische Kategorien auf Amerika nicht übertragen ließen. Bis 1890 sei Amerikas Historie eine Geschichte der Erweiterung des Landes in Richtung Westen gewesen: das freie Vorrücken einer freien Bevölkerung in einem freien Land. Die von ihm so bezeichnete »Frontier« sei dabei der immer wieder neu entstandene Grenzraum gewesen, der sich in einem immer wieder von neuem beginnenden Prozess beständig weiter westwärts verlagerte, wobei es an jeder neuen Grenze zu einer Wiedergeburt der Demokratie kam: ein evolutionärer Prozess unter den spezifischen Umweltbedingungen Nordamerikas.

Noch in den 1850er Jahren war das Territorium jenseits des Mississippi weitgehend unbekannt. Ein schier endloser Strom an Einwanderern führte schließlich zur staatlichen Förderung der Westexpansion. 1862 unterzeichnete Abraham Lincoln den Homestead Act, wonach sich jede Person über 21 Jahren bis zu 64 Hektar unbesiedeltes Land abstecken durfte, um es zu bewirtschaften und zu besiedeln. Nach fünf Jahren ging das Land dann in den Besitz der Siedler über. Spätestens als sich am 10. Mai 1869 die beiden Teilstrecken der Eisenbahn aus Ost und West in Promontory Summit/Utah trafen und somit ganz Nordamerika von Küste zu Küste durch die Eisenbahn miteinander verbunden war, war klar, dass der Westen endgültig Teil der USA war.

Die Westexpansion hat nach Turner besondere Institutionen und eine neue demokratische Kultur hervorgebracht: »Die Besonderheit amerikanischer Institutionen besteht darin, dass sie gezwungen waren, sich an den Wandel eines expandierenden Volkes anzupassen – einen Wandel, der mit dem Durchqueren eines Kontinents, dem Erobern der Wildnis und damit einer Entwicklung verbunden war, die in jedem erreichten Gebiet von den primitiven wirtschaftlichen und politischen Bedingungen des Grenzraums, der Frontier, zur Komplexität eines städtischen Lebens führte.«[7] Unabhängigkeit, Selbstvertrauen und Individualismus, Eigenschaften, die auch Isadora im Übermaß verkörperte, wurden dadurch ausgebildet. Die Frontier wurde zum Dreh- und Angelpunkt der amerikanischen Geschichte, aus der sich alle weiteren Entwicklungen ableiten lassen. Damit widersprach Turner der bis dahin geltenden Keimzellentheorie, wonach die amerikanische Entwicklung von Europa abgeleitet war. Diese war seiner Ansicht nach falsch, weil die amerikanische Frontier nicht wie eine europäische Grenze starr und befestigt war, sondern der stetigen Veränderung unterlag. Je weiter sie sich nach Westen verschob, umso geringer wurde der europäische Einfluss. Darum sei die amerikanische Demokratie durch und durch amerikanisch und keineswegs aus Europa importiert: »Amerikas Demokratie ist nicht eine Kopfgeburt irgendwelcher Theoretiker; sie wurde weder auf der *Sarah Constant* nach Virginia getragen noch auf der *Mayflower* nach Plymouth. Sie kam aus den amerikanischen Wäldern, und sie sammelte neue Kraft, jedes Mal, wenn sie eine neue Frontier erreichte. Nicht die Verfassung, sondern freies Land und eine Fülle natürlicher Ressourcen, die einem gesunden Volk zur Verfügung standen, schufen während drei Jahrhunderten die demokratische Gesellschaftsform in Amerika und gleichzeitig eine Art Imperium.«[8]

Mit der endgültigen Eroberung des Westens war diese Entwicklung Ende des 19. Jahrhunderts zu ihrem Abschluss gekommen, was zu den vielen Problemen führte, mit denen die USA zu Isadoras Lebzeiten zu kämpfen hatten. Die Nation war sozial tief gespalten, niemals hatte es so viele Millionäre und zugleich so viele arme Schlucker gegeben. Die Grenzen des Wachstums waren offenkundig erreicht, Wirtschaftskrisen erschütterten das Land. Für einen Staat, in dem es keinen Ausgleichsmechanismus zwischen Arm und Reich gibt, war dies eine explosive Situation. Den Millionen Neuankömmlingen begegnete man längst mit offener Feindschaft, die Demokratie an sich schien in Gefahr.

Die stetige Erneuerung der Demokratie an der Frontier, die wie eine Selbstheilungskraft funktioniert hatte, fiel mit dem Ende der Frontier weg. Doch Turner war überzeugt davon, dass der demokratische Geist und seine Ideale unabhängig von der Frontier in den Köpfen der Menschen weiterlebten, was die amerikanische Demokratie so einzigartig macht. Die außergewöhnliche Rolle, die die USA in der Weltpolitik seit dem 20. Jahrhundert spielen, wäre für Turner, der sich als Exzeptionalist begriff, nur folgerichtig: »Das Beste aber war, dass der Westen nicht nur den

Amerikanern, sondern auch den Unglücklichen und Unterdrückten aller Länder eine Vision der Hoffnung und die Gewissheit vermittelte, dass die Welt einen Ort bereithielt, wo man großes Vertrauen in den Menschen setzte und wo der Wille und die Macht bestanden, ihm die Möglichkeit zu geben, seine eigenen Fähigkeiten voll zu entfalten.«[9] Turner war einer der ersten Historiker, der soziale, wirtschaftliche und kulturelle Faktoren ebenso wie Geografie und Umwelteinflüsse in die historische Analyse miteinbezog und Geschichte nicht mehr nur als Herrschergeschichte begriff. Demokratie war für ihn nicht in erster Linie institutionell, sondern Kultur und Lebensform. Die Turner-These, wonach die Frontier entscheidend zur Bildung einer von Europa emanzipierten eigenen amerikanischen Nationalität beigetragen hat, fand ungeheuren Widerhall und gilt als eine der einflussreichsten Ideen des letzten Jahrhunderts. Sein Ansatz, dass es vor allem Mut und Vertrauen in die eigenen Gestaltungsmöglichkeiten braucht, um Bedeutendes zu leisten, prägte das Selbstverständnis der Amerikaner von Isadora Duncan bis Steve Jobs, obwohl seine Thesen in vielen Bereichen längst widerlegt sind. Die Frontier wurde zum Inbegriff all dessen, was scheinbar unerreichbar ist, durch Anstrengung, Willen und Courage aber dennoch erreicht werden kann: »Die Lebensbedingungen an der Frontier brachten bedeutsame geistige Charakterzüge hervor. (…) Jene Rauheit und Stärke, kombiniert mit Scharfsinn und Neugier, jene praktische, erfinderische geistige Neigung, schnell im Finden von Notlösungen, jenes meisterhafte Verständnis für materielle Dinge, das zwar nicht künstlerisch, dafür aber wirkungsvoll ist, wenn es darum geht, große Ziele zustande zu bringen, jene rastlose, nervöse Energie, jener dominante Individualismus, der Gutes wie Böses bewirken kann, und obendrein jene Heiterkeit und Überschwänglichkeit, die mit der Freiheit einhergehen.«[10]

Kritik, dass das Land keineswegs »frei« war, sondern von Indianern besiedelt, die durch die Westexpansion verdrängt und vernichtet wurden, wurde bereits zu Turners Lebzeiten laut, ebenso wie der Hinweis, dass die afroamerikanische Bevölkerung in seinen Überlegungen überhaupt keine Rolle spielte. Turners Ansatz vernachlässigt den Einfluss des Protestantismus ebenso wie die Tatsache, dass die Besiedlung des Westens auch neue Absatzmärkte für einen ungebändigten Kapitalismus schaffen sollte. Keine Rede ist von der ausufernden Selbstjustiz und Anarchie, die in den neuen Grenzgebieten herrschte, ehe sich hier Zivilisation, Kultur und Demokratie durchsetzen konnten. Gleichwohl lebt seine Überlegung, dass der Einzelne durch persönlichen Einsatz alles erreichen kann, bis heute im amerikanischen Traum fort. Eine Überzeugung, die Isadora Duncan voll und ganz teilte und Anfang des 20. Jahrhunderts mit nach Europa brachte, wo noch immer die Geburt über den Werdegang bestimmte und eine Klassengesellschaft existierte, gegen die die junge Amerikanerin entschieden zu Felde zog. Sie verkörperte, wie ihr Freund, der Schriftsteller John Dos Passos, schrieb, zweifellos das bessere Amerika: »Sie war genauso amerikanisch wie Walt Whitman. Die mörderischen Herrscher der Welt zählte sie nicht zu den Ihren – aber die Demonstranten. Die Künstler standen nicht auf der Seite der Maschinengewehre. Sie war eine echte Amerikanerin in griechischer Tunika, sie stand auf der Seite des Volkes.«[11]

Gleichwohl verließ sie ihr Geburtsland früh und wandte sich Europa zu, wo sie zum Superstar der Belle Époque wurde, jener langen Friedensphase in Europa, die mit dem Ende des deutsch-französischen Krieges 1871 begann und spätestens mit der Urkatastrophe des Ersten Weltkriegs zu Ende war. In der Retrospektive als »die schöne Zeit« verklärt, brachen sich in jenen Jahren in Kultur, Kunst, Wissenschaft und Politik neue Ideen Bahn, die die Welt veränderten. Die Belle Époque war das Vorspiel zum Zeitalter der Massen, das die Ära der Kaiser, Könige und Zaren ablösen würde. Es war eine Zeit des Umbruchs und der schier unglaublichen Widersprüche. Außenpolitisch befanden sich die europäischen Industriestaaten, Japan und die USA in der Hochphase des Imperialismus. Die immer weiter fortschreitende Industrialisierung verlangte nach neuen Rohstoffquellen, Absatz- und Kapitalmärkten. Während hierzulande sozialistische Revolutionäre das Proletariat als revolutionäres Subjekt entdeckten, wurden in den Kolonien ganze Völker unterjocht mit der pseudohumanitären Mission, ihnen die Segnungen der europäischen Zivilisation zu bringen. Das 1871 von Charles Darwin veröffentlichte Buch über die Abstammung des Menschen, das die Religion zugunsten der Wissenschaft zurückdrängte, wurde auch herangezogen, um die Unterdrückung anderer »Rassen« zu rechtfertigen. Westeuropa strotzte vor Selbstbewusstsein und versuchte, sich neu zu erfinden.

Mit der Kunstform des Jugendstils schüttelte man den bis dato geltenden Historismus ab. Die Produktdesigner der »Arts and Crafts«-Bewegung um William Morris versuchten, in England, eine Verbindung zwischen Kunst, Gesellschaft und Arbeit herzustellen und nicht länger zwischen schönen und angewandten Künsten zu trennen. In Wien gründete sich die Wiener Secession. Gustav Klimt porträtierte Adele Bloch Bauer und Koloman Moser, und Josef Hoffmann produzierten in der Wiener Werkstätte Dinge von zeitloser Eleganz. In München erschien die künstlerische Wochenzeitschrift *Jugend,* und August Endell entwarf für das Hofatelier Elvira in der Von-der-Tann-Straße 15 ein riesiges lilafarbenes Drachenrelief auf grüner Fassade, das dem Haus den Spitznamen »Drachenburg« einbrachte. Seine Besitzerinnen, Anita Augspurg und ihre Lebensgefährtin Sophia Goudstikker, Münchens berühmteste Frauenrechtlerinnen, trugen es mit Fassung. Paris wurde zum Zentrum des Art

Nouveau. René Lalique entwarf unter Einfluss des Symbolismus völlig neuartige Schmuckstücke, Hector Guimard schuf die berühmten Eingänge zur Pariser Métro, und Henri de Toulouse-Lautrec malte für das Moulin Rouge seine weltberühmten Plakate. Ödön Lechner, Victor Horta, Henry van de Velde und Alfons Mucha sind nur einige der berühmten Jugendstilkünstler jener Jahre. Isadora Duncan selbst war schon rein optisch wie gemacht für den Jugendstil und dessen Ausbruch aus der bürgerlichen Ordnung: lange offene Haare, wallende Gewänder und fließende Bewegungen. Auch bei ihr musste stets alles im Fluss sein.

In Wissenschaft und Technik gab es bedeutsame Entwicklungen: Robert Koch entdeckte den Tuberkuloseerreger, und Conrad Röntgen entwickelte die Röntgenstrahlen. 1888 fuhr Bertha Benz mit dem Automobil 106 km von Mannheim nach Pforzheim und war damit die erste Autofahrerin der Welt, und das in einer Zeit, in der Frauen weder das Wahlrecht besaßen noch studieren durften. 1903 unternahmen die Brüder Wright den ersten erfolgreichen Motorflug der Geschichte. Zu den Erfindungen jener Epoche gehörten so unterschiedliche Dinge wie der elektrische Stuhl, Coca-Cola, der Geschirrspüler, das Riesenrad, der Traktor, die Rasierklinge und Cornflakes. Die Großstädte der Welt wurden nach und nach in elektrisches Licht getaucht, und neue Verkehrsmittel wie U-Bahnen und elektrische Straßenbahnen machten das Leben in den Städten schneller, hektischer und stressiger. Allerorten herrschte Aufbruchsstimmung, und ein durchweg positiv besetzter Fortschrittsglaube griff um sich – den auch der Untergang des modernsten Passagierschiffes der Welt, der *RMS Titanic* im April 1912, nicht stoppen konnte. Zugleich aber gab es vor allem in Künstlerkreisen Kulturpessimismus, Todessehnsüchte und das Gespür einer heraufziehenden Krise. Empfindungen, die sich in neuen Stilrichtungen wie Dekadenzdichtung, Symbolismus, Ästhetizismus, Impressionismus, Expressionismus, aber auch in der Heimatkunst ausdrückten. Rainer Maria Rilke, Georg Trakl oder Arthur Rimbaud schufen Weltliteratur, genau wie Oscar Wilde, Mark Twain oder Leo Tolstoi. Marcel Proust veröffentlichte den ersten Band von *Auf der Suche nach der verlorenen Zeit*. Thomas Mann schrieb die *Buddenbrooks*, Franz Kafka *Das Urteil* und Robert Musil *Die Verwirrungen des Zöglings Törleß*.

Claude Debussy, Maurice Ravel und Béla Bartók suchten in der Musik nach einer modernen Tonsprache, Arnold Schönberg entwickelte die Zwölftontechnik und das Ballets Russes inszenierte Strawinskis *Feuervogel*. Auch im Tanz entstand Neues. Vor allem amerikanische Tänzerinnen wie Maud Allan, Loïe Fuller, Ruth St. Denis und Isadora Duncan wehrten sich gegen die kodifizierten Bewegungsabläufe des klassischen Balletts und setzten auf freie Bewegung, die ihr Vorbild in der Natur, in der Religion oder bei den alten Griechen suchte. Dass ausgerechnet die USA zum Ausgangspunkt des Modern Dance wurden, hat auch mit den Bemühungen amerikanischer Künstler zu tun, sich von Europa zu emanzipieren und eigene amerikanische Kunst zu erschaffen. Das klassische Ballett hingegen war nun mal nichts anderes als ein strenges Regelwerk der alten Welt. Das Problem all dieser Pionierinnen des modernen Tanzes war allerdings, dass Tanz als Kunstform in jenen Jahren nur innerhalb des klassischen Balletts anerkannt war, alles andere fiel unter Vergnügen und Unterhaltung. Um den zahlreichen Kritikern ihre Kunst näherzubringen, verfasste Isadora Duncan deshalb mehrere Schriften über ihr Tanzkunstverständnis und nahm dabei stets auf aktuelle philosophische und naturwissenschaftliche Diskurse Bezug. Sie war eine äußerst belesene Autodidaktin, bewandert in den Theorien Schopenhauers, Rousseaus, Haeckels und Nietzsches.

Dessen *Die Geburt der Tragödie* war eine ihrer wichtigsten Inspirationsquellen: »Unter dem Zauber des Dionysischen schließt sich nicht nur der Bund zwischen Mensch und Mensch wieder zusammen: Auch die entfremdete, feindliche oder unterjochte Natur feiert wieder ihr Versöhnungsfest mit ihrem verlorenen Sohn, dem Menschen. (…) Jetzt ist der Sklave freier Mann, jetzt zerbrechen alle die starren, feindseligen Abgrenzungen, die Not, Willkür oder ›freche Mode‹ zwischen den Menschen festgesetzt haben. (…) Singend und tanzend äußert sich der Mensch als Mitglied einer höheren Gemeinsamkeit: Er hat das Gehen und das Sprechen verlernt und ist auf dem Wege, tanzend in die Lüfte emporzufliegen. (…) Der Mensch ist nicht mehr Künstler, er ist Kunstwerk geworden.«[12] Für Isadora Duncan besaß ihre Kunst hohe gesellschaftspolitische Relevanz: Tanz als Befreiung. In ihren Tanzschulen sollten die Schülerinnen nicht nur im Tanz, sondern auch in einer freien Lebensführung unterwiesen werden. Sie war überzeugt davon, dass man bei Kindern ansetzen musste, um den neuen – vor allem weiblichen – Menschen zu schaffen, der eine bessere Zukunft gestalten könnte. Denn dass von der schönen neuen Zeit nicht alle profitierten und in Fabriken und auf dem Land Menschen unter unmenschlichen Bedingungen schufteten, darin glich die Belle Époque den angeblich so goldenen 1920er Jahren, die für viele Menschen keineswegs golden waren. Mit der Industrialisierung hatte die Landflucht eingesetzt. Bis zum Beginn des Ersten Weltkriegs lebten 60 Prozent der deutschen Bevölkerung in Städten. In den aus dem Boden gestampften Mietskasernen hausten sie unter inakzeptablen Bedingungen, oftmals lebten mehrere Menschen in nur einem einzigen Raum. Eine Idee, dieses Leben zu verbessern, war die Idee der Gartenstadt: ohne Privatbesitz, mit Platz für Landwirtschaft und Gewerbe, nahe bei den großen Städten und doch mit allen notwendigen öffentlichen Einrichtungen ausgestattet. Nur zwei solcher Städte wurden errichtet: Letchworth Garden City in England (1903) und Hellerau bei Dresden (1909). Aber auch die Städte selbst sahen immer mehr die Notwendigkeit, sich um ihre Bewohner zu kümmern, ehe die schlechten Lebensbedingungen zu Seuchen und Krankheiten führten. Die Kanalisation wurde ausgebaut, Versorgungssysteme für Wasser und Gas angelegt, neue Krankenhäuser und Parks entstanden. Die Überlegung, sich auch um prekäre Schichten zu kümmern, entstand nicht allein aus humanitären Gründen, sondern auch aus politischer Weitsicht. Neue politische Theorien zogen durch Europa, Ideen, die zum ersten Mal die einfachen Menschen im Blick hatten und die alsbald die Welt aus den Angeln heben würden. Der Sozialismus gewann an Boden, auch wenn überall versucht wurde, die Bewegung zu unterdrücken und ihre Anführer mundtot zu machen. Bismarck versuchte es mit den Sozialistengesetzen, Lenin sah sich gezwungen, nach Westeuropa ins Exil zu gehen, genau wie Trotzki und Alexandra Kollontai. Bei den Herrschenden besonders weit verbreitet war die Angst vor anarchistischen Attentätern und ihrer Propaganda der Tat. 1881 fiel Alexander II. in St. Petersburg einem Bombenattentat der Narodniki zum Opfer. 1898 wurde Elisabeth »Sisi« von Österreich in Genf von einem italienischen Anarchisten erstochen, 1913 Georg I. von Griechenland erschossen.

Die Bürger, denen während der Belle Époque die Stadt quasi gehörte, focht dies alles nicht an, sie genossen die Ruhe vor dem Sturm. In Berlin flanierte man über den Kurfürstendamm, wo sich Cafés und Bühnen wie Perlen an der Schnur aneinanderreihten. In Paris ließ man sich bei Paul Poiret nach der neusten Mode einkleiden. In Wien traf sich ein emanzipiertes großstädtisches Judentum im Salon von Berta Zuckerkandl, während zugleich der Wiener Bürgermeister Karl Lueger mit Radau-Antisemitismus Politik machte und Theodor Herzl zum Begründer des modernen Zionismus wurde. In den Galerien und Wintergärten der europäischen Großstädte gab man sich selbstbewusst, urban und sorgenlos. Wegbereiter der Moderne wie die Künstler des Blauen Reiters stießen dennoch auf wenig Verständnis – bei ihrer ersten Ausstellung 1911 wurden Franz Marcs blaue Pferde voll Abscheu bespuckt. Dabei liebte man es bunt, üppig und – heute fast vergessen – durchaus freizügig. Trotz gesetzlichem Verbot und drakonischen Strafen wagte sich auch die gleichgeschlechtliche Liebe hier und da bereits an die Öffentlichkeit. Frank Wedekinds Stücke galten zwar als sittenwidrig, machten ihn aber dennoch zu einem der meistgespielten Dramatiker seiner Zeit. Und mittendrin in diesem Trubel die »göttliche Isadora«, die lange genug lebte, um zu sehen, wohin all dies führte: zu Krieg und Revolution, zu Demokratie und Kommunismus, Freiheit und Gleichberechtigung.

Isadora Duncan war Teil einer um die Jahrhundertwende in Westeuropa entstandenen Avantgarde, die bereits zur Moderne gehörte, Konventionen verachtete und sich jegliche Beschränkung ihrer persönlichen Freiheit energisch verbat. Es ging um Selbstfindung, um das Ausleben von Gefühlen, um die eigenverantwortliche Freiheit des Individuums. Trotz Isadoras Begeisterung für die Oktoberrevolution ging es ihr weniger um das »Wir« als um das »Ich«. Ihr Traum vom neuen Menschen war nicht deckungsgleich mit dem der Bolschewiki. Gleichwohl gehörte sie zu den ersten Ausländern, die sich nach der Revolution in Russland niederließen.

Ihr wichtigstes Mantra war die Freiheit. Isadora Duncan forderte diese im Sinne Shelleys und Byrons für Körper, Seele und Geist. Ohne sich einer der um die Jahrhundertwende so zahlreich entstehenden Frauenorganisationen anzuschließen, die für das Wahlrecht, das Recht auf Erwerbsarbeit, gesetzliche Gleichstellung und das Recht auf Bildung kämpften, konnte sie sich mit Fug und Recht als Feministin bezeichnen. Dass Frauen in allen Belangen des öffentlichen und politischen Lebens nur Menschen zweiter Klasse und einer männlichen Gesetzgebung hilflos ausgeliefert waren, nahm Isadora Duncan nicht so ohne weiteres hin. Sie wehrte sich mit ihrem unkonventionellen Lebensstil und inspirierte damit, wie die amerikanische Journalistin Janet Flanner im *New Yorker* schrieb, »Menschen, die nie zuvor in ihrem Leben inspiriert worden waren und die Inspirationen für anstrengend, sinnlos und unschicklich hielten«.[13] Zu Isadoras Lebensentwurf gehörte neben der strikten Ablehnung der Ehe und dem Recht der Frau auf eigenes Geld auch die Propagierung der freien Liebe. Sexualität, auch in fortgeschrittenem Alter, war ihr wichtig, und sie sprach und schrieb ohne Scheu über ihre Bedürfnisse, drückte aus, was viele nicht einmal zu denken wagten. Aufgrund ihrer zahlreichen Liebhaber verpasste ihr die Öffentlichkeit das Etikett »Nymphomanin«. Selbst Kollegen des Modern Dance wie Ted Shawn, Partner von Ruth St. Denis, empörten sich über Isadoras Lebensweise: »Sie war heroisch, sie war majestätisch. Isadora, Ruth St. Denis und das griechische Ideal befreiten uns in den ersten beiden Jahrzehnten dieses Jahrhunderts vom Viktorianismus und Puritanismus. Aber nach meiner Meinung ging sie viel zu weit in dieser Befreiung – oder Zügellosigkeit –, die sie sich gestattete. (…) Sie war eines der großen Rätsel dieser Welt, und sie benahm sich nymphomanisch wie eine Straßendirne. (…) Ich weiß, dass viele ihr Leben als tragisch angesehen haben, wegen ihrer selbstzerstörerischen Natur. Aber ich sehe es nicht als etwas Tragisches, sondern nur als etwas Gemeines. Für mich hatte sie eine der größten Gaben, die Gott je einem Menschen verliehen hat, aber sie war als Mensch ein unwürdiges Gefäß, dieses göttliche Elixier zu halten!«[14]

Isadora selbst spielte noch in ihren Memoiren genüsslich mit diesen Vorhaltungen: »Es fehlt mir die Zeit und der Platz, in diesen Erinnerungen jeden Einzelnen zu erwähnen, und ebenso wenig kann ich hier alle schönen Stunden aufzählen, die ich in schattigen Wäldern oder auf blumigen Wiesen verlebte.«[15]

Ihr Freiheitsdrang ging so weit, dass sie sich auch nicht durch Kleidung in ihrer Bewegungsfreiheit einschränken lassen wollte. In einer Zeit der Schnürmieder und hochgeschlossenen Blusen legte sie das Korsett ab, verweigerte sich den üblichen spitzen hohen Schuhen und wählte für sich wallende, locker sitzende Gewänder und Sandalen. Sie trug weder Büstenhalter noch Strümpfe. Am liebsten ging sie barfuß, und das in einer Zeit, in der ein unbekleideter Fuß als absolut unschicklich galt. 1908 sorgte sie für einen Skandal, als sie in Sandalen den Broadway entlanglief: »Die Autos stoppten abrupt angesichts dieser reizenden Erscheinung. Das Ganze nahm lebensbedrohliche Ausmaße an. Die Fußgänger starrten sie an, drehten sich nach ihr um, und je nach Temperament lachten sie oder schnappten nach Luft.«[16] All dies tat Isadora nicht, um zu schockieren, sondern aus tiefster Überzeugung, und wurde damit eine der einflussreichsten Kleidungsreformerinnen der Jahrhundertwende. Frauen in Badeanzügen sind letztlich auch ihr Werk. Die größte Schönheit besaß in ihren Augen ohnehin der nackte Körper.

Dass sie beim Tanzen Ballettkostüm und Spitzenschuhe verweigerte, versteht sich fast von selbst. Ihre weiße Tunika, die mehr enthüllte als verbarg, endete kurz über dem Knie und wurde an der Brust und um die Taille mit einem langen Schal gegürtet, der lose um ihre Beine baumelte. Ein Aufzug, der dafür sorgte, dass die Zuschauer scharenweise den Saal verließen. Diejenigen, die sitzen blieben, kamen am Ende der Vorstellung in den für sie durchaus zweifelhaften Genuss einer Rede der berühmten Tänzerin. Der Doktrin des klassischen Balletts, dass Tänzer zwar zu sehen, aber niemals zu hören sein sollten, verweigerte sich Isadora Duncan. Sie sprach in jedes Mikrofon und ihre Bühnenreden am Ende jeder Vorstellung waren legendär. Peter Handkes Publikumsbeschimpfung vollzog Isadora Duncan schon fünfzig Jahre zuvor.

Isadora und ihre Freunde verachteten die bürgerlichen Flaneure auf den Straßen, ihren Nationalismus und ihre Spießigkeit. Sie verabscheuten alles Künstliche und wandten sich der Natur zu. So wie Paul Gauguin die Südsee verklärte, so verehrte Isadora das antike Griechenland. Es diente ihr als künstlerisches Vorbild, als das schlichte, pure Gegenmodell zur Überflussgesellschaft der Jahrhundertwende, der sie sich als gute Kundin der Pariser Couturiers durchaus gerne hingab. Zudem ging sie nie so weit, den Fortschritt per se abzulehnen. Sie war eine begeisterte Autofahrerin, flog mit der ersten regulären Linienmaschine von Moskau nach Königsberg und plädierte eindringlich für medizinische Unterstützung bei der Geburt. Der Dualismus von Kultur und Natur betraf für sie in erster Linie den Tanz. Dennoch übte sie, wie so viele andere, scharfe Zivilisationskritik und suchte nach alternativen Lebensformen. Einer der bekanntesten Reformer der damaligen Zeit war Isadoras eigener Bruder Raymond Duncan, aber auch andere noch heute bekannte Namen entsprangen den zahlreichen Reformbewegungen, die wie Pilze aus dem Boden schossen: Johann Schroth und Sebastian Kneipp behandelten Krankheiten mit Naturheilverfahren, der Münchner Maler Karl Wilhelm Diefenbach machte in Höllriegelskreuth im Isartal bei München die Freikörperkultur populär und musste 1888 den ersten Nudistenprozess der Geschichte über sich ergehen lassen. Während das Großbürgertum Köstlichkeiten aus Übersee wie Kaffee, Tabak und Schokolade, genoss, setzte der Schweizer Arzt Max Bircher-Benner auf Vollwertkost und erfand das Birchermüsli. Auf dem Monte Verità bei Ascona gründeten Künstler und Intellektuelle eine Art Landkommune, in der sie im

Einklang mit der Natur eine alternative, klassenlose Gesellschaft verwirklichen wollten. Auch hier lief man barfuß, in weiten Kleidern, fakultativ auch nackt herum und pflegte das Zusammenleben in nichtehelichen Gemeinschaften. Man versuchte, sich mit Hilfe der neu entstandenen Psychoanalyse zu analysieren, während Sigmund Freud und Otto Gross darüber stritten, welche gesellschaftspolitischen Schlussfolgerungen aus den neuen Theorien zu ziehen seien. Bei aller Avantgarde und Moderne blieben die meisten doch Romantiker des 19. Jahrhunderts, und Isadora, die für Natürlichkeit und Einfachheit plädierte, war oft mehr ein Zirkuspferd, das durch die Manege dieses Jahrhundertzirkus getrieben wurde, als eine griechische Tempeltänzerin.

Isadora Duncans Kunst führte sie über den großen Teich auf die Bühnen von London, Berlin, Paris, St. Petersburg und Moskau. Frankreich nahm dabei eine herausragende Stellung ein. Hier fand sie eine neue Heimat. Zunächst in Paris, zuletzt an der Côte d'Azur. Ihre letzten Tage verbrachte sie im Hotel Negresco in Nizza, wie immer ihrem Diktum folgend: »Im Zweifel nimm immer das beste Hotel.«[17]

Der Belle-Époque-Bau des 1913 eröffneten Luxushotels ist noch heute eines der Wahrzeichen der Stadt, weltberühmt vor allem für seine wundervolle Glaskuppel. Schon von weitem begrüßt mich die Miles-Davis Statue von Niki de Saint Phalle. Die nahezu 6000 Werke umfassende Kunstsammlung, die das Hotel beherbergt, ist einfach sensationell. Zu schade, dass die einem quietschbunten Kirmeskarussell samt Holzpferden nachempfundene Brasserie La Rotonde der Modernisierung zum Opfer gefallen ist. Jetzt ist sie stylischer, aber auch weniger extravagant. An Isadora Duncan erinnert hier nichts mehr. Im Gegensatz zu Napoleon und Montserrat Caballé wurde keine Suite und kein Salon nach dem berühmten Gast benannt.

Oben in meinem Hotelzimmer angekommen, versuche ich, ein Fenster zu öffnen. Es klemmt ein wenig, dann gibt es nach. Der Ausblick ist atemberaubend. Vor mir liegen die Promenade des Anglais und das blaue Meer, das aussieht, als habe Yves Klein den Pinsel geschwungen. Ich finde es schön, für Isadora und ihre Kunst aber war das Meer von essentieller Bedeutung. Beinahe kitschig wiegen sich die Palmen im Wind. Von der Terrasse dringen Gelächter und das Klirren feiner Gläser zu mir herauf. Die ganze Welt eine Bühne, die nur darauf wartet, bespielt zu werden.

Ganz so wie damals …

Hotel Negresco
Nizza im Juni 2021

Das beste Erbe,
das man einem Kind machen kann, ist,
es seinen Weg selbst gehen zu lassen,
es auf eigenen Füßen stehen zu lassen.

(Isadora Duncan)

»Wir müssen diesen Ort verlassen,
denn hier werden wir nie etwas erreichen!«

I.

Aphrodites Tochter im Wilden Westen

»Ich bin Amerikanerin. Meine Vorfahren lebten seit zweihundert Jahren in Amerika. Meine Kunst ist Leben. Meine Tänze handeln von den Wäldern, den Feldern, den Seen, den Flüssen, den Bergen, den Prärien, von meinem Heimatland und dem Meer«,[18] so Isadora Duncan Ende der 1920er Jahre. Da hatte sie, obwohl die berühmteste lebende Amerikanerin, den USA längst den Rücken gekehrt – im Streit. Doch selbst in den Augen ihrer Freunde blieb die Tänzerin, die ihre größten Erfolge in Europa feierte und nie müde wurde, die USA zu kritisieren, immer irgendwie Amerikanerin, genauer gesagt, Kalifornierin: »Trotz ihrer Leidenschaft für Frankreich (das einzige freie Land der Welt, wie sie es nannte) hatte sie gewisse Dinge an sich, die sehr mit Kalifornien verwandt waren. Die unendliche Weite dieses Landes mit seinen gigantischen Bäumen, Felsen, Canyons und

Wüsten ist wie Isadora. Wie ihre Gesten, wenn sie die Arme hob und die Unendlichkeit zu umfassen schien.«[19]

Isadora Duncan wird am 26. Mai 1877 an der Westküste der USA in San Francisco geboren. Ihr exaktes Geburtsdatum war lange umstritten und wird in älteren Publikationen meist mit dem 27. Mai 1878 angegeben. Erst nachdem Mitte der 1970er Jahre in der Old St. Mary's Church in San Franciscos Chinatown ihre Taufurkunde gefunden wurde, herrscht Klarheit darüber, wann die berühmte Tänzerin das Licht der Welt erblickte.[20] Ursächlich für diese Verwirrung ist weniger die Aktenvernichtung durch das verheerende Erdbeben von San Francisco 1906, sondern Isadora Duncan selbst, die mal dieses, mal jenes Datum verwendete, um sich je nach Bedarf ein wenig jünger oder älter zu machen. Die Taufurkunde förderte zudem noch zutage, dass Isadoras Taufname eigentlich Angela lautete. Einzig was den Geburtsort anbelangt, gab es zu keiner Zeit Zweifel: 501 Taylor Street, San Francisco, Kalifornien. Isadora selbst hat aus ihrem Geburtsort in ihren Memoiren einen nahezu magischen Ort gemacht: »Ich wurde am Meeresstrande geboren, und wundersamerweise haben sich fast alle wichtigen Ereignisse meines Lebens am Meer abgespielt. Dem Rhythmus der Wellen, der Harmonie des Meeres habe ich wohl auch den ersten Impuls zu meinen Tanzbewegungen zu verdanken. Im Zeichen Aphrodites, der Schaumgeborenen, erblickte ich das Licht der Welt, und wenn sich ihr Stern, die Venus, im Aufstieg befindet, dann gestalten sich auch die Ereignisse für mich günstig.«[21]

Die Stadt, in der Isadora das Licht der Welt erblickt, hat nichts mit der später von Scott McKenzie so hymnisch besungenen Flower-Power-Idylle der späten 1960er Jahre zu tun. Isadoras Welt ist die Welt der Gasbeleuchtung und der Mietkutschen, in der Eisenbahnmagnaten das Sagen haben und Frauen Korsetts und lange Kleider tragen. San Francisco ist in jener Zeit ein raues Pflaster und leidet noch immer unter den Auswirkungen des Goldrausches, der 1849 Tausende von Glücksrittern in den Westen der USA gezogen hatte. Am 24. Januar 1848 hatte der Zimmermann James Marshall beim Bau einer Sägemühle auf der Ranch des Schweizer Auswanderers Johann August Suter ein Goldnugget entdeckt. Suter selbst war 1834 in die USA gekommen und hatte es mit seiner kalifornischen Ranch Neu-Helvetien zu einem der reichsten Männer des Landes gebracht. Der Goldfund auf seinem Grund und Boden veränderte sein Leben maßgeblich. Obwohl er zunächst versuchte, den Fund geheim zu halten, verbreitete sich die Nachricht wie ein Lauffeuer. Der Dichter Stefan Zweig beschreibt in *Sternstunden der Menschheit,* was im Folgenden geschah: »Sofort lassen alle Männer Suters ihre Arbeit, die Schlosser laufen von der Schmiede, die Schäfer von den Herden, die Weinbauern von den Reben, die Soldaten lassen ihre Gewehre, alles ist wie besessen und rennt mit rasch geholten Sieben und Kasserollen hin zum Sägewerk, Gold aus dem Sand zu schütteln. Über Nacht ist das ganze Land verlassen, die Milchkühe, die niemand melkt, brüllen und verrecken, die Büffelherden zerreißen ihre Hürden, stampfen hinein in die Felder, wo die Frucht am Halme verfault, die Käsereien arbeiten nicht, die Scheunen stürzen ein, das ungeheure Räderwerk des gigantischen Betriebes steht still. Telegraphen sprühen die goldene Verheißung über Länder und Meere. Und schon kommen die Leute herauf von den Städten, von den Häfen, Matrosen verlassen ihre Schiffe, die Regierungsbeamten ihren Posten, in langen, unendlichen Kolonnen zieht es von Osten, von Westen, zu Fuß, zu Pferd und zu Wagen heran, der Rush, der menschliche Heuschreckenschwarm, die Goldgräber. Eine zügellose, brutale Horde, die kein Gesetz kennt als das der Faust, kein Gebot als das ihres Revolvers, ergießt sich über die blühende Kolonie. Alles ist für sie herrenlos, niemand wagt diesen Desperados entgegenzutreten. Sie schlachten Suters Kühe, sie reißen seine Scheuern ein, um sich Häuser zu bauen, sie zerstampfen seine Äcker, sie stehlen seine Maschinen – über Nacht ist Johann August Suter bettelarm geworden, wie König Midas, erstickt im eigenen Gold.«[22]

Spätestens als der amerikanische Präsident James K. Polk, der mehr Siedler in den Westen locken möchte, die Goldfunde am 5. Dezember 1849 in einer Kongressansprache bestätigt, glaubt alle Welt an ein riesiges Goldvorkommen. Ganze Trecks von sogenannten 49ers machen sich im Planwagen, oder sofern sie es sich leisten können mit dem Schiff, auf den Weg in den Westen. Sieben Monate dauert die Reise von Küste zu Küste mit dem Planwagen, fünf bis sechs Monate mit dem Schiff um Kap Hoorn. Am schnellsten geht es mit Schiff, Kanu und Maulesel durch den späteren Panamakanal, der Atlantik und Pazifik verbindet. Dies spart glatt drei Monate. Während bis 1849 die Mehrheit der Amerikaner östlich des Mississippi lebt, beginnt nun die eigentliche Besiedlung des Westens. Zwischen Januar 1848 und Dezember 1849 wächst die Einwohnerzahl San Franciscos von 1000 auf 25 000 Menschen an, und das, obwohl die Goldminen 140 Meilen von der Stadt entfernt sind. Die meisten, die hierherkommen, haben keine Ahnung vom rauen Leben eines Goldsuchers, sind von der Unwirtlichkeit der Wildnis und der harten Arbeit völlig überfordert. Es kommt zu tumultartigen Szenen: Anlegende Handelsschiffe können nicht mehr entladen werden, weil die Matrosen an Land stürmen, um nach Gold zu suchen. Fabriken müssen schließen, weil es keine Arbeiter mehr gibt.

Die Stadt wird mit den Menschenmassen nicht fertig, im Winter 1851 bricht aufgrund der katastrophalen hygienischen Zustände eine Choleraepidemie aus. Von 1848 bis 1850 brennt San Francisco sechsmal beinahe vollständig nieder. Mit den

Goldsuchern kommen auch die Geschäftemacher, die für horrendes Geld Ausrüstung und Lebensmittel verkaufen. In Spitzenzeiten kostet ein Hühnerei einen Dollar – der gesamte Wochenlohn eines Durchschnittsamerikaners. Der Alkohol fließt in Strömen, die Prostitution gedeiht prächtig. Reich werden in diesen Jahren vor allem diejenigen, die den Goldgräbern das wenige, was sie besitzen, geschickt aus der Tasche ziehen. Einer, der im Zuge des Goldrausches hier sein Glück macht, ist ein armer Einwanderer aus Deutschland, der spezielle Hosen für Minenarbeiter fertigt: Levi Strauss. Andere, die die Gunst der Stunde zu nutzen wissen, sind Henry Wells und sein Partner William Fargo, die im März 1852 den ersten Postkutschenservice ins Leben rufen und damit den Grundstein für die noch heute operierende Wells Fargo Bank legen. In einer grünen Geldkassette unter dem Sitz des Kutschers werden Goldnuggets, Dokumente und Post transportiert. Die Reise von San Francisco nach St. Louis, Missouri, dauert drei Wochen.

Das größte Goldnugget, das in diesen Jahren gefunden wird, wiegt sage und schreibe 195 Pfund. Die meisten Goldgräber verlassen Kalifornien allerdings ärmer als zuvor. Niemanden aber trifft es so hart wie die Ureinwohner Nordamerikas. Als der Goldrausch vorbei ist, lebt nur mehr ein Fünftel der ehemals ansässigen indigenen Bevölkerung in Kalifornien. 60 Prozent sind an Krankheiten gestorben, die die Goldsucher eingeschleppt haben. Viele sind von skrupellosen Abenteurern massakriert, Tausende Indianerkinder als Sklaven verkauft worden. Und diejenigen, die all das überlebten, haben gute Chancen, durch das beim Schürfen freigesetzte, tonnenweise in Flüsse und Seen gelangte Quecksilber zu Tode zu kommen.

Der Staat Kalifornien, der sich in diesen Jahren den Beinamen »The Golden State« gibt, kann dennoch vom Goldrausch profitieren. Seine Bevölkerung steigt bis zu Isadoras Geburt von

92 000 auf 560 000 Einwohner an. Am 9. September 1850 wird er als 31. Staat in die Vereinigten Staaten von Amerika aufgenommen. Die Eröffnung der Pacific Railroad im Mai 1869 zwischen Omaha und Sacramento vollendet die Anbindung des Westens an den Rest der USA. Damit gehen die Eroberung des Wilden Westens und die Zurückdrängung der Ureinwohner in Reservate ihrem Abschluss entgegen. Daran können auch die zahlreichen Indianeraufstände nichts mehr ändern. Nur ein einziges Mal werden die Native Americans den weißen Mann in einer offenen Feldschlacht noch besiegen. Am 25. Juni 1876 vernichtet eine Indianerarmee unter Führung des Sioux-Häuptlings Sitting Bull bei Little Big Horn die 7. Kavallerie von General Armstrong Custer. Es ist das letzte verzweifelte Aufbäumen der Indianer gegen die Übermacht des weißen Mannes, den vor allem die Gier nach Gold immer weiter nach Westen treibt und dazu bringt, heilige Stätten der Urweinwohner zu entweihen.

In Kalifornien herrscht während des Goldrausches blanke Anarchie. Vor allem Neuankömmlinge aus China und Mexiko sind von roher Gewalt, Unterdrückung und Ausbeutung betroffen. Dies bringt legendäre Heldenfiguren wie den Mexikaner Joaquín Murrieta Carrillo hervor, der im Zuge des Goldrausches nach Kalifornien kommt. Während er Gold wäscht, wird er von anderen Goldgräbern überfallen, misshandelt und ausgeraubt. Seine mexikanische Frau wird vergewaltigt, sein Bruder gelyncht. Murrieta selbst aber wird zum Anführer einer lateinamerikanischen Bande. Er rächt seine Familie und raubt in der Folge Trecks auf ihrem Weg nach Kalifornien aus. Den weißen Siedlern gilt er als Schwerverbrecher, in Mexiko hingegen wird er als Volksheld verehrt, der sich gegen Unterdrückung und Ausbeutung zur Wehr setzt. 1853 wird er von Cowboys getötet. Sein abgeschnittener Kopf wird in Alkohol konserviert und für einen Dollar zur Besichtigung ausgestellt. Beim großen Erdbeben von

San Francisco 1906 geht der Kopf verloren. Murrieta selbst jedoch ist unsterblich – als reales Vorbild für den berühmten lateinamerikanischen Rächer Zorro.

Für die meisten Menschen sind die Jahre des Goldrausches verlorene Jahre. William Marshall, der Finder des ersten Nuggets, stirbt völlig mittellos. Johann Suter, der durch den Goldrausch in den Ruin getrieben wird, versucht später in Washington, eine Entschädigung für den erlittenen Schaden an seinem Eigentum einzuklagen. Ihm wird eine bescheidene Pension zugesprochen, mit der er ein Haus in Pennsylvania erwerben kann. 1880 stirbt der aufgrund seines märchenhaften Reichtums einmal »Kaiser von Kalifornien« genannte Suter verbittert und verarmt. 1936 wird sein Leben mit Luis Trenker in der Hauptrolle verfilmt.

Dem Goldrausch folgten mehrere Wirtschaftskrisen, und weder der Bau der Eisenbahnlinie noch die beginnende Elektrifizierung des Landes können darüber hinwegtäuschen, dass der amerikanische Traum für Millionen Einwanderer in erster Linie bittere Armut und sklavenähnliche Arbeitsbedingungen bedeutet. San Francisco, durch den Goldrausch zur Großstadt geworden, ist nach Abwanderung der Goldgräber abgewirtschaftet, wie Mark Twain bei seinem Besuch 1865 feststellen muss: »San Francisco (...) wirkt aus entsprechender Ferne stattlich und schön; aus der Nähe merkt man jedoch, dass die Architektur meist altmodisch ist, viele Straßen aus verfallenen, rauchgeschwärzten Holzhäusern bestehen und die kahlen Sandberge ringsum zu sehr ins Auge stechen. Selbst das freundliche Klima wirkt, wenn man darüber liest, bisweilen angenehmer, als wenn man es am eigenen Leibe erlebt, denn auch der schönste wolkenlose Himmel verliert nach und nach seinen Reiz, und wenn dann der lang ersehnte Regen kommt, hört er nicht wieder auf. Und sogar das mutwillige Erdbeben betrachtet sich besser aus der Ferne.«[23]

Einer, den der Goldrausch in die Stadt geschwemmt hat und der geblieben ist, ist Isadoras Vater. 1819 in Philadelphia geboren, ist er bei ihrer Geburt so alt wie ihr Großvater mütterlicherseits. Joseph Duncan stammt aus einer wohlhabenden, humanistisch gebildeten Ostküstenfamilie. Sein Vater ist Professor an der Washington and Lee University in Lexington, Virginia. Kultiviert, aber vom Glück nicht verwöhnt, verliert die Familie durch Feuer, Cholera und Wirtschaftskrisen gleich mehrmals ihr gesamtes Hab und Gut. Gleichwohl sind die Duncans von einem unerschütterlichen Pioniergeist beseelt und mit großer Vitalität und Energie ausgestattet. Schon als junger Mann startet Joseph Duncan einige Unternehmungen, die allesamt schiefgehen. Allzu gern lässt er sich bei seinen geschäftlichen Aktivitäten von seiner Leidenschaft für Literatur und Kunst leiten und weniger von ökonomischem Sachverstand. Mit *The Prairie Flower* gründet er eine der ersten Literaturzeitschriften der USA, die innerhalb nur eines Jahres am Ende ist. Als es ihn 1850 nach San Francisco verschlägt, ist er mit Elmira Hill verheiratet und hat vier Kinder. Die Ehe wird kurz darauf geschieden. Seine erste Unternehmung an der Westküste ist eine Lotterie, die sich einmal mehr als Fehlinvestition erweist und ihn mit 225 000 Dollar Schulden zurücklässt. Gott sei Dank liegt es nicht in Joseph Duncans Natur, sich über derartige Misserfolge lange zu grämen. Sohn Raymond wird später sagen: »Mein Vater pflegte zu sagen, dass er einfach nie erkannt hatte, wann es besser gewesen wäre, sich geschlagen zu geben, und so hat er einfach immer weitergemacht.«[24] Mit dem *Morning Globe*, dem *Evening Globe*, dem *Mirror* und der Sonntagszeitung *California Home Journal* versucht sich Duncan erneut als Herausgeber. Nebenbei handelt er mit Kunst und Handelswaren aus Übersee, die er auf diversen Europareisen ersteht. 1854 gründet er das Auktionshaus »The Chinese Salesroom«. Hier werden 1856 die Juwelen von

Lola Montez, der Geliebten Ludwig des I. von Bayern, versteigert. Gerüchteweise soll die spanische Tänzerin mit der irischen Abstammung nicht nur den bayerischen König bezirzt haben, sondern auch Joseph Duncan.

Die Stadt, in der Joseph Duncan sich niederlässt, ist ideal für Visionäre und Abenteurer wie ihn. John Dos Passos wird später über Isadora und ihre Familie schreiben: »Sie waren Wildwestler, die Welt eine Goldader. Sie schämten sich nicht, im Mittelpunkt der Öffentlichkeit zu stehen.«[25] »Regiert« wird San Francisco zu dieser Zeit von einer der skurrilsten Gestalten der amerikanischen Geschichte: Norton I., Kaiser der Vereinigten Staaten und Schutzherr von Mexiko. 1811 in London geboren, war Joshua Abraham Norton während des Goldrausches nach Kalifornien ausgewandert und hatte hier mit Immobiliengeschäften ein Vermögen gemacht. Als er jedoch 1850 auf die Idee kam, sämtliche Reisvorräte San Franciscos aufzukaufen, um vom Bedarf der chinesischen Einwanderer zu profitieren, ging er bankrott. Kurz darauf ernannte er sich zum Kaiser der Vereinigten Staaten. Norton, der eine gewaltsame Auflösung des amerikanischen Kongresses anordnet, gilt als exzentrisch, ist bei den Bewohnern San Franciscos aber sehr beliebt und dient Mark Twain später als Vorbild für seine Figur des Königs in *Huckleberry Finn.* Seine Verordnungen erscheinen täglich in den Zeitungen der Stadt. Nachdem die US-Armee sich nicht willens zeigt, den Kongress aufzulösen, und auch die Parteien sich widerspenstig geben, schafft Norton per Dekret sowohl die republikanische als auch die demokratische Partei ab. Nach dem Tod Kaiser Maximilians von Mexiko übernimmt er den Titel »Schutzherr von Mexiko«. 1867 erdreistet sich ein junger Polizist, seine Majestät wegen Stadtstreicherei und Geisteskrankheit zu verhaften und einer Zwangsuntersuchung zu unterziehen. Wütender Bürgerprotest führt umgehend zu seiner Freilassung und einer öffentlichen Entschuldigung des Polizeipräsidenten. Seither salutieren die Polizisten vor Norton, der in einer blauen Uniform mit goldenen Epauletten und einem mit Federn geschmückten Biberhut samt prächtigem Schwert durch die Straßen spaziert. Als die Uniform aufgrund ihres Alters schäbig wird, spendiert ihm der Stadtrat von San Francisco eine neue. In allen Theatern und Konzertsälen der Stadt ist die erste Reihe der besten Loge für ihn und seine Hunde Bummer und Lazarus reserviert. Wie man der deutschen Kulturzeitschrift *Die Gartenlaube* 1869 entnehmen kann, ist der Kaiser in San Francisco eine wohlgelittene Figur: »Die San Franciscaner waren höchlichst erstaunt über den wunderbaren Gesellen, ohne jedoch ungehalten wegen seiner Forderungen zu werden; statt, was in anderen Ländern und Städten geschehen wäre, Norton in ein Irrenhaus zu schicken, erkannte man in der in Geldangelegenheiten beispiellos liberalen Stadt San Francisco auf gutmütige Weise seine kaiserlichen Ansprüche an, zahlte, was er verlangte, und behandelte ihn seiner hohen Würde entsprechend – und so geschieht es noch heute.«[26] In den Restaurants der Stadt speist Norton an für ihn reservierten Tischen – selbstverständlich auf Kosten des Hauses. Norton gilt als sehr sozial und ist stets um den Frieden in seiner Stadt bemüht. Mehrmals stellt er sich schützend vor attackierte chinesische Einwanderer und fordert die Errichtung eines Völkerbundes. Zum Begleichen geringer Schulden gibt er Banknoten im Wert von 25 und 50 Cent aus, mit denen die Armen Lebensmittel kaufen können. Eine von ihm erhobene Steuer wird von den Geschäftsleuten der Stadt bereitwillig entrichtet. Seine bahnbrechendste Idee allerdings ist die Errichtung einer Hängebrücke über die San Francisco Bay, um Oakland und San Francisco zu verbinden. Ein Plan, der 1937 mit dem Bau der Golden Gate Bridge über die Bucht von San Francisco Wirklichkeit wird. In seinen letzten Lebensjahren tritt der Kaiser in einen regen Briefwechsel mit Queen Victoria ein. Gerüchteweise heißt es, er trage sich mit dem Gedanken, die verwitwete Königin zu heiraten. Am 8. Januar 1880 stirbt Norton I. auf regennasser Straße an einem Herzinfarkt. Am nächsten Morgen titelt der *San Francisco Chronicle* »Der König ist tot«: »Auf dem elenden Pflaster, im Dunkel einer mondlosen Nacht im tropfenden Regen und umgeben von einer rasch versammelten Menge staunender Fremder, verstarb Norton I., von Gottes Gnaden Kaiser der Vereinigten Staaten und Schutzherr von Mexiko.«[27] Da Nortons gesamtes Vermögen sich bei seinem Tod auf knapp 6 Dollar beläuft, übernehmen San Franciscos Geschäftsleute die Kosten der Trauerfeier. Mehr als 30 000 Menschen säumen die Straßen, als der Sarg vorbeigezogen wird. Der Trauermarsch ist über zwei Meilen lang. Auf dem Grabstein steht zu lesen: »Norton I., Kaiser der Vereinigten Staaten, Schutzherr von Mexiko«.[28] Heute ist Joshua Abraham Norton Teil der amerikanischen Kulturgeschichte. 1980 fanden zum 100. Todestags des einzigen Kaisers, den die USA jemals hatten, zahlreiche Gedenkveranstaltungen statt. Die 57. Ausgabe der Komikreihe *Lucky Luke* mit dem Titel *Der Kaiser von Amerika* erzählt aus seinem Leben. In der Westernserie *Bonanza* taucht er ebenso auf wie im Spielfilm *In 80 Tagen um die Welt* mit David Niven als Phileas Fogg von 1956. Selbst in Neil Gaimans Bestseller-Comicserie *The Sandman*, von Norman Mailer als Comic für Intellektuelle bezeichnet, wird Nortons Geschichte aufgegriffen. Die Golden Gate Bridge aber, sein visionärstes Projekt, trägt eine Plakette zur Erinnerung an ihren Erfinder: »Per Dekret erklärte seine Majestät Joshua Abraham Norton 1869, dass eine Brücke über das Golden Gate nach Sausalito gebaut werden sollte. 64 Jahre später begann die Arbeit endlich.«[29] Sämtliche Versuche, die Golden Gate Bridge in Emporer Norton Bridge umzutaufen, sind bis heute allerdings gescheitert.

In einer solchen Stadt fühlen sich Freigeister wie Joseph Duncan wohl. Isadoras Vater gehört zu den Menschen, die dafür sorgen, dass in der kunst- und kulturfeindlichen Umgebung des Wilden Westens nun auch die Kunst ihren Platz findet. Denn interessanterweise bringt der Goldrausch auch die Kultur an die Westküste. Diejenigen, die hierbleiben, holen ihre Familien nach, gründen Geschäfte und bauen Häuser. Es entstehen Schulen, Bibliotheken und Theater. Gold wird zwar auch nach Ende des Goldrausches gesucht, aber nun sind es großen Minen, für die vor allem chinesische Einwanderer als Arbeiter angeworben werden. Die Goldsucher und Glücksritter werden sich erst 1896 am Klondike River wiedertreffen, nachdem in Kanadas Yukon Gold gefunden wurde.

San Francisco aber wird zur Heimat von Menschen wie Joseph Duncan, dessen Gedichte in Anthologien veröffentlicht werden und der zum Mitbegründer und ersten Präsidenten der San Francisco Art Association wird. Da er zudem auch ein großer Charmeur und Womanizer ist, schafft er es spielend, das Herz der erst 20-jährigen Mary Dora Gray, Isadoras Mutter, zu erobern. Geboren am 26. Januar 1849 in St. Louis ist auch sie im Zuge des Goldrausches mit ihrer Familie nach San Francisco gekommen, allerdings nicht, wie Isadora schwärmerisch schreibt, im Planwagen durch die Prärie, sondern wie es sich für wohlhabende Amerikaner gebührt, mit dem Dampfer durch den »Panamakanal«: »Ich musste manchmal schmunzeln, wenn Leute meinen Tanz als griechisch bezeichneten, denn ich glaube, dass seine Ursprünge eher in den Erzählungen meiner irischen Großmutter zu finden sind, die 1849 mit meinem Großvater im Planwagen die Prärie durchquerte, sie 18, er 21; wie ihr Baby während eines Scharmützels mit Indianern geboren wurde und hinterher mein Großvater den Kopf in den Wagen steckte, mit dem rauchenden Gewehr in der Hand, um sein neugeborenes Kind in

Augenschein zu nehmen. Als sie San Francisco erreichten, baute mein Großvater eines der ersten Holzhäuser, und ich erinnere mich noch an Besuche in diesem Haus, als ich klein war. Meine Großmutter sang irische Lieder und tanzte irische Jigs, aber ich glaube, dass in diesen Tänzen auch etwas von dem heroischen Pioniergeist und den Kämpfen mit den Indianern, vielleicht sogar Gebärden der Indianer selbst eingeflossen waren; und auch ein wenig Yankee Doodle, als Großvater Colonel Thomas Gray aus dem Bürgerkrieg heimmarschierte. All dies tanzte meine Großmutter in ihrem irischen Jig, und ich lernte von ihr, fügte meine eigenen Sehnsüchte des jungen Amerika hinzu und gab zuletzt meine spirituelle Erkenntnis der Welt durch die Zeilen von Walt Whitman dazu.«[30]

Isadoras Großvater mütterlicherseits ist 1819 aus Irland in die USA eingewandert und hat am Black Hawk Krieg, dem letzten Indianerkrieg östlich des Mississippi, teilgenommen. Dabei hat er es nicht nur bis zum Colonel gebracht, sondern auch Freundschaft mit Abraham Lincoln geschlossen. Hier in San Francisco gründet er die erste Linienfährgesellschaft, die Oakland und San Francisco miteinander verbindet. Er ist Abgeordneter im Senat von Kalifornien, seine Frau Maggie kümmert sich um die acht gemeinsamen Kinder. Es bedarf sicher einiger Überredungskunst, die beiden strammen irischen Katholiken von der Ehe ihrer Tochter mit einem 50-jährigen geschiedenen Mitglied der Episkopalkirche, der seinem Ruf als Lebemann bisher mehr als gerecht wurde, zu überzeugen. Doch Joseph Duncan ist einnehmend und sein gesellschaftlicher Status ist einwandfrei. Er ist kulturbeflissen, gebildet und ein beliebtes und angesehenes Mitglied der oberen Zehntausend. Zudem ist er augenblicklich gerade einmal wieder reich. Am 21. Januar 1871 treten Isadoras Eltern vor den Traualtar. Bereits im November 1871 wird Tochter Elizabeth geboren, Sohn Augustin folgt 1873, Raymond

1875 und schließlich im Mai 1877 Nesthäkchen Isadora. Diese letzte Schwangerschaft ist, wie Isadora in ihren Memoiren berichtet, für ihre Mutter äußerst beschwerlich: »Sie war leidend und konnte nichts zu sich nehmen als eisgekühlte Austern und Champagner.«[31] Isadora wird später behaupten, die Ernährung ihrer Mutter während der Schwangerschaft habe viel zu ihrer Entwicklung beigetragen. Sie ist ein so lebhaftes Baby, dass die Mutter sie schon im Mutterleib aufgrund ihres ständigen Strampelns schlichtweg für wahnsinnig hält. Das Leiden der Mutter hat in Wahrheit aber weniger mit Isadora als mit ihrem Gatten zu tun. 1869 hatte Joseph Duncan die Pioneer Land & Loan Bank gegründet. Sowohl sein Schwiegervater Thomas Gray als auch ein Sohn und Schwiegersohn aus erster Ehe sitzen im Vorstand. Die Bank, die vor allem Minenarbeiter, kleine Angestellte und einfache Leute als Kunden im Auge hat, verspricht eine sensationelle Verzinsung von 12 Prozent und Kredite zu einem Zinssatz von 1 Prozent. Die Zeitungen feiern Duncan als Wohltäter, die Kunden überrennen sein Bankhaus förmlich. Er gehört zu den einflussreichsten Bürgern der Stadt, am Sonntag trägt er in der Heiligen Messe die Lesung vor. Als Firmensitz lässt Joseph Duncan ein fünfstöckiges Gebäude errichten, das zu den architektonischen Wahrzeichen der Stadt San Francisco gehört. Architekt ist der Schotte William Patton, ebenfalls 49er und in späteren Jahren einer der berühmtesten Kirchenarchitekten des Landes. Nach seinen Entwürfen ist neben dem Rathaus von San Francisco auch die 1st Unitarian Church am Union Square entstanden. Patton gilt als führender Vertreter der Eldorado Gotik, der Architektur des Goldrausches.[32] Die Duncans beziehen eine Wohnung im Bankhaus und führen mit ihren Kindern ein angenehmes und sorgenfreies Leben.

Doch die wirtschaftliche Lage im Land ist schlecht. Es kommt zu mehreren Bankenkrisen, und am Ende werden im

Zuge einer großen Wirtschaftskrise die Silberminen in Kalifornien geschlossen. Bald kursieren erste Gerüchte, dass auch die Pioneer Land & Loan Bank in Schieflage geraten ist. Joseph Duncan hatte mit den Spareinlagen seiner mehr als 3000 Sparer an der Börse spekuliert, um die versprochenen Zinsen auszuzahlen – mit verheerendem Ergebnis. Am Ende lässt er sogar das Familiensilber einschmelzen, doch es ist zu spät. Fünf Tage vor Isadoras Taufe am 13. Oktober 1877 ist die Pioneer Land & Loan Bank bankrott. Aufgebrachte Menschen stürmen mit Fackeln und Gewehren bewaffnet das Bankhaus und drohen damit, Joseph Duncan zu hängen. Doch außer der völlig verängstigten Familie ist niemand mehr anzutreffen. Joseph Duncan ist wie vom Erdboden verschwunden. Als die Schließfächer der Bank geöffnet werden, sind sie leer. Ein Angestellter gesteht, dass in der Bank niemals mehr als 8000 Dollar in bar lagerten – Geld, das nun ebenfalls weg ist. Am Ende beziffern sich die Schulden der Pioneer Land & Loan Bank auf ganze 1,24 Millionen Dollar. Nach heutigem Wert mehr als 31 Millionen Dollar. Am 11. Oktober 1877 titelt der *San Francisco Chronicle*: »Duncans Verderbtheit. Getäuschte Anleger in den Selbstmord getrieben«.[33] Im *San Francisco Evening Bulletin* ist zu lesen: »Die Art und Weise, wie die Pioneer Bank geführt worden war, widerspricht allen Regeln eines seriösen Immobilien-Investments.«[34] Fieberhaft werden alle Schiffe im Hafen nach dem Flüchtigen durchsucht, Straßen und Häuser durchkämmt. Doch Joseph Duncan bleibt wie vom Erdboden verschluckt. Erst vier Monate später wird er in einer Pension in der Kearny Street verhaftet. Als Frau verkleidet ist er in der Zwischenzeit unbehelligt durch die Straßen der Stadt spaziert. Vier Gerichtsverfahren werden in den nächsten Jahren gegen ihn eingeleitet. Alle vier werden eingestellt, nicht zuletzt deshalb, weil er noch immer einflussreiche Freunde in der Stadt hat. Sein Ruf aber ist ruiniert, sind die Leidtragenden seines Malheurs doch nicht reiche Spekulanten, sondern arme Schlucker, die ihm ihren letzten Spargroschen anvertraut haben. Ergebnis seines Ausflugs ins Bankenwesen sind zerrüttete Familien, Männer, die zu Alkoholikern werden, und Frauen, die sich gezwungen sehen, der Prostitution nachzugehen. Der Zusammenbruch der Pionieer Land & Loan Bank ist Joseph Duncans größte berufliche Niederlage. Er verlässt San Francisco und geht nach Los Angeles.

Er geht allein, denn Dora Duncan hat sich bereits scheiden lassen. Dabei sollen es nicht die dramatischen Augenblicke des für die Familie völlig unerwarteten Bankrotts gewesen sein, die sie zu diesem Schritt veranlassten, sondern die Tatsache, dass die Zeitungen eines Tages einen Brief abdrucken – verfasst von einer Dame, adressiert an Joseph Duncan: »Dem Untersuchungsausschuss wurde gestern ein Brief an Duncan zugespielt. Auch wenn der Brief nur mit Initialen unterzeichnet ist, so ist er doch eindeutig von einer Frau verfasst worden, die alles über die Bankenaffäre weiß. Zudem ist die Dame von Duncan selbst über seine Fluchtabsichten informiert worden. Die Dame ist nicht Duncans Frau, aber wer sie ist, konnte nicht eruiert werden.«[35]

Dora Duncan wird später sagen, ihre Ehe hätte vielleicht Bestand gehabt, wenn ihre vier Kinder nicht so kurz nacheinander geboren worden wären, Duncan nicht so viele Geliebte gehabt hätte oder er davon abgesehen hätte, das Tafelsilber einzuschmelzen und ihren Schmuck zu versetzen.[36]

Für Isadora ist der Vater nie recht viel mehr als ein unheilvoller Schatten, an dem Mutter und Tanten kein gutes Haar lassen: »Dein Vater war ein Teufel, der das Leben deiner Mutter ruiniert hat.«[37] Für die kleine Isadora mit der blühenden Fantasie wird der Vater zur Schreckensgestalt: »Natürlich stellte ich ihn mir ab da immer wie den Teufel aus dem Bilderbuch vor, mit Hörnern und einem langen Schweif, und wenn die Kinder in der Schule über ihre Väter sprachen, blieb ich still.«[38]

Für Dora Duncan ist der Absturz aus den gesellschaftlichen Höhen einer Bankiersfrau ein bitteres Erwachen. Von einem Tag auf den anderen ist die Familie mittellos. Das Wohn- und Geschäftshaus wird versteigert, die Familie verliert ihr Zuhause. Gesellschaftlich sind sie ohnehin erledigt, und so beschließt auch Dora Duncan, San Francisco zu verlassen und mit ihren Kindern ihr Glück jenseits der Bucht im weitaus ruraleren Oakland zu versuchen, das nur durch eine Fähre mit San Francisco verbunden ist. Die Familie von Gertrude Stein, die Isadora Jahre später ein philosophisches Porträt widmen wird[39], bewirtschaftet hier eine große Farm, viele Familien haben Kühe und Hühner zur Selbstversorgung. Für Isadora und ihre Geschwister beginnt eine Zeit voller Unruhe und Unsicherheit, begleitet von vielen Umzügen.

Mehrmals landen sie auf der Straße, weil sie die Miete nicht bezahlen können: »Wir lebten in ständiger Angst vor dem Klopfen eines schlechtgelaunten Vermieters an der Tür, der nach der Miete fragt. Ständig zogen wir um, von einer Mietwohnung oder einem kleinen Häuschen ins nächste. Ich erinnere mich, dass ich während meiner Kindheit ein schwieriges Leben für den Normalzustand hielt.«[40]

Dora Duncan, die Tochter aus gutem Hause, versucht mit Klavierstunden, Näharbeiten und dem Anfertigen von Hüten und Schals sich und die Kinder durchzubringen. Raymond und Elizabeth bemühen sich um Hilfsarbeiten, Augustin und Isadora helfen der Mutter. Trotzdem ist immer Ebbe in der Kasse: »Wann immer ich an meine Kindheit zurückdenke, sehe ich vor mir ein leeres Haus. Während meine Mutter unterrichtete, waren wir Kinder uns selbst überlassen. Wir waren immer hungrig, und im Winter froren wir. (...) Ich hatte kein Spielzeug oder andere kindliche Vergnügungen.«[41] Manchmal haben sie tagelang nichts anderes als Tomaten zu essen.

Wenn sie gar nicht mehr weiterwissen, wird die kleine Isadora aktiv: »Von meinen Geschwistern war ich die Tapferste; hatten wir einmal absolut nichts mehr zu essen, dann nahm ich es meistens auf mich, zum Fleischer zu gehen, wo ich es durch meine Kniffe immer wieder zu erreichen wusste, etwas Fleisch ohne Bezahlung zu erhalten. Auch der Bäcker gab mir Brot auf Kredit. Diese Abenteuer bereiteten mir großes Vergnügen, und wenn ich, wie es meistens der Fall war, Erfolg hatte, dann fühlte ich mich so befriedigt wie ein Wegelagerer nach einem gelungenen Überfall. Für mein künftiges Leben waren diese Erlebnisse gewiss von erzieherischem Wert.«[42] Isadora ist der Star der Familie – da herrscht gar kein Zweifel. Mutig und unerschrocken ist sie, freiheitsliebend, abenteuerlustig und sehr selbstbewusst. Nachdem sie ihre Mutter einmal weinend zu Hause antrifft, weil es ihr allen Bemühungen zum Trotz nicht gelungen ist, ihre gestrickten Sachen zu verkaufen, marschiert Isadora selbst los. Sie will nicht eher nach Hause zurückzukehren, bis alle Strickwaren verkauft sind. Für sie ist dies in der Rückschau der Moment ihrer endgültigen Wandlung zur Revolutionärin: »Ich beschloss, die Sachen für meine Mutter zu einem guten Preis zu verkaufen. Eines der gestrickten roten Capes zog ich an, setzte die dazu passende Kappe auf und zog mit den Strickwaren in meinem Korb los. Von Haus zu Haus bot ich meine Waren an. Manche Menschen waren freundlich, andere unhöflich. Alles in allem war es ein Erfolg, aber in meiner kindlichen Brust hatte ich zum ersten Mal klar und deutlich die monströse Ungerechtigkeit der Welt verspürt. Die kleine rote Kappe, die meine Mutter gestrickt hatte, war die Kappe einer Baby-Bolschewistin.«[43]

Doch Isadora hat auch schöne Erinnerungen an die Zeit in Oakland, die die Familie auf ewig zum Duncan-Clan zusammenschweißt. Wenn Dora Duncan nach dem Klavierunterricht nach Hause kommt, setzt sie sich ans Klavier und spielt für ihre Kinder. Isadora und ihre Geschwister tanzen zu Mendelssohn, Schubert, Schumann und Mozart durchs Zimmer. Da Geld für Vergnügungen nicht vorhanden ist, organisieren die Duncans eigene Lieder- und Theaterabende, bei denen sie Gedichte rezitieren und kleinere Szenen aufführen. Tante Augusta, Doras Schwester, tut sich dabei besonders hervor: »Sie besuchte uns oft und veranstaltete dann mit uns kleine Theatervorstellungen. Sie war von hervorragender Schönheit, mit schwarzen Augen und kohlschwarzem Haar, besaß eine herrliche Stimme und hätte möglicherweise eine große Bühnenkarriere vor sich gehabt, wenn nicht alles, was mit dem Theater in Verbindung stand, von ihren Eltern als Teufelswerk betrachtet worden wäre. Schon von frühster Kindheit an war meine Tante Augusta von diesem puritanischen Geist geknebelt worden; ihre Schönheit, ihre Ursprünglichkeit, ihre herrliche Stimme, alles ging zugrunde. Damals hörte man oft die Väter sagen: ›Lieber sehe ich meine Tochter tot als auf der Bühne.‹«[44] Das Schicksal ihrer Tante, der man verweigert hatte, ihre Talente auszuleben, wird Isadora nie vergessen. In Isadoras Elternhaus hingegen ist Kunst allgegenwärtig. Mutter und Tante rezitieren stundenlang Shakespeare, Browning, Shelley, Keats oder Dickens. Durch sie lernt Isadora auch ihren Lieblingsdichter Walt Whitman kennen. Dessen Gedichtzyklus *Gesang von mir selbst* wird Isadoras Leitfaden: »Ich feiere mich selbst und singe mich selbst. Und was ich mir zutraue, sollst auch du dir zutrauen«[45]

Zur Freude der Kinder gibt es im Hause Duncan keine festen Schlafenszeiten. Die Geschwister sind frei und ungebunden und tagsüber meist sich selbst überlassen. Isadora und Elizabeth gehen oft an den Strand, um dort zu tanzen. Am Strand von San Francisco begreift Isadora zum ersten Mal, was tanzen für sie bedeutet – Befreiung: »Ich hatte das Gefühl, meine Schuhe und meine Kleider engten mich nur ein. Meine schweren Schuhe waren wie Ketten; meine Kleider waren mein Gefängnis. Also zog ich alles aus. Und ohne dass mich jemand sah, tanzte ich ganz allein nackt am Strand. Und es schien mir, als würden das Meer und all die Bäume mit mir tanzen.«[46] Später wird sie sagen: »Alle Bewegungen in der Natur schienen mir als ihren Grundplan das Gesetz der Wellenbewegung zu haben.«[47]

Und noch etwas nimmt Isadora aus diesen harten Jahren mit: ihre spätere Angewohnheit, egal wie schlecht es um ihre finanzielle Lage auch bestellt ist, immer in den besten Hotels abzusteigen und in den teuersten Restaurants zu essen. Denn sobald die Duncans in jenen Jahren etwas Geld in Händen halten, gönnen sie sich etwas. Eine Angewohnheit, die bei Bekannten durchaus Kopfschütteln auslöst: »Die Familie handelte völlig unökonomisch. Sie lebte entweder im Überfluss oder hatte gar nichts. Es gab weder Sparsamkeit noch Wirtschaftlichkeit. Oft genug mussten Freunde und Nachbarn zu Hilfe kommen. Es gab viel unnötiges Leid, verursacht durch falsches Haushalten, oft genug aber auch einfach durch kindische Abenteuer. Wenn sie etwas Geld hatten, dann gingen sie in die Stadt und ließen sich ein Festmahl samt Wein kredenzen. Das Geld für ein solches Dinner hätte sie ohne Zweifel eine ganze Woche ernähren können. Einmal engagierten sie sogar einen chinesischen Koch, aber es gab nichts, was er hätte kochen können.«[48]

Dora Duncan gelingt es trotz der schwierigen Umstände, eine von Liebe und Schönheit geprägte musische Atmosphäre zu schaffen, in der sich Elizabeth, Augustin, Raymond und Isadora frei entfalten können: »Meine Mutter hatte vier Kinder, und mit systematischem Zwang und Drill hätte sie aus uns vielleicht praktische und erfolgreiche Staatsbürger machen können, manchmal seufzte sie auch ›Warum müssen denn alle vier

Künstler sein, und keiner macht was Richtiges!‹ Aber es war ihre eigene bewundernswerte und ruhelose Art, die uns zu Künstlern formte.«[49]

Tatsächlich werden alle vier herausragende Persönlichkeiten. Augustin wird ein berühmter Schauspieler und Direktor der New Yorker Theater Guild. Elizabeth, die von einer schweren Erkrankung ein lahmes Bein zurückbehält, erlangt als Tanzlehrerin und Tanztheoretikerin weltweite Beachtung. Raymond wird zum Begründer einer alternativen Lebensschule und ist zu Lebzeiten fast so berühmt wie Isadora, die eine der größten Tänzerinnen aller Zeiten wird. Eine Freundin der Duncans wird später schreiben: »Diese große, starke Irin formte ihre Kinder. Sie fütterte ihre Phantasie mit Geschichten von Göttern und Göttinnen, und im Vergleich mit dem, was sie um sich herum sahen, waren diese Leben zweifellos attraktiver als das Leben, das die Leute von San Francisco führten.«[50]

Alle vier sind sich einig, dass ihr späterer Erfolg in engem Zusammenhang mit ihrer freigeistigen Erziehung steht. Eine Einschätzung, die auch der Schriftsteller John Dos Passos teilt: »Der Bruch mit Dr. Duncan und die Entlarvung seiner Doppelzüngigkeit verwandelte Mrs. Duncan in eine dogmatische Frauenrechtlerin und Atheistin, eine leidenschaftliche Anhängerin der Vorträge und Schriften Bob Ingersolls: Statt Gott lies Natur, statt Pflicht Schönheit, und nur der Mensch ist schlecht. Mrs Duncan musste sich sehr plagen, um ihre Kinder in der Liebe zum Schönen und im Hass gegen Korsetts, Konventionen und die von Menschen geschaffenen Gesetze großzuziehen.«[51]

Nach ihrer Scheidung wendet sich Dora Duncan vom Katholizismus ab. Sie erzieht ihre Kinder zu Agnostikern und setzt dabei auf die Ideen Robert Ingersolls. Der Rechtsanwalt gilt als einer der berühmtesten Redner der USA und ist einer der führenden Freidenker des Landes. Seine Tochter Eva ist eine weithin bekannte amerikanische Suffragette. Ingersoll ist eng mit Isadoras Lieblingsdichter Walt Whitman befreundet, der den Freidenker Ingersoll ebenfalls sehr verehrt: »Es dürfte niemanden überraschen, dass ich von Ingersoll angezogen bin, denn er ist *Grashalme*. Er lebt und verkörpert die Individualität, die ich predige.«[52]

Dass die Duncan-Kinder in großer Distanz zur Kirche aufwachsen und allem »Glauben« skeptisch gegenüberstehen, führt in der Schule immer wieder zu Problemen. Isadora, die als Fünfjährige in die Cole Elementary School in Oakland eingeschult wird, hat so manches unangenehme Erlebnis. Als die Lehrerin an Weihnachten Süßigkeiten verteilt mit dem Hinweis, dies seien Geschenke vom Weihnachtsmann, kommt es zum Eklat: »›Ich glaube nicht an Lügen‹, rief ich, ›meine Mutter hat mir gesagt, dass es für Arme keinen Weihnachtsmann gibt: Nur reiche Mütter können ihren Kindern das Märchen von Santa Claus weismachen, der ihnen Geschenke bringt.‹ Kaum hatte ich dies gesagt, als mich die Lehrerin ergriff und mich auf den Boden niederdrücken wollte. Ich klammerte mich aber so fest an sie und machte mich so steif, dass nur meine Absätze heftig auf dem Boden aufschlugen. (…) Ich wendete meinen Kopf über die Schulter und rief in die Klasse hinein: ›Es gibt keinen Weihnachtsmann!‹«[53]

Dora Duncan gibt ihrer Tochter recht: Es ist ihr eigener Geist, auf den sie sich verlassen kann, nicht irgendein Gott.

Doch auch abgesehen von der Religionsfrage findet Isadora nur wenig Gefallen an der Schule: »Die gängige Schulerziehung scheint mir absolut nutzlos. In meiner Klasse galt ich entweder als überraschend intelligent und war die beste Schülerin, oder man sah mich als hoffnungslosen Fall. Alles hing nur davon ab, ob ich mir die Mühe gemacht hatte, auswendig zu lernen, was man uns aufgab. Meistens hatte ich keine Ahnung, worum es eigentlich ging (…). Meine eigentliche Ausbildung erfolgte am Abend, wenn meine Mutter Beethoven, Schumann, Schubert, Mozart und Chopin spielte oder Shakespeare, Keats oder Burns vortrug.«[54]

Isadora ist eine Leseratte, die alles verschlingt, was ihr an Literatur zwischen die Finger kommt: »Ich saß Nächte hindurch bis zum Morgengrauen und las beim Licht von Kerzen, die ich während des Tages zusammengebettelt hatte. Natürlich begann auch ich einen Roman zu entwerfen, gab sogar eine Zeitung heraus, die ich ganz alleine schrieb: Leitartikel, Lokalbericht und kurze Erzählungen.«[55]

Sie wird Stammgast in der Bibliothek von Oakland, die von der Dichterin Ina Coolbrith, Kaliforniens erster Poet Laureate, geleitet wird. Ina Coolbrith ist die Nichte von Joseph Smith, dem Gründer der mormonischen Glaubensgemeinschaft. Nachdem ihr Vater früh verstorben war, hatte ihre Mutter Smith als eine seiner vielen Ehefrauen geheiratet. 1844 wurde Smith als Verfechter der Polygamie von einer aufgebrachten Menschenmenge gelyncht. Inas Mutter verließ daraufhin mit ihrer kleinen Tochter die Mormonengemeinschaft und nahm wieder ihren Mädchennamen Coolbrith an. Ina Coolbrith pflegt ihren Besuchern Bücher zu empfehlen und diese anschließend mit ihnen zu diskutieren. Einer, dessen literarischen Geschmack sie auf diese Weise formt, ist Jack London, der zur selben Zeit wie Isadora in Oakland lebt. Jahre später wird er sich bei Coolbrith bedanken: »Keine Frau hat mich je so beeindruckt wie Sie. Ich war damals nur ein kleiner Junge und wusste absolut gar nichts über Sie. Doch in all den Jahren, die seither vergangen sind, bin ich niemals einer Frau begegnet, die so nobel war wie Sie.«[56] Auch der Dichter Lord Tennyson verehrte Coolbrith tief. Doch deren große Liebe ist, wie sie 1927 dem Journalisten Samuel Dickson gesteht, ein Isadora nicht ganz unbekannter Mann: Joseph Duncan, Isadoras Vater. 1949 enthüllt Dickson in einem Artikel, dass die Dichterin Coolbrith der wahre Grund für die Scheidung der Duncans gewesen sein könnte.[57] Tatsächlich kannten sich die beiden gut, hatte Joseph Duncan doch Ina Coolbriths erste Gedichte veröffentlicht und damit einer der verehrtesten Dichterinnen Kaliforniens, nach der heute Straßen und Parks benannt sind, den Weg geebnet. Die kleine Isadora weiß von der Verbindung Coolbriths zu ihrem Vater nichts, erst in ihren Memoiren wird sie schreiben: »In Oakland, wo wir damals wohnten, gab es eine öffentliche Bibliothek, deren Besitzerin eine rätselhafte und wunderschöne Frau war, die kalifornische Dichterin Ina Coolbrith. Sie spornte mich zu lesen an und schien jedes Mal erfreut, wenn ich nach guten Büchern fragte. Später erfuhr ich, dass auch mein Vater einst sehr in sie verliebt gewesen war: Offenbar war sie die große Leidenschaft seines Lebens gewesen, und womöglich fühlten wir zwei uns durch unsichtbare Bande zueinander hingezogen.«[58]

Als Isadora acht Jahre alt ist, steht der ominöse Vater plötzlich vor der Tür: »Meine Mutter wurde kreidebleich, stand auf, rannte ins andere Zimmer und schloss sich wütend ein; einer meiner Brüder kroch unters Bett, ein anderer stieg in einen Schrank, während meine Schwester hysterisch schrie: ›Sag ihm, er soll fortgehen, er soll sofort weggehen.‹«[59] Ganz augenscheinlich hatte Dora Duncan den Kindern schlimme Geschichten über den Vater erzählt, sie sogar vor einer Entführung gewarnt. Isadora findet ihn dennoch ganz charmant. Joseph Duncan hat wieder geheiratet und lebt nun als Immobilienmakler in San Francisco. Wie der *San Francisco Examiner* berichtet, laufen seine Geschäfte gut. Sein aktuelles Barvermögen wird auf 250 000 Dollar geschätzt.[60] Er geht mit der kleinen Isadora ein Eis essen. Da sich der Rest der Familie beharrlich weigert, den Bankrotteur wiederzusehen, bleibt es zunächst bei diesem einmaligen Treffen. Isadoras Gefühle für den Vater gestalten sich ambivalent: »Dieser rätselhafte Vater hatte auf meine ganze Kindheit einen düsteren Schatten geworfen.«[61]

Ihr frühkindliches Weltbild ist geprägt von der Scheidung der Eltern und den damit verbundenen katastrophalen Folgen für ihre Mutter: »Das schreckliche Wort ›Ehescheidung‹ hatte sich in meiner empfänglichen Kinderseele bereits festgesetzt. (…) Das Schicksal meiner Mutter vor Augen beschloss ich damals schon, mein ganzes Leben im Kampfe gegen die Ehe zu verbringen: Ich wollte für die Frauenemanzipation, für das Recht jeder Frau eintreten, Kinder zu gebären, wann es ihr beliebte; jede Frau müsse diese Rechte ebenso heilig halten wie ihre Tugend. Für ein zwölfjähriges Mädchen waren dies gewiss sonderbare Gedanken, aber die Umstände, unter denen ich aufwuchs, hatten mich sehr frühreif gemacht.«[62] Schon als junges Mädchen beschließt sie, finanziell unabhängig zu werden, eigenes Geld zu verdienen, um nicht von einem Mann abhängig zu sein. Im Falle Isadoras bedeutete dies zumeist, dass die Männer von ihrem Geld abhängig waren. Für die Freiheit von der Ehe und das Recht einer Frau, Kinder auch ohne Vater großzuziehen, nahm sie Schmähung und Diffamierung, aber auch finanzielle Unsicherheit und den Druck der Doppelbelastung als Ernährerin und alleinerziehende Mutter auf sich: »Lasst die Leute doch zusammenleben, wenn sie sich lieben. (…) Menschen sollten nicht durch Verträge aneinandergebunden sein, wenn sie sich nicht lieben. Warum kann man das nicht flexibel gestalten?«[63]

Fürs Erste aber will sie raus aus der Schule. Im Alter von nur 11 Jahren tritt Isadora unerschrocken und entschlossen vor ihre Mutter hin: »Ich erklärte mithin meiner Mutter, es sei für mich völlig zwecklos, weiter die Schule zu besuchen, umso mehr, als ich während der Schulzeit Geld verdienen könnte, was viel wichtiger wäre. Ich steckte daher mein Haar auf, trug längere

Kleidung und sagte, ich sei sechzehn Jahre alt, was mir jedermann glaubte, da ich für mein Alter überaus entwickelt war.«[64]

Dies zeigt nicht zuletzt jene Episode, wonach sich Isadora mit elf Jahren unsterblich in einen jungen Apotheker verliebt. Die Liebe bleibt platonisch und unerwidert. Nach zwei Jahren des Anschmachtens heiratet der junge Mann ein Mädchen, das Isadora gelinde gesagt hässlich findet. Jahre später erscheint jene erste große Liebe nach einem Auftritt in ihrer Künstlergarderobe. Als sie ihm bei dieser Gelegenheit ihre ehemalige Schwärmerei gesteht, reagiert er verstört, und Isadora erkennt, dass seine Liebe schon immer dem »hässlichen« Mädchen gegolten hat. Für sie aber bleibt diese erste unerfüllte Liebe eine ihrer vielen großen Lieben.

Isadora darf die Schule verlassen. In diesen Jahren hat die Familie das Schlimmste hinter sich. Sie leben jetzt in der Eight Street, einer der besseren Straßen der Stadt. Raymond und Augustin arbeiten für die Eisenbahn, Dora und Elizabeth geben Nähkurse und Musikunterricht. Dora Duncan hat eine Schule für Gesellschaftstanz gegründet, in der Elizabeth bereits tätig ist und für die nun auch Isadora als Tanzlehrerin arbeiten will. Schon mit sechs Jahren hatte sie die Kleinkinder der Nachbarschaft eingesammelt, in einer Reihe hingesetzt und ihnen gezeigt, wie man mit den Armen tanzen kann, selbst wenn man noch nicht stehen oder laufen kann. Nun unterrichten Elizabeth und Isadora Walzer und Schottische, die Mutter begleitet am Klavier. Tanzstunden für Gesellschaftstanz sind gerade höchst populär, auch wenn die puritanische Vergangenheit der USA Vergnügungen wie Tanz lange Zeit als Teufelszeug brandmarkte. Dies ändert sich zwar, doch der Arm der Puritaner ist immerhin so lang, dass keine anständige Familie ein weibliches Familienmitglied auf der Bühne tanzen sehen will. Hinter vorgehaltener Hand wird eine Tänzerin gerne mit einer Prostituierten gleichgesetzt.

Tanz wird in jenen Jahren außerhalb des klassischen Balletts nicht als Kunstform anerkannt. Einzig die Primaballerina wird verehrt – auf der Bühne. Abseits des Rampenlichts fristen die meisten der schlecht bezahlten Ballerinen ein freudloses Leben als Mätresse eines reichen Mannes, um nicht zu verhungern.

Für Isadora hingegen ist Tanz von Anfang an Kunst. Sie will nicht nur Unterricht geben, sondern selbst als Tänzerin – nicht als Ballerina – auf der Bühne stehen. Ein durchaus ambitioniertes Vorhaben, wenn man bedenkt, dass sich ihre bisherige Tanzausbildung auf eine Mitgliedschaft im Oakland Turnverein beschränkt, wo sie Gymnastikstunden nimmt. Später wird sie auf die Frage, wer ihr das Tanzen beigebracht habe, stets zur Antwort geben: »Terpsichore. Ich tanzte seit dem Augenblick, als ich auf den Beinen stehen lernte. Ich habe mein Leben lang getanzt. Der Mensch, alle Menschen, die ganze Welt muss tanzen, es war immer so und wird immer so bleiben. Schade ist nur, dass man es zu verhindern sucht und das natürliche Bedürfnis, das uns die Natur selbst gegeben hat, nicht verstehen will.«[65]

Isadora sucht neue Wege, weg vom klassischen Ballett hin zu einer Art Freitanz. Die erste Gelegenheit zu zeigen, was sie darunter versteht, hat sie bei ihrem Debüt 1890 in der First Unitarian Church in Oakland. Dass ihr erster öffentlicher Auftritt ausgerechnet in einer Kirche stattfindet, ist überraschend. Vermutlich verhilft ihre beste Freundin, Florence Treadwell Boynton, ihr zu diesem Auftritt. Florence ist selbst Tänzerin und wird später zu Ehren Isadoras eine Tanzschule in Berkeley eröffnen. Der »Temple of Wings« ist ein architektonisches Kleinod, in dem ganz im Sinne Isadoras Tanz gelehrt wird. Florences Sohn Judd Dalton behauptet 1973 in einem Interview für ein Forschungsprojekt der Universität Berkeley, Isadoras Mutter sei die langjährige Geliebte seines Großvaters gewesen. Dieser sei sowohl Isadoras als auch Augustins Vater. Dora Duncan habe ihren Mann verlassen, als die Treadwells nach Oakland gezogen seien, und sei damit ihrem Geliebten gefolgt. Die Familien hätten aller Umzüge zum Trotz stets nur wenige Blocks voneinander entfernt gelebt. Aufgeflogen sei das Ganze, als Augustin und Florence sich verlobt hätten und der alte Treadwell ihnen die Wahrheit sagen musste. Die Verlobung sei daraufhin gelöst worden. Eine Verlobung, von der im Übrigen auch andere Quellen berichten.[66] Das Interview wurde von der Universität Berkeley im Rahmen einer Forschungsreihe über den Tanz in Berkeley durchgeführt und ist noch heute im Archiv der Bancroft Library der Universität Berkeley einsehbar.[67]

Schon bei ihrem ersten Auftritt wird deutlich, Isadoras Tanz ist etwas Neues. Nicht nur, dass sich ihr Körper unter Tunika oder Chiton frei bewegen kann, es gibt keinen Spitzentanz und keine Ballettpositionen. Isadora tanzt mit natürlichen Bewegungen: gehen, laufen, hüpfen, drehen, knien. Noch sind ihre Bewegungen ungelenk und wenig ausgereift, doch lässt sich erahnen, wohin die Reise geht. Sie verzichtet auf jede Form von Akrobatik und vermeidet Bewegungen, die der Körper ohne spezielles Training nicht ausführen kann. Einen Unterrichtsversuch an einer Ballettschule bricht sie empört ab, als der berühmte Ballettlehrer verlangt, sie solle auf den Zehen tanzen: »Ich erklärte ihm, ich fände es scheußlich, denn es widerspreche jeder Natürlichkeit, schon nach der dritten Stunde hatte ich genug und ging nie wieder hin.«[68] Gegen die Spitzentechnik des klassischen Balletts wird Isadora zeit ihres Lebens zu Felde ziehen.

Sie wird ihre eigene Lehrerin. Was später so leicht und improvisiert aussieht, ist harte Arbeit. Nichts bleibt dabei dem Zufall überlassen. Wirken ihre Bewegungen zunächst noch sehr übertrieben, werden sie nach und nach eins mit ihrem Körper. Isadoras Überlegungen zum Tanz folgen dabei denen des französischen Bewegungstrainers und Sprecherziehers François

Delsarte, einem Vordenker des modernen Bühnen- und Ausdruckstanzes, der maßgeblichen Einfluss auf Avantgardekünstlerinnen wie Eleonora Duse hat. Der Franzose setzt auf Natürlichkeit, was sowohl beim klassischen Ballett als auch im klassischen Schauspiel auf wenig Gegenliebe stößt. Er ist ein genauer Beobachter der menschlichen Anatomie und nimmt sich die griechische Antike zum Vorbild. Auch wenn er eigentlich eine Deklamations- und Schauspielmethode entwickelt, werden Delsartes Ideen vor allem im Tanz und in der Gymnastik umgesetzt. Maßgeblichen Anteil an der Verbreitung seiner Ideen hat sein Schüler Steele MacKaye, der sie in die USA transportiert und damit zu einem der berühmtesten Theaterschauspieler seiner Zeit wird. Die Gymnastiklehrerin Genevieve Stebbins, ihrerseits eine Schülerin MacKayes, verfasst über die Lehrmethode Delsartes schließlich das bis heute gültige Standardwerk. In den Jahren, in denen Isadoras Suche nach einem neuen Tanz beginnt, gründen sich weltweit Bewegungs- und Deklamationspädagogische Schulen, die Delsartes Lehren vermitteln. Isadora selbst wird den Einfluss Delsartes auf ihre Kunst mal mehr, mal weniger in den Vordergrund rücken. In einem Interview mit dem Magazin *The Director* erklärt Isadora 1898, dass Delsarte »dem Meister aller Prinzipien der Flexibilität und Leichtigkeit des Körpers großer Dank geschuldet sei, dafür, dass er die Tänzer von ihren Fesseln befreit hätte. Seine Lehren, kombiniert mit den üblichen Unterweisungen, die notwendig sind, um Tanzen zu lernen, werden zu einem außergewöhnlich graziösen und anmutigen Ergebnis führen.«[69]

Eigentlich aber seien es vor allem das Meer, das Klavierspiel ihrer Mutter, der Wind, Botticellis *Primavera* und Shelleys Gedicht »Sensitive Plant« gewesen, die ihre Ideenwelt geprägt hätten. Die Natur spielt dabei die größte Rolle: »Als ich fünfzehn war und begriff, dass es in der ganzen Welt keinen Lehrer gab, der mir in meinem Verlangen, Tänzerin zu werden, helfen konnte, weil zu dieser Zeit die einzig existierende Schule die des klassischen Balletts war, wandte ich mich dem Studium der Natur zu, wie es, meiner Einsicht nach, alle Künstler tun, mit Ausnahme der Tänzer.«[70]

Isadora ist der festen Überzeugung, dass vor allem Amerikanerinnen aufgrund ihres Körperbaus nicht zur Primaballerina taugen: »Die Beine sind zu lang, der Körper ist zu elastisch und der Geist ist zu frei für diese affektierte Anmut und diesen Spitzentanz. Es ist doch bemerkenswert, dass alle großen Ballerinen sehr kleine, zierliche Frauen waren. Eine große, schöne Frau könnte niemals Ballett tanzen. Die typische Amerikanerin könnte niemals Ballett tanzen.«[71]

In ihrem berühmten Essay »I See America dancing«, frei nach Walt Whitmans »I hear America singing« wird sie später amerikanische Komponisten auffordern, Musik zu komponieren, die zum Typus der amerikanischen Tänzerin passt »Langbeinige, strahlende Jungen und Mädchen werden zu dieser Musik tanzen (…) Ich sehe Amerika tanzen, mit dem Fuß auf dem höchsten Punkt der Rocky Mountains, ihre Arme reichen vom Pazifik bis zum Atlantik, ihr edles Haupt ist in den Himmel gereckt, die Stirn bekränzt von Millionen Sternen.«[72]

Erste Gelegenheiten, ihre Art von neuem Tanz zu präsentieren, bietet das Scheunentheater, das ihr Bruder Augustin zunächst in Oakland, später in San Francisco eröffnet. Hier sind neben Schauspielklassikern auch erste Tanzabende mit Isadora zu sehen, was das beschauliche Oakland so ganz nebenbei zur Wiege des modernen Tanzes macht.

1893 kehrt Joseph Duncan noch einmal in Isadoras Leben zurück. Wieder einmal ist er zu Geld gekommen und vergisst in seinem neuen Wohlstand auch Dora und die Kinder nicht. Er mietet für seine Familie das Herrenhaus Castle Mansion in der

Sutter und Van Ness Street in San Francisco an. Hier finden im neuen Scheunentheater erneut Theaterabende für Nachbarn und Freunde statt, es wird musiziert und getanzt. Auf den Ankündigungsplakaten ist von da an nur noch »Isadora Duncan« zu lesen. Der Taufname »Angela« verschwindet. Das neue Scheunentheater ist so ein großer Erfolg, dass die Geschwister beschließen, auf Tournee zu gehen. Erste Station des »Principal Theater of California« ist Santa Clara: »Aber keiner kam, um die Aufführung zu sehen.«[73] Und das, obwohl Raymond und Augustin alle Hotels abklappern und mit vollmundigen Versprechungen von weltberühmten Künstlern locken. Die Show, bestehend aus einer Mischung aus Shakespeare-Rezitationen, Komödie, Drama, Gedichten und Tanz, ist ein Flop. Die jugendlich-unschuldige Isadora, die bei ihren Auftritten Sandalen, Tunika oder Chiton trägt, wirkt zwar befremdlich, doch ein Skandal ist sie nicht. Ihr Tanz wirkt eher religiös als provokant. Die Anklänge ihres Erscheinungsbildes an die griechische Antike sind greifbar und unterstreichen ihre Absicht, den Tanz von sämtlicher Anrüchigkeit freizumachen. Trotz ihrer entblößten Beine gleicht sie weit mehr einer griechischen Göttin als einer Hure.

Für Isadora ist die griechische Antike das Kulturzeitalter schlechthin und für Tänzer von überragender Bedeutung: »In all ihren Malereien und Skulpturen, in ihrer Architektur und Poesie, in ihrem Tanz und in ihrer Tragödie entwickelten die Griechen ihre Bewegungen aus der Bewegung der Natur. Das lässt sich besonders deutlich an all ihren Götterdarstellungen wahrnehmen: die griechischen Götter, die nichts anderes als die Vertreter der Naturgewalten sind, sind stets in einer Haltung dargestellt, die die Konzentration und die Entwicklung dieser Gewalten ausdrückt. Darum ist die Kunst der Griechen nicht eine bloß nationale und charakteristische geblieben, sondern ist und wird zu allen Zeiten eine Kunst der ganzen Menschheit sein. Wenn ich daher nackt auf dem Erdboden tanze, so nehme ich naturgemäß griechische Stellungen ein, denn griechische Stellungen sind nichts weiter als die natürlichen Stellungen auf dieser Erde.«[74] Isadoras Griechenland ist das Griechenland der Romantiker, das Griechenland Byrons, Shelleys und Keats. Sie ist fasziniert von der klassischen Antike, wie Johann August Winkelmann sie lehrt und wie sie Heinrich Schliemann mit seiner Ausgrabung von Troja zu bestätigen scheint. Mit ihrer Griechenlandbegeisterung ist sie in einem Land ohne eigene Geschichte, das auf der Suche nach seiner kulturellen Identität ist, nicht allein. Vor allem auf junge Amerikaner übt das antike Griechenland eine große Faszination aus. Überall in den USA gibt es plötzlich Nachahmer griechischer Architektur, Theater und Wettkämpfe nach griechischem Vorbild. Menschen, gewandet in Tuniken und Sandalen, wandern Byron deklamierend die Küste Kaliforniens entlang.

Bis zum Frühsommer 1895 leben die Duncans in dem wundervollen Haus mit großem Garten, Tanzsaal und Tennisplatz. Doch dann kommt es, wie es immer kommt: »Auch das vierte Vermögen verschwand, und mit ihm natürlich auch das Haus und das sorglose Leben. Aber für die wenigen Jahre, die wir darin wohnten, war es für uns wie der rettende Hafen zwischen zwei stürmischen Seereisen«,[75] wird Isadora in ihren Memoiren schreiben.

Joseph Duncan versucht sein Glück daraufhin noch einmal als Kaufmann und importiert Waren aus Europa in die USA. In den nächsten Jahren reist er beständig zwischen den Kontinenten hin und her. Am 13. Oktober 1898 besteigt er zusammen mit seiner dritten Frau Mary und der zwölf Jahre alten Tochter Rosa in Southampton das Passagierschiff *Mohegan,* das sie zurück nach New York bringen soll. Es ist die zweite Atlantiküberquerung des erst in diesem Jahr in Dienst gestellten Dampfers der Atlantic Transport Line. Neben modernster Technik ist das Schiff mit allen nur erdenklichen Annehmlichkeiten ausgestattet. Der riesige Frachtraum bietet Platz für 700 Rinder. Mit Höchstgeschwindigkeit nimmt das Schiff Kurs in Richtung New York. Aufgrund einer falschen Kursbestimmung fährt es jedoch zu nahe an der Küste entlang und rammt bei Falmouth in Cornwall einen Felsen. Innerhalb von zwölf Minuten geht das Schiff unter. 106 Menschen kommen in dieser Nacht ums Leben, darunter der Kapitän und die gesamte Crew. Unter den Toten ist auch Joseph Duncan samt Frau und Kind.

Nachdem sie Castle Mansion verlassen müssen, sagen Isadora und ihre Mutter der Westküste Lebewohl und reisen gen Osten, ganz so, wie Isadora sich dies immer erträumt hatte: »Die dominierende Note meiner Kindheit bestand in fortwährender Empörung gegen die Engherzigkeit der Gesellschaft, in der wir lebten, gegen die Einschränkungen des Lebens sowie in dem immer stärker werdenden Wunsch, nach Osten zu entfliehen, wo ich mir ein Leben auf einer freieren und breiteren Grundlage dachte. Immer und immer wieder beschwor ich meine Verwandten wegzuziehen und schloss gewöhnlich mit dem Satz: ›Wir *müssen* diesen Ort verlassen, denn hier werden wir nie etwas erreichen.‹«[76] Niemand hier im »Wilden Westen« hatte verstanden, welches Potential in Isadora steckte. Das Ballett der Westküste war geprägt vom Stil Marie Bonfanti, die mit dem Stück »The Black Crook« hier rauschende Erfolge feierte. Die einzig andere akzeptierte Art zu tanzen war Skirt Dancing für junge Mädchen, wobei unter allen Umständen vermieden wurde, die Fesseln zu zeigen. Eine Tänzerin im Stile Isadoras hatte hier keine Zukunft. Hatte nicht ein Impresario, dem sie in San Francisco einige Sätze aus Mendelssohns Klavierzyklus »Lieder ohne Worte« vorgetanzt hatte, ihrer Mutter geraten, sie wieder mit nach Hause zu nehmen? Ihr Tanz gehöre in eine Kirche, nicht auf eine Bühne. Nein, um so zu tanzen, wie sie will, muss sie ihre Heimat verlassen: »Gleich einem Mitglied der Pilgerväter verließ ich dieses schöne Land meiner Geburt, und der Zug raste mit mir gen Osten.«[77]

Ich habe nie verstanden,
warum jemand, der
etwas wirklich will,
es nicht einmal versucht.

(Isadora Duncan)

»Ich kann nicht an Chicago denken,
ohne ein quälendes Hungergefühl zu verspüren.«

II.

Ein kalifornischer Faun auf dem Jahrmarkt der Eitelkeiten

Isadora ist gerade einmal 18 Jahre alt, als sie mit ihrer Mutter im Juni 1895 in Chicago eintrifft: »Unser ganzes Vermögen bestand aus einem Reisekoffer, einigen altmodischen Schmuckgegenständen von unserer Großmutter und fünfundzwanzig Dollar. Meiner Überzeugung nach musste sich alles ganz glatt und einfach abspielen.«[78] Dass Isadoras Karriere ausgerechnet in Chicago Fahrt aufnehmen soll, hängt eng mit dem neuen Image der Stadt zusammen, welches untrennbar mit der Weltausstellung verbunden ist. Die hatte zwei Jahre zuvor aus der bei einem verheerenden Brand 1871 beinahe völlig zerstörten Stadt eine aufstrebende Weltmetropole gemacht. Die 19. Weltausstellung, mit der die USA vom 1. Mai bis zum 30. Oktober 1893 an die Landung Kolumbus in Amerika vor 400 Jahren erinnern wollten, war die größte Messe, die das Land bis dato gesehen hatte, und zog mehr als 27 Millionen Besucher an. 70 000 Aussteller aus 46 Nationen fuhren alles auf, was an technischen Neuerungen auf dem Markt war. Zu sehen waren Edisons neuster Phonograph, die erste Geschirrspülmaschine sowie eine elektrische Küche. Die Telefonfirma Bell offerierte die ersten Langstreckentelefonate nach New York und Boston, Louis Tiffany zeigte seine Goldschmiedekunst, und der Deutsche Ludwig Stollwerk errichtete einen aufsehenerregenden Schokoladentempel. Hagenbecks Menagerie war ebenfalls vor Ort, und abgeschirmt durch einen Vorhang konnten ausschließlich männliche Besucher Auguste Rodins Skulptur »Der Kuss« bestaunen. All dies wurde noch übertroffen von George Washington Ferris' Riesenrad, dem »Ferris Wheel«, das den Eiffelturm der letzten Weltausstellung glatt in den Schatten stellte und mit 36 Gondeln gleichzeitig 2000 Menschen in 80,5 Meter Höhe beförderte. Fortschritt war das Schlagwort dieser Ausstellung, bei der auch Themen wie Frauenrechte und Emanzipation sichtbar gemacht wurden. So gehörte zu den herausragenden Gebäuden der Weltausstellung das Woman's Building der Bostoner Architektin Sophia Hayden. Dort fand vom 15.–21. Mai der Weltkongress der Frauen statt, bei dem rund 3000 Frauen aus 27 Nationen über die Einführung des Frauenwahlrechts diskutierten.

Die Weltausstellung veränderte das Gesicht der Stadt auch architektonisch. Aus dem »Schlachthof der Nation« wurde dank der Ausstellungsarchitektur »die weiße Stadt«. Damit die Ausstellungshallen auch nachts zu sehen waren, wurden sie mit Hilfe der neusten Erfindung von Nicola Tesla beleuchtet: Wechselstrom.

Als Isadora nach Chicago kommt, gibt es hier Gärten, Wasserflächen und jede Menge Kultur: 3 Universitäten, 24 Theater und seit 1891 das Chicago Symphony Orchester. Chicago ist ein

Ort der Verheißung, eine moderne Stadt, die den vom strengen Puritanismus geprägten Ostküstenstädten Washington und Philadelphia sukzessive den Rang abläuft. Chicago gilt als die Stadt der Zukunft und zieht eine neue Art von Pionieren an: Menschen mit Visionen, Menschen wie Isadora. Die hat ein Empfehlungsschreiben des San Francisco Presse Clubs für sein Chicagoer Pendant in der Tasche. Selbstbewusst erklimmt sie die Stufen zum Presseclub: »Ich habe Ihnen aus San Francisco eine Offenbarung mitgebracht. Ich habe die eigentliche Bewegung des Menschen entdeckt.«[79] Die Wirkung ihrer Worte ist nicht gerade durchschlagend. Die ausschließlich männlichen Journalisten zeigen sich überrascht, manche sind auch konsterniert über die unverblümte Art der jungen Frau. Den meisten entlockt ihr Eifer nicht viel mehr als ein Schmunzeln. Immerhin bittet man sie um eine Kostprobe ihrer Kunst: »Ich erinnere mich, wie ich vor dieser Gruppe halb zynischer Beobachter tanzte und mich bemühte (...) Niemand zeigte sich interessiert.«[80] Weitere Versuche, irgendjemanden für ihre Kunst zu begeistern, sind ebenfalls nicht von Erfolg gekrönt. Bald sind Mutter und Tochter so abgebrannt, dass sie die Miete nicht mehr bezahlen können. Ein unerbittlicher Hauswirt beschlagnahmt daraufhin ihr Gepäck und setzt sie auf die Straße. Isadora verkauft ihren Pelzkragen, damit sie zumindest Geld für die Miete und eine Kiste Tomaten haben. Eine ganze Woche lang leben die beiden von Tomaten, ohne Brot und ohne Salz. Als Dora Duncan schließlich vor Schwäche nicht mehr aufstehen kann, begibt sich Isadora auf Jobsuche: »Da ich aber überall abgewiesen wurde (...) ging ich in ein Stellenvermittlungsbüro. ›Was können Sie?‹, fragte die Frau bei der Kasse. ›Alles!‹, erwiderte ich. ›Nun, Sie sehen eher aus, als ob Sie gar nichts könnten‹, war die Antwort.«[81]

In ihrer Verzweiflung tanzt sie schließlich in Chicagos berühmtestem Varieté vor, dem Masonic Temple Roof Garden

Theater. Das Gebäude an der Ecke Randolph/State Street, in dem das Theater untergebracht ist, ist eines der Wahrzeichen Chicagos. Bis 1920 ist der 21-stöckige Wolkenkratzer sogar das höchste Gebäude der Stadt und beherbergt das größte Liftsystem der Welt mit einer Kapazität von 100 000 Menschen täglich.

Isadora tanzt Felix Mendelssohn Bartholdys Klavierzyklus »Lieder ohne Worte« das »Frühlingslied« op.62/6. Manager Charles Fair gefällt, was er sieht, doch um sie in seine Show aufzunehmen, fehlt es ihr seiner Ansicht nach an Pep. Sie darf ihre Freitänze vorführen, wenn sie danach zu etwas Gefälligerem mit Rüschenröckchen und Beinewerfen übergeht. Diesmal wehrt sich Isadora nicht: »Ich dachte an meine gute Mutter, die zu Hause bei ihrer letzten Tomatenmarmelade verhungerte.«[82] Ohne Geld für Rüschenröckchen, doch mit der ihr eigenen Chuzpe marschiert sie zu Marshall Field, einem der größten Warenhäuser der Stadt: »Dort verlangte ich, vor den Direktor geführt zu werden, und erklärte einem freundlichen jungen Mann, der sich als solcher vorstellte, ich müsse unbedingt bis zum nächsten Morgen einen Rock mit Rüschen und Spitzen haben – ich würde die Ware sofort von meiner Gage bezahlen. Was diesen Herrn bewogen haben mag, meine Bitte zu erfüllen, weiß ich nicht. Jahre später traf ich ihn wieder in Person des Multimillionärs Gordon Selfridge.«[83] Tatsächlich wird sie der spätere Gründer des weltberühmten Londoner Kaufhauses Selfridges noch mehrmals im Leben aus Kalamitäten befreien.

Die ganze Nacht hindurch näht sie an ihrem Rock, und als sie am nächsten Tag erneut vortanzt, wird sie von Fair engagiert. Große Plakate kündigen sie als Kalifornischen Faun an. Drei Wochen hält sie durch, dann schmeißt sie hin: »Wir waren vor dem Verhungern gerettet, und es widerstrebte mir, das Publikum mit einer Darbietung zu amüsieren, die mit meinen Idealen so gar nicht in Einklang stand. Es war das erste und das letzte Mal, dass ich es überhaupt getan habe.«[84] Dann doch lieber ohne Gage tanzen, dafür in der Hoffnung auf Verständnis für ihre Kunst. In Chicagos Bohemian Club, wo sich die hiesige Künstlerszene trifft, glaubt sie, genau solche Zuschauer zu finden. Doch weit gefehlt. Die meisten hier sind verkrachte Existenzen, die genau wie sie selbst vor allem wegen der hier angebotenen kostenlosen Sandwiches und des Freibiers da sind. Großzügige Spenderin all dieser Wohltaten ist die Journalistin Martha Everts Holden, besser bekannt als Amber. Sie finanziert den Bohemian Club, und als sie 1896 mit nur 52 Jahren stirbt, stirbt der Club mit ihr. Auch wenn Ambers Freunde Isadoras Kunst kaum interessiert, kommt sie nun täglich hierher, zum einen der kostenlosen Sandwiches wegen, zum anderen wegen Ivan Miroski, einem polnischen Einwanderer mit rotem Haar, rotem Bart und strahlend blauen Augen. Der 45-Jährige sitzt meist allein für sich in einer Ecke und beobachtet mit leicht spöttischer Miene das Treiben. Was die Dramatik seines Lebens anbelangt, fühlt er sich den langhaarigen amerikanischen Jünglingen hoffnungslos überlegen.

Isadora unternimmt lange Spaziergänge mit Miroski und glaubt bald, sich unsterblich in den wesentlich älteren Mann verliebt zu haben. Als er sie küsst und bittet, seine Frau zu werden, ist es mit ihrem Widerstand nicht weit her. Dennoch vertröstet sie ihn: Zuerst muss sie sich um ihre Karriere kümmern.

Sie hat einen neuen Plan: Augustin Daly ist mit seinem Ensemble in der Stadt. Daly ist einer der einflussreichsten Broadwayproduzenten und der erste wirklich anerkannte Theaterdirektor der USA. Ganz nebenbei ist er allerdings ein Tyrann, der seinen Schauspielern Strafen fürs Zuspätkommen und vergessene Textzeilen aufbrummt. Star seiner Truppe ist die Schauspielerin Ada Rehan, eine der populärsten Schauspielerinnen ihrer

Zeit und Geliebte des verheirateten Daly. Sie glänzt vor allem in Shakespeare-Dramen und wird von George Bernard Shaw und Mark Twain tief verehrt. Oscar Wilde entwirft die Figur der Mrs Erlynne in seinem Stück »Lady Windermeres Fächer« nach ihrem Vorbild. Isadora versucht alles, um Augustin Daly vortanzen zu dürfen. Stundenlang wartet sie vor dem Theater, hartnäckig darum bittend, vorgelassen zu werden. Weshalb sie sich durch nichts und niemanden abschrecken lässt, erklärt ihr späterer Freund, der deutsche Kulturvermittler Harry Graf Kessler, so: »Die jungen Kalifornier, Mädchen und Jungen, schienen weniger von Traditionen eingeengt, im Verkehr miteinander freier, Wagnissen menschlicher und religiöser Art zugänglicher als ihre Altersgenossen. Vielleicht hatten sie unter diesem südlichen Himmel auch feinere Nerven und ein elementareres Bedürfnis nach Kunst. Isadora Duncan, die Kalifornierin war, gehörte in ihrem freien Menschentum, ihrer Unbefangenheit und Frische, der Unbedenklichkeit, mit der sie ihr Leben und ihre Kunst von überlebten Konventionen reinigte, zu dieser westlichen, neuamerikanischen Art.«[85]

Ein ums andere Mal wird sie abgewiesen, doch Isadora gibt nicht auf. Als sie schließlich vor Daly steht, überfällt sie ihn mit den Worten: »Ich bringe Ihnen eine große künstlerische Idee, und Sie sind wahrscheinlich der einzige Mann in Amerika, der imstande ist, sie zu erfassen. Ich habe den Tanz neu entdeckt! Ich habe eine Kunst wiedergefunden, die zwei Jahrtausende hindurch für die Menschheit verlorengegangen war. Sie sind ein hervorragender Theaterfachmann, aber Ihrem Theater fehlt, was dem griechischen Theater seine Bedeutung verlieh – und das ist der Tanz, der Chor der Tragödie. Wenn Sie diesen nicht zu neuem Leben erwecken, so wird Ihr Theater stets nur ein schöner Kopf bleiben, den seine Glieder nicht zu tragen vermögen. Ich bringe Ihnen diese Tanzkunst, die unser

Zeitalter von Grund auf verändern wird.«[86] Offensichtlich beeindruckt ihre Rede den großen Daly, denn er bietet ihr ein Engagement an – sollte sie es schaffen, im Oktober rechtzeitig in New York zu sein. Voller Euphorie kabelt Isadora an die Geschwister, die in Kalifornien zurückgeblieben sind: »Triumphales Engagement! Augustin Daly. Muss am 1. Oktober in New York sein! Weist 100 Dollar für die Reise an!«[87] Das Geld trifft ein – zusammen mit Elizabeth, Raymond und Augustin, die beschlossen haben, sie nach New York zu begleiten. Rasch schwört Isadora Miroski noch ewige Liebe, dann sitzt sie auch schon im Zug nach New York.

Sie setzt größte Hoffnungen in ihr neues Engagement. Dalys Company wird häufig mit der Comédie-Française verglichen, ist eines der letzten Ensembles mit eigenem Haus und residiert in Daly's Theater Ecke Broadway/30th Street. Isadoras erste Rolle ist eine Pantomime im Stück *Madame Pygmalion*. Die Hauptrolle übernimmt der französische Pantomimenstar Jane May. Dummerweise kann Isadora Pantomime nicht ausstehen, und mit Jane May geht es ihr ähnlich: »Schon die erste Probe brachte mir eine fürchterliche Enttäuschung. Jane May, eine kleine Person mit sprudelndem Temperament, geriet bei jeder Gelegenheit in Wut. Man hatte mir die wichtigsten Gebärden der Pantomime gezeigt: Wenn ich auf sie deutete, so hieße das ›Du‹, wenn ich meine beiden Hände flach auf den Busen legte, sollte das ›Liebe‹ heißen, wenn ich aber schließlich meine Brust heftig mit beiden Fäusten bearbeitete, so hatte das ›Ich‹ zu bedeuten. Dies alles erschien mir aber gar zu läppisch, und da mein Herz nicht bei der Sache war, spielte ich meine Rolle so schlecht, dass Jane May in einen Wutanfall geriet. Sie wandte sich wie angewidert an Daly, versicherte ihm, ich besäße nicht das geringste Talent und könne diese Rolle unmöglich behalten.«[88] Daly lässt sie dennoch weitermachen, und Isadora lernt Jane May und ihre

Kunst im Laufe der Zeit sogar noch zu schätzen, auch wenn ihr die erboste Diva einmal eine schallende Ohrfeige verpasst.

Bis zur Premiere leben die Duncans von der Hand in den Mund. Nach mehreren heruntergekommenen Behausungen landen sie schließlich in der 180. Straße in Washington Heights. Von hier aus läuft Isadora jeden Tag zu Fuß ins Theater in die 30. Straße: »Da ich auch für ein Mittagessen kein Geld hatte, versteckte ich mich während der Pause in einer Loge; dort schlief ich gewöhnlich vor Ermattung ein und setzte am Nachmittag die Proben mit leerem Magen wieder fort. Sechs Wochen hungerte ich mich so durch die Proben, und erst eine Woche nach der Premiere wurden die Gagen ausbezahlt.«[89]

An diesem lange herbeigefieberten Abend steht sie mit blonder Perücke, Strohhut und einem Kleid aus blauer Seide lustlos und erschöpft auf der Bühne. Ihrer Ansicht nach ist das Stück grauenvoll, eine Einschätzung, die der Kritiker der *New York Times* voll und ganz teilt: »Eine endlose Aneinanderreihung archaischer Symbolik … Es weckt keinerlei Emotionen.«[90] Nach nur drei Wochen läuft das Stück bereits so schlecht, dass Daly beschließt, auf Tournee zu gehen, was Isadora vor neue Probleme stellt: »Ich erhielt 15 Dollar pro Woche, musste alle meine Auslagen zahlen und schickte noch die Hälfte der Gage meiner Mutter. Wenn wir uns in einem Ort aufhielten, (…) machte ich mich mit meinem Koffer zu Fuß auf die Suche nach einer billigen Pension. (…) So erhielt ich in einem Haus nicht einmal einen Zimmerschlüssel; die Männer, die dort wohnten, waren meist betrunken und versuchten wiederholt, in mein Zimmer einzudringen. Ich war zu Tode erschrocken, verrammelte mit dem schweren Kleiderkasten meine Zimmertür, wagte aber dennoch nicht zu schlafen.«[91] Geborgenheit findet sie in dieser Zeit allein in ihren Büchern: bei Platon, Aischylos, Sophokles und Euripides. Leider reagiert auch die Provinz alles andere als euphorisch auf *Madame Pygmalion*, weshalb die Tour verkürzt wird und das Ensemble nach New York zurückkehrt. Hier steht als Nächstes *Ein Sommernachtstraum* auf dem Programm. Dalys Inszenierung ist seit langem ein Renner, wird vom Publikum gleichermaßen geliebt wie von der Kritik als überladen und altbacken geschmäht. Einer der größten Kritiker Dalys ist George Bernard Shaw, der dessen Shakespeare-Adaptionen schlichtweg unmöglich findet und alle Schauspieler nur warnen kann: »Es gibt nur einen Weg, der Zeit zu trotzen, und der besteht darin, frische Ideen zu haben. So leid es mir tut, aber für Schauspieler bedeutet dies, die Truppe von Mr Daly zu meiden.«[92]

Im *Sommernachtstraum* gestattet Daly Isadora diesmal sogar, in ihrer heißgeliebten Tunika aufzutreten, allerdings mit umgeschnallten Engelsflügelchen. Sie nutzt ihre Chance, tanzt aus der Reihe und ist dabei so gut, dass sie Szenenapplaus erhält. Daly ist fuchsteufelswild, achtet er doch streng darauf, in seiner Truppe keine Stars aufkommen zu lassen. Von nun an erlischt auf der Bühne das Licht, wenn Isadora tanzt: Außer schemenhaften Umrissen bekommt das Publikum nichts mehr von der Tänzerin rechts außen zu sehen. Als zwei vergeudete Jahre bei einer Truppe von Marionetten wird Isadora ihre Zeit bei Daly im Rückblick beschreiben.

Auch diese Produktion geht auf Tournee, im Mai 1896 gar nach San Francisco. Als Kind der Stadt wird Isadora in den Zeitungen zwar lobend erwähnt, doch ansonsten erntet das Stück gnadenlose Verrisse. Isadora ist enttäuscht. So hatte sie sich ihre Rückkehr nicht vorgestellt. Sie ist froh, als die Truppe die Stadt wieder verlässt.

Das nächste Stück, in dem Daly Isadora besetzt, ist Shakespeares *Viel Lärm um nichts* mit Ada Rehan in der Hauptrolle. Im Mai 1897 spielen sie in Chicago. Auf dem Plakat des Hooley's Theatre wird »Miss Isadora Duncan« ganz klein unter »A Dance of Gypsies« angekündigt.[93] Wie unbefriedigend, sie will nicht eine von vielen sein. Ihre Karriere ist seit ihrem Engagement bei Daly kein Stück vorangekommen. Weder konnte sie ihre eigene Kunst weiterentwickeln, noch wird sie als eigenständige Künstlerin wahrgenommen. Als sie darum in Chicago Miroski wiedersieht, sinkt sie in dessen Arme und nimmt den erneuerten Heiratsantrag an.

Wieder zurück in New York wartet Bruder Augustin allerdings mit schlechten Nachrichten auf: Der Bräutigam ist bereits verheiratet. Trotz ihrer grundlegenden Abneigung gegen die Ehe ist Isadora geschockt. Ihr erstes Liebesabenteuer – und dann diese Wendung. Am Ende konzentriert sie sich wieder aufs Tanzen. Sie tanzt in *Meg Merrilies* nach Sir Walter Scotts *Guy Mannering* und in *Der Sturm* von Shakespeare: Abend für Abend die ewig gleichen Bewegungen, die ewig gleiche Mimik, das ewig gleiche Programm. Miroski wird ein Jahr später im Kampf um die spanischen Überseegebiete als Freiwilliger für die USA gegen Spanien in den Krieg ziehen. Noch vor seiner Ausschiffung stirbt er in einem Militärcamp in Florida an Typhus.[94]

Im Sommer 1897 reist Dalys Ensemble nach Großbritannien. Sie spielen *Wie es euch gefällt* in Stratford-upon-Avon, der Geburtsstadt William Shakespeares. In ihren Memoiren erwähnt Isadora diese Reise nicht. Eine Erklärung dafür könnte sein, dass Isadora, die stets für sich in Anspruch nimmt, ohne klassischen Ballettunterricht zur Tänzerin geworden zu sein, in London über Augustin Daly Kontakt zu Katharina Lanner bekommt. Die Tochter des österreichischen Komponisten Josef Lanner ist Ballettmeisterin des Empire Theaters am Leicester Square und hatte 1876 die National Training School of Dancing gegründet. Sie selbst hatte in Wien bei der legendären Ballerina Fanny Elßler studiert, und wie die Forschung längst bewiesen hat, nimmt Isadora bei Katharina Lanner Stunden. Im Übrigen nicht die einzige Unterweisung in klassischem Ballett, die sie erhält. Zurück in New York besucht Isadora Kurse bei Dalys Schweizer Tanzmeister Karl Marwig, einem der besten Choreografen des Broadways. Und genau wie eine andere Tanzrevolutionärin, Ruth St. Denis, nimmt sie kurzzeitig auch Unterricht bei New Yorks großer Primaballerina Marie Bonfanti.[95] Die in Mailand geborene Bonfanti, ausgebildet an der Scala, war lange Jahre Primaballerina der Metropolitan Oper in New York gewesen. 1892 hatte sie ihre Karriere beendet und betreibt seither ein Tanzstudio am Union Square. Ihr Urteil über Isadora ist vernichtend: »Isadora Duncan… Isadora Donkey! Das ist doch kein Tanz, was immer Enthusiasten sagen mögen. Als ob Herumspringen mit nackten Füßen das erste künstlerische Prinzip des Tanzes wäre…«[96]

Isadora hingegen hält sich bereits jetzt für eine große Tänzerin. Dennoch ist sie selbstkritisch genug einzusehen, dass sie zum Singen rein gar kein Talent hat. Gleichwohl soll sie in Dalys neuer Produktion »Die Geisha« genau das tun. Um nicht unangenehm aufzufallen, bewegt sie nur die Lippen, wovon weder sie noch ihre Mitsänger begeistert sind. Isadoras Leidensfähigkeit hat damit ihre Grenze erreicht: »Die Einfältigkeit der ›Geisha‹ markierte den Endpunkt meiner Beziehungen zu Daly. Eines Tages fand er mich im dunklen Theater weinend in einer Loge. Er beugte sich über mich und fragte, was mir fehlte, worauf ich ihm erklärte, ich könne den Schwachsinn, der hier in seinem Theater gegeben werde, nicht länger aushalten.«[97] Ein paar Tage später kündigt sie. Sie wird Augustin Daly nie wiedersehen. Amerikas erster großer Theaterdirektor stirbt 1899 in Paris an einem Herzanfall, ohne jemals zu erfahren, was für ein Superstar seine kleine aufmüpfige Tänzerin wird.

Nach der Trennung von Daly konzentriert sich Isadora erneut auf ihre Soloauftritte. Die Familie mietet sich ein kleines Studio in der Carnegie Hall, in dem Isadora übt. Elizabeth errichtet in den Räumen eine Tanzschule, die Mutter begleitet am Klavier. Um die Miete zu bezahlen, wird das Studio zudem an andere Künstler untervermietet. Oft kann Isadora nur nachts trainieren, wenn Tanzschule und Untermieter weg sind. Zusätzliche Einnahmen verspricht ein Theaterengagement von Augustin, während Raymond sich als Journalist versucht.

Isadoras Interesse gilt augenblicklich den Opern des großen Opernreformers Christoph Willibald Gluck. Seine Idee, die Oper auf ihren dramatischen Ursprung zurückzuführen, als Musik und Wort gleichwertig waren, beeinflusst auch Isadora in ihren Überlegungen zum Tanz. So wie Gluck mit Tönen Geschichten erzählt und Emotionen darstellt, so will sie tanzen. Andere Komponisten, mit denen sie sich in jener Zeit intensiv beschäftigt, sind Felix Mendelssohn Bartholdy und Johann Strauss. Und auch ein amerikanischer Komponist der Gegenwart hat es ihr angetan: Ethelbert Nevin. Der 35-Jährige hatte einen Großteil seiner Ausbildung in Europa erhalten und lange Jahre bei Karl Klindworth in Berlin Unterricht genommen. 1885 war er als einer von nur vier Schülern in Hans von Bülows Hochbegabtenklasse aufgenommen worden. Nevin ist bis heute in den USA beliebt. Zu seinen Lebzeiten waren Kompositionen wie *Narcissus* und *The Rosary* wahre Gassenhauer. *Mighty Lak'a Rose* wurde zum amerikanischen Klassiker und wurde sowohl von Petula Clark als auch von Frank Sinatra eingesungen.

Als Isadora Nevin kennenlernt, kommt dieser gerade aus Europa zurück, von wo er eine todbringende Krankheit mitgebracht hat, die 1901 seinen frühen Tod versursacht: Tuberkulose. Eines Tages stürmt Nevin voller Empörung in ihr Studio. Er hat erfahren, dass sie zu seiner Musik tanzt. Außer sich vor Zorn erklärt er ihr, dass seine Musik keine Tanzmusik sei – er sei ein klassischer Komponist. Isadora setzt den verdutzen Nevin kurzerhand auf einen Stuhl und beginnt zu »Narcissus« zu tanzen: »Kaum war der letzte Ton verklungen, als Nevin aufsprang und mich mit beiden Armen umschlang. Er blickte mich an, und seine Augen füllten sich mit Tränen: ›Sie sind ein Engel!‹, rief er aus. ›Sie sind eine Seherin! Dieselben Bewegungen sah ich im Geiste vor mir, als ich die Musik komponierte.‹«[98] Tatsächlich ist »Narcissus« inspiriert durch die griechische Mythologie, das perfekte Stück für Isadora.

Am 24. März 1898 treten Isadora und Nevin zum ersten Mal gemeinsam in der Carnegie Hall auf. Nevin sitzt am Klavier, Isadora tanzt. Durch die Zusammenarbeit mit Nevin wird endlich auch die Presse auf sie aufmerksam: »Ihr Tanz hat unter kulturbeflissenen New Yorkern große Begeisterung ausgelöst, und die Art und Weise, wie die beiden von der Presse als Botschafter einer neuen Kunstform gepriesen werden, sorgt weitum für Interesse.«[99] Die meisten ihrer Auftritte sind in jenen Jahren noch fest in Familienhand. Augustin rezitiert Gedichte, Dora Duncan spielt Klavier, Isadora tanzt. Nach einem ihrer Auftritte schreibt die *New York Post*: »Miss Duncan hat die Musik nicht nur begleitet, sie war die Musik.«[100] Tatsächlich sind Isadoras Auftritte in vielerlei Hinsicht revolutionär: Sie kommt ganz ohne Ballettschritte und Figuren aus, ja, bewegt kaum die Beine, sondern verlässt sich auf ihren Körper, ihr Gesicht und ihre Arme. Ihr Tanz ist der Part, den die Griechen einst dem Chorus überließen. Dazu kommt, dass sie als erste Tänzerin zu sinfonischer Musik tanzt. Weil sie in wallendem Chiton, mit nackten Beinen, in Sandalen auftritt, kommt es immer wieder vor, dass empörte Zuschauerinnen den Saal verlassen. Die meisten aber sind fasziniert von dieser bis dato nie gesehenen Art, sich zu bewegen. Um zu erklären, was sie mit ihrer Art von Tanz bezweckt, entwickelt Isadora ein ganz eigenes Format, wonach sie sich nach Ende der Darbietung in einer kleinen Rede ans Publikum wendet. Dieses kennt Tanz jenseits des klassischen Balletts nur als schlichte Unterhaltung. Jetzt sollen die Zuschauer den Tanz als Kunstform für sich entdecken: »Wenn es nicht gelingt, den Tanz als Kunstform wieder lebendig werden zu lassen, dann ist es besser, er bleibt für immer im Nebel der Vergangenheit verborgen. Ich habe nicht das geringste Interesse daran, etwas zu reformieren. Mich interessiert allein die Frage: Ist Tanz eine Kunstform oder nicht, und wenn dem so ist, wie kann man sie wieder zum Leben erwecken?«[101] Die kleine tanzphilosophische Vorlesung gegen Ende der Veranstaltung wird Isadora Duncans Markenzeichen.

Bald schon ist die junge Tänzerin unter Kunstliebhabern ein Geheimtipp. Immer mehr Damen der High Society mischen sich unters Publikum. Im Sommer 1898 erobert Isadora schließlich den Hot Spot des amerikanischen Geldadels: Newport. In dem kleinen Örtchen in Rhode Island haben sich diejenigen, die vor allem während des sogenannten »Gilded Age« märchenhafte Vermögen gemacht haben, fürstliche Sommerresidenzen erbaut. Sommerhäuser wie »The Breakers« oder »Rosecliff«, heute öffentlich zugängliche Museen, sind steingewordene Zeugen dafür, wie nach dem Ende des Sezessionskrieges und der bis 1877 andauernden Phase der Reconstruction, in der das Land neu geordnet und wiedervereint wurde, Männer wie Andrew Carnegie, John D. Rockefeller oder Cornelius Vanderbilt zu Multimillionären werden konnten und so den Mythos vom amerikanischen Traum zusätzlich befeuerten. Dass Mark Twain, auf den der Begriff »Gilded Age« (Vergoldetes Zeitalter) zurückgeht, von Anfang an damit nicht ein goldenes, sondern ein vom Golde bestimmtes Zeitalter im Sinn hatte, ging im märchenhaften Reichtum dieser Selfmade-Millionäre unter. Genau wie die Tatsache, dass die meisten Amerikaner unter großer Armut und einer schier unglaublichen Korruption zu leiden hatten.

In den Villen der Superreichen ist Isadora bald ein gern gesehener Gast. Zu ihren Gastgeberinnen gehört Josephine Jewell Dodge, Tochter des ehemaligen Gouverneurs von Connecticut und spätere Vorsitzende des Komitees gegen die Einführung des Frauenstimmrechts. 1913 wird sie in einem Artikel im *Harrisburg Courier* erklären, dass es wichtiger sei, sich adrett zu kleiden als das Wahlrecht zu besitzen.[102] Elizabeth Mills Reid, Gattin von Whitelaw Reid, dem Herausgeber der *New York Tribune* und US-Botschafter in Frankreich und England, ist eine weitere Dame, bei der Isadora auftritt. Die Reids gelten als die interessantesten Gastgeber der Ostküste. In ihrem Stadthaus in New York führen sie 1901 ein Musical für 400 Zuschauer auf. Elizabeth Mills Reid wetteifert mit Louise Holmes Anthony Vanderbilt, die in ihrem Sommerhaus jährlich ein Thanksgiving-Dinner für 400 Zeitungsjungen veranstaltet. Ihre Großzügigkeit und Gastfreundschaft sind legendär. Auf dem Rasen ihres Anwesens in Newport finden legendäre Gartenfeste zugunsten der Gesellschaft für die Bekämpfung von Tuberkulose statt. Ein zweites Mal nach »Rough Point« eingeladen zu werden, gilt als offizielle Eintrittskarte in die feine Gesellschaft von Newport. Die berühmteste Gastgeberin von Newport aber ist Caroline Schermerhorn Astor, besser bekannt als »The Mrs Astor«. Sie thront über allen, das ist auch Isadora klar: »Mrs Astor bedeutete für Amerika etwa so viel wie die Königin Victoria für England. Die Leute, die in ihre Nähe kamen, wurden von größerer Scheu und Ehrerbietung ergriffen, als wenn sie vor einer Monarchin gestanden hätten. Mir gegenüber zeigte sie sich jedoch immer überaus leutselig.«[103] Nur wer zu ihren Festen geladen ist, gehört wirklich dazu. Das Anwesen der Astors »Beechwood Mansion« ist Dreh- und Angelpunkt der Gesellschaft, der dort alljährlich stattfindende Sommerball das Highlight der Saison. Da der Ballsaal aber nur 400 Gäste fasst, entwirft Mrs Astor die berühmte »Liste der 400«, die exklusivste Liste der USA. Manche Aspiranten würden töten, um auf dieser Liste zu stehen, bei der Geld nicht alles ist. Neben perfekten Manieren muss auch ein Stammbaum, der mindestens drei Generationen Amerikaner aufweist, vorhanden sein. Anführerin der »400« ist selbstverständlich Mrs Astor selbst. Sie verkörpert die »Aristokratie« der USA und verachtet Neureiche wie die Vanderbilts, die ihr Geld mit dem Bau von Eisenbahnschienen machten. Obwohl die Vanderbilts weitaus reicher sind als die Astors, erhalten sie keine Einladungen. Die herausragende Stellung, die Mrs Astor in der Gesellschaft innehat, geht jedoch auch manchem Familienmitglied zu weit. Ihr Neffe Jack Astor erbaut nach einer Auseinandersetzung mit seiner Tante in unmittelbarer Nachbarschaft zu deren Stadthaus in der New Yorker Park Avenue das Waldorf Hotel. Nicht nur, dass das Hotel Mrs Astors Stadthaus um einiges überragt, es entwickelt sich auch zu einer vielbesuchten Attraktion, wodurch sich Mrs Astor massiv gestört fühlt. Als Antwort auf diesen Affront lässt Mrs Astor ihr Wohnhaus abreißen und an gleicher Stelle ebenfalls ein Hotel errichten: das Astoria. Geschäftstüchtig, wie sie sind, legen die Astors ihren Familienstreit bald bei und verbinden die beiden Gebäude zu einem der berühmtesten Hotels der Welt: dem Waldorf Astoria.

Als Isadora nach Newport kommt, trifft sie hier zudem auf das »große Triumvirat«, bestehend aus Alva Vanderbilt Belmont, Tessie Oelrichs und Marion Graves Fish. Marion Graves Fish, genannt Mamie, ist die Avantgardistischste der drei, obwohl sie, wie sie selbst zugibt, kaum lesen und schreiben kann. Bei den Kostümfesten in ihrem Sommerhaus »Crossways« versteht sie es blendend, die Nachbarschaft zu schocken. Einmal präsentiert sie einen Affen im Smoking als Prinz Del Drago von Korsika. Nachdem der Affe zu viel Champagner erwischt, erklimmt er den Lüster und bewirft die Gäste mit Glühbirnen. Mamie pflegt ihre Gäste mit den Worten zu begrüßen: »Fühlen Sie sich wie zu Hause, und glauben Sie mir, niemand wünscht sich mehr als ich, Sie wären tatsächlich dort.« Andere bekommen zu hören: »Oh, wie geht es Ihnen? Ich hatte ganz vergessen, dass ich Sie eingeladen habe.«[104]

Alva Vanderbilt Belmont ist jahrelang die größte Rivalin von Mrs Astor. Da diese sie nicht als ebenbürtig anerkennen will, versucht Alva Vanderbilt Belmont, Mrs Astor zu ärgern, wo es nur geht. So besitzt sie seit neustem *Alva,* die größte Segelyacht der Welt, natürlich um einiges größer als Mrs Astors *Nourmaha.* In Newport erbauen die Vanderbilts direkt neben dem Sitz der Astors das nach heutigen Maßstäben 313 Millionen Dollar teure »Marble House«, gegen welches das Anwesen der Astors wie das Pförtnerhaus wirkt. Für Mrs Astor nur ein weiterer Beweis für die schlechten Manieren dieser Emporkömmlinge ohne Stammbaum. Mrs Astors Ablehnung verwehrt Alva Vanderbilt Belmont bei allem Reichtum den Zugang zur feinen Gesellschaft, den sie auch zugunsten ihrer Kinder unbedingt anstrebt. Erst durch einen Trick gelingt es ihr, die heißersehnte Einladung bei Mrs Astor zu erhalten. Am 26. März 1883 gibt sie in New York einen Kostümball für 1000 Gäste. Nach heutigen Maßstäben kostet der Abend mehr als 3 Millionen Dollar. Alles, was an der Ostküste Rang und Namen hat, erscheint. Da sie aber nie zuvor bei den Astors eingeladen war, lädt sie nun umgekehrt deren Tochter Carrie nicht ein. Diese will aber um jeden Preis dabei sein und macht ihrer Mutter die Hölle heiß. Am Ende bleibt Mrs Astor nichts anderes übrig, als Alva samt Tochter zu einer Gartenparty zu bitten. Damit sind die Vanderbilts endgültig oben angekommen.

Die Rivalität zwischen Geldaristokratie und Neureichen hat neben so manch amüsanten Auswüchsen auch Einfluss auf Kunst und Kultur. So wird zum Beispiel Neureichen wie den Vanderbilts eine Opernloge in der Academy of Music verwehrt. Kurzerhand setzen sich Alva Vanderbilt Belmont und ihre Freunde mitsamt ihrem Geld an die Spitze einer Bewegung, die 1883 die weltberühmte Metropolitan Oper ins Leben ruft. Jenseits ihrer Rolle als High-Society-Lady ist Alva an der Seite von Alice Burns und Lucy Ball auch eine der bekanntesten Suffragetten der USA und Präsidentin der *National Woman's Party*, die für den 19. Zusatzartikel zur US-amerikanischen Verfassung kämpft. Auf ihrem Anwesen in New Port findet im Juli 1914 eine der größten Frauenkonferenzen der USA statt. 2016 wird sie von Präsident Obama mit dem »Belmont-Paul Women's Equality National Monument« in Washington, D. C., geehrt.

Die Dritte im »Triumvirat« ist Theresa »Tessie« Alice Oelrichs, Gattin des Bankiers Hermann Oelrich, Enkel eines Bremer Kaufmanns und Mitbesitzer der Norddeutschen Lloyd Rederei. Den beiden gehört »Rosecliff«, das sie nach Vorbild des Großen Trianon von Versailles zu »Rosecliff Mansion« ausbauen. Heute, wie fast alle Newport-Anwesen des Gilded Age, ein Museum, war Rosecliff Mansion einst Drehort legendärer Hollywoodfilme wie »Die oberen Zehntausend« mit Grace Kelly (1956) oder »Der große Gatsby« mit Mia Farrow und Robert Redford (1974). Tessie Oelrichs ist die Tochter eines Goldgräbers und ist in der rauen Wirklichkeit eines Goldgräber-Camps aufgewachsen. 1873 hatte ihr Vater mit seinen Compagnons die Goldader Big Bonanza bei Virginia City gefunden – das größte jemals entdeckte singuläre Goldvorkommen mit einem heutigen Wert von mehr als einer Milliarde Dollar. Er investierte seinen Anteil in den Eisenbahnbau, wurde noch reicher und schenkte seiner Tochter zur Hochzeit 1 Million Dollar. Nach dem altersbedingten Rückzug von Mrs Astor bilden die drei nun jenes legendäre Triumvirat, das über »in and out« entscheidet. Alva gilt dabei als die Extravagante, Mamie als die Verrückte, und Tessie sorgt dafür, dass die Benimmregeln der feinen Gesellschaft eingehalten werden. Dabei agieren die drei absolut selbstständig und lassen sich auch von ihren Männern nicht auf der Nase herumtanzen. Alva Vanderbilt gelingt es, bei ihrer Scheidung alle Sympathien auf ihre Seite zu ziehen, und Tessie klagt erfolgreich gegen das Testament ihres Mannes, der sein Vermögen seinem Bruder vererbt. Alle drei sind großzügige Mäzeninnen, die Kunst und Kultur sowie soziale Einrichtungen und Projekte mit Millionensummen fördern. Gleichwohl findet Isadora auch hier nur wenig Verständnis für ihre Kunst. Sie ist eingeladen, weil sie jung und unverbraucht ist, eine Sensation, die man wie ein dressiertes Äffchen zur Belustigung der Gäste vorführt: »Ich besitze eine Fotografie von einer dieser Aufführungen, wo man die ehrwürdige Mrs Astor neben Harry Lair sitzen sieht, umgeben von ganzen Reihen von Vanderbilts, Belmonts, Fishs usw. Später tanzte ich auch bei anderen Leuten, aber sie stellten sich als so knickrig heraus, dass wir kaum genug Geld verdienten, um für unsere Reisekosten und das Essen aufzukommen. (…) Die Leute waren derart auf ihren Snobismus und den Glanz ihres Reichtums konzentriert, dass sie für Kunst überhaupt kein Verständnis aufbrachten. Sie betrachteten Künstler nicht als ebenbürtig, sondern als eine Art bessere Dienstboten.«[105]

Die Einzige hier, von der sie möglicherweise Verständnis zu erwarten gehabt hätte, hat kein Interesse an einer Tanzvorstellung und schlägt die Einladung zu einem Nachmittag mit Isadora aus. Eine Entscheidung, die die große Schriftstellerin Edith Wharton später überaus bedauert: »Eine philanthropische Bostoner Lady, die ihre Sommer für gewöhnlich in Newport verbrachte, hatte ihre Freunde zu einer Gartenparty eingeladen, auf der Isadora Duncan tanzen sollte. ›Isadora Duncan?‹ Die Leute wiederholten diesen ihnen völlig unbekannten Namen und fragten sich, warum er dazu benutzt wurde, Miss Masons Einladung aufzuwerten. Diese Generation kannte nur zwei Arten von Tanz: Walzertanzen im Ballsaal und Pirouetten drehen auf der Bühne. Ich hasste Bühnentanz, und so ging ich nicht zu Miss Masons Party. Diejenigen, die dort waren, lächelten und vermuteten, die Gastgeberin habe die junge Frau aus reiner Barmherzigkeit tanzen lassen. Ich könnte mir vorstellen, dass sie damit ins Schwarze trafen. Niemand hatte je zuvor so etwas gesehen; man könne es nicht tanzen nennen, sagten sie.«[106] Viele Jahre später werden sich die Tänzerin und die Schriftstellerin in Paris begegnen – beide inzwischen weltberühmt.

Im Winter tritt Isadora mit dem Autor Justin Huntly McCarthy in der Carnegie Hall auf. Aus der Feder des ehemaligen britischen Unterhausabgeordneten stammt unter anderem der Broadway-Hit *Wenn ich der König wär!*, – ein Schelmenstück über den französischen Dichter François Villon. 1956 wird das Stück vom vierfachen Oscarpreisträger und *Casablanca*-Regisseur Michael Curtiz unter dem Titel der *König der Vagabunden* verfilmt. In jenen Jahren ist McCarthy den meisten vor allem als Übersetzer des persischen Gelehrten und Dichters Omar Khayyam ein Begriff, ein Dichter, den auch Isadora sehr schätzt. Khayyams Gedichtzyklus *Rubaiyat* ist die Grundlage ihres gemeinsamen Programms. McCarthy trägt erotische Vierzeiler vor, die Isadora in Tanz überträgt. Die Aufführung wird zum Skandal. Isadora tanzt in einem Kleid, das sie aus Vorhängen ihrer Mutter genäht hat. Dabei sind nicht nur ihre nackten Arme, sondern auch ein Großteil ihrer Beine zu sehen. Da ihre Bewegungen alle Arten von Emotionen ausdrücken sollen, sind sie viel weicher und fließender, als man das vom klassischen Ballett her gewohnt ist. Auf viele der Anwesenden wirkt sie lasziv und erotisierend. Wenn Isadora anmutig den Kopf in den Nacken legt, eine Haltung, die sie sich von griechischen Vasen abgeschaut hat, löst dies Unbehagen aus, vor allem im Zusammenhang mit den durchaus zweideutigen Texten, die vorgetragen werden. Eine ganze Reihe Damen verlässt empört den Saal, und auch mancher Kritiker fürchtet, dass Isadoras ganze Kunst darin besteht, die Grenzen des guten Geschmacks zu überschreiten: »Miss Duncan ist zweifellos sehr anmutig (…) aber ich muss gestehen, sie einmal gesehen zu haben genügt voll und ganz. (…) Mir ist schleierhaft, wie man behaupten kann, sie würde mit ihrem Tanz die wunderbaren Zeilen des *Rubáiyát* interpretieren.«[107]

Isadora ist schwer enttäuscht. Wie viel Hoffnung hatte sie in die modernen Städte der Ostküste gesteckt, und nun entpuppten sie sich als ebenso eng, verbohrt und provinziell wie San Francisco: »Um die Wahrheit zu sagen, in New York hatte ich so gut wie nichts erreicht – ich hatte für meine Ideen weder Verständnis noch Unterstützung gefunden.«[108] Wie ehedem aus San Francisco, so drängt es sie jetzt auch aus New York weg. Sie will nach Europa, genauer gesagt nach London: »Ich träumte von London und den berühmten Schriftstellern, denen man dort begegnen würde – George Meredith, Henry James, Watts, Swinburne, Burne-Jones, die Rosettis, Whistler… diese Namen wirkten geradezu magisch auf mich.«[109]

Ihr ist klar geworden, dass sie berühmt werden muss, um ihre Art von Tanz ein für alle Mal zu etablieren. Um eine Tanzrevolution zu beginnen, muss sie viel mehr Leute erreichen als bisher. Auch spöttische Kommentare wie der im *Broadway Magazine* können sie nicht von ihrer Mission, die freie Bewegung im Tanz durchzusetzen, abhalten: »Sie verachtet den Broadway mit einer solchen Verve, dass wir, die wir damit zu tun haben, uns beinah schon schämen müssen. Sie ist ungemein klassisch, und ihre größte Angst besteht darin, nicht mehr als kultiviert zu gelten. Gerade daran erkennt man, dass Miss Duncan unter den amerikanischen Tänzerinnen eine ziemlich einmalige Stellung einnimmt. Möge sie lange so einmalig bleiben.«[110]

Einmal mehr überzeugt Isadora Mutter und Geschwister davon weiterzuziehen. Einzig Augustin verweigert sich. Er hat sich während seiner Theatertournee als Romeo in die Darstellerin der Julia verliebt. Wieder zurück in New York erfährt die erstaunte Familie, dass die beiden Liebenden nicht nur verheiratet sind, sondern auch ein Baby erwarten. Der Duncan-Clan ist darüber alles andere als erfreut – Zusammenhalt um jeden Preis lautet die Devise. Ein eigenes Leben jenseits der Familie ist, im Augenblick zumindest, nicht vorgesehen.

Ihre letzten Wochen in New York verbringt die Familie im Hotel Windsor Ecke Fifth Avenue/47th Street. Im Parterre betreibt Elizabeth ein Tanzstudio für Mädchen aus besseren Kreisen. Obwohl Isadora sie unterstützt, so gut sie kann, wissen sie oft nicht, woher sie jede Woche die 90 Dollar Miete für Hotelzimmer und Tanzstudio nehmen sollen. Einmal sind die Schulden so hoch, dass nur ein Hotelbrand sie retten könnte. Am 17. März 1899 steht das Hotel Windsor tatsächlich in Flammen. Ein Gast hatte ein Streichholz aus dem Fenster geschnippt und so die Gardinen in Brand gesetzt. Binnen einer Stunde steht das ganze Hotel in Flammen. Während auf der Straße die St. Patricks Day Parade vorbeizieht, kämpfen die Hotelbewohner um ihr Leben. Elizabeth, die gerade Tanzunterricht erteilt, sieht plötzlich Körper am Fenster vorbeifliegen. Noch hat sie nicht realisiert, dass das Hotel brennt und verzweifelte Menschen aus den Fenstern der oberen Etagen springen, um sich zu retten. Es gelingt ihr und Isadora, alle Schülerinnen samt ihren Nannys unbeschadet aus dem Hotel zu führen. Die Duncans überleben unverletzt, doch Kleidung, Kostüme, Bilder und andere private Gegenstände werden ein Raub der Flammen, wie ein Reporter des *New York Herald* berichtet: »Miss Isadora Duncan hatte sich noch nicht vollständig vom Schock ihres nachmittäglichen Erlebnisses erholt, als ich sie vergangene Nacht traf. Sie erklärte mit trauriger Stimme, dass sie nur das Kleid habe retten können, das sie am Leib trägt: ein dunkelbraunes Hauskleid mit einem auffallenden Kragen. All ihre Kostüme und auch die ihrer Schwester seien den Flammen zum Opfer gefallen.«[111] Um den Geschädigten der Katastrophe zu helfen, geben die Duncans eine Benefizvorstellung; um sich selbst zu helfen, geht Isadora auf Betteltour in die Park Avenue. In all den feinen Häusern, in denen sie getanzt hat, spricht sie vor und bittet um eine Spende für die Überfahrt nach Europa: »Eines Tages bin ich bestimmt berühmt, und Sie werden dazu beigetragen haben, dass sich ein amerikanisches Talent durchgesetzt hat.«[112] Es sind demütigende Erlebnisse für Isadora. Keine der Millionärsgattinnen gibt ihr mehr als 50 Dollar – immer verbunden mit der Aufforderung, das Geld ja zurückzuzahlen, wenn sie es nach oben geschafft habe. Nicht im Traum denkt Isadora daran, diesem Ansinnen nachzukommen. Nach vier Wochen hat sie magere 300 Dollar zusammen – das reicht nicht einmal, um Tickets zweiter Klasse auf einem Überseedampfer zu erwerben. Raymond hat schließlich die rettende Idee: Sie werden an Bord eines Viehtransportes nach Europa zu reisen.

Am 18. April 1899 gibt Isadora vor ausgewählten Damen der oberen Zehntausend ihre Abschiedsvorstellung *The Happier Age of Gold*. Ein Programm, das ausschließlich dem griechischen Tanz huldigt. Nach Ende der Vorstellung wird Isadora von den anwesenden Ladys links und rechts auf die Wange geküsst und mit Glückwünschen nach London entlassen. Die Kritik, die sie am nächsten Morgen in der Zeitung lesen kann, bestärkt sie in ihrem Entschluss, die USA zu verlassen: »Miss Duncan hatte erst kürzlich das Pech, ihre gesamte Garderobe beim Brand des Windsor Hotels zu verlieren. Dies erklärt und entschuldigt vielleicht die Tatsache, dass das Kostüm ihrer gestrigen Tanzaufführung einzig und allein aus einer Art medizinischer Bandagen aus

Mull und Satin – Farbton Himbeereis – bestand sowie Bändern in verschiedenen Längen, die lustig oder traurig flatterten, als die Tänzerin die Hochzeit der Helena oder die Beerdigung des Adonis tanzte. (…) Nach dem letzten Tanz war die Erleichterung darüber, dass Miss Duncan keine ihrer Bandagen verloren hatte, spürbar.«[113] Einer der Kritiker hält es gar für eine absolute Rücksichtlosigkeit Isadoras, London mit ihrer »Kunst« zu belästigen, schließlich herrsche zwischen den USA und Großbritannien augenblicklich Frieden.

Anfang Mai 1899 gehen die Duncans an Bord jenes Viehtransportes, der sie über den Atlantik bringen soll. Diesmal schämen sie sich ihrer Armut, reisen unter dem Namen O'Gorman, dem Mädchennamen ihrer Großmutter. Dora Duncan kocht während der Überfahrt für die Crew, und auch die anderen machen sich irgendwie nützlich. Unten im Rumpf brüllen Tag und Nacht 200 Schlachttiere, was für mindestens einen aus der Familie Konsequenzen hat. »Damals wurde mein Bruder Raymond Vegetarier, er hat nie wieder ein Stück Fleisch angerührt.«[114]

Trotz der widrigen Umstände behält Isadora die Fahrt in guter Erinnerung: »Wenn ich in späteren Jahren auf einem der großen transatlantischen Dampfer in einer luxuriösen Kabine lag, musste ich oft an die zweiwöchige Reise auf dem Viehdampfer denken, und an unsere unbezwingbare Fröhlichkeit und Lebenslust. (…) Trotz aller Strapazen war es im Grunde genommen eine sehr glückliche Zeit.«[115] Am Ende macht ihr der Erste Offizier gar einen Heiratsantrag.

In London bezieht die Familie in der Nähe von Marble Arch eine Unterkunft. Die nächsten Wochen widmen sie sich vor allem der Besichtigung der Stadt, ohne sich weiter um ihre Finanzen zu kümmern: »Als wir eines Tages aus der National Gallery nach Haus kamen, wo wir einen höchst interessanten

Vortrag über antike Kunst gehört hatten, wurde uns die Tür unseres Domizils vor der Nase zugeschlagen. Wir standen draußen auf der Treppe, während unser bescheidenes Gepäck in der Wohnung verblieb. Nach genauer Durchsuchung der Taschen ergab sich, dass unser gesamtes Vermögen etwa 6 Shilling betrug.«[116] Wie Figuren aus einem Charles-Dickens-Roman irren sie durch die Straßen Londons, übernachten auf Parkbänken und leben von Penny-Broten. Ihre Fröhlichkeit bleibt. Die einzigen Tränen, die Isadora in jenen Tagen vergießt, gelten der Ermordung des Archäologen Johann Joachim Winckelmann, dessen Schriften sie auf einem Stuhl des British Museums verschlingt. Sie sieht in Winckelmann, der die antike Kunst Griechenlands mit den Worten »Edle Einfalt – Stille Größe« beschrieb und damit das Schönheitsideal der deutschen Klassik formte, einen Verwandten im Geiste. Umso mehr bewegt sie sein tragischer Tod in einem Hotel in Triest 1768.

Gleichwohl haben die Duncans das Leben im Kensington Park bald satt und schmuggeln sich unter Vorspiegelung falscher Tatsachen in ein Luxushotel ein: »Ich schärfte den Meinen ein, mir zu folgen und kein Wort zu sprechen, dann ging ich hocherhobenen Hauptes in eines der feinsten Hotels, weckte den verschlafenen Nachtportier und sagte ihm, wir wären soeben mit dem Nachtzug angekommen, unser Gepäck würde aus Liverpool nachgeschickt, und er solle uns inzwischen ein Zimmer anweisen und ein kräftiges Frühstück servieren lassen. Wir legten uns in die luxuriösen Betten und schliefen den ganzen Tag: Nur ab und zu telefonierte ich mit dem Portier und beschwerte mich bitter darüber, dass unser Gepäck noch immer nicht angekommen sei. Am Abend behaupteten wir, dass wir ohne Abendtoilette zu machen unmöglich zum Essen hinuntergehen könnten, und ließen uns das Dinner auf dem Zimmer servieren. Am nächsten Morgen verließen wir das Hotel in aller Frühe, nur waren wir diesmal so rücksichtsvoll, den Nachtportier nicht zu wecken …«[117]

Isadoras unbedingter Glaube an Erfolg wird alsbald belohnt. Auf einer Parkbank findet sie eine Zeitung, in der über eine große Gesellschaft berichtet wird, die eine ihr bekannte New Yorker Millionärsgattin in ihrem Haus am Grosvenor Square gibt. Kurzerhand marschiert Isadora dorthin und überzeugt die Lady davon, sie für das Fest als Tänzerin zu engagieren. Mit einem Vorschuss von 10 Pfund verlässt sie triumphierend das Haus. Von dem Geld wird stante pede ein Studio in der King's Road in Chelsea angemietet, mangels Möbel essen und schlafen sie auf dem Boden: »Uns tröstete das Gefühl, jetzt wieder wie richtige Bohemiens und Künstler zu leben; und wir pflichteten Raymond bei, dass wir nie wieder so etwas Spießbürgerliches wie möblierte Pensionszimmer bewohnen würden.«[118]

Als eiserne Reserve kaufen sie einige Konserven, doch vom Rest des Geldes ersteht Isadora einen feinen Stoff im Nobelkaufhaus Liberty in der Regent Street. Sie ist von dessen Qualität so angetan, dass sie für alle Zeit die Stoffe für ihre Kostüme bei Liberty ordern wird. Der Abend am Grosvenor Square verläuft zufriedenstellend: »Als typisches Merkmal für die englische Gesellschaft muss bemerkt werden, dass niemand an meinen bloßen Füßen und an den durchsichtigen Schleiern Anstoß nahm, während gerade dieses schlichte Kostüm mehrere Jahre später in Deutschland zum Tagesklatsch taugte. Aber Engländer sind so überaus höfliche Menschen, dass niemand es wagte, über die Originalität meines Kostüms eine Bemerkung zu machen – leider aber ebenso wenig über die Originalität meines Tanzes!«[119] Isadora tanzt zu »Narcissus« und »Ophelia« von Nevin, anschließend zum Frühlingslied von Mendelssohn Bartholdy. Ihre Mutter begleitet am Klavier, Elizabeth trägt Gedichte von Theokrit vor, und Raymond hält einen Vortrag über die Tanzkunst und deren Einfluss auf die Psychologie der zukünftigen Menschheit. Das Publikum reagiert höflich, aber wenig euphorisch auf Isadora, die in goldenen Sandalen und ohne Strümpfe tanzt. Dennoch folgen auf diesen ersten Auftritt einige weitere, zumeist vor ranghohen Mitgliedern der noblen Gesellschaft: »An einem Tag tanzte ich vor Mitgliedern der königlichen Familie, am anderen Tag bei einer Gartenparty einer gewissen Lady Lowther, doch schon am nächsten Tage hatten wir wieder nichts zu essen, denn ich wurde nur manchmal bezahlt, meistens erhielt ich nichts. Die Damen des Hauses sagten gerne, weil ich vor der Prinzessin Soundso oder vor dem einflussreichen Herrn Soundso hätte tanzen dürfen, sei ich doch wieder um einiges berühmter geworden.«[120] Als ihr einmal nach einem ihrer Auftritte Erdbeeren mit Schlagsahne serviert werden, muss sie sich übergeben, hat sie doch seit Tagen nichts Ordentliches gegessen. Um in der Öffentlichkeit einen guten Eindruck zu machen, verzichten die Duncans auf vieles, manchmal sogar auf Nahrung. Niemand soll wissen, welche Hungerleider sie in Wahrheit sind: »Meine Mutter und ich waren beide viel zu feinfühlig, um diesen Leuten klarzumachen, wie unglaublich grausam sie sich verhielten.«[121]

Während das Studio in Chelsea ein Provisorium bleibt, wird das British Museum ihr Zuhause. Beinahe täglich sind die Duncans dort anzutreffen. Raymond zeichnet hier Figuren von griechischen Vasen und Reliefs ab, während Isadora später zu Hause versucht, die Posen dieser Figuren mit passender Musik in Bewegung umzusetzen. Längst geht es nicht mehr darum, Posen und Bewegungen zu kopieren, sondern die Pose selbst zum Leben zu erwecken. Isadora bemüht sich zudem, ihre Griechenland-Begeisterung wissenschaftlich zu fundieren. Die Bibliothek des British Museums wird ihr Zauberreich. Zwischendurch treffen sich die Geschwister in der Cafeteria, trinken Milchkaffee und knabbern an Penny-Broten. Sie sind, nicht zuletzt durch die viele Kultur, die sie in London umgibt, mit einem dauerhaften Glücksgefühl gesegnet.

Während ihrer Zeit in London erfährt sie vom Tod Miroskis. Schwer getroffen, beschließt sie, dessen in London lebende Ehefrau zu besuchen. Ohne der Familie Bescheid zu geben, lässt sie sich zu einem Haus in einem Londoner Außenbezirk fahren. Hier stellt sie nicht nur fest, dass Madame Miroski eine Mädchenschule leitet, sondern auch, dass diese von Isadoras Beziehung zu Miroski wusste: »Sie erzählte mir von ihrem Leben, wie er nach Amerika gegangen war, um sein Glück zu machen, sein Geld aber nur für die eigene Überfahrt reichte. Die Jahre verstrichen, und sie blieb Vorsteherin der Mädchenschule, während ihre Haare weiß wurden und er nie das Geld für die Reise nach Amerika schickte.«[122]

Tränenreich trauern die Frauen um den Geliebten, doch als Isadora wieder im Taxi sitzt, fühlt sie vor allem Unverständnis: »Warum war sie ihm nicht gefolgt, wenn sie doch seine Frau war, meinetwegen als Passagier auf dem Zwischendeck? (…) Wie konnte dieses arme Geschöpf Jahr für Jahr darauf warten, dass ihr Mann sie holen würde? Den ganzen Weg über weinte ich über das Schicksal von Ivan Miroski und seiner armen Frau, aber gleichzeitig spürte ich ein merkwürdig überschäumendes Gefühl von Energie und Freude und eine leise Verachtung für Leute, die ihr Leben damit vergeudeten, auf etwas zu warten. Bis dahin hatten Ivans Briefe und Bilder stets unter meinem Kopfkissen gelegen, aber an diesem Tage verschnürte ich sie zu einem kleinen Paket und sperrte sie in meinen Koffer.«[123]

Ende Juli ziehen die Duncans in ein schönes Studio nach Kensington, in dem es zumindest ein Klavier gibt. Finanziell ist mit dem Ende der Saison in London allerdings bald wieder Ebbe in der Kasse. Im Herbst 1899 kehrt Elizabeth darum nach

New York zurück, um erneut als Tanzlehrerin zu arbeiten. Mit ihrem Weggang wird London trüb und traurig: »Es gab Tage, an denen wir nicht einmal den Elan aufbrachten, aus dem Haus zu gehen: In Decken gehüllt saßen wir in unserem Atelier und spielten auf einem improvisierten Spielbrett mit Kartonstückchen Dame. (…) Manchmal gaben wir uns morgens nicht einmal mehr Mühe aufzustehen und blieben gleich den ganzen Tag im Bett.«[124]

Erst Elizabeths erster Brief und die beiliegende Geldanweisung bringen die Kehrtwende. Sie hat in New York erneut eine Tanzschule eröffnet, die gutes Geld einbringt und die Familie zumindest über den Winter rettet. Als der Frühling kommt, ziehen sie in ein möbliertes Haus an den Kensington Square, zu dem ein Schlüssel für den dortigen Square Garden gehört. Hier tanzt Isadora nun. Bei einer dieser Gelegenheiten lernt sie die Theaterschauspielerin Beatrice Stella Tanner, alias Mrs Patrick Campbell, genannt »Mrs Pat« kennen. Mrs Pat ist eine der wichtigsten Shakespeare-Miminnen Englands und bildet zusammen mit Eleonora Duse und Sarah Bernhardt das Dreigestirn der größten Schauspielerinnen des 19. Jahrhunderts. Kurz nach ihrer Bekanntschaft mit Isadora geht sie nach New York, wo sie den Broadway im Sturm erobert. Sie lädt Isadora in ihr großzügiges Stadthaus ein, das voll ist mit Gemälden der Präraffaeliten, Edward Burne-Jones, Dante Gabriel Rosetti und William Morris. Mrs Pat, die wunderbar Klavier spielt, wird eine große Förderin Isadoras. Diese gerät noch Jahre später ins Schwärmen, wenn sie an die große Schauspielerin denkt: »Sie war feenhaft schön, hatte üppiges schwarzes Haar, große dunkle Augen, einen milchweißen Teint und den Hals einer Göttin. Wir waren alle ganz verliebt in sie, und diese Begegnung befreite uns endlich aus dem Zustand der Düsternis und Depression, in den wir verfallen waren. Sie stellte einen echten Wendepunkt in unserem Leben dar.«[125] Mrs Pat ist gerade auf dem Höhepunkt ihrer Popularität. Bernard Shaw verehrt sie so sehr, dass er ihr die Rolle der Eliza Doolittle in *Pygmalion* auf den Leib schreibt. Obwohl sie bei der Welturaufführung 1914 in London bereits 49 Jahre alt ist, wird das Ganze ein Riesenerfolg für beide. Zwischen der verheirateten Schauspielerin und dem verheirateten Dichter entsteht eine stürmische, wenn auch platonische Liebessaffäre, deren Resultat Hunderte von Briefen sind, deren Herausgabe Shaw zeit seines Lebens fürchtet wie der Teufel das Weihwasser. Sie werden 1952 von Jeromy Kilty im Bühnenstück *Geliebter Lügner* adaptiert und zeugen vom herrlichen Kleinkrieg zweier Liebender, die, besessen von Leidenschaft und Chaos, nicht voneinander lassen können: »Wir wollen Ihnen heute eine Liebesgeschichte erzählen, wie sie sich aus dem Briefwechsel ergibt, zwischen dem großen Dramatiker und Vegetarier Bernard Shaw und der fleischessenden Schauspielerin Beatrice Stella Campbell«, lauten die ersten Worte dieses längst zum Klassiker gewordenen Bühnendialogs.[126] Die exzentrische und sehr selbstbewusste Mrs Pat schickt Isadora mit einem Empfehlungsschreiben zu George und Sibell Wyndham nach Park Lane. Bei Scones, Gurkensandwiches und Afternoon Tea wird beschlossen, dass Isadora eine Tanzvorführung im Salon der Wyndhams geben soll. Dabei lernt Isadora einen weiteren Gönner kennen: Charles Edward Hallé, 53-jähriger Maler und Direktor der New Gallery in der Regent Street. Von nun an verbringt Isadora viele Stunden in dessen Atelier, wo er ihr die Schule der Präraffaeliten nahebringt, deren mystische Weltsicht ebenfalls Einfluss auf Isadoras Tanzstil gewinnt. Zudem erzählt er von seiner Freundschaft mit Burne-Jones, Whistler und Tennyson. Für Isadora geht ein Traum in Erfüllung. Kunstbegeisterte Menschen wie Hallé waren der Grund, warum sie nach England gekommen ist. In Hallés Haus in der Milner Street, das sich der Junggeselle mit seiner Schwester Maria teilt, trifft Isadora den niederländischen Maler Lawrence Alma-Tadema, William Holman Hunt von den Präraffaeliten, den amerikanischen Porträtmaler John Singer sowie die Schauspieler Henry Irving und Ellen Terry, zwei Superstars ihrer Zeit. Ellen Terry, die für Isadora schlichtweg die vollkommene Frau ist, wird ihr Jahre später einmal sehr nahestehen. Isadora genießt jede einzelne dieser Begegnungen und wird in diesem Kreis endlich auch selbst als Künstlerin wahrgenommen.

Im Innenhof der New Gallery organisiert Charles Hallé am 17. März 1900 einen Tanzabend mit Isadora. Sie tanzt in einer mit exotischen Blumen geschmückten Kulisse um einen Springbrunnen. Dazu gibt es Vorträge über Tanz und Malerei. Die anwesende Presse ist begeistert und Isadora plötzlich in aller Munde. Alle Welt bittet die junge Tänzerin nun zum Tee. Einmal ist gar der Prinz von Wales, der spätere König Edward, anwesend. Beim zweiten, kurz darauf stattfindenden Tanzabend in der New Gallery spricht der Komponist Charles Hubert Parry über die Illustration der Musik durch den Tanz, es werden Arien von Gluck dargeboten, und Isadora tanzt zu Musik von Gluck und Chopin, den beiden Komponisten, die ihr Repertoire in den kommenden Jahren entscheidend prägen werden. An ihrem dritten Abend in der New Gallery tanzt sie Botticellis berühmtes Gemälde *Primavera*, das Sir William Raymond zugleich kunsthistorisch kommentiert. Jetzt kommen zu den Posen der griechischen Antike Einflüsse der Renaissance hinzu. Sie ist Venus, Chloris, Zephyr, Flora, Merkur, Amor und die drei Grazien in einer Person: »Ihr Gang, ihr Kommen, ihr Gruß ist schöne Bewegung. Sie trägt nicht Trikots noch kurze Röckchen, sie will nicht verhüllen, ihre Glieder schimmern durch die Schleier, und ihr Tanz ist Gottesdienst. Sie tanzt *Primavera* nach Botticelli, in dem blumenüberstickten leichten grau-violetten Schleier, der dem der dritten Figur rechts auf dem Bilde gleicht, in einfachen frommen Bewegungen.«[127] Immer besser versteht sie sich darauf, nicht zu interpretieren, sondern zu sein. Isadora ist keine Erzählerin oder Interpretin, sondern sie ist die Musik.

Zu dieser Zeit verliert das gesprochene Wort – abgesehen von ihrer obligatorischen Schlussrede – bei ihren Auftritten immer mehr an Bedeutung. Der britische Musikkritiker John Fuller Maitland wird später berichten, er sei es gewesen, der ihr nach einem Auftritt in der New Gallery geraten habe, die Gedichte und Rezitationen ihrer Geschwister durch Musik zu ersetzen: »Ich erlaubte mir, ihr zwei Tipps zu geben. (…) Der Rat, den sie annahm, bestand darin, dass es besser wäre, wenn sie nicht zu Gedichten tanzen würde (so kündigte sie zum Beispiel an, sie würde jetzt eine Idylle von Theokrit tanzen), sondern zu wirklich guter Musik. Ich dachte dabei vor allem an die Walzer Chopins.«[128]

Isadoras neu erlangte Popularität wirkt sich auch monetär aus, was der Familie den Umzug in ein größeres Studio nach Warwick Square ermöglicht. Hier geht bald Grant Duff Douglas Ainslie, ein junger Dichter aus Oxford, aus und ein.[129] Während seiner Studienjahre in Oxford hatte er sich mit Oscar Wilde angefreundet, und er ist auch mit den Malern Aubrey Beardsley und James McNeill Whistler, dem Komponisten Ignaz Paderewski und dem Schriftsteller Marcel Proust gut bekannt. In späteren Jahren tritt er in die Fußstapfen seines Vaters und wird Diplomat. 1938 geht er in die USA, wo er 1947 verstirbt. Bis dahin pflegt er einen intensiven Briefwechsel mit den wichtigsten britischen Intellektuellen seiner Zeit. Heute weiß man auch, dass er der Adressat der 12 »Dear Ainslie«-Briefe von Sir Arthur Conan Doyle ist, die 2004 bei Christie's versteigert wurden. Jetzt aber liest er Isadora Abend für Abend Swinburne, Keats, Oscar Wilde oder Robert Browning vor. Dora Duncan, die als Anstandsdame immer zugegen ist, schläft zur Freude ihrer Tochter meist nach kurzer Zeit ein, was Ainslie nutzt, Isadora scheu auf die Wange zu küssen. Mit Ainslie und Hallé an ihrer Seite ist Isadora rundum glücklich. Dass die beiden Männer einander argwöhnisch beäugen und danach trachten, sich nach Möglichkeit nicht zu begegnen, kümmert sie nicht. Für Eifersüchteleien jeglicher Art hat sie kein Verständnis.

Während Presse und Künstler von Isadora begeistert sind, machen Theaterdirektoren allerdings weiterhin einen großen Bogen um sie. Bis auf einen Kurzauftritt bei Frank Bensons Shakespeare Company in *Heinrich V.* und der Rolle der ersten Elfe im *Sommernachtstraum* in Stratford-upon-Avon steht sie während ihrer Zeit in England auf keiner einzigen richtigen Bühne. Einmal mehr drängt sich die Frage auf, wie es weitergehen soll. Diesmal ist es jedoch nicht Isadora, die aufs Weiterziehen drängt, sondern Raymond. Seit Isadora die Wortbeiträge aus ihrem Programmen gestrichen hat, fühlt er sich nutzlos. Das British Museum besucht Isadora nun auch lieber in Begleitung eines ihrer vielen Verehrer. Raymond sucht eine neue Aufgabe, oder wie Isadora meint, ein neues Abenteuer: »Er fuhr nach Paris, und bereits im Frühjahr begann er, uns mit Depeschen zu bombardieren, in denen er uns beschwor, ihm nachzufolgen, bis meine Mutter und ich schließlich unsere Sachen packten und ihm über den Kanal folgten.«[130]

Eines Tages werde ich
nach Berlin kommen
und vor den Landsleuten
Goethes und Wagners tanzen.

(Isadora Duncan)

»Was habe ich bei dieser Truppe von schönen, aber verrückten Weibern verloren?«

III.

Miss Loïe Fuller und eine keusche Nymphe

Es fällt Isadora nicht schwer, England zu verlassen, vor allem, nach dem sich Ainslie, eingeschüchtert von Isadoras Lebenslust, mehr und mehr von ihr zurückzieht. Es wird Zeit für einen Neuanfang – beruflich und privat. Zusammen mit ihrer Mutter besteigt Isadora deshalb schon bald ein Schiff in Richtung Kontinent – das neue Jahrtausend will sie auf europäischem Festland beginnen. Nach der Landung im französischen Cherbourg geht es mit dem Zug weiter Richtung Paris. Raymond steht am Bahnhof und überrascht seine Angehörigen mit einer wilden Bohemien-Langhaarfrisur. Da er nur ein kleines Apartement bewohnt, wird es notwendig, auf Wohnungssuche zu gehen. Für preiswerte 50 Franc im Monat findet sich ein kleines Atelier zentral gelegen im Künstlerviertel Montmartre. Warum die Miete so gering ist, erfahren sie schon in der ersten Nacht, als sie von einem Höllenlärm aus dem Schlaf gerissen werden: Ihr neues Zuhause liegt direkt über einer Nachtdruckerei! Kleinigkeiten, die Isadora Paris nicht vergällen: Es ist herrlich hier. Jeden Morgen zur blauen Stunde machen sich die Geschwister auf den Weg in den Jardin du Luxembourg, um hier mit einem Tanz die aufgehende Sonne zu begrüßen. Der Rest des Tages gehört dem Louvre mit seinen unglaublichen Schätzen: »Wir hielten uns so oft im Saal für die griechische Keramik auf, dass der Wärter misstrauisch wurde. Als ich ihm dann pantomimisch zu erklären versuchte, ich sei nur hergekommen, um zu tanzen, entschied er für sich, dass er es mit harmlosen Spinnern zu tun habe, und ließ uns in Frieden. Um wirklich alles sehen zu können, saßen wir stundenlang auf dem gebohnerten Boden, rutschten die unteren Regale entlang oder stellten uns auf die Zehenspitzen und machten uns gegenseitig auf besonders schöne Stücke aufmerksam: ›Schau, hier ist Dionysos!‹- ›Komm schnell, hier bringt Medea ihre Kinder um.‹ (…) Wir hatten kein Geld, keine Freunde in Paris, aber wir verlangten auch nichts – der Louvre war unser Paradies.«[131]

Im April 1900 beginnt in Paris die Weltausstellung. Es ist die fünfte in der Stadt, und mit 48 Millionen Besuchern wird sie eine der erfolgreichsten Weltausstellungen überhaupt werden. Thematisch ist sie mit »Bilanz eines Jahrhunderts« überschrieben. Parallel zur Ausstellung finden, von der Öffentlichkeit wenig beachtet, die Olympischen Sommerspiele von Paris statt. Weitaus mehr Bedeutung messen die Pariser der ersten Linie der Pariser Metro bei, die anlässlich der Weltausstellung auf einer Strecke von 10,3 Kilometer, eröffnet wird. Rund um das Ausstellungsgelände verläuft zudem ein rollender Fußweg, die sogenannte Straße der Zukunft. Für 50 Centime werden in nur 26 Minuten zeitgleich 14 000 Besucher rund um die Weltausstellung transportiert. Isadora ist begeistert von all den Neuerungen. Zusammen mit ihrem väterlichen Freund Charles Hallé, der aus London anreist, stürzt sie sich in den Trubel. Den größten Eindruck hinterlässt bei ihr allerdings eine ganz leise Darbietung: Die japanische Tänzerin Kawakami Sadayakko tritt unter ihrem Künstlernamen Sada Yacco mit dem Stück »Die Geisha und der Ritter« im Pavillon von Loïe Fuller auf. Um die europäischen Zuschauer nicht zu erschrecken, wurde das Stück von 12 auf 2 Stunden gekürzt. Sada Yacco, einst zur Geisha erzogen, ist in vielerlei Hinsicht eine Pionierin. Sie ist eine der ersten Frauen, die in Japan zusammen mit Männern auf der Bühne steht, und ihre Truppe gilt als das erste Theaterensemble Japans, das je auf Welttournee ging. Kein Wunder, dass sich Isadora für sie begeistert. Ebenso fasziniert ist sie vom Pavillon Rodin, in dem 171 Kunstwerke des Künstlers gezeigt werden, darunter auch zum ersten Mal das »Höllentor«. Obwohl als bedeutendster lebender Bildhauer der Welt geltend, hatte Rodin seinen Pavillon nicht nur selbst errichten, sondern auch bezahlen müssen. Isadora verehrt Rodin tief, kommt sein Kunstverständnis dem ihren doch sehr nahe. Rodins Ablehnung des idealisierenden Akademismus und sein Rückgriff auf Vorbilder der griechischen Antike machen ihn zu einem Wegbereiter der Moderne. Zudem gilt auch er als schier kultischer Verehrer des nackten Körpers. Dass er, genau wie Isadora, bisweilen auf großes Unverständnis stößt, kann Isadora bei ihren Besuchen im Pavillon selbst erleben: »Bei jedem neuen Besuch empörte ich mich über die ungebildeten Besucher. Da hörte man Bemerkungen wie: ›Wo ist denn sein Kopf?‹ Oder: ›Wo hat die denn ihre Arme?‹ Oft konnte ich mich nicht zurückhalten und rief den Leuten verächtlich zu: ›Erkennen Sie denn nicht, dass Sie es hier nicht mit einem ›Ding an sich‹ zu tun haben, sondern mit einem Sinnbild?!‹«[132] Titanen wie Rodin sollte man niemals leichtfertig kritisieren.

Nach Ende der Weltausstellung im November 1900 kehrt

Charles Hallé zurück nach London. Er überantwortet Isadora voll Zuversicht der Gesellschaft seines 25-jährigen Neffen Charles Noufflard. Der macht sie mit seinen besten Freunden, dem Maler Jacques Baugnies und dem Schriftsteller und Literaturkritiker André Beaunier, einem Freund Prousts, bekannt. Die drei Männer werden Isadoras Musketiere und ihre ständigen Begleiter. Jacques Baugnies überzeugt seine Mutter Marguerite de Saint-Marceaux, genannt Meg, die in ihrem Stadthaus auf dem Boulevard Malesherbes Nummer 100 einen berühmten Pariser Salon unterhält, einen Abend mit Isadora zu veranstalten. Eine große Chance für die junge Tänzerin, denn in dem über 50 Jahre währenden Salon treffen sich Persönlichkeiten wie Maurice Ravel, Claude Debussy, Gabriele D'Annunzio oder Colette. Isadoras erster Auftritt vor Pariser Publikum wird ein so großer Erfolg, dass sogar die *New York World* darüber berichtet: »Heldin des Windsor Brandes erobert Paris im Sturm.«[133] Der Tanzabend wird ihre Eintrittskarte in weitere Pariser Salons, unter anderem in den Salon von Elisabeth Gräfin Greffulhes, eine der wichtigsten Kunstmäzeninnen der Stadt. Obgleich die schöne und mondäne Gräfin Künstler wie James McNeill Whistler gefördert hat, zweifelt Isadora, ob der opulente Salon der Gräfin der richtige Ort für ihre Art von Kunst ist: »In ihrem Salon fühlte ich mich, zwischen den prächtig gekleideten und juwelengeschmückten Frauen, betäubt vom Duft der vielen Rosen und angestarrt von der *Jeunesse dorée* in den ersten Reihen, deren Nasen bis an die Bühne reichten und fast von meinen nackten Zehen gestreift wurden, sehr unwohl und hatte das Gefühl, meine Vorführung sei ein kompletter Misserfolg. Am nächsten Morgen erhielt ich jedoch von der Gräfin einen reizenden Brief, in dem sie mir dankte und mich aufforderte, in ihrer Portierloge ein Kuvert abzuholen. Ich fand es ziemlich unangenehm, beim Portier klingen zu müssen, aber das Geld reichte immerhin für die Miete des Studios.«[134]

Der liebste ihrer drei ständigen Begleiter ist Isadora der untersetzte, unscheinbare André Beaunier, mit dem sie eine ihrer sogenannten »Herzenslieben« eingeht: »Auch wenn man es mir vielleicht nicht glauben wird, die Liebesaffären, die sich in meinem Kopf abspielten, und deren hatte ich viele, waren ebenso wichtig für mich wie die meines Herzens.«[135] André Beaunier arbeitet gerade an seinen Büchern über Petrarca und Simonides. Jeden Nachmittag trägt er Isadora im Wohnzimmer mit sonorer Stimme Passagen aus Molière, Flaubert und Maupassant vor. Isadora, die inzwischen ganz passabel Französisch spricht, liebt diese Stunden. Abends gehen sie oft gemeinsam an der Seine spazieren, machen eine Bootsfahrt oder bewundern Notre-Dame im Mondschein. Isadora verliebt sich in den äußerst zurückhaltenden Beaunier, den sie für sehr schüchtern hält. Eine Einschätzung, die sie selbst dann nicht revidiert, als ihr Galan beim Tod Oscar Wildes am 30. November 1900 im Pariser Hotel d'Alsace in Tränen ausbricht. Obwohl sie Wildes Texte schätzt, weiß sie nur wenig über den skandalumwitterten Autor, der 1895 wegen »homosexueller Unzucht« zu 2 Jahren Zuchthaus und Zwangsarbeit verurteilt worden war. Der deutsche Kritiker Alfred Kerr hatte über den Fall Oscar Wilde dereinst geschrieben: »Seine langsame Hinrichtung bleibt der letzte Akt des Mittelalters.«[136] Isadora ist Amerikanerin, und als solche ist ihr der Skandal, von dem das viktorianische England einst heftig erschüttert worden war, kaum präsent. Nach seiner Haftentlassung lebte Oscar Wilde, von der Haft schwer gezeichnet, unter dem Namen Sebastian Melmoth in Paris. Seine letzten Jahre waren geprägt von Armut und Einsamkeit. Und dennoch ließ er es sich nicht nehmen, sogar in seine letzten Worte jenen unübertroffenen Sarkasmus und Witz zu legen, für den er noch heute weltberühmt ist: »Entweder geht diese scheußliche Tapete – oder ich.«[137]

Isadora, wild entschlossen, ihren scheuen Verehrer zu verführen, schreitet ungeachtet aller Vorzeichen zur Tat. Im luftigen Chiton, mit Blumen im Haar, drapiert sie sich auf der Chaiselongue im Wohnzimmer und wartet mit Champagner und großer Ungeduld auf Beaunier. Der flieht bei ihrem Anblick entsetzt vom Ort des Geschehens – eine Reaktion, die für Isadora völlig unverständlich ist: »Wenn man bedenkt, dass ich damals 18 Jahre jung und ausgesprochen hübsch war, kann man für diese Episode schwerlich eine Erklärung finden, und tatsächlich habe ich nie eine gefunden.«[138] Sich ihr zu offenbaren wagt Beaunier trotz ihrer engen Beziehung nicht. Die Ächtung Homosexueller, die in den meisten Ländern der Erde mit ihrer Kriminalisierung verbunden ist, ist in der Belle Époque allgegenwärtig. Zwar gibt es in allen Metropolen Europas gleichgeschlechtliche Liebe, doch gelebt wird diese nur im Verborgenen. Am fortschrittlichsten zeigt sich noch Berlin, obwohl es hier den berüchtigten Paragraphen 175 gibt, der Männer der Sodomie bezichtigt. Etwas mehr Freiheit genießt die weibliche Homosexualität, die trotz der allumfassenden Verdammung von gleichgeschlechtlicher Liebe durch Moralisten allerorten in der Belle Époque zu ungeahnter Blüte kommt. In einer Zeit, in der Frauen generell zu einem neuen Selbstbewusstsein gelangen, wird in Literatur und Kunst plötzlich lesbische Mystik sichtbar. Die griechische Dichterin Sappho ist eine der zentralen Frauenfiguren der Jahrhundertwende. Allerdings müssen auch Frauen mit ihrem Outing vorsichtig umgehen. Während schwule Männer hinter Gefängnismauern verschwinden, werden lesbische Frauen in die Psychiatrie eingewiesen, wo allerlei obskure und lebensgefährliche Versuche unternommen werden, sie von dieser »Fehlentwicklung« zu heilen.

Eine der bekanntesten Lesbierinnen von Paris ist Prinzessin Winnaretta Singer-Polignac, Tochter des amerikanischen Nähmaschinenkönigs Isaac Singer. Ihre Mutter, Isabella Eugenie

Boyer, ist eine schöne Pariserin, die das Vorbild für die amerikanische Freiheitsstatue gewesen sein soll. Winnaretta heißt es, habe ihren ersten Mann, Prinz Louis de Scey-Montbéliard, in der Hochzeitsnacht mit einem Regenschirm attackiert und ihm gedroht, ihn zu töten, sollte er ihr zu nahe kommen. Ihr zweiter Mann, der 30 Jahre ältere Edmond Prinz von Polignac ist ein begnadeter Pianist und homosexuell. Bis zu ihrem Lebensende führen beide eine äußerst harmonische Lavendelehe. Die schwerreiche kunstverständige Prinzessin wird eine der wichtigsten Förderinnen der Künste, vor allem den Avantgardisten Igor Strawinsky und Eric Satie gehört ihre Zuneigung. Für Strawinsky wird sie maßgeblich sein: »Umfassend gebildet, ausgezeichnet als Musikerin, Malerin von unzweifelbarem Talent, förderte und ermutigte sie immer wieder Kunst und Künstler. (...) Sie benutzte damals die Gelegenheit meines Aufenthalts, um sich mit mir über ein kleines Stück für Kammertheater zu besprechen, das sie (...) bei sich zu Hause aufführen wollte. Ich schlug ihr den ›Renard‹ vor. Der Gedanke gefiel ihr sehr.«[139] Welche Fügung des Schicksals, dass ausgerechnet diese großzügige Kunstverständige eines Tages in Isadoras Studio erscheint und sie bittet, in ihrem Salon eine Vorstellung zu geben. Winnaretta wird eine der wichtigen Förderinnen Isadoras und macht die junge Tänzerin mit ihrem erlesenen Freundeskreis bekannt. Dazu zählen unter anderem der Komponist Gabriel Urbain Fauré, der Journalist und Schriftsteller Octave Mirbeau sowie der Journalist und Politiker Georges Clemenceau. Alle drei gehören spätestens seit ihrem Engagement für Alfred Dreyfus in der gleichnamigen Affäre zu den herausragenden Persönlichkeiten der französischen Belle Époque. Isadoras engster Freund in ihrer Pariser Zeit aber wird der Symbolist Eugène Carrière, vor allem durch seine Künstlerporträts bekannt und einer der bedeutendsten Maler seiner Zeit. Befreundet unter anderem mit Rodin und Gauguin hatte auch er in der Dreyfus-Affäre Emile Zolas »J'accuse« unterstützt. An seiner 1899 gegründeten Akademie studiert unter anderem Henri Matisse. Carrière ist von Isadora und ihrer Kunst hingerissen und wird sie in seinem berühmten schemenhaften Stil auch porträtieren. Isadora wird ihrerseits Carrière, den sie zu den wichtigsten Menschen ihres Lebens zählt, bis zum Ende ihrer Tage verehren: »Er hatte die stärkste spirituelle Präsenz, die ich je erlebt habe. Weisheit und Licht. Von ihm ging eine unfassbare Zärtlichkeit aus. Die Schönheit, Wucht und das Wunder seiner Bilder waren nur der unmittelbare Ausdruck seiner erhabenen Seele. In seiner Anwesenheit fühlte ich mich, wie ich mich vermutlich gefühlt hätte, wenn ich Jesus Christus begegnet wäre. Ich war von einer solchen Ehrfurcht erfüllt, dass ich am liebsten auf die Knie gegangen wäre.«[140]

Die Zurückweisung durch Beaunier hat Isadora tief enttäuscht, dennoch arbeitet sie mit großer Entschlossenheit daran, endlich einen Mann zu verführen. Dabei geht es weniger um den Mann als um die Erfahrung. Von jetzt auf gleich flirtet sie mit dem um einiges attraktiveren Charles Noufflard. Und tatsächlich, eines Nachts finden sich die beiden unter falschem Namen als Ehepaar in einem Hotelzimmer wieder: »Ich zitterte vor Erwartung und Glück – endlich sollte ich das Mysterium der Liebe kennenlernen! Bald lag ich in seinen Armen und schmolz dahin unter seinen Liebkosungen – mein Herz schlug zum Zerspringen, mein ganzes Sein strömte in ekstatischer Freude über. ›Endlich erwache ich zum Leben!‹, jubelte ich. Da fuhr er plötzlich zurück, fiel vor mir auf die Knie und stammelte in unbeschreiblicher Aufregung: ›Ach, warum hast du mir das nicht gesagt? Was für ein Verbrechen hätte ich fast begangen! Nein, nein! Du musst rein bleiben! Schnell, zieh dich an!‹ Unbeirrt von meinen Klagen hüllte er mich in meinen Mantel, scheuchte mich in einen Wagen, und auf dem ganzen Heimweg beschimpfte er sich derart rigoros, dass ich mir erschrocken die Frage stellte, welches Verbrechen zu begehen er denn im Begriff gewesen sei.«[141]

Auf die Erfüllung ihrer sexuellen Wünsche muss die keusche Nymphe, wie sie sich selbstironisch bezeichnet, noch geraume Zeit warten. Den meisten ihrer potentiellen Liebhaber erscheint sie so heilig und Ehrfurcht gebietend, dass sie in letzter Sekunde immer einen Rückzieher machen. Wie sie in den zensierten Zeilen ihrer Memoiren schreibt, keine leichte Zeit: »Ich lag oft die ganze Nacht wach; mein Körper schien von tausend Dämonen besessen. Meine flinken fiebrigen Hände wanderten über meinen Körper und versuchten vergebens, diesen unter Kontrolle zu halten oder einen Ausweg aus diesem Leiden zu finden.«[142]

1901 ziehen die Duncans in ein kleines Atelier in die Avenue le Villier, das Raymond ganz im griechischen Stil einrichtet. Abends werden hier Gäste empfangen, während Isadora tagsüber über ihre Kunst nachdenkt. Sie ist auf der Suche nach der allerersten Bewegung, die eine Reihe von Bewegungen auslöst: »Ich verbrachte lange Tage und Nächte damit, einen Tanz zu suchen, durch den das Göttliche im Menschen durch Bewegungen des Körpers zum Ausdruck gebracht werden könnte. Stundenlang stand ich vollkommen regungslos, die Hände vor der Brust gefaltet, als befände ich mich in Trance. Meine Mutter war höchst alarmiert, mich so lange Zeit völlig regungslos zu sehen, aber ich suchte und entdeckte endlich auch den Sitz aller Bewegungen, die Triebfeder, die motorische Kraft, die Einheit, die, aus der die Vielfältigkeit der Bewegungen entspringt, und aus dieser Entdeckung entstand dann jene Theorie, auf der ich später meine Schule aufbaute.«[143] Sie macht den Solarplexus, jenes Sonnengeflecht des vegetativen Nervensystems zwischen Brustbein und Bauchnabel, als Ausgangspunkt aller freien Bewegung aus. Dass das Sonnengeflecht auch als Unterleibsgehirn bezeichnet wird, in dem viele nicht nur den Ursprung mancher Emotion vermuten, sondern auch das Unterbewusstsein der Seele verorten, mag zu dieser Erkenntnis durchaus beigetragen haben. Sowohl für die Chakren des tantrischen Hinduismus als auch beim Yoga besitzt der Solarplexus zentrale Bedeutung. Mit ihren Überlegungen zur freien Bewegung setzt sich Isadora deutlich vom klassischen Ballett ab, bei dem durch Zentrieren des Körpers die optimale vertikale Achse niemals verlassen werden soll, egal, ob man auf einem oder zwei Beinen tanzt. Von einer vertikalen Grundposition aus werden Kopf, Arme und Beine in standardisierten Positionen bewegt. Auch wenn diese durch Choreografien variiert werden, geschieht doch alles auf Basis der klassischen Grundpositionen. Isadora hingegen verfolgt einen anderen, ganzheitlichen Ansatz. Für jede Bewegung muss ihrer Ansicht nach ein innerer Grund vorhanden sein, eine Emotion, die beinahe wichtiger ist als der körperliche Ausdruck. Sie sucht Körper, Geist und Seele in ihrem Tanz zu verbinden. Diese ersten Überlegungen fließen in das Konzept des modernen Tanzes ein, der Körper des Tänzers wird zum erleuchteten Ausdruck der Seele des Tänzers. Musik ist nur noch der Auslöser, um den Motor dieser Seele zu starten.

Vor dem Spiegel ihres Pariser Ateliers erarbeitet Isadora Bewegungen ohne Musik zu Themen wie »Furcht« oder »Sorge«. Was für die Zuschauer später so spontan wirken wird, ist stundenlang vor dem Spiegel entwickelt und geprobt worden: jede Mimik, jede Geste, jede Bewegung das Ergebnis harter Arbeit. Ihre Tänze folgen weder dem Takt noch dem Rhythmus der Musik, die der Tänzer weder imitiert noch interpretiert. Im Idealfall ist der Tänzer die Musik. Und diese Musik lässt sich grafisch darstellen, ist mit mathematischer Genauigkeit zu erfassen: »Jeder Vers, jedes Erlebnis, jedes Gefühl lässt sich durch eine

Linie darstellen, und jede Linie muss sich tanzen lassen. Und so ein Tanz, der müsste auf alle Menschen wirken, den müssten alle Menschen verstehen, denn er wäre die Wahrheit, er könnte bewiesen werden, er wäre losgelöst von der einzelnen Person, die da zufällig tanzt. Und ich hoffe, wenn ich nur nicht nachgebe, eine Wissenschaft des Tanzes zu finden, mit ganz festen und sicheren und unantastbaren Gesetzen.«[144]

Um ihre Ideen theoretisch zu unterfüttern, verbringt sie ganze Tage in der Nationalbibliothek und der Bibliothek der Oper: »Ich unterzog mich der Aufgabe, alles zu lesen, was je über den Tanz erschienen war, von den alten Ägyptern bis heute, und ich machte mir fleißig Notizen; als ich dieses umfangreiche Experiment beendet hatte, wurde mir allerdings klar, dass meine eigentlichen Tanzmeister nur Jean-Jaques Rousseau mit seinem *Emile*, Walt Whitman und Nietzsche sein konnten.«[145]

Isadora Duncan wird eine der theoretisch versiertesten Tänzerinnen aller Zeiten. Lincoln Kirstein, Begründer des New York City Ballets, meint über sie: »Nur wenige Menschen haben sich so intensiv mit den Grundlagen und dem Einsatz von Bewegung auseinandergesetzt wie Isadora Duncan. Dass sie so großes methodisches Interesse hatte, ist umso bemerkenswerter, wenn man ihr Alter bedenkt und dass sie weder über einen akademischen Background noch über eine Tanzausbildung verfügte.«[146]

Nachdem sie dem Geheimnis des modernen Tanzes ein Stückchen weiter auf die Spur gekommen ist, wächst in ihr der Wunsch, dieses Wissen weiterzugeben und Tänzerinnen auszubilden, die ihre Idee des Tanzes weitertragen sollen. Da sie in Paris inzwischen sehr bekannt ist, mangelt es nicht an Anmeldungen, wie Der Ling, Enkelin eines amerikanischen Kaufmanns und Tochter des chinesischen Botschafters in Frankreich Yu-Keng, die zusammen mit ihrer Schwester Rong Ling an diesen Kursen teilnimmt, berichtet: »Ihre Klassen vergrößerten sich sprunghaft. (…) Nach einer Weile wollten so viele Schülerinnen bei ihr Unterricht nehmen, dass sie sie in drei Klassen aufteilen musste und ihre Arbeit dreiteilen. Dabei lag das, was sie leistete, ohnehin schon weit über dem, was jemand überhaupt zu leisten in der Lage war. (…) Die Schülerinnen wurden der Reihe nach aufgestellt. Isadora erklärte ihnen ganz genau, was sie tun sollten und welche Bewegung zu welcher Musik passt. (…) Dicke Mädchen, dünne Mädchen, große Mädchen, untersetzte Mädchen… (…) Beim Zusehen hatte ich das Gefühl, nicht eine Einzige machte, was Isadora gesagt hatte, und keine zwei machten dasselbe.«[147] Für fünf Dollar gibt es dreimal die Woche eineinhalb Stunden Unterricht bei Isadora Duncan.

Allerdings zeigt auch in Paris kein Theaterdirektor an ihrer Kunst Interesse. Ihre Auftritte finden weiterhin in privaten Salons oder im eigenen Studio statt: »Miss Duncan wird nächsten Donnerstagabend in ihrem Studio zur Musik von Harfe und Flöte tanzen, und wenn Sie glauben, das Vergnügen, diese zierliche Person tanzen zu sehen, sei 10 Franc wert, dann kommen Sie doch vorbei.«[148] Weder nach ihrem Auftritt im Palais des Beaux-Arts in Monte-Carlo im März noch nach ihren Juliauftritten in der New Gallery in London bietet man ihr einen Vertrag an. Dabei tut sie alles, um im Gespräch zu bleiben. Zu einem Empfang in der amerikanischen Botschaft erscheint sie verkleidet als Cleopatra, in der Hand einen glänzenden kleinen Dolch, den sie nach übereinstimmenden Berichten auch benutzt – zumindest am Buffet. Bei einem Auftritt im Élysée-Palast vor Staatspräsident Émile Loubet lernt sie den amerikanischen Multimillionär Harry Kendall Thaw kennen, Sohn eines Stahl- und Kohlemagnaten. Der legt ihr nicht nur sein Herz, sondern auch seine Millionen zu Füßen. Er will sie fördern, verspricht ihr die ganz große Karriere. Doch wie der Presse zu entnehmen ist, bewahrt Isadora einen klaren Kopf: »Mr Thaw und seine Millionen hatten keine Chance. Als er sie verließ, klangen ihre Worte noch in seinen Ohren: ›Nicht für eine Million. Nicht für alles Geld der Welt.‹ ... Die Poesie der Bewegung hat den scharfen Verstand von Miss Duncan kein bisschen getrübt.«[149] Thaw zurückzuweisen ist eine von Isadoras weiseren Entscheidungen. Denn Thaw ist kokainsüchtig und so eifersüchtig, dass er immer eine Pistole bei sich trägt, um vermeintliche Rivalen zu vertreiben. Zudem ist er ein Sadist, der seine jeweiligen Gespielinnen auszupeitschen pflegt. Seine Familie zahlt jahrelang eine Unsumme an Schweigegeld an Personen, die der völlig unkontrollierbare Harry auf welche Weise auch immer geschädigt hatte. Am 25. Juni 1906 erschießt Thaw während einer Theateraufführung auf dem Dach des Madison Square Gardens den Architekten Stanford White, den ehemaligen Liebhaber seiner Frau, der Schauspielerin Evelyn Nesbit. Im anschließenden »Jahrhundertprozess« sagt Nesbit auf Vermittlung von Thaws Mutter, die ihr dafür 1 Million Dollar verspricht, aus, White habe sie vergewaltigt und Thaw nur versucht, ihre Ehre wiederherzustellen. Thaw wird daraufhin in die Psychiatrie eingewiesen, 1913 aber als geheilt entlassen. Nesbit bekommt von der versprochenen Million nie einen Cent zu sehen, ihre Geschichte wird 1955 unter dem Titel *Das Mädchen auf der Samtschaukel* mit Joan Collins in der Hauptrolle verfilmt. Der Romancier E. L. Doctorow verarbeitet den Stoff zudem in seinem Roman *Ragtime*, der 1981 von Miloš Forman verfilmt wird.

In Paris schließt Isadora eine ihrer seltenen Frauenfreundschaften. Die Freundschaft mit Mary Desti, einer 29-jährigen Amerikanerin aus Chicago, wird ein Leben lang halten. Frisch geschieden ist Desti gerade mit ihrem zwei Jahre alten Sohn Preston in Paris eingetroffen. Bei einem Makler, der Häuser an Amerikaner vermittelt, lernt sie Dora Duncan kennen, die sie, wie Desti sich in ihren Memoiren erinnert, kurzerhand mit nach

Hause nimmt: »Isadora und Raymond rannten beide auf mich zu, nahmen mich in die Arme und tanzten um mich herum, als sei ich eine lang vermisste Freundin. In diesem Moment schloss ich Isadora in mein Herz, und es wird ihr gehören bis in alle Ewigkeit.«[150] Nachdem Marys kleiner Sohn lebensbedrohlich an einer Lungenentzündung erkrankt, füttert ihn Dora Duncan stündlich mit einem Löffelchen Champagner: »Und tatsächlich, fünf oder sechs Stunden später, nach fünf oder sechs Löffeln Champagner ging es ihm viel viel besser.«[151] Mary und Isadora werden unzertrennlich, und Isadora ist tieftraurig, als Mary sich entschließt, den amerikanischen Banker Solomon Sturges zu heiraten und nach Chicago zurückzukehren. Der kleine Preston, von den Duncans mit der Champagnerflasche vor dem sicheren Tod bewahrt, wird als Regisseur und Drehbuchautor amerikanischer Screwball-Komödien eine Hollywood-Legende werden und einen Oscar gewinnen.

Dass der Junge seine schwere Krankheit nur dank Champagner überlebt hat, kommt für Isadora keineswegs überraschend. Auch sie selbst spricht diesem Getränk, bevorzugt Exemplaren der Marken Pommery und Moët & Chandon, heilende Wirkung zu. In ihrer Garderobe stapeln sich leere Champagnerflaschen. Vor jedem Auftritt nimmt sie einen großen Schluck aus der Flasche. Als sie einmal vor Georges Clemenceau barfuß auftreten muss, weil Hunter Rye Whiskey auf ihre Satinsandalen geschüttet hat, macht sie aus der Not eine Tugend – und Barfußtanzen wird zu ihrem Markenzeichen. Längst wird sie von männlichen Verehrern nach der Vorstellung mit Gedichten, Champagner und Rosen überschüttet. Dabei ist nicht jedes Geschenk willkommen, wie ihre Schülerin Der Ling zu berichten weiß, die miterlebt, wie ihre Lehrerin den Strauß eines Verehrers beherzt aus dem Fenster auf die Straße wirft: »Der Portier fand das Bouquet mit Miss Duncans Namen darauf und brachte es in bester Absicht zu ihr zurück. (…) Mit großem Erstaunen wurde er Zeuge, wie die Blumen zum zweiten Mal durchs Fenster flogen, wütender und mit mehr Schwung als zuvor.«[152] Ihr »Barfußtanz« macht sie zu einer internationalen Berühmtheit. Eines Tages macht ihr der Direktor eines Berliner Varietés seine Aufwartung. Sie sei als erste »Barfußtänzerin« der Welt schlichtweg eine Sensation, und er würde sich ihren Auftritt glatt 500 Mark kosten lassen, was angesichts der ärmlichen Behausung, in der er die Tänzerin vorfindet, eine Menge Geld scheint. Zu seiner Verblüffung weist Isadora seine Offerte empört zurück. Nicht einmal, als er ihre Gage auf 1000 Mark pro Abend erhöht, kann er sie überreden: »Ich würde auch 10 000 und 100 000 ablehnen. Was ich vorhabe, vermögen Sie ja gar nicht zu begreifen! Eines Tages werde ich nach Berlin kommen und vor den Landsleuten Goethes und Wagners tanzen, aber in einem Theater, das ihrer würdig ist, und wahrscheinlich wird man mir mehr als 1000 Mark bezahlen.«[153] Als sich ihre Prophezeiung einige Zeit später tatsächlich erfüllt, lässt ihr der abgewiesene Varietédirektor als Entschuldigung einen großen Rosenstrauß in die Garderobe liefern.

Nachdem Mary in die USA zurückgekehrt ist, verabschiedet sich auch Raymond von der Familie. Er hat sich in die Sopranistin Emma Nevada verliebt und wird sie auf ihrer Amerikatournee begleiten.

Nach Raymonds Abreise lernt Isadora endlich jenen Mann näher kennen, für den sie schon seit langem schwärmt: Auguste Rodin. Sie sucht ihn eines Tages spontan in seinem Atelier auf. Rodin empfängt die junge Frau wohlwollend und stattet ihr bald darauf einen Gegenbesuch ab. Isadora hofft, ihm ihre Gedanken zum Thema Tanz nahebringen zu können, doch der große Meister interessiert sich mehr für die junge Isadora als für ihre Ideen: »Mit halbgeschlossenen Augen starrte er mich an. Sein

Blick glühte, während er mit dem gleichen Ausdruck, den er vor seinen Werken zeigte, auf mich zukam. Seine Hände strichen über meinen Nacken und meine Brust, er liebkoste meine Arme, streichelte meine Hüften, meine nackten Beine und Füße, und er begann, meinen ganzen Leib zu kneten, als wäre er aus Ton, wobei ihm eine Glut entströmte, die mich zu versengen drohte. Alles in mir verlangte danach, mich ihm völlig hinzugeben, und es wäre auch geschehen, hätte mich meine alberne Erziehung nicht in Panik versetzt, so dass ich mich zurückzog, eilig mein Kleid überwarf und ihn in zitternder Verwirrung fortschickte. Wie sehr ich dies heute bedauere! Oft habe ich diesen kindlichen Unverstand bereut, der mich um das göttliche Erlebnis gebracht hat, dem erhabenen Rodin – dem großen Pan selbst – meine Jungfräulichkeit zu schenken.«[154] Auch wenn es nicht zum Äußersten kommt, werden die beiden enge Freunde.

Bevor Raymond und seine neue Liebe Paris verlassen, bringt Emma Nevada Isadora mit einer Freundin zusammen, die im Winter 1902 für die entscheidende Wendung in Isadoras Leben sorgt: Loïe Fuller. Die weltberühmte Tänzerin ist eine Landsfrau Isadoras und wurde 1862 in Fullersburg/Illinois als Tochter eines französischen Rodeoreiters geboren. Seit ihrem Auftritt in der Pariser Folies Bergère 1892 gilt sie als die Königin des Art Nouveau. Dabei musste sie einst aus den USA flüchten, nachdem ihr Mann als Bigamist entlarvt worden war. Bereits in New York hatte sie ihren faszinierenden Schleiertanz entwickelt. Mithilfe neuartiger Techniken der Bühnenbeleuchtung, farbiger Reflektoren, wallender Gewänder und an langen Stäben befestigter Stoffbahnen, die sie mit der Kraft ihrer Arme wie Flügel schwingt, gelingt es ihr, schier unglaubliche Effekte zu kreieren. Nicht die Bewegungen des Körpers sind bei Loïe Fuller entscheidend, sondern die Wechselwirkung aus Stoff, Farbe und Licht. Ganze 27 Beleuchtungstechniker sind bei ihren Auftritten im Einsatz. Sie gilt als Magierin des Lichts, experimentiert mit elektrischen Scheinwerfern, bunten Gelatinebeschichtungen und fluoreszierendem Radium. Was dabei herauskommt, lässt sie sich patentieren. Sie wird die erste Künstlerin, die Elektrizität zum Medium ihrer Kunst macht. Ihr dem Jugendstil gleichsam entsprungener Serpentinentanz, ihr Flammentanz und ihr Schmetterlingstanz versetzen das Publikum in höchste Ekstase. Die Ankündigungen ihrer Tanzabende auf den Plakaten der Folies Bergère gehören bis heute zu den berühmtesten Darstellungen der Plakatkunst. Loïe Fuller ist das lebendige Beispiel für Isadoras Diktum von der Schönheit der Bewegung, die, wenn sie dem Körper entspricht, auch die Person schön erscheinen lässt. Ein Kritiker schrieb nach einem von Isadoras Pariser Auftritten: »Es ist merkwürdig, diese Amerikanerin, die hundertmal weniger hübsch ist als die wunderschöne Emilienne d'Alençon oder eine beliebige Ballerina am Nouveau Theatre, ist die Schöpferin dieses vollkommenen Tanzes: einzigartig und phantastisch. Sie ist diejenige, die als Königin dasteht, und ihr Geist und der Zauber ihrer Darbietung sind es, auf die ganz Paris zurückkommt.«[155]

Auch wenn eine arrogante Isadora im grauen Empirekleid und Männerhut auf Loïe Fuller beim ersten Mal nicht unbedingt einen positiven Eindruck macht, erkennt diese doch ihr Potential und bietet ihr an, mit ihrer Tanztruppe und Sada Yacco und dem Kawakami Theater auf Deutschlandtournee zu gehen: »Sie war ebenso talentiert wie überspannt. Verglichen mit dem, was sie vorhatte, nämlich sich all ihrer Kleider zu entledigen und auf den Straßen zu tanzen, war ihre augenblickliche Erscheinung fast normal. Ich ging davon aus, dass ihre Exzentrik der Tatsache geschuldet war, dass sie ein Genie war«,[156] schreibt Fuller in ihren Erinnerungen.

Isadora nimmt das Angebot an und reist mit den Frauen mit –

zum ersten Mal ohne ihre Mutter. Das Zusammensein mit der generösen und sinnlichen Loïe Fuller, die mit ihrer Company nur in Luxushotels absteigt und ganz offen ihre lesbische Sexualität lebt, ist für Isadora ein Blick in eine neue Welt: »In Berlin logierte Loïe Fuller im Hotel Bristol in einer prächtigen Suite, umgeben von ihrer Entourage, die aus einem Dutzend hübscher Mädchen bestand, die ihr abwechselnd die Hände streichelten oder sie küssten. Auch wenn meine Mutter uns geliebt hatte, so waren mir solche Zärtlichkeiten doch fremd und dieser exaltierte Ausdruck von Zuneigung eher peinlich. Es herrschte eine Atmosphäre von solcher Glut und Sinnlichkeit, wie ich sie noch nie erlebt hatte.«[157]

Loïe Fuller wird von ihren Tänzerinnen angebetet. Doch bei all dem Licht, das sie umgibt, sieht Isadora auch die Schattenseiten des Lebens dieser außergewöhnlichen Künstlerin. Die Pionierin des modernen Tanzes wird zumeist unter starken Schmerzen auf die und von der Bühne des Wintergarten Varieté in Berlin getragen. Längst rebelliert ihr Körper gegen ihre Solotänze, die oft eineinhalb Stunden und mehr dauern. Durch das Schwenken der schweren mit Stoff behängten Stäbe hat Loïe Fuller in den Armen chronische Schmerzen. Aber Isadora erkennt auch, warum Loïe Fuller so berühmt ist: »Ich sah Loïe Fuller zum ersten Mal tanzen. Hatte diese lichthelle Erscheinung, die jetzt vor uns einherschwebte, irgendeine Beziehung zu jener leidenden Frau, deren Schmerzen wir wenige Augenblicke vorher erlebt hatten? Vor unseren Augen verwandelte sie sich in eine farbenprächtige Orchidee, in eine wiegende schwankende Wasserblume, in eine spiralförmig gewundene Lilie (…) Was für ein außerordentliches Genie sie war!«[158]

Ein Genie, das trotz aller Supergagen immer kurz vor der Pleite steht. Schon in Berlin geht der Truppe das Geld aus. Da niemand sich so gut aufs Organisieren von Geld versteht wie

Isadora, übernimmt sie es, in die amerikanische Botschaft zu marschieren und den Botschafter davon zu überzeugen, seinen Landsfrauen aus der Patsche zu helfen. Die großzügige Finanzspritze wird umgehend in teure Hotelzimmer, Austern und Moët & Chandon für alle investiert. Während des Gastspiels in Berlin wird Isadora so krank, dass sie nicht auftreten kann. Auch in Leipzig bleibt sie der Bühne fern. Erst in Wien geht es ihr besser. Hier reißt ihr allmählich der Geduldsfaden: »Bei aller Bewunderung für Loïe Fuller begann ich mich allmählich zu fragen, warum ich meine Mutter allein in Paris gelassen und was ich bei dieser Truppe von schönen, aber verrückten Weibern verloren hatte. Bislang war ich bei all den dramatischen Begebenheiten unserer Reise nichts als ein hilfloser Zuschauer gewesen.«[159]

Als dann auch noch eines Nachts ihre Zimmergenossin, die schöne rothaarige Nursey, versucht, sie zu erwürgen, weil Gott ihr dies befohlen hätte, reicht es ihr: »Ich sprang aus dem Bett, als ob der Teufel hinter mir her wäre. Ich riss die Tür auf und rannte so, wie ich war, im Nachthemd und mit offenem Haar, den langen Korridor entlang, die breite Treppe hinab ins Hotelbüro und schrie. ›Lady gone mad!‹ Nursey folgte mir dicht auf den Fersen. Sechs Hotelbedienstete warfen sich auf sie und hielten sie fest, bis die Ärzte kamen.«[160]

Doch Isadoras Klagen werden Loïe Fuller nicht gerecht. Die organisiert nämlich für Isadora einen Auftritt vor Journalisten, Künstlern und Theaterdirektoren im Hotel Bristol in Wien. Schirmherrin der Veranstaltung ist die Wiener Salonnière Pauline Fürstin von Metternich, eine Enkelin des ehemaligen österreichischen Staatskanzlers. An diesem Abend stellen Isadoras Allüren nicht nur Loïe Fullers Geduld auf eine harte Probe. Während die Gäste, darunter Gustav Klimt, der britische und der amerikanische Botschafter samt Gemahlinnen sowie das halbe diplomatische Corps sich pünktlich einfinden, nimmt Isadora in aller Ruhe ein Fußbad und kämmt sich das Haar. Loïe Fuller, die ein Orchester engagiert und einen Salon im Bristol mit Hunderten von frischen Blumen dekorieren hat lassen, muss sie schließlich unmissverständlich zur Eile drängen. Als Isadora nach einer gefühlten Ewigkeit endlich erscheint, ist das Erstaunen groß und Loïe Fuller sprachlos: »Ich konnte kaum glauben, was ich da sah. Sie schien nackt zu sein, oder beinahe nackt, so wenig bedeckte der Stoff, den sie trug, ihren Körper.«[161] Doch dann beginnt Isadora zu tanzen, und Loïe Fuller muss neidlos anerkennen, dass dies einer der bewegendsten Momente ihres Lebens ist: »Oh, was für ein Tanz, wie ich ihn liebte! Für mich war es das Schönste, das ich je gesehen hatte. Ich vergaß die Frau und all ihre Fehler, ihr absurdes Verhalten, ihr Kostüm, ja sogar ihre nackten Beine. Ich sah nur noch die Tänzerin und das kunstvolle Vergnügen, das sie mir bereitete. Als es vorbei war, sprach niemand ein Wort. Ich wandte mich an die Prinzessin. Sie flüsterte mir zu: ›Warum hat sie so wenig an?‹«[162] Loïe Fuller weiß sich nicht anders zu helfen, als öffentlich zu erklären, Isadoras Gepäck sei verlorengegangen, weshalb sie in einem provisorischen Kostüm tanzen musste. Isadora wird rasch zum Tagesgespräch. Diesmal dauert es nicht lange, dann steht endlich der lang ersehnte Impresario in Gestalt des ungarischen Theateragenten Alexandre Grósz vor der Tür und macht ihr das verlockende Angebot einer Ungarntournee. An Loïe Fuller denkt Isadora keine Sekunde, als sie im März 1902 ohne ein Wort des Dankes und Abschieds zusammen mit ihrer inzwischen eingetroffenen Mutter den Zug nach Budapest besteigt. Die völlig vor den Kopf gestoßene Fuller schickt Isadora ein Telegramm hinterher mit der Frage, ob und wann sie wieder zur Truppe stoßen werde. Isadoras Antwort könnte nicht kaltschnäuziger sein: »Nur, wenn du bis morgen früh um 9:00 Uhr 10 000 Franc auf mein Konto bei einer Wiener Bank einzahlst.«[163] Noch viele Jahre später wird Loïe Fuller in ihrer Autobiografie, in der sie Isadora nur »die Tänzerin« nennt, erwähnen, wie sehr sie von diesem Verrat getroffen war: »Das war umso grausamer, als sie wusste, dass ich gerade über 100 000 Franc durch einen Wiener Konzertmanager verloren hatte, der den Vertrag mit den Japanern gebrochen hatte. Ganz abgesehen davon, meine Ausgaben waren immens, und ich war schwer getroffen. (...) Später erzählt man mir, dass sie all die Leute aufgesucht hatte, die ich ihr einst vorgestellt hatte. (...) Jeder war bereit, ihr zu helfen, sogar die Frau des britischen Botschafters und die Prinzessin von Metternich. Zu allem Übel erschien ich wie eine Lügnerin, denn sie trat in der Öffentlichkeit ungeniert in der Kleidung auf, die ich den Leuten als ihre Trainingskleidung verkauft hatte. In Brüssel kam mir viele Jahre später zu Ohren, dass die Tänzerin jemandem, der sie nach mir gefragt hatte, geantwortet habe, sie würde mich nicht kennen.«[164] Im Gegensatz zu ihrer undankbaren Schülerin wird Loïe Fuller vergessen werden. Heute ist sie nur mehr Tanzenthusiasten ein Begriff – und vielleicht gebildeten Automobilisten: Gab sie Charles Sykes doch die Anregung, seiner Kühlerfigur für Rolls Royce »The Spirit of Ecstasy« 1911 ein dynamisch wehendes Schleiergewand anzuziehen.

Alexandre Grósz macht Isadora derweil mit allen bekannt, die in Ungarn Rang und Namen haben, und Isadora fühlt sich sehr rasch heimisch in der ungarischen Hauptstadt: »Wie wundervoll ist der Frühling in Budapest. (...) Ich habe schon unzählige Frühlinge erlebt, aber noch nie zuvor solch einen. Ich muss länger hierbleiben – ich habe das Gefühl, etwas von der Jugend und der Kraft dieses Landes kriecht in meinen Geist. Dieses Land kann mich so viel lehren. Ich werde nicht gehen, ehe ich alles gelernt habe.«[165]

Ihr erster Auftritt in Budapest findet am 19. April 1902 im

Urania Theater statt. Ihm folgen 19 völlig ausverkaufte Vorstellungen. Am Ende des zweiten Abends bittet Isadora das Orchester, den Walzer »An der schönen blauen Donau« von Johann Strauss Sohn zu intonieren. Als sie ihren Tanz beendet hat, gibt es stehende Ovationen. Der Donauwalzer wird ihr beliebtester Tanz, und es wird kein Abend mehr vergehen, an dem das Publikum ihn nicht einfordert. Sie selbst wird dieser Bitte bald nur noch widerwillig nachkommen. In Ungarn erlebt Isadora zum ersten Mal, was Erfolg auf großer Bühne bedeutet. Die Presse jubelt: »Sie hat eine ganz neue Art der Bewegung entdeckt (...) Das ist wahrhaftig der wunderbar freie Tanz der Nymphen auf einem griechischen Pokal, bei dem die Füße den schlanken Körper mit atemberaubender Leichtigkeit tragen.«[166] Nun gibt es keine Blumensträuße mehr, nun regnet es Rosen auf Isadora herab.

Budapest wird auch in anderer Hinsicht zu dem Ort, an dem sich ihre geheimen Wünsche erfüllen. Oszkár Beregi, Star-Schauspieler des ungarischen Nationaltheaters, wird Isadoras erster Liebhaber. Beregi, den Isadora in ihren Memoiren nach seiner Paraderolle nur »Romeo« nennt, ist Cineasten auch als verbrecherischer Professor Baum in Fritz Langs Filmklassiker von 1933 *Das Testament des Dr. Mabuse* bekannt. Er spielt unter Max Reinhardt in Berlin und gilt in Anlehnung an John Barrymore, dem US-amerikanischen Schauspiel-Superstar jener Jahre, als der europäische Barrymore. Schon bei ihrer ersten Begegnung mit dem glutäugigen 26-jährigen Lockenkopf ist es um Isadora geschehen: »Als sich unsere Augen zum ersten Mal trafen, entlud sich in diesem einen Blick bereits die ganze gegenseitige Anziehung – von diesem Moment an hielten wir einander umschlungen, und keine Macht der Erde hätte uns trennen können.«[167] Auch Beregi ist entzückt: »Ich stand wie erstarrt im Türrahmen. Nie zuvor hatte ich eine Frau gesehen, die sich so frei bewegte. Sie lächelte. Unwillkürlich musste ich an das Lächeln der Mona Lisa denken, aber der Vergleich hinkt, denn dieses Lächeln war viel schöner, viel entzückender.«[168] Sie treffen sich täglich, besuchen wechselseitig ihre Vorstellungen, und wenn Beregi nach Ende der Vorstellung von Shakespeares *Julius Cäsar* das Kostüm des Marc Antonius ablegt, deklamieren die beiden Verliebten noch *Romeo und Julia*. Schließlich erfüllt sich, was Isadora so lange herbeigesehnt hat, und das, obwohl Dora Duncan schlafend im Nebenzimmer liegt: »Endlich enthüllte sich mir das Mysterium der körperlichen Liebe. Ich gebe zu, mein erster Eindruck war schrecklich, und nur mein Mitleid mit ihm, da er sehr zu leiden schien, hielt mich davon ab, vor der Quälerei davonzulaufen. (...) Ich fürchte sehr, dass ich an jenem Abend meinem Publikum eine recht schlechte Vorstellung geboten habe, denn ich fühlte mich wie gerädert.«[169]

Dieser ersten etwas verkorksten Nacht folgen viele wunderschöne Nächte, vor allem in einem kleinen Schloss in der Puszta, wo die beiden sich für ein paar Tage einmieten. Beregi erinnert sich lebhaft: »Ich lag mit offenen Augen auf dem Bett. Isadora zündete eine Kerze an und begann zu tanzen. Es war ein wunderbarer Tanz. (...) Dort in Somogyszob fand unsere wahre Vermählung statt. Hier mussten wir keine Angst haben, dass plötzlich die Tür aufging oder der Morgen anbrach. Sie lag neben mir und schlief lächelnd und erschöpft in meinen Armen ein. (...) Es waren drei unvergessliche Tage.«[170]

Leider sind weder Mutter Dora noch die inzwischen nach Europa zurückgekehrte Schwester Elizabeth von dieser Liaison begeistert. Isadora aber lässt nicht mit sich reden, schickt die beiden nach Tirol in den Urlaub. Sie kann gut auf sich selbst aufpassen: »Es lag in meiner Natur, dass, egal, wie flammend meine Leidenschaft auch gewesen sein mag, mein Verstand war gleichzeitig hellwach und arbeitete mit verschwenderischer Geschwindigkeit. (…) Ich habe niemals, wie man so schön sagt, den Kopf verloren; im Gegenteil, je intensiver der sinnliche Genuss, umso eindringlicher meine Gedanken.«[171]

Bald ist von Heirat und Kindern die Rede, gemeinsam erarbeiten sie das Programm: »Pygmalion und Galatea«. Doch wie schon andere Männer zuvor, so ist auch Beregi von Isadora, ihren Emotionen und ihrer Empathie überfordert. Sie will alles: häusliches Glück und eine Weltkarriere: »›Oscar, die Welt gehört uns! Mit unserer Schönheit, unserer Jugend und unserer Kunst werden wir die ganze Welt erobern! Ja, ja, Ungarn ist schön – aber klein! Du wirst besser Englisch lernen und spielen, was immer du willst – in Englisch, der Sprache, die auf der ganzen Welt gesprochen wird!‹ (…) Wie bei einem Vulkanausbruch brachen Worte, Lachen und Versprechungen aus ihr heraus. Doch je großartiger und leidenschaftlicher ihr Redeschwall wurde, umso stiller wurde ich und umso mehr kam ich wieder zur Vernunft.«[172]

Nach einer Tournee durch Ungarn, auf der Isadora in einer von weißen Schimmeln gezogenen blumengeschmückten Kutsche überall wie eine Göttin empfangen wird, trifft sie auf einen veränderten Liebhaber. Bei einer Wohnungsbesichtigung erlebt sie eine neue, fordernde Seite an ihrem Romeo: Er erklärt ihr unmissverständlich, dass sie für eine Familie ihre Karriere aufgeben muss. Ihr Leben an seiner Seite wäre das der Ehefrau eines ungarischen Nationalschauspielers. Nicht nur Isadora, auch Beregi weiß, dass das nicht ihre Vorstellung von der Zukunft ist. Schließlich gibt er sie frei, indem er ihr erklärt, es sei besser, sie würden sich beide auf ihre eigenen Karrieren besinnen: »Meine geliebte, törichte, talentierte kleine tanzende Nymphe… deine Welt war nicht meine Welt.«[173] Tief getroffen verlässt Isadora Budapest. Hartnäckig hält sich das Gerücht einer Schwangerschaft. Eine Fotografie aus jener Zeit, die sie im Empirekleid zeigt, bestärkt diese Vermutung. Sie reist nach Wien, von wo aus Beregi nach drei Monaten ein Telegramm erhält. Isadora liegt in einer Privatklinik und möchte ihn sehen. Unmittelbar nach der Abendvorstellung springt er in den Zug: »Sie saß aufrecht im Bett und sah überhaupt nicht krank aus. Aber ihr Lächeln, das sonst so heiter war, war gramerfüllt. (...) Ich küsste sie zärtlich und legte sie zurück aufs Kissen. Sie sah mich nur mit diesen unvergesslichen Faun-Augen an und sprach kein Wort. Endlich sagte sie mit kaum verständlicher Stimme: ›Es gibt kein Baby.‹ Ich konnte kein Wort sagen. Auch sie sprach nicht. Wir hielten uns nur an den Händen. ›Ich bin auf den Stufen des Grand Hotels gestürzt. Es war ein schwerer Sturz, und dann brachte man mich hierher.‹ ›Wie konnte das geschehen?‹ ›Ich bin gestürzt, weil du meine Hand nicht gehalten hast.‹«[174] Es gibt kein Happy End für die beiden. Nach ihrer Entlassung aus dem Krankenhaus reist Isadora zur Erholung nach Franzensbad. Beregi fährt zurück nach Budapest. Später wird Beregi ein berühmter Hollywood-Mime sein und damit genau das erreichen, was Isadora immer für ihn wollte – eine internationale Karriere. Das Blumenbouquet, das Beregi ihr bei ihrem allerersten Treffen überreicht hat, wird Isadora ein Leben lang aufbewahren. Zum 25. Jahrestags ihres Kennenlernens schickt sie ihm eine getrocknete Blume daraus. Als sie ihn erreicht, ist Isadora bereits tot.[175] Beregi selbst stirbt 1965 hochbetagt in Hollywood.

Isadora reist zunächst in Begleitung der Familie Grósz durch die böhmischen Kurbäder. Als das Geld für weitere Behandlungen aufgebraucht ist, arrangiert Grósz Auftritte in Karlsbad, Franzensbad und Marienbad für Isadora, die nun auf die Bühne zurückkehrt: »Eines Tages öffnete ich meinen Koffer und nahm meine Tanzkleider heraus. Als ich die kleine rote Tunika küsste, in der ich in Ungarn revolutionäre Tänze vorgeführt hatte, brach ich in Tränen aus und schwor mir, niemals wieder meine Kunst um der Liebe willen im Stich zu lassen. Aber den Schmerz, die Trauer und die Ernüchterung der Liebe – dies alles transformierte ich um in meine Kunst. Ich choreographierte das Schicksal von Iphigenie, ihren Abschied vom Leben und ihren Tanz am Altar des Todes.«[176] In ihrem Schmerz landet sie bei Glucks *Iphigenie in Aulis* und *Iphigenie auf Tauris* und hat damit größten Erfolg.

Isadora geht jetzt auf große Deutschlandtournee. Erstes Ziel ist München. Zu gerne würde sie im Münchner Künstlerhaus am Lenbachplatz auftreten, dem Zentrum der Münchner Künstler, doch hier haben Kaulbach, Lenbach und Stuck das Sagen, und besonders Letzterer ist entschieden gegen einen Auftritt dieser »Barfußtänzerin«. Allerdings hat er nicht mit Isadoras Hartnäckigkeit gerechnet. Kurzerhand sucht sie Stuck in seiner Villa in der Prinzregentenstraße auf und überredet ihn, sie vortanzen zu lassen. Hingerissen von ihrem Charme, ihrer Grazie und letztlich auch ihrer Kunst gibt er sein Einverständnis. Grósz startet eine großangelegte Werbekampagne, und es gelingt ihm tatsächlich, das Künstlerhaus zu füllen, obwohl die Tickets beinahe unverschämt teuer sind. Der Preis hat Methode, soll er doch zeigen, dass Isadoras Kunst keine billige Unterhaltung ist. Ihr Auftritt vom 19. November 1902 wird zu einer Sternstunde des Künstlerhauses. Die Presse überschlägt sich vor Begeisterung: »Der Saal war bis auf den letzten Platz besetzt, das Publikum aufs Höchste enthusiasmiert.«[177] Selbst ihre zahlreichen Kritiker müssen anerkennen, dass ihr Tanz etwas Besonderes ist. An diesem Abend in München beginnt der bis heute andauernde Kult um Isadora Duncan. In einer Stadt wie München, in der der Jugendstil eine solche Bedeutung hat, trifft sie als »Botschafterin einer neuen Kunst« endlich auf Verständnis. Das Bild, das Fritz August von Kaulbach von ihr zeichnet, wird 1904 das Titelblatt der Zeitschrift »Jugend« zieren. Die Münchner Studenten sind allesamt verliebt in Isadora, stehen stundenlang vor ihrem Fenster im Hotel Bayerischer Hof und singen, bis sich die Angebetete einen Augenblick zeigt. Einmal spannen die Burschen vor lauter Begeisterung die Pferde ihrer Kutsche aus und ziehen Isadora mit Manneskraft nach der Vorstellung zum Hotel. Ein andermal tanzt Isadora auf den Tischen einer Studentenkneipe: »Die ganze Nacht hindurch sangen sie ihre Studentenlieder, wobei immer wieder der Refrain ertönte: ›Isadora, Isadora, ach, wie schön ist das Leben!‹«, erinnert sich die so Gefeierte noch im Alter.[178] Dass am Ende dieses Abends ihr Kleid in Fetzen hängt, weil ihre Verehrer Stücke davon mit nach Hause nehmen wollen, trägt sie mit Fassung. Aus allen Teilen Bayerns eilen die Leute herbei, um sie zu sehen. Unter den Zuschauern ist auch Siegfried Wagner, der ein großer Verehrer ihrer Kunst und ein persönlicher Freund wird. Auch hier in München bleibt Isadora ihrer Gewohnheit treu, die Sprache des Landes, in dem sie sich aufhält, zu erlernen und in dessen Kultur einzutauchen. Unbedingt will sie Schopenhauer, Nietzsche und Kant im Original lesen. Sie schlendert durch die Museen und sucht die Bayerische Staatsbibliothek auf. Zudem schreibt sie sich an der Universität als Gasthörerin für Deutsch und Philosophie ein: »Der außerordentliche Intellekt, den ich in Deutschland antraf, gab mir das Gefühl, ich hätte eine Sphäre überlegenen und göttlichen Denkens betreten, die weiter reichte als meine bisherigen Reisen. Hier schien die Philosophie als höchstes Ziel des Menschen betrachtet zu werden, der nur noch die heilige Musik ebenbürtig war. Hier las ich Schopenhauer und war hingerissen von seiner philosophischen Erkenntnis von der Beziehung der Musik zum menschlichen Willen. (…) Ich lernte sogar das gute Münchner Bier zu trinken, und es half mir, mich von dem Schlag zu erholen, den ich in Budapest erhalten hatte.«[179] Tatsächlich spricht sie bald so gut Deutsch, dass sie den leidenschaftlichen Diskussionen im Künstlerhaus nicht nur problemlos folgen kann, sondern auch selbst mitreden kann. Aus sechs geplanten Auftritten werden zuletzt acht plus einer Abschiedsvorstellung vor Mitgliedern des Münchner Künstlerhauses, bei der sie mit einem Lorbeerkranz gekrönt wird.[180]

Ehe sie München in Richtung Berlin verlässt, unternimmt sie zusammen mit Elizabeth und ihrer Mutter eine Reise nach Florenz, wo sie die Uffizien besucht und endlich ihr Lieblingsgemälde im Original sieht: »Botticelli hatte meine jugendliche Fantasie völlig gefangen genommen. Tagelang saß ich vor seinem ›Frühling‹. Ein freundlicher alter Aufseher brachte mir schließlich einen Stuhl und verfolgte meine Anbetung mit liebenswürdigem Interesse. Ich blieb so lange dort sitzen, bis ich die Blumen tatsächlich wachsen sah. (…) In mir erwachte die freudige Gewissheit, dass ich dieses Bild tanzen und meinem Publikum die Botschaft der Liebe, des Frühlings und der Erschaffung des Lebens mitteilen wollte.«[181]

In Berlin füllt Isadora, deren Bild an jeder Litfaßsäule hängt, mühelos die Kroll-Oper. Nun wird sie nicht länger von ihrer Mutter am Klavier begleitet, sondern von den Philharmonikern: »Alexandre Grósz war ein mutiger Pionier. Er hatte sein ganzes Vermögen eingesetzt, um meine Berliner Vorstellung in Szene zu setzen. (…) Für ihn hätte es wohl den völligen Ruin bedeutet, hätte ich nicht (…) das überraschte Berliner Publikum zu begeistertem Applaus hingerissen. Aber Grósz war ein guter Prophet: Es geschah, wie er es vorhergesehen hatte: ich eroberte Berlin im Sturm.«[182] Nachdem der Vorhang fällt, weigern sich die Zuschauer, die Oper zu verlassen. Selbst diejenigen, die kein Verständnis für ihre Kunst haben, erkennen, dass sie etwas noch nie Dagewesenes gesehen haben. Ihre Anhänger stürmen die Bühne, Isadora läuft Gefahr, erdrückt zu werden. Am Ende ziehen Studenten ihre Kutsche ins Luxushotel Bristol Unter den Linden, wo sie eine der schönsten Suiten bewohnt. Sie ist jetzt die »göttliche« Isadora, über die die Presse schreibt: »Vor unseren Augen haben wir das künstlerische Ereignis sich vollziehen sehen, den Versuch, auch den Tanz aus unnatürlichen Regeln und Konventionen zu lösen und zu einer hohen Kunst spontanen und individuellen Ausdrucks zurückzuführen. Was Nietzsche ahnte und in künstlerisch-poetischer Erkenntnis schaute, das hat Isadora Duncan zur Tat gemacht. Wenn er sagte: ›Im Tanze nur weiß ich der höchsten Dinge Gleichnis zu reden‹ – ihre Tänze versuchen, Gleichnisse der höchsten Dinge zu sein.«[183]

Der österreichische Schriftsteller Karl Federn, erster Vorsitzender des deutschen PEN, schreibt nach einer ihrer Vorstellungen: »Was das Ausdrucksvollste an ihr ist, ob ihre Hände, ob ihr Antlitz, ob der vollkommene Fuß – wir wissen es nicht! Zur Kritik ihrer Tänze ist meiner Ansicht heute noch nicht die Zeit. Ihr Weg ist noch zu neu. Und das Wesentliche ihrer Tat, die Rückkehr zur individuellen Inspiration, lässt sich überhaupt nicht kritisieren. Vorläufig haben wir ihr noch alle zu danken, dass sie mit außerordentlichem sittlichen und künstlerischen Mut das Neue und Unerhörte gewagt hat.«[184]

Doch bei aller Begeisterung verstummt auch die Kritik nicht. Der Direktor der Hochschule für Bildende Künste Anton von Werner, kaisertreu und mit einer eher konservativen Kunstauffassung gesegnet, wettert nicht nur gegen das Frauenstudium, Max Liebermann und Edvard Munch, sondern findet auch, Isadoras Auftritte würden der Unmoral Vorschub leisten. Die *Berliner Morgenpost* stellt daraufhin auf dem Titelblatt die provokante Frage: »Kann Miss Duncan tanzen?« Eine Flut von Leserbriefen höchst geteilter Meinungen sind die Folge. Am Ende verfasst auch Isadora einen Leserbrief unter dem augenzwinkernden Titel »Kann die tanzende Mänade (eine Skulptur aus dem Berliner Museum) tanzen?«: »Ich denke, man sollte einen Preis ausloben für denjenigen Bildhauer, der ihre abgebrochenen Arme wieder in der richtigen Position rekonstruieren kann. Für die Kunst von heute wäre es allerdings sinnvoller, demjenigen einen Preis zu verleihen, der in der Lage ist, die himmlische Pose und die geheime Schönheit ihrer Bewegung wieder zum Leben zu erwecken. Ich schlage vor, ihre herausragende Zeitung initiiert solch einen Preis, und die großartigen Tänzer des klassischen Balletts bewerben sich darum. Wenn sie das ein paar Jahre lang versuchen, werden sie vielleicht etwas über die menschliche Anatomie und die Schönheit, die Reinheit und die Intelligenz der Bewegungen des menschlichen Körpers lernen. In atemloser Erwartung ihrer Erkenntnisse verbleibe ich Ihre Isadora Duncan.«[185] Ihr Schreiben fällt so spritzig aus, dass sie eine Einladung in den Berliner Presseclub erhält: Sie soll ihre Theorie des Tanzes vorstellen. Gerne folgt sie der Einladung, obwohl sie es fast ein wenig verfrüht findet, eine Vorlesung über ihre Kunst zu halten. Ihre Rede wird zu ihrem wichtigsten Manifest und unter »Der Tanz der Zukunft« in die Tanztheorie eingehen: »Der Tanz der Zukunft ist – wenn wir bis zur Urquelle allen Tanzes, der Natur, zurückgehen – der Tanz der Vergangenheit, der Tanz, der ewig derselbe war und ewig derselbe sein wird. In ewig gleicher Harmonie bewegen sich die Wogen, die Winde, der Erdball. Wir stellen uns nicht an den Strand und fragen den Ozean, wie er sich einst bewegte in der Vergangenheit und wie er sich in der Zukunft bewegen werde – wir fühlen, dass die Bewegung, die der Natur seiner Wasser entspricht, ihr ewig entsprach und ewig entsprechen wird. (…) Jene primären Bewegungen für den menschlichen Körper zu finden, aus welchen sich die Bewegungen künftiger Tänze in ewig wechselnden, endlosen und natürlichen Folgen entwickeln werden, ist die Aufgabe der neuen Tanzschule unserer Tage.«[186]

Sie übt heftige Zivilisationskritik, wobei vor ihrem geistigen

Auge Rousseaus »edler Wilde« erscheint, der einst in Freiheit und Einklang mit der Natur lebte und der vor allem in seiner Nacktheit natürlich und schön gewesen sei: »Zur Nacktheit des Wilden wird der Mensch, angelangt auf dem Gipfel der Kultur, zurückkehren müssen; nur wird es nicht mehr die unbewusste, ahnungslose Nacktheit des Wilden sein, sondern eine bewusste und gewollte Nacktheit des reifen Menschen, dessen Körper der harmonische Ausdruck seines geistigen Wesens sein wird. Und die Bewegungen dieses Menschen werden schön und natürlich sein.«[187] Für Isadora gilt unumwunden »In jeder Kunst ist das Nackte das Höchste«.[188]

Das klassische Ballett lehre sterile unnatürliche Bewegungen, die die natürlichen Gesetze der Gravitation und den natürlichen Willen des Individuums bekämpfen und in krassem Widerspruch zu Bewegungen und Formen stünden, die die Natur schuf. Das klassische Ballett sei nichts anderes als eine Verunstaltung und Verkrüppelung der Tänzer durch falsche Kleidung und falsche Bewegungen: »Das moderne Ballett richtet sich selbst dadurch, dass es den natürlich schönen Körper des Weibes unvermeidlich entstellt! Keine historischen, keine choreographischen Gründe können dagegen aufkommen!«[189] Sie hingegen will all ihre Kraft dem Tanz der Zukunft widmen: »Ich weiß nicht, ob ich die hierzu notwendigen Eigenschaften besitze. Ich habe vielleicht weder Genie noch Talent, noch Temperament, aber ich weiß, dass ich eines habe: den Willen. Energie und Willen vermögen manchmal mehr als Genie, Talent oder Temperament.«[190]

Tatsächlich kommt dem Willen des Individuums in Isadoras Theorie mit Rückgriff auf Schopenhauer der entscheidende Part zu: »Wenn die Bewegung des Weltalls sich in einem individuellen Körper konzentriert, so offenbart sie sich in ihm als ›Wille‹. So zum Beispiel die Bewegung der Erde als eine Konzentration der sie umgebenden Kräfte gibt der Erde ihren Willen. Und die

Geschöpfe der Erde, die nun ihrerseits diese Kräfte empfangen und in sich konzentrieren, überliefert und modifiziert von ihren Vorfahren und bestimmt durch ihr Verhältnis zur Erde, entwickeln ihre individuelle Bewegung, die wir ihren Willen nennen. Der wahre Tanz sollte nun nichts anderes sein als eine natürliche Gravitation des Willens im Individuum, der nicht mehr und nicht weniger als eine Übertragung der Gravitation des Weltalls in das menschliche Individuum ist.«[191]

Für Isadora beginnt Kunst nicht mit dem Erlernen irgendeiner Technik, sondern mit der persönlichen Wahrheit, sprich dem Willen. Jede Tanztechnik muss sich diesem Willen und der Wahrheit unterwerfen. In ihrem Vortrag erwähnt Isadora zum ersten Mal auch ihre Absicht, eine Schule zu gründen: »Ein Theater (…), in welchem hundert kleine Mädchen in meiner Kunst ausgebildet werden sollen, die sie dann ihrerseits vervollkommnen werden. Ich werde die Kinder in dieser Schule nicht lehren, meine Bewegungen nachzumachen, sondern ihre eigenen zu machen, ich werde sie überhaupt nicht dazu zwingen, gewisse bestimmte Bewegungen einzuüben, sondern ich werde sie dazu anleiten, diejenigen Bewegungen zu entwickeln, die ihnen natürlich sind. Wer immer die Bewegungen eines ganz kleinen Kindes sieht, wird nicht leugnen können, dass sie schön sind. Sie sind schön, weil sie dem Kinde naturgemäß sind.«[192]

Sie macht den ausschließlich männlichen Zuhörern klar, dass ihre Ausführungen zum Thema Tanz weit über eine Meinungsverschiedenheit zwischen Ballett und modernem Tanz hinausgehen. Isadoras Ziel ist die neue, befreite Frau: »Die Tänzerin der Zukunft (…) wird die Freiheit des Weibes in ihrem Tanz ausdrücken. (…) Sie wird den Frauen neue Erkenntnis der möglichen Kraft und Schönheit ihrer Leiber bringen. Sie wird sie den Zusammenhang ihrer Leiber mit der Erdnatur lehren und sie vorbereiten für die Kinder der Zukunft. Sie wird den Tanz des Leibes tanzen, der aus Jahrhunderten zivilisierter Vergessenheit emportaucht, nicht in der Blöße des Urmenschen, sondern in einer neuen Nacktheit, die mit seiner Geistigkeit nicht länger im Widerspruch stehen wird, sondern sich mit dieser Geistigkeit für immer in einer glorreichen Harmonie verbinden wird.«[193] Sie spricht viel von Evolution und Vervollkommnung, zeigt sich bei ihrem Vortrag als versierte Schülerin der Evolutionstheorien Darwins und Haeckels. Jahrzehnte später wird man ihr vorhalten, ihr Vortrag habe in seiner Überbetonung des Schönen und Gesunden einen sozialdarwinistischen Unterton gehabt. Tatsächlich spricht sie von vollkommenen Müttern und gesunden Kindern, nur um gleichzeitig zu erwähnen, dass sie selbst wohl von den Göttern eher als schwerfällig, töricht und langsam bezeichnet werden würde und dennoch die Idealbesetzung für ihre Mission sei. Isadoras Schönheitskategorie ist die Natur und die steht für sie niemals im Gegensatz zu Kultur und Intellekt. Eine Bewegung ist schön, wenn sie der sich bewegenden Gestalt entspricht – wie auch immer diese aussieht. Ein anderer Vorwurf, der im Raum steht, entsteht durch ihre Formulierung, ihr Tanz sei »*a question of race*«. Obwohl es problematisch ist, den deutschen Begriff der »Rasse« als Äquivalent des englischen Begriffes »*race*« zu benutzen, zeigt der Kontext, in dem Isadora diesen Ausdruck leider leichtfertig gebraucht, dass sie damit vielmehr die Menschheit an sich und nicht eine bestimmte Ethnie im Sinn hat. Ihr Leben beweist, dass Isadora in sozialen Kategorien denkt und nicht in unhaltbaren biologischen Einteilungen. Zeit ihres Lebens ist sie Internationalistin, genau wie die Tänzerin der Zukunft: »Die Tänzerin wird nicht einer Nation, sondern der ganzen Menschheit angehören.«[194] Dass die Tänzerin der Zukunft ausschließlich weiblich ist, stellt eine Differenzfeministin wie Isadora, die ganz im Geiste der ersten Welle der Frauenbewegung argumentiert, kaum vor Probleme. Und so beendet sie ihren Vortrag mit der Hoffnung auf eine strahlende Zukunft für die Frau von morgen: »Ja, sie wird kommen, die Tänzerin der Zukunft, sie wird kommen als der freie Geist, der in dem Leibe des freien Weibes der Zukunft wohnen wird. Sie wird herrlicher sein als irgendein Weib, das gelebt hat; schöner als die Ägypterin, als die Griechin, als die Italienerin der Frühzeit, als alle Frauen vergangener Jahrhunderte! Ihr Kennzeichen wird sein: der höchste Geist in dem freiesten Körper!«[195] Unmittelbar nach ihrem Auftritt wird ihre Vorlesung in der Übersetzung von Karl Federn im Eugen Diederichs Verlag in Leipzig publiziert.

Im Mai 1903 kehrt Isadora für ein kurzes Gastspiel nach Paris zurück. Sie hat einige Auftritte im Théâtre Sarah-Bernhardt, doch der Erfolg bleibt weit hinter dem zurück, was sie in Deutschland erlebt hat. Verehrung bringen ihr einmal mehr die Studenten entgegen, an die sie kostenlose Eintrittskarten verteilen lässt, um das riesige Theater zu füllen. Dennoch hält dieser Frankreichaufenthalt ein großes Vergnügen für sie bereit. Im Juni 1903 ist sie zu einem Picknick in den Wäldern von Vélizy eingeladen, bei dem Rodins Aufnahme in die Ehrenlegion gefeiert wird. Während der Zugfahrt dorthin fällt sie der britischen Bildhauerin Kathleen Scott, der späteren Witwe des Polarforschers Robert Falcon Scott, auf, weil sie so »außerordentlich schlecht Französisch« spricht: »Die Tänzerin war für mich der schier unfassbare Ausdruck ultimativer Schönheit, und jetzt saß sie hier in diesem überfüllten Eisenbahnabteil und sprach das barbarischste Französisch, das man sich nur vorstellen kann.«[196] Später beim Picknick wird man Isadora bitten zu tanzen. Der norwegische Maler Fritz von Thaulow begleitet sie auf seiner Geige. Mangels Tunika entledigt sich Isadora ihres Kleides und tanzt im Unterkleid. Am Ende des Tages schließt sie ausgerechnet mit Kathleen Scott Freundschaft, die auf der Hinfahrt über ihren grauenhaften Akzent lästerte. Es wird eine Freundschaft, die, wie Kathleen erzählt, viele Jahre Bestand hat – trotz zahlreicher Kontroversen: »Als Künstlerin war die Tänzerin für mich ein strahlendes göttliches Wesen, als Mensch kam sie mir manchmal wie ein infames, ungezogenes Kind vor. Der Künstlerin jubelte ich zu und das lästige Gör konnte ich nicht im Stich lassen.«[197]

Als Isadora wieder in Berlin eintrifft, ist zum ersten Mal seit Jahren die Familie Duncan wieder komplett. Raymond und Elizabeth sind aus Paris angereist und Augustin samt Frau und Töchterchen aus den USA. Ihrer aller Lebenssituation hat sich vollkommend geändert. Statt Mangel ist nun Geld im Überfluss vorhanden. Isadora hat eine Unsumme verdient, und sie ist gewillt alles auszugeben. Zu Grósz' Entsetzen bittet sie ihn um eine Auszeit, um zusammen mit ihrer Familie auf die Pilgerfahrt ihres Lebens zu gehen – nach Griechenland. Dort will sie verwirklichen, was sie schon vor Monaten einem Reporter der *Pesti Naplo* in Budapest verraten hat: »Miss Duncans größter Traum ist die Errichtung eines Tempels in Athen, in dem sie junge Mädchen dazu erziehen will, Priesterinnen des Tanzes zu werden. Das klingt irgendwie sehr kalifornisch, aber Miss Duncan strahlt so viel Überzeugung und Enthusiasmus aus, dass wir schier kein Recht haben, skeptisch zu sein.«[198]

Die Menschen leben heutzutage nicht.
Sie holen nur etwa zehn
Prozent aus ihrem Leben heraus.

(Isadora Duncan)

»Gruß Euch, ihr Götter, olympischer Zeus, Apoll und Aphrodite!«

IV.

Pallas Athene zwischen Grünem Hügel und Winterpalast

Im Herbst 1903 reist Isadora mit einer Entourage, bestehend aus Dora Duncan, Raymond, Augustin ohne Familie, Elizabeth und ihrer neuen Freundin Kathleen Scott nach Griechenland. Endlich ist es ihr möglich, die antiken Stätten zu besuchen, die sie bisher nur aus der Ferne bewundern konnte: »Zu den Griechen zurückkehren müssen wir, um den Tanz wieder zu einer Kunst zu erheben, sie müssen unsere Lehrer für ihn sein.«[199] Diese Reise zur Wiege der Kultur soll für Isadora aber auch eine Auszeit sein: weg von all dem Trubel und dem Erfolg, den sie so lange herbeigesehnt hatte und der schon jetzt beginnt, sie zu überfordern. Erste Station der kleinen Reisegesellschaft ist Venedig, wo sie die Sehenswürdigkeiten der Stadt auf sich wirken lassen. Isadoras Begeisterung über die Lagunenstadt hält sich allerdings in Grenzen: »Venedig enthüllte mir sein Geheimnis und seinen Liebreiz erst viele Jahre später, als ich mich dort mit einem schlanken, dunkeläugigen Liebhaber mit olivfarbenem Teint aufhielt. (…) Bei meinem ersten Besuch war ich nur ungeduldig, ich wollte möglichst bald ein Schiff besteigen und in höhere Sphären segeln.«[200] Bereits in Venedig sorgen sie für Aufsehen, zeigt sich das Faible der Familie Duncan für die Antike seit kurzem doch auch an ihrer Kleidung. Die Geschwister treten in der Öffentlichkeit nun meist in Chiton und Sandalen in Erscheinung. Sie folgen damit dem Vorbild Raymonds, der zunehmend zivilisationskritischer wird. Initialzündung dafür war einst ein Ferienaufenthalt in der Normandie, bei dem Raymond Schwierigkeiten mit seiner Badekleidung hatte. Er hatte damals seinen Fahrer zum Baden an den Strand eingeladen, was dieser jedoch mit Hinweis auf seine Uniform ablehnte. Raymond überließ dem Mann daraufhin sein Badekostüm: »Ich kaufte einen dicken weißen Leinenstoff und schnitt ein Loch hinein, um den Kopf durchzustecken. Aber man ließ mich nicht an den Strand. Da sagte ich zu mir selbst: Wenn die Menschen so blind sind, dass sie nicht den Mann, sondern nur die Kleidung sehen, dann will ich lange genug leben, um ihnen den Mann hinter all dem zu zeigen.«[201]

Nachdem sie Italien mit dem Luxuszug durchquert haben, besteht Raymond darauf, die Reise ab Brindisi nicht mit einem Passagierschiff, sondern in aller Bescheidenheit auf einem Frachter fortzusetzen. Auf diese etwas ursprüngliche Weise erreichen sie die griechische Insel Lefkada im Ionischen Meer. Hier gilt ihr erster Besuch dem Leukadischen Felsen, von dem sich der Legende nach die griechische Lyrikerin Sappho im 6. Jh. v. Chr. aus Liebeskummer ins Meer gestürzt haben soll.

In Lefkada mieten sie ein kleines Fischerboot samt Fischer, um die Reise ganz nach dem antiken Vorbild des Odysseus fortzusetzen: »Beim Mieten des kleinen Kutters hatte Raymond mit viel Pantomime und etwas Altgriechisch zu erklären versucht, wir wünschten, dass unsere Reise so weit wie möglich der Fahrt des Odysseus gleichen sollte. Der Fischer schien von dem trojanischen Helden nicht viel zu wissen, aber der Anblick einer beträchtlichen Anzahl von Drachmen ließ ihn mutig werden, sodass er sich entschloss loszusegeln. Er tat es sichtlich ungern, denn mehrmals wies er gen Himmel und markierte mit Armbewegungen einen Sturm, um uns begreiflich zu machen, wie tückisch die See heute sei, und wir fürchteten fast, es könne uns ergehen wie Odysseus.«[202]

Die hohen Wellen bringen das kleine Fischerboot bedenklich ins Schwanken, sodass der Genuss von Ziegenkäse, Oliven und gedörrtem Fisch an Bord zu einem zweifelhaften Vergnügen wird. Als bald darauf eine Flaute einsetzt, müssen die Duncans in ihren griechischen Tuniken ganz stilecht selbst rudern. Nach einer kleinen Ewigkeit erreichen sie endlich Karvasaras, das heutige Amfilochia. Die Bewohner des Ortes eilen an den Strand, um die Neuankömmlinge in Empfang zu nehmen: »Selbst Kolumbus kann bei den Eingeborenen Amerikas keine größere Verwunderung hervorgerufen haben als wir, vor allem, nachdem Raymond und ich niedergekniet waren und den Boden küssten; völlig sprachlos waren sie, als er anfing, Lord Byron zu zitieren.«[203] Auch wenn sie mangels eines vernünftigen Hotels alle in einem Zimmer übernachten müssen, sind die Duncans außer sich vor Freude, endlich in Griechenland zu sein. Raymond rezitiert die halbe Nacht Platon und Sokrates, was dazu führt, dass alle paar Minuten Einheimische an die Tür klopfen, um die seltsamen Gäste zu bestaunen. In aller Herrgottsfrühe brechen sie schließlich auf. Dora Duncan sitzt auf einem zweispännigen Wagen, ihre Kinder laufen barfuß mit selbst geschnitzten Hirtenstäben neben ihr her. Nach einer kurzen Wanderung durch die griechische Hügellandschaft kommen sie nach Stratos: »Es waren unsere ersten griechischen Ruinen, und der Anblick der dorischen Säulen versetzte uns geradezu in Ekstase«,[204] berichtet Isadora. In den nächsten Tagen jagt ein Highlight das andere. In Missolonghi gedenken sie voller Ehrfurcht des skandalumwitterten britischen Dichters Lord Byron, der hier im April 1824 während seines Einsatzes im griechischen Unabhängigkeitskampf an Unterkühlung verstorben war. In Patras besteigen sie endlich den Zug nach Athen: »Der Zug raste durch das strahlende Hellas. (...) Unser Entzücken kannte keine Grenzen. Manchmal gerieten wir in eine derartige Erregung, dass wir uns umarmten und in Tränen ausbrachen. Die schwerfälligen Bauern an den Bahnhöfen beäugten uns voller Erstaunen, sie hielten uns wohl für betrunken oder verrückt – und doch war es nichts als der Ausdruck unserer Begeisterung bei der Suche nach höchster Weisheit – nach den blauen Augen Pallas Athenes.«[205]

Nach einer sehr kurzen Nacht im Grand Hotel d'Angleterre in Athen steigen sie noch in der Morgendämmerung hinauf zum Parthenon. Für Isadora der bewegendste Moment ihres bisherigen Lebens: »Es war mir, als hätte ich bis dahin überhaupt nicht gelebt, als sei ich erst in diesem Anblick reinster Schönheit zur Welt gekommen. (...) Mit dem Parthenon hatten wir den Gipfel der Vollendung erschaut.«[206]

Die Familie ist hingerissen: was soll im Leben schöner, reiner und heiliger sei als das? Hier auf dem Parthenon wird der Wunsch vom Bau eines eigenen griechischen Duncan-Tempels zur festen Absicht. Angesichts von Isadoras immensen Einnahmen der letzten Zeit mutet das Vorhaben weder waghalsig noch übermütig an: Das viele Geld, das Isadora verdient und von dem mittlerweile die ganze Familie lebt, kann man ohnehin niemals ausgeben. Und wie könnte man es besser investieren als in einen griechischen Tempel? Isadora fühlt sich in Griechenland bereits nach wenigen Wochen zu Hause, wie ein Reporter der *New York*

World bei einem Interview im Hotel d'Angleterre erfährt. Hingegossen auf einen Diwan, die nackten Füße in Sandalen, führt sie aus: »Meine Vorstellung von Tanz ist es, meinen Körper frei der Sonne zu überlassen, mit meinen Füßen die Erde zu spüren und den Olivenbäumen Griechenlands nahe zu sein. (…) Jetzt da ich endlich an diesem heiligen Ort bin, finde ich, er ist noch viel herrlicher und großartiger als in meinen Träumen. Ich bin noch immer ganz geblendet. Im Augenblick besteht mein ganzer Tanz darin, die Hände zum Himmel zu erheben, um den wundervollen Sonnenschein zu spüren und den Göttern zu danken, dass ich hier sein kann.«[207]

Einzig Augustin ist unglücklich. Er vermisst seine Frau und seine kleine Tochter Temple. Nach kurzem Familienrat darf er die beiden nachkommen lassen, aber: »Wir beschlossen, für immer in Griechenland zu bleiben und dass es keine weiteren Eheschließungen mehr geben solle. Augustins Frau immerhin nahmen wir noch mit schlecht verhüllter Reserviertheit auf. In einem Notizbuch hielten wir weitere Lebensregeln fest, die stark an Platons *Staat* erinnerten. Beim Morgengrauen sollten wir aufstehen und die aufgehende Sonne mit freudigen Gesängen und Tänzen begrüßen. Dann wollten wir uns an einer bescheidenen Schale Ziegenmilch laben. Die Vormittage sollten dem Tanz- und Gesangsunterricht der Bewohner Athens gewidmet sein; wir wollten sie dazu bringen, wieder die alten griechischen Götter zu verehren und ihre scheußliche moderne Kleidung abzulegen.«[208] Isadora und Raymond streifen voller Begeisterung durch Athen. In den Ruinen des Dionysostheater am Fuße der Akropolis tanzt Isadora vor leeren Steinbänken, später wird sie dies auch vor ausgewähltem Publikum tun. Die Fotografien, die Raymond dabei von ihr anfertigt, zählen zu den berühmtesten Aufnahmen der Tänzerin.

Unermüdlich streifen sie durch die Gegend auf der Suche

nach dem richtigen Platz für ihren Tempel. Zehn Kilometer südöstlich von Athen, auf dem Bergrücken des Hymettos werden sie schließlich fündig. Schon Lord Byron hatte den Hymettos in seinem Versepos *Childe Harolds Pilgerfahrt* als Isadoras Bruder im Geiste hymnisch besungen:

Blau sind die Himmel, und die Klippen wild,
Hold sind die Haine, die Gefilde grün,
Als lächle Pallas noch; die Ölfrucht schwillt;
Die Biene, wo Hymettos' Kräuer blühn,
Baut noch ihr duftig Schloß mit ems'gem Mühn,
Die freie Seglerin der Bergeshöhn;
Vom Gold Apolls die Marmorbrüche glühn,
Als ob die langen Sommer nie entflöhn;
Kunst, Freiheit, Ruhm verwelkt – Natur ist ewig schön.[209]

Ihre Wahl fällt auf einen kleinen Hügel namens Kopanos, der auf gleicher Höhe mit der Akropolis liegt. Zunächst gestaltet sich die Suche nach seinem Besitzer schwierig, am Ende aber können sie fünf Bauernfamilien ausmachen, denen das völlig wertlose Stück Land gehört. Konfrontiert mit der Euphorie der jungen Amerikaner wachsen deren Preisvorstellungen ins Utopische. Ein üppiges Festmahl lässt den Preis zumindest ein klein wenig sinken. Völlig überteuert bringt Isadora das begehrte Land letztlich in ihren Besitz. Im Überschwang beschließt man großzügig, auf einen Architekten zu verzichten und Raymond diese Aufgabe zu übertragen. Mithilfe von zahlreichen Arbeitern aus der Umgebung soll aus pentelischem Marmor ein Tempel nach Vorbild des sagenhaften Agamemnon-Palasts von Mykene entstehen. Am Tage der Grundsteinlegung gibt es ein großes Fest, bei dem ein orthodoxer Geistlicher nach altem Brauch einem schwarzen Hahn die Kehle durchschneidet. Proteste der überzeugten Vegetarier sind nicht bekannt. Die barfüßige Familie Duncan ist bald so berühmt, dass eines Tages sogar Georg I., König der Hellenen, vorbeikommt, um die Baustelle zu besichtigen. Kathleen Scott bleiben die Monate in Griechenland in ewiger Erinnerung: »Tage voll offensichtlichen Müßiggangs. Schlafen unter freiem Himmel. (…) Es gab Tage, da ritten wir ohne Sattel auf den Pferden zu jenem zauberhaften Strand bei Phaleron, ritten ins Meer hinein und ließen uns dann einfach ins Wasser fallen.«[210]

Da die Mauern des Agamemnon-Tempels mehr als 60 Zentimeter dick sind und die Duncans so nahe wie möglich am Original bleiben wollen, steigen die Kosten für den Tempel ins Astronomische, wie Isadora eines Tages erschrocken bemerkt: »Erst als die Arbeiten schon ziemlich weit fortgeschritten waren, machte ich mir klar, welche Mengen pentelischen Marmors wir brauchen würden und wie viel jede Fuhre davon kostete.«[211] Kurz darauf entdecken sie zudem, warum trotz der schönen Lage nie zuvor irgendjemand auf die Idee gekommen ist, hier ein Haus zu bauen: Es gibt kein Wasser. Die nächste Quelle ist meilenweit entfernt. Doch nicht einmal diese Erkenntnis kann ihren Idealismus stoppen. Kurzerhand stellt Raymond noch mehr Arbeiter ein, mit denen er einen artesischen Brunnen gräbt: »Bei dieser Arbeit stieß er auf allerhand Altertümer und behauptete nun, auf den Höhen müsse einmal eine Siedlung gestanden haben, folglich müsse es auch Wasser geben – ich glaube aber, es kann dort bestenfalls ein Friedhof gelegen haben, denn je tiefer die Bohrungen vordrangen, desto trockener und spröder wurde das Gestein.«[212] Ratlos kehren sie zurück nach Athen, um die Geister der Akropolis um Hilfe zu bitten. Dank einer Sondergenehmigung der Athener Stadtverwaltung dürfen sie in den Nächten oben auf der Akropolis sitzen und auf Eingebung hoffen. Jeden Morgen steigen sie ernüchtert hinab, um sich ein heißes Bad in ihrer Suite im Hotel d'Angleterre zu gönnen. Auch nach vielen solcher Nächte findet sich kein Wasser. Voller Enttäuschung ziehen sie sich eines Abends zum Familienrat ins Theater des Dionysos zurück. Da hören sie, wie einige Knaben alte griechische Volksweisen singen. Sie sind hellauf begeistert und von da an Abend für Abend hier. Da sie jedes Mal ein paar Drachmen spendieren, vergrößert sich der Chor täglich. In Isadora reift die Idee, den griechischen Chor der Antike wieder aufleben zu lassen. Mithilfe eines Professors für byzantinische Musik gräbt sie in der Athener Bibliothek alte Chorwerke aus. Ein Student für Altgriechisch übernimmt die Herkulesaufgabe, aus Hunderten von zerlumpten Straßenkindern einen Knabenchor zusammenzustellen, den Isadora in ihrer Hotelsuite zu unterrichten gedenkt. Bald schon haben die Jungen erste Auftritte, unter anderem bei einer studentischen Protestveranstaltung gegen das Herrscherhaus: »Unsere griechischen Sängerknaben und ein Seminarist, alle in bunten, fließenden Tuniken, sangen die Chöre des Aischylos auf Altgriechisch, während ich dazu tanzte. Dies löste bei den Studenten wahre Stürme der Begeisterung aus.«[213]

So herrlich Isadora Griechenland und das alternative Leben hier auch findet, ein Blick auf ihr Bankkonto macht ihr jäh klar, dass das Kapitel Griechenland sich seinem Ende zuneigt. Ganz allein geht sie im novemberlichen Morgengrauen noch einmal zur Akropolis und tanzt ein letztes Mal im Dionysostheater: »Dann stieg ich die Propyläen hinauf und sinnierte eine ganze Weile im Angesicht des Parthenon. Plötzlich erschien es mir, als ob alle unsere Träume wie schillernde Seifenblasen platzten, und ich erkannte, dass wir nichts anderes waren und niemals etwas anderes sein konnten als moderne Menschen. Wir konnten nicht fühlen wie die alten Griechen! Dieser Zeustempel war für andere Zeiten und andere Menschen geschaffen worden. Ich selbst bin nichts anderes als eine schottisch-irische Amerikanerin, die vermutlich den Rothäuten Amerikas noch näher steht als den klassischen Griechen. Der schöne Traum dieses in Hellas verlebten Jahres war plötzlich zu Ende. Drei Tage später stiegen wir in den Zug, der uns nach Wien bringen sollte.«[214]

Am Athener Bahnhof hüllt Isadora sich ein letztes Mal in eine griechische Flagge, während der Knabenchor vor einer riesigen Menschenmenge die griechische Hymne intoniert. Das griechische Abenteuer ist vorbei. In ihrem Essay »Parthenon« erklärt Isadora, warum ihr Aufenthalt hier trotz allem von großer Bedeutung für ihr Wirken gewesen ist: »Diese Säulen, die so gerade wirken und doch nicht wirklich gerade sind. Jede einzelne hat eine leichte Krümmung vom Boden hinauf in die Höhe. Jede einzelne ist in einer fließenden Bewegung, die nie stillsteht und in absoluter Harmonie mit den anderen Säulen ist. Und während ich noch darüber sinnierte, erhoben sich meine Arme langsam gen Tempel und ich neigte mich vorwärts – und da wusste ich, ich hatte meinen Tanz gefunden und er war ein Gebet.«[215]

Zehn der Sängerknaben und einen orthodoxen Seminaristen, der den Chor leiten soll, nimmt sie mit, während Raymond in Griechenland bleibt, um die Bauarbeiten weiter zu beaufsichtigen. Er ist felsenfest davon überzeugt, doch noch auf Wasser zu stoßen. Zudem hat er sich in Penelope, die Schwester des griechischen Dichters Angelos Sikelianos verliebt. Die Duncans hatten sich mit den hochgebildeten Sikelianos, die sich den antiken Griechen ebenfalls eng verbunden fühlen, schon bald nach ihrer Ankunft in Griechenland angefreundet. Ende der 1920er Jahre wird Angelos Sikelianos zusammen mit seiner amerikanischen Frau Eva Palmer, die er 1905 durch Raymond kennenlernt, die Phytischen Spiele von Delphi wiederbeleben – als Zeichen für Frieden und Völkerverständigung. Eine Besonderheit dieser antiken Spiele war es, dass neben athletischen Wettbewerben auch

Disziplinen wie Schauspiel, Musik und Malerei abgehalten wurden. Aufgrund Geldmangels können die Spiele jedoch nur 1927 und 1930 stattfinden. Der weitgereiste Jurastudent Angelos Sikelianos, der später zu den einflussreichsten Vertretern der neugriechischen Literatur gehören wird, gilt heute als einer der größten Dichter Griechenlands und ist in den 1940er Jahren heißer Anwärter auf den Literaturnobelpreis. Eng befreundet mit Nikos Kazantzakis, Autor des Romans *Alexis Zorbas*, wird er während der deutschen Besatzung im Zweiten Weltkrieg eine der wichtigsten Stimmen des intellektuellen Widerstandes. Die beiden Familien befreunden sich eng. Dass Raymond sich in Angelos Schwester Penelope, eine Sängerin und Musikwissenschaftlerin, verliebt, verwundert niemanden. Eher verwunderlich ist, dass er sie noch 1904 heiratet und damit den familiären Schwur, keine weiteren Ehen einzugehen, ohne mit der Wimper zu zucken, bricht.

Isadora und die anderen tragen es mit Fassung. Sie sind mittlerweile in Wien eingetroffen, wo sie einem neugierigen Publikum ihren antiken Knabenchor präsentieren. Zur Aufführung im Carltheater kommt Aischylos' Tragödie *Die Schutzflehenden*. Ein Werk, perfekt geeignet für Isadora, stellt es doch die Themenkomplexe Menschenrechte sowie die Rolle der Frau in den Vordergrund. 2013 nimmt die österreichische Literaturnobelpreisträgerin Elfriede Jelinek das Stück als Grundlage ihres Flüchtlingsdramas *Die Schutzbefohlenen*. In Aischylos' Stück, das als ältestes überliefertes griechisches Theaterstück überhaupt gilt, übernimmt der Chor zugleich die Handlung: »Einer dieser Chöre handelt von 50 ägyptischen Jungfrauen, und es fiel mir mit meiner zarten Gestalt wirklich schwer, die Gefühle von 50 Mädchen gleichzeitig auszudrücken«,[216] erinnert sich Isadora.

Sie residiert mitsamt den Knaben im Grandhotel Bristol gleich neben der Wiener Staatsoper. Einer, der in jenen Wochen direkten Zugang zu ihr hat, ist der 40-jährige Kulturtheoretiker Hermann Bahr. Der mit Emile Zola, Arthur Schnitzler und Bernard Shaw befreundete Schriftsteller gilt als Prophet der Moderne und ist Isadora, die stets das Platonische an dieser Freundschaft betont, ein Bruder im Geiste. Berühmt ist Bahr in Wien vor allem wegen seiner Dauerfehde mit Karl Kraus, der Bahr neben Shakespeare und Goethe am dritthäufigsten in seiner Zeitschrift *Die Fackel* erwähnt. Bahr ist seit jenem, von Loïe Fuller organisierten Auftritt Isadoras im Bristol 1902 ein großer Fan der Tänzerin: »Diese Übergänge, diese leisen Wechsel der Stimmung sind von einer Zartheit und Keuschheit der Empfindung, die man wirklich nicht anders als griechisch nennen kann. Musik scheint hier zur Linie geworden. Bange Ruhe jungfräulicher Erwartung, namenlose Sehnsucht und jene ›Verlorenheit in sanfter Wonne‹, welche Jacob Burckhardt einmal ›das Schönste und Süßeste der bacchischen Bildung‹ genannt hat, haben wir niemals reiner, inniger und heller dargestellt gesehen. Miss Dionysos – aus allen Racen aller Zeiten bricht doch immer wieder dieselbe urewige Schönheit der Natur hervor.«[217]

Leider zeigt das Wiener Publikum weniger an ihrem griechischen Chor Interesse als am Donauwalzer. Erneut sind es die Münchner Zuschauer, die Isadora Verständnis entgegenbringen. Bei ihrer Ankunft im Januar 1904 muss der Münchner Hauptbahnhof gesperrt werden, die Sicherheitskräfte haben alle Hände voll zu tun, jubelnde Anhänger von an Isadoras Zug befestigten Trittbrettern zu entfernen. Ihr Chor erregt hier so große Aufmerksamkeit, dass ein Journalist der *Münchner Neuesten Nachrichten* Isadora zu einem Vorabinterview trifft: »Das Interesse, das das demnächst stattfindende Auftreten der Dame im Schauspielhaus finden wird, ließ es wünschenswert erscheinen, sich dieses Programm an kompetentester Stelle erläutern zu lassen. Fräulein Duncan war so liebenswürdig, mich zu empfangen und mir die notwendigen Erläuterungen zu geben. (...) Von der Betrachtung der Haltung griechischer Tänzerinnen in den bekannten Vasendarstellungen, die Miss Duncan schon bei ihrem ersten Programm beeinflussten, ausgehend, kam sie auf den Gedanken, dass den so dargestellten Bewegungen ein bestimmter Rhythmus zugrunde liegen müsse, der sich bei genauer Forschung vielleicht ausfinden lasse. (...) Diesen so rekonstruierten dreifachen antik-griechischen Rhythmus will nun Miss Duncan zur Darstellung bringen. Sie hat ihn, wie sie begeistert erklärt, im Angesicht der Akropolis und der Reste der vordem kunstgeweihten Stätten Athens erprobt (...) Ich sehe der Sprecherin in das ernste Antlitz: Warme Begeisterung für die vorgetragene Sache spricht aus diesen Zügen, eine naive Begeisterung – gilt sie der Wahrheit oder einem schönen Irrtum, wer wollte hier Richter sein.«[218] Tatsächlich nimmt das Münchner Publikum ihren Knabenchor mit großem Wohlwollen auf. Einzig Isadora ist nicht ganz zufrieden. So gut ihre Jungen auch singen, viel lieber hätte sie 50 Tänzerinnen an ihrer Seite. Da ist er wieder, der Traum von der eigenen Tanzschule, dem eigenen Ensemble: »Von Anbeginn an habe ich Tanz als Chorus oder Ausdruck einer Gruppe betrachtet. Ich wünschte mir sehnlich, ein Orchester von Tänzern zu gestalten, das in meiner Phantasie bereits Gestalt angenommen hatte.«[219]

Im Februar 1904 geht es weiter nach Berlin. Ein Gastspiel, das dem in Wien ähnelt: Der Donauwalzer ist und bleibt der Favorit des Publikums. Zu allem Überfluss gibt es jetzt zunehmend Schwierigkeiten mit den jungen Griechen: »Seitens der Hoteldirektion gab es häufig Klagen über ihre schlechten Manieren und die Heftigkeit ihres Temperaments. Zum Essen verlangten sie immerfort Schwarzbrot, reife Oliven und rohe Zwiebeln; wenn diese Zutaten bei ihren Mahlzeiten fehlten, wurden sie wütend auf die Kellner – und das ging so weit, dass sie ihnen Beefsteaks an den Kopf warfen oder sie mit Messern attackierten. Als sie aus einigen der besseren Hotels herausgeworfen worden waren, blieb mir nichts anderes übrig, als in meiner eigenen Wohnung zehn Liegen aufzustellen und die Rangen bei uns aufzunehmen.«[220]

Jeden Morgen führt Isadora die Knaben in Tunika und Sandalen durch den Tiergarten. Eines Tages begegnen sie dort der deutschen Kaiserin und preußischen Königin Auguste Viktoria bei ihrem morgendlichen Ausritt: »Sie war so erstaunt und erschrocken, dass sie an der nächsten Kurve vom Pferd fiel, denn auch das brave preußische Ross hatte noch nie etwas Derartiges gesehen und scheute.«[221] Alle Bemühungen können zudem nicht darüber hinwegtäuschen, dass ihre süßen Chorknaben langsam, aber sicher in den Stimmbruch kommen und kaum überhörbar falsch singen: »Das gutwillige Berliner Publikum warf sich konsternierte Blicke zu. Ich versuchte weiterhin tapfer, alle 50 ägyptischen Jungfrauen vor dem Altar des Zeus zu personifizieren, aber das war praktisch ein Ding der Unmöglichkeit, wenn die griechischen Knaben noch falscher sangen als sonst. (…) Der ›Chor der Schutzflehenden‹ klang Tag für Tag schiefer; man konnte sich nicht mehr damit herausreden, dass dies byzantinisch sei. Es war ganz einfach ein grässliches Gekreische.«[222] Irgendwann steht dann auch noch die Polizei vor ihrer Tür. Man hat die Minderjährigen bei einem nächtlichen Ausflug in einem einschlägigen Lokal aufgegriffen. Es ist nicht mehr zu übersehen, dass aus den unschuldigen Hirtenknaben junge Männer geworden sind, die Isadora buchstäblich über den Kopf wachsen. Es bedarf nur weniger Überlegungen, um zu handeln: »So kamen wir zu dem Entschluss, unseren kompletten Knabenchor ins Kaufhaus Wertheim zu führen, wo wir jedem einen hübschen Anzug kauften; dann fuhren wir mit ihnen zum Bahnhof und setzten alle mit einer Fahrkarte nach Athen in ein Abteil zweiter Klasse und sagten ihnen herzlich Lebewohl.«[223]

Für Isadora hat die Phase der Neubelebung byzantinischer Musik damit vorerst ihren Abschluss gefunden und sie wendet sich wieder Gluck zu. Zu ihrem Bedauern kann sie dessen *Iphigenie in Aulis* nur selten darbringen, benötigt die Aufführung doch ein großes Orchester, das sie meist aus eigener Tasche bezahlen muss. Manchmal ist sie auch kräftemäßig nicht in der Lage, das Werk zu tanzen. Denn obwohl sie ihren Tanz als Tanz-Oper mit Dutzenden von Tänzerinnen auf der Bühne konzipiert, steht sie allein auf der Bühne und tanzt alle Figuren der Oper selbst. Ein ungeheurer Kraftakt, den ein begeistertes Publikum durchaus honoriert: »Zeitweise hatten ihre Bewegungen diesen gleichsam irrealen Fluss, der sich in endlose Horizonte aufzulösen schien (…) und im Umkreis nie gehörter Töne und nie gesehener Bewegungen sachte verschwand, dahinschmelzend mit unendlicher Güte (…) jenseits eines Bereichs musikalischer Vorstellungskraft.«[224]

In ihrer Wohnung in Berlin etabliert sie jetzt einen Salon, in dem philosophiert, getanzt und gestritten wird – auch über Isadoras Kunst. Sie verbeißt sich geradezu in Kants *Kritik der reinen Vernunft* und Nietzsches *Zarathustra*, was sie völlig gefangen nimmt. Gerngesehener Gast in ihrem Salon ist der österreichische Jurist und Schriftsteller Karl Federn, der Isadoras Vorlesung »Der Tanz der Zukunft« ins Deutsche übersetzt hat. Nach all den Abenteuern und Auftritten ist Isadora müde. Nur vereinzelt gibt sie Gastspiele in deutschen Städten, auf Welttournee zu gehen verweigert sie. Nicht einmal Grósz' Argument, dass an allen Orten Nachahmerinnen die Bühnen stürmen, können sie umstimmen.

Im Mai 1904 tanzt sie in Paris. Diesmal bricht das Publikum in Begeisterungsstürme aus. Endlich. Im Trocadéro regnet es

Rosen auf sie herab. Sie tanzt Beethoven, was hier anders als in Deutschland nicht als Blasphemie gilt. Als sie kurz zuvor in München zum ersten Mal Beethovens 7. Sinfonie in A-Dur op. 92 getanzt hatte, hatte das Publikum verhalten, ja geschockt reagiert. Die *Jugend* hatte eine Karikatur gedruckt, auf der eine Isadora zu sehen war, die auf Beethovens Kopf herumtanzt. Betitelt war das Ganze mit: »Lerne leiden, ohne zu klagen!«[225] Isadora ist die erste Tänzerin, die zu Musik tanzt, die nicht für den Tanz komponiert wurde. Dies ist nicht nur ein Novum, für viele ist es ein Sakrileg, denn diese Musik soll für sich selbst sprechen und benötige keine Interpretation. Doch das ist auch gar nicht Isadoras Intention. Sie interpretiert nicht, sondern will den Geist der Musik zeigen.

Zurück aus Paris informiert sie Grósz über ihre Absicht, den Sommer in Bayreuth zu verbringen. Sie wird im Auftrag Cosima Wagners das Bacchanal aus dem Tannhäuser choreografieren und selbst mittanzen. Bereits 1903 hatte Cosima, auf Drängen ihres von Isadora begeisterten Sohnes Siegfried, eine Einladung ausgesprochen. Doch Isadoras Griechenlandpläne ließen einen Auftritt in Bayreuth nicht zu. Nun flattert erneut eine Einladung ins Haus, und diesmal nimmt sie an. Sie weiß um die Ehre, von Cosima Wagner auf den Grünen Hügel gerufen zu werden. Zusammen mit ihrer Mutter, ihrer kleinen Nichte Temple und Mary Desti, die samt Sohn Preston aus den USA zu Besuch ist, fährt sie nach Bayreuth. Als Mary und Isadora wie Zwillinge in Chiton, Sandalen und offenem Haar aus dem Zug steigen, werden sie von einer leicht pikierten Cosima mit den Worten begrüßt: »Sagen Sie, Isadora, tragen alle Amerikaner solche Kleidung?« Isadora, nicht auf den Mund gefallen, antwortet blitzschnell: »O nein, manche tragen Federn.«[226] Ein kleiner Wortwechsel, der nicht darüber hinwegtäuschen sollte, wie angetan Isadora von Wagners Witwe ist: »Nie zuvor hatte ich eine Frau getroffen, die mich durch ihren Intellekt so beeindruckt hat wie Cosima Wagner. (…) Über meine Kunst sprach sie höchst anerkennend und ermutigend, und sie erzählte mir von Richard Wagners Abneigung gegen das klassische Ballett und seine Kostüme.«[227] Cosima Wagner berichtet ihr von Richard Wagners Ideen für das Bacchanal und wie unmöglich es ihr erscheint, dies mit einem klassischen Ballett umzusetzen. Das Bacchanal an sich geht auf die 200 v. Chr. in Rom alljährlich im März stattfindenden Bacchusfeste zurück. Was als Fruchtbarkeits- und Frühlingskultfeiern begonnen hatte, steigerte sich mit den Jahren zu wüsten Orgien. Am Ende gab es einen Skandal, mehr als 7000 Menschen wurden hingerichtet und die Bacchanalien strengster Kontrolle unterworfen.

Die romantische Oper *Tannhäuser und der Sängerkrieg auf Wartburg* aus dem Jahre 1845 gilt als populärste Wagner-Oper. Dennoch ist sie seit 1891 nicht mehr in Bayreuth aufgeführt worden. Im ersten Akt der Oper, die den Konflikt zwischen keuscher und rauschhafter Liebe thematisiert, befindet sich Tannhäuser, der Welt überdrüssig, bei der Göttin der Liebe im Venusberg, einem Ort purer Sinnlichkeit. Von Wagner ursprünglich ohne Balletteinlage komponiert, fügte er für die Pariser Aufführung des *Tannhäuser* 1861 das Bacchanal vor der Venusbergszene ein, da es an der Opéra National de Paris üblich war, im zweiten Akt einer Oper ein Ballett folgen zu lassen. Gegen ein richtiges Ballett verwahrte sich Wagner, der seinen *Tannhäuser* unbedingt in Paris auf die Bühne bringen wollte. Das Bacchanal als Ballettersatz wurde zusammen mit einer neuen, noch ausufernderen Venusbergmusik sein Kompromiss, mit dem er nie wirklich zufrieden war, wie sein berühmter Ausspruch zeigt: »Ich bin der Welt noch einen *Tannhäuser* schuldig.«[228]

Da die letzte Aufführung des *Tannhäuser* in Bayreuth vorsichtig ausgedrückt ein Flop war, setzt Cosima Wagner nun auf die

Berühmtheit Isadoras, um das Publikum für ihre Inszenierung zu gewinnen. Die bezieht samt Entourage mehrere Zimmer im Hotel Schwarzer Adler. In eines lässt sie umgehend ein Klavier schaffen. Ihre Abende verbringt sie auf Einladung Cosimas in Haus Wahnfried, wo sie bedeutenden Künstlern und Intellektuellen begegnet: »Ich muss zugeben, dass ich überaus stolz war, in meiner kleinen weißen Tunika zu diesem Kreis berühmter und brillanter Persönlichkeiten zu gehören.«[229] Unbekümmerte Amerikanerin, die sie ist, erlaubt sich Isadora hier sogar, Wagners Idee des Musikdramas als vollkommenen Unsinn zu kritisieren: »Der Meister hat auch Fehler gemacht. Fehler, die vielleicht ebenso groß waren wie sein Genie! (…) Der Mensch lernt erst sprechen, dann singen, dann tanzen. Die Sprache vertritt das Gehirn, den denkenden Menschen, der Gesang vertritt das Gefühl, der Tanz ist die unbändige dionysische Verzückung. Es ist unmöglich, eines mit dem anderen zu verschmelzen. Ein Musikdrama – so etwas kann es gar nicht geben!«[230] Ein Sakrileg, das üblicherweise die sofortige Verbannung vom Grünen Hügel zur Folge hat. Glücklicherweise ist Cosima so begeistert von der unkonventionellen Künstlerin, dass sie ihr diese Blasphemie nicht nur nachsieht, sondern Isadora gar als Ehefrau ihres 35-jährigen Sohnes Siegfried in Betracht zieht.

Doch an so was denkt Isadora keine Sekunde. Sie stürzt sich mit Feuereifer auf den *Tannhäuser*, besucht jede Probe, lernt die verschiedenen Rollen auswendig und gerät in einen wahren Wagner-Rausch: »Meine Seele glich einem Schlachtfeld, auf dem Apollon, Dionysos, Christus, Nietzsche und Richard Wagner einander den Boden streitig machten.«[231] Ganz tief taucht sie in die germanische Sagenwelt hinab, ist abwechselnd Brünnhilde und Sieglinde: »Jetzt hatte ich die weise, blauäugige Pallas Athene und ihren Tempel der vollkommenen Schönheit auf den Hügeln Athens vergessen. Jener andere Tempel in Bayreuth hatte ihn mit seinen magischen Schwingungen und Rhythmen komplett verdrängt.«[232] Seite um Seite füllt sie ihr Tagebuch mit Ideen, Skizzen und Notizen. Manches stößt bei Cosima durchaus auf Skepsis. Doch dann findet diese eines Nachts im Nachlass ihre Mannes Ideen, die Richard Wagner selbst im Zusammenhang mit dem Bacchanal niedergeschrieben hat und die denen Isadoras verblüffend ähnlich sind. Von da an hat Isadora »fast« freie Hand.

Der wird es im Schwarzen Adler auf Dauer zu eng. Bei einem Ausflug ins Dörfchen St. Johannis, das heute zu Bayreuth gehört, entdeckt sie in der Nähe der Eremitage die Philippsruh, einen alten, baufälligen Jagdpavillon, in dem eine Bauersfamilie haust, die sie mithilfe einer fürstlichen Summe davon überzeugt umzuziehen. Sie lässt das Haus instand setzen, reist sogar nach Berlin, um passendes Mobiliar auszusuchen. Nach einigen Wochen bezieht sie glückselig ihr Landhaus. Nicht einmal Raymonds monatliche Telegramme aus Griechenland können ihr Glück trüben: »Artesischer Brunnen Fortschritte. Wasser bestimmt nächste Woche. Sende Geld«[233] Einzig, dass Mary Desti sich nicht nur optisch immer mehr in Isadora verwandelt, sondern auch versucht, ihr künstlerisch nachzueifern, erregt ihren Unmut. Die Freundin fühlt sich pudelwohl unter all den Prominenten auf dem Grünen Hügel und auch Söhnchen Preston und Isadoras kleine Nichte Temple haben keinerlei Berührungsängste, wie Preston in seiner Autobiografie schildert: »Temple und ich saßen auf dem Schoß von Ernst Haeckel. (…) Wir hatten auch die Ehre, auf dem Schoß von Frau Cosima zu sitzen und auf dem von Tenor Burgstahler. Auf dem von Humperdinck und auf dem von Frau Thode. Ja, sogar auf dem Schoß des Königs und der Königin von Württemberg saßen wir. (…) Im Sommer 1904 waren Temple und ich kurz davor, professionelle Schoßsitzer zu werden.«[234]

Kurz nachdem Isadora in Philippsruh eingezogen ist, bemerkt Mary einen Mann im Garten, der Nacht für Nacht zu Isadoras Schlafzimmer emporblickt. Es ist Cosimas Schwiegersohn, der Kunsthistoriker Henry Thode, Ehemann ihrer unscheinbaren Tochter Daniela, aus der Verbindung mit Hans von Bühlow. Einer übermütigen Laune folgend bittet Isadora Thode eines Nachts herein – mit ungeahnten Folgen: »Thode neigte sich über mich und küsste meine Augen, meine Stirn, doch es waren keine Küsse der Leidenschaft. Sein leuchtender Blick ruhte auf mir, bis alles um mich versank und unsere Geister zu einem astralen Flug emporstiegen. Meine Sinne, die zwei Jahre lang geschlummert hatten, lösten sich in überirdischer Ekstase auf.«[235] Sie verfällt dem Frauenschwarm, der in einer unglücklichen Ehe gefangen ist, die er als Preis dafür bezahlt, Teil von Deutschlands berühmtester Künstlerfamilie zu sein. Thode besucht sie von nun an jede Nacht, liest ihr aus Dantes *Göttlicher Komödie* vor und aus seinem Werk über Franz von Assisi. Er nennt Isadora seine heilige Clara, doch zu dem von Isadora so herbeigesehnten Vollzug der körperlichen Liebe kommt es nie. Thode ist seiner Frau, die ihn körperlich ablehnt, auf seine Weise treu – was Isadora schier wahnsinnig macht. Erst als Oszkár Beregi aus Budapest anreist und beschließt, den Sommer über zu bleiben, wird die Sache erträglicher.

In jenen Sommer in Bayreuth fällt auch Isadoras Bekanntschaft mit dem berühmten Zoologen und Philosophen Ernst Haeckel. Haeckel, zu seiner Zeit einer der berühmtesten Wissenschaftler der Welt, wird von der Pazifistin Bertha von Suttner ebenso gelesen wie von den Sozialdemokraten. Als Verfechter des Darwinismus ist er maßgeblich daran beteiligt, dass sich in Deutschland die Evolutionstheorie durchsetzt. Er bekämpft kirchliche Dogmen und gilt als einer der berühmtesten Freidenker seiner Zeit. Seine Theorie des Monismus, die von der Beseeltheit aller Dinge ausgeht, stellt sich offen gegen den christlichen Dualismus von Leib und Seele. Er gilt als Begründer der Ökologie, einen Begriff, den er selbst als Erster formuliert. Inhaltlich fordert er von den Menschen, die Natur zu achten, und nicht, sie sich nach biblischem Gebot Untertan zu machen. Auf seinen Reisen beschäftigt er sich vor allem mit Meerestieren, die er in selbstgezeichneten prächtigen Bildbänden beschreibt. Sein bis heute zigmal aufgelegter Bildband *Kunstformen der Natur* gehört sicherlich zum Schönsten, was je über Meerestiere veröffentlicht wurde. Mit seinem naturphilosophischen Denken in der Tradition Goethes stehend und in seiner Kirchenkritik nahe bei Giordano Bruno, beliebt er Briefe auch mit »Wolfgang Bruno« zu unterschreiben. Haeckel ist nicht nur ein gefeierter Wissenschaftler, er ist auch im öffentlichen Diskurs seiner Zeit präsent wie kaum ein anderer Naturwissenschaftler.

Heute wird Haeckel jedoch vor allem weitaus kritischer gesehen, huldigte er doch in fortgeschrittenem Alter dem Sozialdarwinismus und bereitete damit der Rassenlehre und Eugenik der Nationalsozialisten den Weg. Dass die Nationalsozialisten Haeckel ansonsten ablehnten und er selbst davor warnte, naturwissenschaftliche Theorien auf die Politik zu übertragen, spricht ihn nicht von einer geistigen Mitverantwortung frei.

Als Isadora Haeckel kennenlernt, ist dieser noch von einem positiven Fortschrittsglauben beseelt und glaubt an die friedliche Koexistenz menschlicher Kulturen und Lebensformen. Seinen Bestseller *Die Welträtsel* hatte sie bereits in London mit wachsender Begeisterung verschlungen. Als Haeckel im Februar 1904 seinen 70. Geburtstag feiert, schickt sie ihm gemeinsam mit anderen Verehrern ein Telegramm: »Dem grossen forscher dem vorkaempfer gegen alles dunkelmaennertum dem jugendfrischen verkuender einer auf die entwicklungslehre sich gruendenden naturlichen religion (…) in verehrung gruss und glueckwuensche«[236] In der Folge entwickelt sich ein loser Briefkontakt, der darin gipfelt, dass sie ihn nach Bayreuth einlädt: »Ich sende Ihnen ein Bild von mir, auf dem ich an meinem Schreibtisch in Philippsruh sitze, Ihr Foto in meinen Händen und Ihre Werke vor mir auf dem Tisch. (…) Vielleicht kommen Sie zu den Festspielen? Sollten Sie kommen, so sind Sie in Philippsruh immer willkommen. Wie auch immer, ich muss Sie diesen Sommer sehen.«[237] Haeckel nimmt die Einladung an: »Schon seit geraumer Zeit bin ich ein tiefer Bewunderer Ihrer klassischen Kunst (schließlich bin ich ja ein alter Bewunderer der Griechen). Als Autor der *Anthropogenie* würde ich entzückt sein, in den harmonischen Bewegungen Ihrer anmutigen Person, das höchste Meisterwerk der entwickelten Natur zu bewundern.«[238] Isadora holt den bewunderten Wissenschaftler höchstpersönlich vom Bahnhof ab und bringt ihn bei sich in Philippsruh unter. Zu ihrer Überraschung ist Cosima Wagner alles andere als hingerissen von ihrem Gast. Die gläubige Katholikin lehnt die Evolutionstheorien Haeckels entschieden ab. Dennoch überlässt sie den beiden auf Isadoras Bitten hin die Wagner-Loge. Haeckel ist vom *Parsifal* nicht sonderlich angetan, wie Isadora berichtet: »Haeckel verhielt sich während der Aufführung des *Parsifal* auffallend still. Erst im dritten Akt wurde mir klar, dass ihm all diese sagenumwobenen Leidenschaften nicht gefielen. Sein Denken war zu wissenschaftlich, um sich dem Zauber einer Legende hingeben zu können. In den Pausen spazierte ich zum größten Erstaunen des Bayreuther Publikums in meiner griechischen Tunika umher, mit nackten Beinen und barfüßig, Hand in Hand mit meinem illustren Gast, dessen weißes Denkerhaupt die Menge überragte.«[239]

Da eine Einladung nach Haus Wahnfried ausbleibt, gibt sie selbst ein Fest für Haeckel, zu dem Ferdinand I. von Bulgarien, Engelbert Humperdinck, Henry Thode, allerlei Prinzessinnen und viel Prominenz erscheinen. Es wird ein interessanter Abend, an dem Ernst Haeckel Isadoras Tanz wissenschaftlich einordnet und ihn als Ausdruck der monistischen Philosophie, wonach sich alle Vorgänge auf ein einziges Grundprinzip zurückführen lassen, bezeichnet. Bei aller gegenseitigen Verehrung bleibt Haeckel allerdings immer Wissenschaftler und Isadora immer Tänzerin. Für ihre Träume zeigt er nur eingeschränkt Verständnis.

Ganz anders Ferdinand I. von Bulgarien, ein Stammgast der Festspiele. Obwohl Isadora als überzeugte Demokratin darauf verzichtet, sich bei seinem Erscheinen in der Villa Wahnfried zu erheben, und stattdessen wie hingegossen auf ihrer Chaiselongue liegen bleibt, kann sie den Monarchen für sich und ihre Pläne gewinnen. Mehrfach folgt er ihrer Einladung nach Philippsruh. Schon am ersten Abend kommt es zu einem amüsanten Zwischenfall, als der Fürst den angebotenen Champagner mit Hinweis darauf, dass er keinen Alkohol trinke, dankend ablehnt. Dann jedoch sieht er das Etikett: »Oh, ein Moët & Chandon! Ja, französischen Champagner mit Vergnügen! Offen gesagt, man hat mich hier mit deutschem Sekt beinahe vergiftet.«[240] Da die Zusammenkünfte des Fürsten mit Isadora bis weit nach Mitternacht dauern, sorgen sie für einiges an Klatsch: »Überhaupt konnte ich nichts tun, ohne auf andere Menschen irgendwie extravagant oder überspannt zu wirken, und sie fanden eigentlich alles schockierend. Philippsruh war mit einer Unmenge von Diwanen und Ruhekissen ausgestattet, es gab rosafarbene Lampen, aber keine Stühle. Da dort der große Tenor von Barry gern die ganze Nacht über sang, während ich dazu tanzte, betrachteten die Leute es als echtes Hexenhaus und unsere unschuldigen Feiern als ›schreckliche Orgien‹.«[241] Sie tut allerdings auch einiges dafür, um im Gespräch zu bleiben. Nachdem sie sich ein Pferd gekauft hat, reitet sie barfüßig mit wehenden Haaren und Tunika zu den täglichen Proben ins Opernhaus.

Am 22. Juli 1904 ist die Premiere von Wagners *Tannhäuser*, Siegfried Wagner dirigiert. Kurz vor Beginn der restlos ausverkauften Vorstellung erscheint Eva Wagner in Isadoras Künstlergarderobe und bittet die Tänzerin im Namen ihrer Mutter darum, unter ihren durchsichtigen Chiton ein langes weißes Unterkleid zu ziehen. Isadora weist dieses Ansinnen lachend zurück: »Sie werden sehen, in ein paar Jahren werden alle ihre Bacchantinnen und Blumenmädchen genauso gekleidet sein wie ich!«[242] Cosima bleibt nichts anderes übrig, als genügend Ordnungskräfte neben der Bühne zu postieren, die beim leisesten Anflug von Aufruhr sofort den Vorhang schließen sollen. Isadoras nackte Beine werden erneut zu einer Frage der Moral. Der bekannte Berliner Coupletsänger Otto Reutter singt noch Monate später: »Isadora Duncan, die / bekannte Barfußtänzerin / ging im jüngst verfloss'nen Sommer / nach Bayreuth zum Festspiel hin / dort tat sie die Beine schwenken. / Könn'n Sie den Tannhäuser sich / mit der nackten Duncan denken? / Ist ja einfach lächerlich!«[243] Isadoras Auftritt in Bayreuth ist eine Sensation, für manche gar ein Skandal, ein künstlerischer Erfolg ist er nicht. Neben den klassischen Ballerinen, die mit ihr auf der Bühne stehen, bleibt Isadora ein Fremdkörper. Die Dichterin Erika von Watzdorf-Bachoff, die der Premiere beiwohnt, beschreibt ihren Tanz zwar als sehr stilvoll und klassisch, doch: »Isadora wirkte völlig fehl am Platze.«[244] Nur wenige erkennen, dass ihr Tanz dem, wie Wagner sich das Bacchanal vorstellte, weitaus näherkommt als das klassische Ballett: »Das Ballett, getanzt vom Wiener und Berliner Staatsballett war mehr pariserisch, als dass es Wagner verkörpert hätte, und es ist jammerschade, dass Bayreuth so einen Stil eingeführt hat. Der passende Tanz wurde zweifellos von Isadora Duncan dargeboten.«[245] Langfristig setzt sich Isadoras Art, das Bacchanal zu tanzen, durch. Siegfried Wagners Neuinszenierung des *Tannhäuser* für die Bayreuther

Festspiele 1930 bleibt vor allem deshalb im Gedächtnis, weil Rudolf von Laban das Bacchanal ganz im Stil des deutschen Ausdruckstanzes choreografierte. Das Verständnis der Zuschauer für eine derartige Inszenierung hält sich jedoch bis weit nach dem Zweiten Weltkrieg in Grenzen. Noch 1961 schreibt der *Spiegel* in einer Kritik über den *Tannhäuser*: »Bayreuther Venusberg-Szene 1961: Trainingsstunde für erotische Gymnastik?«[246]

Als der Sommer vorbei ist und die Festspiele enden, löst sich die kleine Bayreuther Gesellschaft auf. Henry Thode geht auf Vortragsreise, Isadora reist mit Mary, Temple, dem sechsjährigen Preston und Oszkár Beregi nach Helgoland, wo sie ein paar stürmische Tage verleben. Bald darauf verabschiedet sich Beregi in Richtung Budapest. Sie werden einander nicht wiedersehen. Der Rest der Gesellschaft reist weiter nach Italien, wo Marys Ehemann seine Familie wieder in Empfang nimmt. Preston erinnert sich gut an das Wiedersehen: »Mutter und ich trugen natürlich noch unsere griechischen Gewänder, als Vater erschien, um uns heimzuholen. Mit großem Erstaunen fragte sich mein Vater, was mit seiner eleganten jungen Frau und dem Kind geschehen war, die er vor einigen Monaten in New York zum Schiff gebracht hatte. Meine Mutter erklärte ihm, dass dies die einzige Art von Kleidung sei, die sie für den Rest ihres Lebens zu tragen gedenke. (…) Und so kam es, dass ich an meinem ersten Tag in der Dr. Coulter Schule in Chicago über meinen Shorts eine kleine Tunika trug und in Sandalen lief. (…) Aus purer Notwendigkeit wurde ich zum besten Straßenkämpfer Chicagos.«[247]

Isadora kehrt für eine kleine Tournee nach Deutschland zurück. Ihre erste Station ist Heidelberg, wo Henry Thode einen Vortrag hält. Hier trifft sie auch auf seine Frau Daniela, die Isadora zwar ganz nett findet, definitiv aber für die falsche Frau an Thodes Seite hält: »Sie war viel zu praktisch veranlagt, um ihm eine Seelengefährtin zu sein. Tatsächlich verließ er sie später und verbrachte den Rest seiner Tage mit einer Violinistin in einer kleinen Villa am Gardasee.«[248] Die bis zuletzt rein platonische Liebesbeziehung mit Thode hat Isadora völlig ausgelaugt. Seit Wochen verweigert sie Essen und Schlaf. Bald ist sie so dünn, dass ihre Umgebung sich sorgt: »Oft stand ich nachts in quälender Verzweiflung auf, bestieg um zwei Uhr morgens einen Zug und reiste durch halb Deutschland, um ihm eine Stunde nah sein zu können, dann kehrte ich allein zurück, zu noch größeren Qualen. Der Zustand geistiger Verzückung, in den er mich in Bayreuth versetzt hatte, wich allmählich einer trostlosen, unüberwindlichen Sehnsucht.«[249]

Ihr Agent überredet sie schließlich, die Einladung der russischen Gesellschaft zur Verhinderung von Grausamkeiten gegen Kinder nach St. Petersburg anzunehmen. Am 23. Dezember 1904 setzt sie sich in den Zug und macht sich auf eine anstrengende Reise, die an der russischen Grenze einen längeren Aufenthalt erfordert: »Sie haben uns alle, 1. 2. und 3. Klasse, in einem großen Raum zusammengepfercht, um unsere Pässe und unser Gepäck zu prüfen. Um mich herum wird in zehn Sprachen gestritten. Eine dunkelhaarige Chinesin neben mir hat sechs kleine Kinder dabei und zwei davon haben einen bösen Husten. Ich habe das Gefühl, ich bin auf dem Zwischendeck Richtung Amerika gelandet. (…) Eine große Anzahl liebenswürdiger Feinde sind damit beschäftigt, Kisten & Koffer & Taschen herumzuwerfen & dabei rumzuschreien. Die armen Passagiere der ersten Klasse stehen herum wie verschreckte Ochsen. (…) Es stinkt ganz fürchterlich. Mir ist nicht klar, warum dies so sein muss, wenn man nach St. Petersburg reist – aber in jedem Fall ist es sehr interessant.«[250] Irgendwann geht es weiter: »Die ganze Nacht hindurch fuhr der Zug durch riesige Schneefelder – endlose Weiten bedeckt mit Schnee (Walt Whitman hätte wunderbar darüber schreiben können). Der Mond leuchtete hell. Vom

Fenster aus konnte man einen Schauer aus goldenen Funken beobachten, die die Lokomotive ausspuckte. Das war durchaus sehenswert und ich lag still da und betrachtete das alles.«[251] Nach zwei Tagen und Nächten endlich Ankunft in St. Petersburg. »Während meiner letzten Nacht im Schlafwagen träumte ich, ich sei völlig nackt aus dem Fenster in den Schnee gesprungen und in dessen wilder, eisiger Umarmung erfroren. Was hätte Dr. Freud wohl zu diesem Traum gesagt?«[252]

Sie bezieht eine Suite im ersten Haus am Platz, dem Grand Hotel Europe nahe dem Newski-Prospekt. Ganze Wagenladungen an Blumen füllen ihr Zimmer, und doch: »Ich mag mein Zimmer kein bisschen. Die Stühle starren mich an, dass es zum Fürchten ist. Und die Dame auf dem Kaminsims kann mich auch nicht leiden, ich ängstige mich zu Tode. Das ist kein Ort für eine Person mit einem heiteren Naturell wie mich – es sieht aus wie in einem dieser Salons, in denen im Roman üble Pläne geschmiedet werden.«[253]

Dabei ist man in der Stadt so gespannt auf Isadora. Ihr erster Auftritt, bei dem sie ihr Chopin-Programm tanzt, findet am 26. Dezember im Großen Saal der St. Petersburger Philharmonie statt und ist eine Benefizgala zugunsten benachteiligter Kinder. Neben dem Petersburger Adel sind auch Mitglieder des Balletts anwesend: Matilda Kschessinskaja, Anna Pawlowa, Tamara Karsavina, Anatole Bourman und Vaslav Nijinsky, die ihren ersten Eindruck schildern: »Miss Duncan kam herein, nur mit einer hellblauen, griechischen Tunika bekleidet, ihre Beine waren nackt! Wir starrten sie wie vom Donner gerührt an! (…) Wir hatten noch niemals eine Tänzerin mit nackten Beinen gesehen. (…) Wir konnten es nicht verstehen. War diese Vorstellung ein Tanz? War es eine Übung, und sie würde nun plötzlich mit dem Tanz beginnen? (…) Sie hatte keine Technik. Wir waren mürrisch, enttäuscht, weil wir gehofft hatten, etwas Wunderbares von der Frau vor uns zu lernen. War sie eine Größe? Was für eine?«[254] Größte Ernüchterung rufen Isadoras sagenumwobene Beine hervor: »Jetzt habe ich beinahe vergessen, etwas über die nackten Beine der Duncan zu sagen. Tatsächlich hatten ja alle genau auf diese Beine gewartet. Nun, was soll ich sagen?«, schreibt der russische Kritiker Valerian Svetlov: »Sie waren eine absolute Enttäuschung. Stellen Sie sich vor: stinknormale Frauenbeine, kräftig und durchaus anmutig, aber weit davon entfernt, perfekt zu sein.«[255]

Das adelige Publikum aber liebt die Tänzerin und auch die Kollegen erweisen ihr schließlich die Ehre, allen voran Matilda Kschessinskaja, ehemalige Zarengeliebte und Primaballerina des St. Petersburger Balletts: »Die gefeierte Primaballerina war gekommen, um mich im Namen des russischen Balletts zu begrüßen und mich zu einer Galavorstellung in der Oper einzuladen. Bisher hatte ich vom Ballett nur Feindseligkeit und kühle Ablehnung erfahren, in Bayreuth waren sie sogar so weit gegangen, Reißzwecken auf meinen Tanzteppich zu streuen.«[256]

In Tunika und Sandalen besucht Isadora eine Abendvorstellung des St. Petersburger Balletts und bietet inmitten der prächtigen Garderobe des russischen Adels einen eher ungewöhnlichen Anblick. Trotz ihrer Abneigung gegenüber dem klassischen Ballett kommt sie nicht umhin, Matilda Kschessinskajas Kunst zu bewundern. Beim anschließenden Souper im Palast der Kschessinskaja verblüfft sie ihren Tischnachbarn Großfürst Michail von Russland mit sozialistischen Reden und der Idee, eine Tanzschule für Kinder aus dem Volk zu gründen. Anna Pawlowa lädt sie ebenfalls zu einer ihrer Vorstellungen ein. In deren Hause gerät Isadora in eine hitzige Diskussion mit dem Ballettreformer Sergei Djagilew, dem Begründer der Ballets Russes. Später wird er über Isadora in Russland schreiben: »Isadora hat dem klassischen Ballett in Russland einen nicht wiedergutzumachenden Stoß versetzt.«[257] Anna Pawlowa gestattet Isadora sogar, sie bei den Proben zu besuchen. Die staunt nicht schlecht über das Pensum, das die Tänzerin absolviert: »Sie schien ein Geschöpf aus Stahl und Kautschuk zu sein, ihr wunderschönes Gesicht nahm den strengen Ausdruck einer Märtyrerin ein, doch sie gönnte sich nicht einen Moment der Erholung. (…) Um zwölf Uhr wurde der Lunch serviert, aber die Pawlowa saß bleich und abgespannt bei Tisch und rührte die Speisen und den Wein kaum an. Ich dagegen muss gestehen, dass ich recht hungrig war und gleich mehrere Koteletts *pojarsky* verzehrte.«[258] Ein kurzer Besuch in der Schule des kaiserlichen Mariinski-Balletts zeigt ihr, dass derartige Quälereien im russischen Ballett an der Tageordnung sind. Für Isadora beweist dies einmal mehr, dass das klassische Ballett der Inquisition näher steht als der Kunst. Anna Pawlowa aber wird später mit folgenden Worten über Isadora zitiert: »Sie kam nach Russland und brachte uns allen die Freiheit.«[259]

Bereits am 30. Dezember 1904 reist Isadora nach Berlin zurück. Sie wird bald wiederkommen. Der Eindruck, den sie hinterlässt, ist nachhaltig, was sie 1913 auch einer Zeitung zu Protokoll gibt. »Mein größter Stolz ist, wozu ich das Petersburger Ballett inspiriert habe. Die Kunst Fokines und die Tänze der Pawlowa sind nach meinen Gastspielen in Petersburg erblüht.«[260]

1909 wird Sergei Djagilew zusammen mit dem Choreografen Michail Fokine mit den Ballets Russes eines der bedeutendste Ballettensemble des 20. Jahrhunderts gründen und damit die Revolution gegen das kaiserliche Staatsballett in Russland einleiten. Der klassische Balletttänzer Fokine saß 1904 als junger Mann bei Isadoras Auftritten im Publikum und war hin und weg von der Tänzerin, wie Matilda Kschessinskaja in ihrer Autobiografie schreibt: »Isadoras Auftritt in St. Petersburg hinterließ einen enormen Eindruck bei dem jungen Tänzer und zukünftigen Ballettmeister M.M. Fokine, der dereinst begann, neue Wege für das klassische Ballett zu entwickeln. Fokine rebellierte gegen starre Posen und dagegen, die Arme wie eine Krone über den Kopf zu heben. Ohne das Gerüst der klassischen Technik aufzugeben, suchte er nach einem freieren Ausdruck für die Emotion (…) Traditionalisten warfen ihm ›Duncianimus‹ vor.«[261] Fokine wird einer der ersten modernen Choreografen des 20. Jahrhunderts. Ebenso wie Isadora ist er fasziniert vom antiken Griechenland. Doch im Unterschied zu Isadora, die ein Gegenkonzept zum klassischen Ballett entwickelt, will Fokine mit Traditionen brechen und den klassischen Tanz weiterentwickeln. 1905 choreografiert er für Anna Pawlowa das berühmte Tanzsolo »Der sterbende Schwan«, zur Musik des Cello-Solos Le Cygne (der Schwan) aus *Der Karneval der Tiere* von Camille Saint-Saëns. Hier kombiniert er zum ersten Mal klassische Ballettfiguren mit völlig neuartigen Bewegungen. 1907 bringt er in *Eunice* Tänzerinnen in Tuniken und bemalten Füßen auf die Bühne. Seine Choreografie kommt da bereits ohne klassische Ballettelemente aus, wie er selbst in seiner Autobiografie berichtet. »Neben den technischen Unterschieden zu den griechischen Tänzen in den alten Balletten (ich verzichtete natürlich völlig auf auswärtsgedrehte Beine, auf die fünf Positionen, auf Spitze, Pirouetten, Entrechats, jegliche Battements und Rond de jambe) gelang es mir, die Tanzplastik dem anzunähern, was uns von der alten Welt erhalten geblieben ist.« [262]

1909 folgt Fokine Sergei Djagilew nach Paris und wird dort Choreograf der Ballets Russes. Seine Choreografien für *Les Sylphides* oder Strawinskis *Der Feuervogel* erlangen Weltruhm. Obwohl Djagilew und Fokine eigene Wege des modernen Tanzes beschreiten, erkennen sie stets an, was Isadora Duncan zu dieser Entwicklung beigetragen hat: »Duncan war das größte Geschenk Amerikas für die Tanzkunst. Duncan erinnerte uns an die Schönheit von einfachen Bewegungen. (…) Sie hat uns gezeigt, dass alle primitiven, einfachen, natürlichen Bewegungen – ein einfacher Schritt, Rennen, Wendung auf beiden Füßen, ein kurzer Sprung auf einem Fuß – besser sind als alle Bereicherungen der Balletttechnik, wenn für diese Technik Grazie, Ausdruckskraft und Schönheit geopfert werden müssen.«[263]

Der russische Jahrhunderttänzer Vaslav Nijinsky schreibt hierzu: »Isadora hat es gewagt, der Bewegung ihre Freiheit zurückzugeben, sie hat die Grenzen erweitert, innerhalb derer sich Künstler entfalten können, und sie hat die Grenzen beseitigt, die sich als Traditionen etabliert hatten. Sie hat die Türen zu den Zellen der Gefangenen aufgesperrt. Fokine, der große Fokine trat in ihre Fußstapfen und erklomm den Gipfel. Kurz gesagt, vor den beiden waren die Phantasie und das Temperament des Tänzers absolut begrenzt.«[264]

Diejenige, die das alles anstößt, sitzt am Ende des Jahres 1904 im Zug nach Berlin – in ein neues Leben. Von der Öffentlichkeit unbemerkt hat Isadora wenige Tage vor ihrer Abfahrt nach St. Petersburg in Berlin einen Mann kennengelernt, der ihr weiteres Leben entscheidend beeinflussen wird. Noch aus dem Zug schreibt sie an ihn: »Liebling – dieser verflixte alte Zug ist 3 Stunden, 3 Jahrhunderte und 3 Ewigkeiten zu spät zu spät zu spät. Wir werden gegen zehn Uhr ankommen und mein Sekretär und mein Mädchen werden mich in die Hardenberg Straße zerren – aber ich werde so schnell ich kann entwischen & und in die Nummer 11 kommen. (…) Mein Liebling, ich komme zurück zurück zurück, aus dem Land von Eis & Schnee – ich glaube, ich habe den Nordpol entdeckt. (…) Die einzige Sache, die mich am Leben erhalten hat, ist dein süßes Bild – und jetzt werde ich dich dich dich wiedersehen!«[265]

Ein neuer Mann, so rasch nach der großen unerfüllten Liebe zu Henry Thode? Isadora sieht es pragmatisch: »Ich hatte bekanntlich zahllose Nächte mit Henry Thode verbracht, ohne dass zwischen uns eine sexuelle Beziehung bestanden hätte. Dennoch war durch ihn mein ganzes Wesen so sensitiv und überreizt, dass es oft nur eines Blickes oder einer flüchtigen Berührung bedurfte, um in mir die heftigsten Gefühle der Lust und der Liebe zu wecken, die zu einer realen Lust ungefähr so in Beziehung standen, wie wenn man sie im Traum erlebt. Ich glaube, dieser Zustand war zu anormal, um lange anzudauern.«[266]

Alle unserer Unternehmungen
waren unpraktisch,
impulsiv und fanden
stets zur falschen Zeit statt.

(Isadora Duncan)

»Mein Herz ist in Stücke zersprungen & ich lebe noch.«

V.

Teddy und die tanzende Gouvernante aus dem Grunewald

Ein paar Tage, bevor Isadora an Weihnachten 1904 in den Zug nach St. Petersburg steigt, lernt sie in Berlin einen Mann kennen, der zweifellos die Liebe ihres Lebens wird: Edward Gordon Craig. Der am 16. Januar 1872 geborene Bühnenbildner und Theaterreformer ist der Sohn der von Isadora so hoch verehrten britischen Schauspielerin Ellen Terry, die sie während ihres Aufenthalts in London kennengelernt hat. Sein Vater ist der Architekt und Designer Edward William Godwin, der Mode für das Londoner Kaufhaus Liberty designt und das spektakuläre Wohnhaus des Malers James McNeill Whistler in Chelsea entworfen hat. Zusammen haben die beiden auch noch Tochter Edith. Da das Paar nicht verheiratet ist, bekommen die Kinder keinen offiziellen Familiennamen. Als Edward 16 Jahre alt ist, nehmen die beiden den Nachnamen Craig an, frei nach einer kleinen Insel vor der Küste Schottlands, die sie als Kinder sehr beeindruckte. Obwohl eine geschiedene Frau mit zwei unehelichen Kindern, ist Ellen Terry der Liebling des Publikums. Ihr Lebensmotto lautet: »Wenn deine Moralvorstellungen dich traurig machen, kannst du sicher sein, dass sie falsch sind.«[267] Sie bringt ihre Kinder alleine durch, Godwin verlässt die Familie früh. Die Abwesenheit des Vaters ist eines der großen Traumata im Leben des Edward Gordon Craig, der als schwieriger Charakter beschrieben wird. Nach einer kurzen Stippvisite in einem Heidelberger Internat, das er aufgrund seiner Unbeherrschtheit rasch wieder verlassen muss, zieht es ihn zur die Bühne. Schon in jungen Jahren gilt er als herausragender Shakespeare-Mime. Gleichwohl kehrt er der Bühne bald den Rücken und wendet sich der bildenden Kunst, Holzschnitt und Grafik, zu. Es entstehen erste Exlibris, Buchillustrationen und Künstlerporträts, ehe er sich auf Kostüm, Bühnenbild, Regie und Inszenierung stürzt. Zusammen mit seinem besten Freund, dem Komponisten Martin Shaw, gründet er 1899 die »Purcell Operatic Society«. Seine ersten eigenen Theaterarbeiten *Dido und Aeneas* von Purcell sowie Georg Friedrich Händels *Acis und Galatea* bringen ihm den Ruf eines genialen Theatermachers ein, der sogar von W. B. Yeats gepriesen wird.

Ellen Terry lässt von da an all ihre Stücke von ihm ausstatten und steckt hohe Summen in die Produktionen ihres Sohnes. Doch dessen moderne Theaterkonzeption und abstrakte Bühnenästhetik treffen nur selten den Geschmack des Publikums. Der bedeutendste Bühnenbildreformer des 20. Jahrhunderts verliert eine Menge Geld, genauer gesagt, das Geld seiner Mutter. Die weiß durchaus um das schwierige Genie ihres Sohnes und setzt ihm, wie sie an George Bernard Shaw schreibt, eine großzügige Apanage aus: »Entgegen dem Rat meiner Freunde habe ich ihm 500 Pfund im Jahr zugebilligt, sodass er, so lange er jung ist, seinen Launen und seinen Phantastereien nachgehen kann (er ist ein Baby) und recht bald darüber hinwegkommt. Er ist ein Esel.«[268]

Auf Vermittlung des deutschen Dandys und Kunstsinnigen Harry Graf Kessler, der Craigs Inszenierungen in London mit Begeisterung besucht hatte, kommt Craig 1904 nach Berlin. Graf Kessler, der für Craig zum wichtigen Mäzen wird, macht ihn mit Otto Brahm, dem Leiter des Lessingtheaters, bekannt. Dieser beauftragt ihn mit der Ausstattung von Hugo von Hofmannsthals Schauspiel *Das gerettete Venedig*. Doch Craig lässt den Vertrag platzen, da Brahm ihm, seiner Ansicht nach, nicht genügend freie Hand gewährt. Kein noch so gutes Zureden von Graf Kessler, der die große Chance betont, die die Zusammenarbeit mit Brahm bietet, kann das verkannte Genie umstimmen. Immerhin wird im Hohenzollern Kunstgewerbehaus Friedmann & Weber bald eine Ausstellung seiner Arbeiten gezeigt.

Kurz nach der Vernissage lernt Craig im Dezember 1904 Isadora kennen, von der er zumindest schon gehört hat: »Ich hatte gehört, dass es da eine Art Gouvernante gab, die den Tanz zur Kunst erkoren hatte – einige lachten über sie, andere standen Schlange, um sie tanzen zu sehen –, ihr Name war Isadora Duncan.«[269] Elise de Brouckère, eine gemeinsame Freundin, nimmt ihn Mitte Dezember mit in die Wohnung der Familie Duncan in der Hardenbergstraße 11. Es ist eine schicksalhafte Begegnung zwischen der 26-jährigen Isadora und dem 32-jährigen Craig: »Von dem Moment an, als wir am Klavier zusammenstanden, waren wir Freunde und Liebende«, wird Craig später in sein Tagebuch schreiben.[270] Craig ist einer der bestaussehendsten Männer, denen Isadora jemals begegnet ist: groß und schlank, mit einem sinnlichen Mund und einem von goldenen Locken umrahmten Gesicht. Was Menschen, die Craig gut kennen, wie der spätere Londoner Theaterdirektor Sir Bernard

Miles, über ihn denken, ahnt sie nicht: »Er blieb bis zum Schluss ein verzogenes Muttersöhnchen, ein schrecklicher Angeber und ein richtiger Schuft. (…) Er schuf exzellente Holzschnitte, war teuflisch gutaussehend, selbstsüchtig, misstrauisch, erfolgshungrig, neidisch, gewieft und rücksichtslos. Aber er konnte auch sehr charmant und fröhlich sein und er sah einfach immer umwerfend aus. (…) Craig war der Typ Mann, mit dem man seine 17-jährige Tochter nicht einmal für drei Minuten allein lassen würde. (…) Er rühmte sich, einer der Mitbegründer des Vier-F-Clubs zu sein: ›Find 'em, Fool 'em, Fuck 'em and Forget 'em.‹«[271]

Bereits am nächsten Tag lässt sich Isadora von Craig durch seine Ausstellung führen. Sie ist beeindruckt und lädt ihn zur Abendvorstellung ein. Obwohl Craig dem Tanz als Kunstform skeptisch gegenübersteht, kommt er: »Ich werde niemals vergessen, wie ich sie zum ersten Mal auf eine leere Bühne kommen sah, um zu tanzen. Es war in Berlin im Jahre 1904 im Dezember. (…) Ich weiß noch, als es zu Ende war, ging ich umgehend in ihre Garderobe und dort saß ich eine ganze Weile schweigend und sprachlos vor ihr. Sie verstand mein Schweigen gut, alles Reden war unnötig. (…) Irgendwann zog sie Mantel und Schuhe an und wir gingen hinaus auf die Straßen von Berlin. Alles war schneebedeckt, die Geschäfte hell erleuchtet und die Weihnachtsbäume geschmückt und illuminiert. Wir liefen und redeten. Die Geschäfte, die Weihnachtsbäume, die Menschen – niemand schenkte uns Beachtung.«[272]

Der Abend mit Isadora hat ihm jenes Geheimnis der Bewegung enthüllt, das er nie zuvor zu ergründen vermochte. Dass ausgerechnet eine Frau dieses Mysterium lange vor ihm durchschaut hat, mag er zwar kaum fassen, doch er ist so begeistert von ihr, dass er darüber – noch – hinwegsieht: »Es würde unmöglich sein, sich einen Begriff von der Wirkung der Vorstellungen Isadoras in Deutschland zu machen. In dieser Periode ihrer tänzerischen Laufbahn war sie fraglos *die* Tänzerin der Epoche. Seit der Taglioni hatte es so etwas nicht mehr gegeben, und seit Isadora gab es keine andere, und ich zweifle, ob Isadora jemals mehr sie selbst war als in diesen Jahren von 1905–1910!«[273] Nach der Vorstellung gibt es einen Empfang in der Hardenbergstraße, zu dem Craig ganz selbstverständlich mitkommt. Spontan wird beschlossen, in Karl Federns Wagen, zusammen mit Karl und seiner Schwester einen nächtlichen Ausflug nach Potsdam zu machen. Isadora und Craig reden, im Fond sitzend, die ganze Nacht. Erst am Morgen fahren die vier zurück nach Berlin, wo sie sich bei Elise de Brouckère in der Spichernstraße 7 zum Champagnerfrühstück einladen. Isadora nimmt zu Recht an, dass zu Hause ein großes Donnerwetter auf sie wartet, und beschließt, vorerst hierzubleiben. Elise fertigt von den Neuverliebten eine wunderbare Fotografie an, die Craig mit folgendem Schriftzug versieht: »Zwei Schurken, 16. Dez. 1904.«[274] Er ist hingerissen von Isadora: »Isadora – Isadora, Isadora. Es ist ein neues Element entstanden: Erde, Luft, Feuer, Wasser, Isadora und alle vier vereinen sich im fünften.«[275]

Am Tag danach sucht sie ihn in seinem Atelier im Hansaviertel auf: im Siegmunds Hof 11, einem von den Berliner Architekten Wilhelm Boeckmann und Hermann Ende errichteten Atelierhaus, in dem von 1912 an auch Käthe Kollwitz ihre Werkstatt haben wird. Craig schreibt über diesen Tag in sein Notizbuch: »Sie kam um vier Uhr und wir fuhren eine Stunde in ihrer Kutsche durch die Gegend. Dann Tee, die Kutsche wurde weggeschickt – dann Abendessen –, dann schliefen wir zusammen auf dem Balkon – 17. Dezember – unsere Hochzeitsnacht auf dem Fußboden meines geliebten Studios.«[276] Isadoras eigene Schilderungen dieser Nacht sind einer der Gründe, warum ihre Memoiren 1927 als anstößig und skandalös gelten: »Ich weiß nicht, wie andere Frauen an ihre Liebhaber zurückdenken. Die korrekte Art, dies zu tun, besteht, glaube ich, darin, die Gesichtszüge des betreffenden Mannes zu schildern. (…) Aber Craig sehe ich immer vor mir, wie damals in unserer ersten Nacht im Atelier, als sein weißer, geschmeidiger, strahlender Körper die Hülle seiner Kleider abstreifte und meinem geblendeten Auge in all seiner Pracht entgegenleuchtete. (…) Er schien mehr ein Engel von William Blake zu sein als ein Sterblicher. Kaum hatte mein Auge sich an seiner Schönheit berauscht, zog es mich zu ihm, ihn umschlingend schmolz ich dahin. Wie zwei Flammen, die sich vereinen, loderten wir lichterloh. Hier endlich war mein Gefährte, meine Liebe, mein anderes Ich – denn wir bildeten ein wunderbar harmonisches Ganzes, ein Wesen. (…) Es war das Aufeinandertreffen zweier Zwillingsseelen, die einander gesucht und gefunden hatten.«[277]

Craig ist mittellos, sein Atelier hat weder Möbel noch ein Bett, das Gas ist seit langem abgedreht. Sie schlafen auf Decken und Isadoras langem weißem Pelzmantel.

Schon in dieser ersten Nacht erfährt Isadora, dass sie nicht die einzige Frau in Craigs Leben ist.[278] Craig hat ein langes Vorleben mit bis jetzt 8 Kindern, von dem sie nun hört. Als 21-jähriger hatte er Helen (May) Gibson geheiratet, mit der er die Kinder Rosemary, Henry, Philip, John und Peter hat. Seit dem Scheitern seiner Ehe hat er zu seinem Kummer keinen Kontakt mehr zu den Kindern. May Gibson hat er während ihrer fünften Schwangerschaft für die junge Schauspielerin Jess Dorynne verlassen, mit der er Tochter Kitty hat. Seit einigen Jahren ist er mit der britischen Geigerin Elena Meo liiert, die nun nach Nellie und Ellen im Frühling 1905 ihr drittes gemeinsames Kind erwartet. Er hat ihr versprochen, sie bald zu heiraten. Isadora vernimmt es mit Gelassenheit. Sie glaubt nicht an die Ehe, sondern an die schier unglaubliche Leidenschaft und Liebe, die beide verbindet. Dagegen sind alle Frauen und Kinder dieser Welt machtlos.

Stunden später kehrt Isadora nach Hause zurück, um an einem lange geplanten Empfang teilzunehmen. Ihre Mutter ist höchst alarmiert. Als Isadora am 19. Dezember einmal mehr ohne Vorankündigung verschwindet und mehrere Tage verschwunden bleibt, ruft ihre Mutter die Polizei. Mit dem Hinweis auf ein gesundheitliches Problem der Tänzerin werden sämtliche Auftritte diskret abgesagt. Craig notiert: »Dezember 19, 20, 21, 22. 1904 – Unsere beste Zeit … vier Tage und Nächte blieben wir unzertrennlich, bis sie nach St. Petersburg aufbrach. In diesen Nächten gab sie sich mir vollkommen hin.«[279] Isadora wird in ihren Memoiren aus den vier Nächten gleich zwei Wochen machen: »Nach zwei Wochen kehrten wir endlich zu meiner Mutter zurück, denn wenn ich ehrlich sein soll, hatte ich es trotz der leidenschaftlichsten Liebe gründlich satt, auf dem harten Fußboden zu schlafen und nur das zu essen, was wir uns liefern lassen konnten.«[280] Nicht nur Dora Duncan, auch Elizabeth und Augustin sind empört über Isadoras Benehmen. Dora Duncan verweist Craig des Hauses und überschüttet ihre Tochter mit Vorwürfen. Doch es ist längst zu spät. Teddy und Topsy, wie die beiden sich scherzhaft nennen, sind in Liebe entflammt. Daran lassen vor allem Isadoras Briefe keinerlei Zweifel aufkommen. Noch bevor sie Berlin verlässt, erreicht ihn der erste von zwei Briefen an einem Tag: »Danke, danke, danke, dass Du mich so glücklich machst – ich liebe Dich, liebe Dich & hoffe, wir bekommen ein süßes Baby – Ich bin für immer glücklich *Deine* Isadora.«[281]

Sie schreiben sich von nun an jeden Tag, wobei das häufig benutzte Wort »kissing« ihr Synonym für Sex ist. Allerdings enthüllt Craigs Tagebuch aus jenen Tagen auch, wie überfordert er von so viel Leidenschaft ist. Geigerin Elena Meo, die treue, hingebungsvolle, nicht zu fordernde Gefährtin, liegt ihm mehr. Zu ihr wird er immer dann zurückkehren, wenn er Ruhe und Sicherheit sucht. Während Isadora aus St. Petersburg sehnsuchtsvolle Brief an Craig schreibt, notiert der in sein Tagebuch: »Ich liebe nur eine Frau (Elena), und auch wenn mich andere Frauen interessieren, wie könnte ich jemals tilgen, was für sie in meinem Herz und meiner Seele vorhanden ist (...) Aber ich fühle mich sehr stark zu einer anderen Frau hingezogen (Isadora), die entweder eine Hexe oder ein wunderschönes Kind ist (und es ist völlig egal, was von beiden sie ist). Es fällt mir schwer, nicht bei ihr zu sein. Doch sie zieht mich nicht nur an, sie regt mich auch auf.«[282] Die Liebe zu Elena ist für ihn real, die zu Isadora Wahnsinn. Isadora ihrerseits hegt nicht den geringsten Zweifel: »Ich flog in seine Arme, mit der ganzen Leidenschaft eines Gemütes, das zwei Jahre geschlummert und nur darauf gewartet hatte, erweckt zu werden. Hier fand ich mein ebenbürtiges Temperament. In ihm traf ich Fleisch von meinem Fleische, Blut von meinem Blute. Manchmal rief er aus: ›Du bist meine Schwester ...‹ Und ich hatte das Gefühl, dass in unserer Liebe etwas verboten Inzestuöses lag.«[283]

Nachdem Isadora aus Russland zurückgekehrt ist, feiern die beiden in einer rauschenden Berliner Silvesternacht ein glorreiches Wiedersehen: »Sie erzählt mir von ihrem Leben und wen sie vor mir geliebt hat – und lacht dann und lacht und lacht ... Liebe ich sie? Liebt sie mich? Ich weiß es nicht und ich will es auch nicht wissen«, schreibt Craig in sein Notizbuch aus jenen Jahren, das er *The Book Topsy* nennt.[284]

Das Jahr 1905 wird vor allem bestimmt durch den Aufbau der Isadora-Duncan-Freitanzschule im Berliner Grunewald. Schon im Herbst 1904 hatte Isadora die neuerrichtete große Villa in der Trabener Straße 16 im Grunewald in direkter Nachbarschaft zu Engelbert Humperdinck erworben. Hier will sie ein Kinderparadies erschaffen: »Wir benahmen uns wie Gestalten aus einem grimmschen Märchen: Wir gingen zu Wertheim und kauften dort tatsächlich 40 kleine Bettchen mit Musselinvorhängen, die von blauen Bändern gehalten wurden. In der Vorhalle stellten wir eine Kopie der Amazone des Polyklet auf; im Tanzsaal waren die Basreliefs von Luca della Robbia und die tanzenden Kinder von Donatello zu sehen; in den Schlafzimmern Kinderbildnisse und della Robbias Madonna mit dem Kind, alles in Blau und Weiß. (…) Umgeben von so viel künstlerischer Schönheit sollten meine Zöglinge sich in ihren Bewegungen und Mienen unbewusst ein wenig dieser Freude und kindlichen Grazie aneignen.«[285] Es gelingt Isadora tatsächlich, bei der Schulbehörde die Genehmigung für eine staatlich anerkannte freie Volksschule zu bekommen. Per Zeitungsannonce sucht sie im gesamten deutschsprachigen Raum nach Elevinnen: »Bei der Aufnahme der Schülerinnen wird in nationaler und sozialer Beziehung kein Unterschied gemacht werden. Die Schule ist demokratisch und international. Auch vater- und mutterlose Kinder, wie Kinder von unbekannter Herkunft sind willkommen.«[286] Zu Hunderten stehen bald Eltern mit ihren Mädchen vor der Villa: Was für eine Chance für ein armes Kind, bei einer reichen spleenigen Dame aufzuwachsen und eine Ausbildung zu bekommen. Isadora ist von den vielen hübschen Mädchen vollkommen hingerissen. Wie sie später zugibt, nimmt sie zunächst ziemlich wahllos auf. Meist genügen ein charmantes Lächeln oder ein hoffungsvoller Blick. Im Hinblick auf das, was sie mit ihrer Schule erreichen will, genügt das: »Mein eigentliches Ziel haben die Leute nie verstanden, ich war weit entfernt von dem Wunsch, Profis auszubilden, ich habe immer gehofft, in meiner Schule viele Kinder ausbilden zu können, dass sie durch Tanz, Musik, Poesie und Gesang in der Lage sind, mit Grazie und Schönheit die Gefühle der Menschen auszudrücken.«[287]

Eines der Mädchen, die in jenem Winter an der Isadora-Duncan-Freitanzschule aufgenommen werden, ist die 10-jährige Anna Denzler, die mit ihrem Vater aus der Schweiz anreist. Eigentlich will Isadora gerade dieses Mädchen nicht aufnehmen: Sie ist zu alt, zu groß und trägt wegen einer Augenentzündung eine entstellende Augenbinde. Es ist Augustin, der seine Schwester davon überzeugt, das Kind mit dem gewinnenden Lächeln zu nehmen. Anna wird eine der besten Tänzerinnen der Schule und später eine der weltbekannten Isadorables.

In Hamburg erscheint die sechsjährige Irma Erich-Grimme mit ihrer Mutter, der Witwe eines Gemüsehändlers, in Isadoras Suite: »Ich sehe das Kind, das ich damals war, noch vor mir, warm eingepackt gegen das feuchte Wetter mit einer Samtmütze und gestrickten Handschuhen. Ich saß neben meiner Mutter in einer Trambahn, die mich nicht nur aus einem ruhigen Vorort in die geschäftige Innenstadt brachte, sondern von einer Welt in eine völlig andere.«[288] Diesmal ist es Craig, der Isadora zuredet, das Mädchen zu nehmen. Jahre später, als Irma, längst eine berühmte Tänzerin, ihre Memoiren verfasst, schreibt sie an Craig: »Ich habe Isadora einmal gefragt, was sie dazu bewogen hat, mich als Schülerin auszuwählen, und da gab sie mir zur Antwort: ›Ja, weißt du das denn nicht? Es war Gordon Craig. Der sagte zu mir: ›Nimm sie… sie hat diese Augen!‹ Erinnern Sie sich, das über mich gesagt zu haben?‹«[289] Craig schreibt in seine Notizen: »Ja, ich erinnere mich – sie wurde schon weggeführt – und dann sah ich, wie sie nochmal zurückschaute…«[290]

In ihren Memoiren schildert Isadora, was sie in jenen Tagen bei aller Freude auch erlebt: »So kam zum Beispiel einmal in Hamburg ein ziemlich vornehm wirkender Herr in Gehrock und Zylinder zu mir ins Hotel; auf dem Arm trug er ein mysteriöses Bündel, das er auf den Tisch legte. Als ich es öffnete, schauten mich große, aufmerksame Augen an, die einem etwa vier Jahre alten Mädchen gehörten. Der Herr schien in großer Eile, drängte mich, das Kind zu nehmen, und wartete kaum eine Antwort ab. Ich blickte vom Gesicht des Kindes auf ihn und stellte eine auffällige Ähnlichkeit fest, die wahrscheinlich den Grund für die Heimlichtuerei und Eile bildete. Mit dem mir eigenen Mangel an Voraussicht willigte ich ein, und er verschwand auf Nimmerwiedersehen. Es war auf jeden Fall ein ungewöhnlicher Weg, sich eines unerwünschten Kindes zu entledigen, fast so, als sei es eine Puppe. Erst auf der Reise von Hamburg nach Berlin bemerkte ich, dass das Kind stark fieberte. Es war an einer bösartigen Mandelentzündung erkrankt, und in Grunewald kämpfte ich mit zwei Pflegerinnen und unserem Arzt, Dr. Hofer, noch drei Wochen lang um sein Leben.« [291] Der Berliner Chirurg, der aus privaten Mitteln ein Armenkrankenhaus unterhält, ist einer der Unterstützer Isadoras. Er betreut die Schülerinnen, von denen viele armutsbedingt krank sind, kostenlos. Außerdem kümmert er sich um notwendige Hygienemaßnahmen und führt an der Schule vegetarische Kost ein.

Anfang Februar 1905 startet der reguläre Schulbetrieb mit 20 Mädchen im Alter zwischen vier und 10 Jahren.[292] Trotz der 40 Betten werden es niemals mehr als 20 Schülerinnen werden. Alle Kinder durchlaufen eine dreimonatige Probezeit, während der ihre Eignung geprüft wird. Erst dann wird mit den Eltern ein Vertrag geschlossen, in dem sie sich verpflichten, ihre Töchter bis zum 17. Lebensjahr an der Schule zu belassen. Bleiben die Mädchen anschließend als Lehrerinnen an der Schule, wird ihnen bereits jetzt ein festes Gehalt zugesagt. Die Schule wird in den ersten Jahren ausschließlich als Internat geleitet, erst später gibt es externe Schülerinnen. Kost und Logis sowie Kleidung, Unterricht und Unterrichtsmaterial sind frei. Geleitet wird die Schule von Isadoras Schwester Elizabeth, die, anders als Isadora, auch in der Villa wohnt. Die kleine Irma hat an den Empfang der Mädchen durch Elizabeth, von den Kindern »Tante Miss« genannt, keine allzu guten Erinnerungen: »Seitlich öffneten sich die Schiebetüren einen Spalt und heraus starrte ein kleines affenartiges Gesicht, braun und faltig. Das Gesicht starrte uns eine Minute lang an; dann wurden die Türen weiter aufgemacht und eine schlanke Frau trat heraus, absonderlich zurechtgemacht in einem langen roten chinesischen Kimono, der über und über mit Blumen und Papageien bestickt war. Die seltsame Erscheinung näherte sich uns auf geheimnisvolle Weise, leicht hinkend. (…) Wer war das? Ohne einen freundlichen Willkommensgruß an die armselige kleine Schar hier in ihrem Hause zu richten, stieß diese seltsame Kreatur mit prüfendem Blick ihr komisches Gesicht schweigend in jedes einzelne unserer Gesichter. Dann verschwand sie so geheimnisvoll, wie sie gekommen war, und schloss die Schiebetüren hinter sich. Plötzlich sehnte ich mich nach den tröstenden Armen meiner Mutter. Den anderen ging es wohl ähnlich, denn Erika, die Jüngste von uns, gerade einmal vier Jahre alt, fing plötzlich an laut und herzzerreißend zu schluchzen.«[293] Isadoras Ideale sind hoch und aller Ehren wert, doch vier- bis zehnjährige Mädchen von ihren Eltern zu trennen, erscheint auch in jener Zeit vielen Zeitgenossen grausam und wenig kindgerecht. Denn die Trennung ist allumfassend. Im ersten Jahr sollen die Kinder, um sich einzugewöhnen, überhaupt keinen Besuch von den Eltern erhalten. Auch später sind Besuche nur spärlich erlaubt. Alle zwei Wochen gibt es einen »Briefschreibetag«. Die Briefe, die die Kinder schreiben und erhalten, werden von Elizabeth gegengelesen, da sie nichts Kritisches über die Schule enthalten dürfen. Einige der Briefe, die die Kinder heimlich aus dem Internat schmuggeln, zeigen, dass hier nicht nur das pure Glück zu Hause ist. Ein Lichtblick sind die liebevollen Gouvernanten, die sich um die Mädchen kümmern. Die kleine Erika kann sich ja noch nicht einmal alleine ankleiden. Der Tagesablauf der Schülerinnen ist, wie aus einem Brief der kleinen Anna Denzler hervorgeht, genau durchgetaktet:

»Wir stehen um 7 Uhr auf, dann geht es nach Nummern baden. Ich bin Nummer 11. Dann werden wir gekämmt. Wir haben alle eigene Haarbürsten. Dann gehen wir frühstücken. Dann gehen wir in die frische Luft hinaus; dann gehen wir in die Schule. Um 11 Uhr essen wir Orangen. Dann gehen wir wieder in den Garten. Dann um ¼ 1 essen wir Mittag. Denke, Mama, wir bekommen alle Tage nach dem Essen Kompot [sic]. Sonntags gibt es nachSpeise [sic]. Nach dem Mittagessen gehen wir in den Wald. Montag ist uns die Kaiserin u. die kleine Prinzessin entgegen gekommen u. hat uns angesprochen. Dann gehen wir nach Hause, u. trinken Milch; dann gehen wir eine halbe Stunde schlafen.«[294] Am Vormittag erteilt eine externe Volksschullehrerin vier Stunden Unterricht. Am Ende des Schuljahres gibt es ein Zeugnis. Isadora legt Wert auf gute Noten und gute Kenntnisse in Englisch und Französisch. Der Nachmittag ist für die künstlerische Bildung reserviert: Naturkundeunterricht, Gesangs- und Zeichenunterricht und Gymnastik. Die Mädchen besuchen zudem Konzerte und Ausstellungen und gehen ins Museum.

Für Isadora ist es sehr wichtig, dass die Mädchen viel an der frischen Luft sind. Sie sollen die Natur beobachten, die Bewegungen des Windes, das Ziehen der Wolken oder den Flug eines Vogels, um daraus später eigene Bewegungen zu konzipieren. Der Armenarzt, Homöopath und Ganzheitsmediziner Paul Jaerschky soll als Gymnastiklehrer und Vorsitzender des Berliner Vereins für Körperkultur die Grundlagen dafür schaffen, dass gesunde und kräftige Kinder dann im zweiten Schritt das Tanzen erlernen können. Isadora, die ihr Korsett schon vor Jahren abgelegt hat, besteht darauf, dass die Kinder nur in leichten Kleidern herumlaufen, die sie in ihren Bewegungen nicht einschränken: »Sie sollten frei und unbehindert springen und rennen, bis sie gelernt hatten, sich durch ihre Bewegungen so klar auszudrücken wie andere durch Sprache oder ein Lied.«[295]

Die Mädchen wachsen paradiesisch, aber abgeschottet von der Realität auf. In Isadoras Diktum, sie nur mit Schönheit und Harmonie zu konfrontieren, passen weder schlechte Nachrichten noch das Elend auf den Straßen Berlins, noch der Realismus expressionischer Kunst. Umso mehr erschreckt es die Mädchen, wenn sie bei ihren Spaziergängen von bösartigen Zeitgenossen beschimpft werden oder noch Schlimmeres erlebten: »Wir wurden gesteinigt, wie die alten christlichen Märtyrer und immer wieder (und das war das Demütigendste) bewarfen uns die Kinder – in einer Gegend, in der es vor Kutschpferden nur so wimmelte – auch mit etwas gänzlich anderem. Ständig waren wir gezwungen, entweder Steinen, die weh taten, oder Mist, der uns verdreckte, auszuweichen. Oft waren wir in schierer Panik, trotz der heroischen Versuche unserer Anstandsdame, die wilden Horden schreiender Jugendlicher zu vertreiben.«[296]

Aufgrund des fehlenden Kontakts zu Außenwelt und Familie werden die Mädchen zu einer eingeschworenen, sehr elitären Gemeinschaft. Dazu trägt auch bei, dass Isadora streng darauf achtet, dass niemand heraussticht. Alle tragen dieselbe Kleidung und erhalten unabhängig vom finanziellen Background der Eltern dasselbe Taschengeld. Dieses wird von der Schule verwaltet und verteilt. Zudem müssen die Kinder bei der täglichen Hausarbeit mithelfen, zum Beispiel die Treppen fegen oder Schuhe putzen.

Trotz der Gemeinschaft leiden viele der Kinder unter entsetzlichem Heimweh. Viele brechen ab, die Schule verzeichnet eine hohe Fluktuation. Die von den Mädchen wie eine Märchenprinzessin verehrte Isadora ist nur zeitweise anwesend, hängt die Finanzierung der Schule doch in erster Linie von ihren Einnahmen ab. Dies zwingt sie dazu, viele Engagements anzunehmen und die Mädchen der Obhut Elizabeths zu überlassen. Die wird gefürchtet, was sogar Anna Denzler zugibt, die als eine der wenigen auch Verständnis für Elizabeth zeigt: »Elizabeth war ganz anders. Sehr streng, kalt und diszipliniert. Immer, wenn wir sie kommen hörten, rannten wir weg. Sie war eine seltsame Person. Isadora war das exakte Gegenteil, sehr offen. Ich erinnere mich, dass sie oft zu uns sagte: ›Werdet niemals erwachsen – so wie Peter Pan. Ihr dürft niemals erwachsen werden.‹«[297] Irma hingegen rechnet später gnadenlos mit Elizabeths Kasernenhofdrill ab: »Bedauerlicherweise hat Elizabeth Duncan, deren Obhut wir anvertraut wurden und an die wir uns instinktiv wandten, wenn wir Geborgenheit und Zuneigung suchten, nie – in all den Jahren, in denen wir unter ihren Fittichen standen – auch nur einer Schülerin einmal zärtlich über die Wange gestrichen. Das war der Grund, warum die meisten von uns für sie keinerlei Zuneigung empfanden.«[298] Eine neue englische Gouvernante macht das Leben für die Kinder in der schönen Villa zur Hölle. Irma erinnert sich noch als alte Frau an die schlimmen Dinge, die ihr angetan wurden: »Mit der Ankunft unserer verhassten Gouvernante wurde ich eine von denen, die einen wirklichen Hang zu dem entwickelten, was sie ›ungezogen sein‹ nannte, und die Gelegenheiten, bei denen ich hungrig zu Bett geschickt wurde, häuften sich. Oftmals, wenn ich nicht gehorchen wollte, fesselte mich die Gouvernante ans Bettende und ließ mich dort stundenlang wie eine Märtyrerin am Pfahl stehen. Ihre sadistischen, militärischen Bestrafungen waren aus dunkeln vergangenen Zeiten, und wenn sie mir Schmerzen zugefügt hatte, dann weinte ich und schaute auf das Foto meines Schutzengels. Wo war Isadora? Ich konnte nicht begreifen, warum sie nie da war, wenn wir sie brauchten – in diesem wunderschönen Haus im Kiefernwald, das sie in ein Kinderparadies verwandeln wollte. Als sie zurückkehrte, fand sie den Grunewald ›sehr melancholisch‹ vor. Kein Wunder! Es half auch nichts, sich bei Tante Miss zu beschweren: sie wusste sehr genau, was vor sich ging, und bestrafte uns auch selbst, allerdings auf subtilere Weise. An meine Mutter zu schreiben war unmöglich; all unsere Briefe unterlagen der Zensur. Ich war gefangen.«[299]

Kurz nach Beginn des ersten Schuljahres geht Isadora auf große Tournee – in Craigs Begleitung. Erst jüngst waren sie zusammen von Isadoras zweitem Russlandgastspiel zurückgekehrt. Hier hatte Isadora einen Trauermarsch beobachtet, bei dem Tote des Petersburger Blutsonntags vom 22. Januar 1905 zu Grabe getragen wurden: »Düster und kummervoll beugten sich viele Männer unter der Last einer Bürde, sie trugen Särge, einen nach dem anderen. Der Kutscher ließ das Pferd Schritt gehen, beugte sein Haupt und bekreuzigte sich. In nebelhafter Dämmerung zogen die Särge an mir vorüber und erfüllten mich mit Grauen. Ich fragte den Kutscher, was das alles zu bedeuten habe, und obwohl ich kein Wort Russisch verstand, konnte er mir verständlich machen, dass dies Arbeiter seien, die man (...) vor dem Winterpalast erschossen hatte, als sie unbewaffnet zum Zaren gekommen waren, um in ihrer Not Hilfe zu erbitten, Brot für Weib und Kind. (...) Ich ließ anhalten, und mir rannen die Tränen über meine erfrorenen Wangen, während die düstere, endlose Prozession an mir vorbeizog. (...) Mit grenzenloser Empörung betrachtete ich die armen, von Kummer und Schmerz gebeugten Arbeiter, die ihre toten Märtyrer zu Grabe trugen.«[300]

Craig hingegen ist zufrieden. Isadora tut ihm gut, wie er an seinen Freund Martin Shaw schreibt: »Miss D. versprüht Inspiration von 1000 Volt. Ich lebe wieder (als Künstler) – durch sie. Du weißt, wie inspirierend oder lähmend ein Künstler für den anderen sein kann.«[301] Allerdings genießt er auch in anderer Hinsicht ihre Gesellschaft: »Wie Du Dir denken kannst, bezahle ich meine Hotelrechnungen nicht selbst. Ich habe nicht einen gottverdammten Sou – aber ich will verdammt sein, wenn ich hungern wollte oder auf einem Stuhl sitzen und abwarten, was geschieht.«[302] Am 3. Januar 1905 war in London sein Sohn Edward zur Welt gekommen. Einmal mehr hatte er sein Heiratsversprechen gegenüber Elena Meo erneuert. Wie real Mutter und Kind sind, erkennt Isadora erst, als sie aus Versehen einen Brief Elenas an Craig öffnet. Sie erfährt, dass Craig diese finanziell unterstützt – mit Isadoras Geld. Entgegen ihrer sonstigen Art rast sie vor Eifersucht, macht Craig schwere Vorhaltungen. Für Craig, der von Frauen allgemein keine besonders hohe Meinung hat, ein klarer Beweis für die Unmöglichkeit, mit einer Frau wie Isadora zu leben. Als sie spürt, dass er sich zurückzieht, ändert sie ihren Ton und bittet ihn reumütig um Vergebung: »Liebster – ich schäme mich so – Scham ist kaum das richtige Wort. Ich fühle mich wie Staub und Asche – es war eine abscheuliche Rage, die mich da ergriffen hat – Lass meinen Schmerz dafür die Buße sein – Ich fürchte, du wirst nie mehr wieder auf dieselbe Weise über mich denken können wie zuvor (…) Du bist so lieb und gütig. (…) Ich kann gar nicht darüber schreiben – ich hasse mich selbst dafür – ich bin so verzweifelt – vergib mir.«[303]

Tatsächlich wird sich Isadora mit der Situation arrangieren, später gar von sich aus anbieten, Elena und die Kinder finanziell zu unterstützen: »Bitte verzeih, wenn ich falschliege, aber mir scheint, du hast Sorgen wegen einer Geldanweisung nach England, nicht wahr? Ich wollte zur Bank gehen und Geld holen, aber sie war geschlossen. Bis dahin mindert vielleicht die beiliegende Summe den Druck ein wenig. In Bewunderung, Kameradschaft und Liebe Isadora.«[304]

Fürs Erste reist sie dennoch ohne ihn zu ihren Auftritten nach Brüssel und Amsterdam. Kathleen Scott, die sie besucht, berichtet in ihren Memoiren von jenen Tagen: »Was auch immer später geschah, und schlimme Dinge geschahen, zu dieser Zeit war die Tänzerin eine gesunde, genügsame, hart arbeitende Künstlerin (…) Sie war großzügig, gut gelaunt, nachgiebig und entspannt. ›Ach, was macht das schon?‹, pflegte sie zu sagen, wenn ich, die ich es hasste zu sehen, wie man sie ausnutzt, sie beschützen wollte gegen Vorwürfe etc. ›Ach, was macht das schon?‹«[305] In Brüssel beginnt Isadora die Arbeit an einem Essay, der erst posthum veröffentlicht wird: »The Dance and Nature«. Darin regt sie Frauen an, sich mehr mit dem eigenen Körper auseinanderszusetzen. Auch Craig sitzt an einem kleinen Buch, das zu einem der bedeutendsten Reformwerke der Theatergeschichte wird. *Die Kunst des Theaters* erscheint 1905 auf Deutsch mit einem Vorwort von Harry Graf Kessler und ist für das Theater, was Isadoras Rede »Der Tanz der Zukunft« für die Geschichte des Tanzes ist: revolutionär. Allerdings weist es auch auf die divergierende Kunstauffassung der beiden hin: Während Isadora die Künstler zum Mittelpunkt der Bühne erklärt, will Craig die Schauspieler durch die Über-Marionette ersetzen. Isadora schreibt Craig sehnsuchtsvolle Briefe: »Ich mache einen Kopfstand, ich mach alles, nur komm und beende diesen schrecklichen Schmerz.«[306]

Obwohl sie quasi ununterbrochen tanzt, reichen ihre Einnahmen kaum aus, um den Schulbetrieb am Laufen zu halten. Im Sommer 1905 schickt sie erste Bettelbriefe an die oberen Zehntausend. Und sie wäre keine selbstbewusste amerikanische Republikanerin, würde sie dabei die höchste Dame im Staat außen vor lassen: die Kaiserin höchstpersönlich. Aber auch andere einflussreiche Damen wie Prinzessin Marie Reuß zu Köstritz bekommen Post: »Verehrte Prinzessin, seit acht Monaten leben 20 kleine Mädchen in meiner Schule im Grunewald. Sie erschaffen große Freude für sich und andere und sind eine strahlende Hoffnung für die Zukunft des Tanzes. Ich würde gerne im Winter weitere 25 Schülerinnen aufnehmen. (…) Aus diesem Grund zögere ich nicht, Sie um Unterstützung für meine

Ideen zu bitten, und bin mir sicher, mein Anliegen wird auf Ihr Wohlwollen stoßen.«[307] Dass Isadoras Geld trotz ihrer hohen Gagen nicht ausreicht, liegt vor allem daran, dass die Tänzerin nahezu alle Menschen in ihrer Umgebung mitfinanziert: Manager und Bruder Augustin samt Frau und Töchterchen Temple, ihre Mutter, Elizabeth, deren Gehalt ebenfalls aus Isadoras Einnahmen generiert wird, und seit kurzem auch noch Edward Gordon Craig. Zudem schickt sie auch weiterhin Geld nach Griechenland. Wenigstens damit soll nun Schluss sein, wovon Raymond, der noch immer nach Wasser sucht, verständlicherweise wenig begeistert ist. Aber diesmal bleibt Isadora hart: »Kopanos blieb eine wunderschöne Ruine und wurde seither von jeder revolutionären Gruppierung Griechenlands als Festung genutzt. Meine Ressourcen sollten nun ganz für die Gründung einer Schule für die Jugend dieser Welt eingesetzt werden, und sie sollte in Deutschland, dem philosophischen und kulturellen Zentrum der Welt, sein – wofür ich es damals noch hielt.«[308] Raymond und seine Frau unterstützt sie dennoch weiter, vor allem nachdem sie erfährt, dass Penelope schwanger ist und Raymond schon das Horrorszenario einer Geburt auf den Straßen Athens an die Wand malt. Isadora seufzt und zahlt, damit auch der kleine Menalkas einen guten Lebensstart hat: »Und die ganze Zeit singt mein Bruder, mein weiser kleiner Bruder, für seine Ziegen auf dem Berghang, während sein kleines griechisches Mädchen auf der Flöte spielt.«[309]

Um ihre Schule besser zu promoten und mehr Fördergelder zu generieren, nimmt Isadora am 20. Juli 1905 ihre Schülerinnen mit auf die Bühne der Kroll-Oper in Berlin: »Zwanzig kleine Mädchen, darunter bildschöne Kinder, trippelten aus den Kulissen hervor, in ihren griechischen Kostümen und ihrer Nacktbeinigkeit wie kleine Duncanchen aussehend.«[310] Die Reaktionen auf die Auftritte zu Humperdincks *Hänsel und Gretel* und *Königskinder* fallen gemischt aus. Es gibt großen Jubel: »Wie sich diese Kinder zu einem harmonischen Ganzen verbanden, das war mit klugem ästhetischen Empfinden gestaltet und weckte den Eindruck reiner Frühlingsjugend und natürlicher Heiterkeit,«[311] und scharfe Kritik daran, so kleine Kinder halbnackt abends auf einer Bühne vorzuführen. Soeben sind die Jugendschutzgesetze verschärft worden, wonach schulpflichtigen Kindern Arbeit untersagt ist und Bühnenauftritte bei öffentlichen Veranstaltungen einer Sondergenehmigung bedürfen. Vor allem aber melden sich nationalistische Kreise zu Wort: »Sind wir glücklich so weit gekommen, dass wir ernst bleiben, wenn eine Amerikanerin, die die deutsche Sprache nicht beherrscht, sich für fähig erklärt, deutschen Kindern eine ideale Erziehung zu geben?«[312]

Nach einem weiteren Auftritt der Kinder im Theater des Westens erlässt die Berliner Polizeibehörde ein Auftrittsverbot. Das Satiremagazin *Lustige Blätter* aber veröffentlicht eine Verballhornung des populären Schlagers »Im Grunewald ist Holzauktion« auf Isadora und ihre Schule:

»Im Grunewald, im Grunewald ist Tanzlektion!
Blanke Knie, nackte Waden,
Und entblößte Achselhöhle;
Uns're klassischen Mänaden
Tanzen heut' bei Hundekehle
Ob sie was von Orpheus wußten,
Der Mänaden fiel zur Beute? –
Gluck und andern Komponisten
Geht es auch nicht besser heute.«[313]

Edward Gordon Craig ist der Trubel um Isadora und ihre Schule bald lästig. Ständig ist sie unterwegs, um sie zumindest manchmal zu Gesicht zu bekommen, reist er ihr oft nach, worunter seine eigene Arbeit leidet: »Sie und ich, wir sind zwei Künstler: Ich frage mich, ob nicht jeder ein Künstler ist. Als Menschen würde ich sie in eine weitaus höhere Kategorie einordnen als mich und die meisten Menschen, denen ich begegnet bin. (…) Aber ich denke, ich habe einfach mehr Gottesfurcht in mir als sie. Vielleicht ist das das Problem!«[314] Seine Eifersucht auf Isadoras Erfolg wächst. Er ist es nicht gewohnt, im Schatten einer Frau zu stehen. Nun zeigt sich, dass der Strahlemann auch eine düstere Seite hat. Die depressiven Phasen häufen sich, Craigs Stimmungsschwankungen belasten die Beziehung. Schreibt er an einem Tag: »Sie ist ein Genie & es ist unmöglich, besser als sie zu sein«,[315] so bekommt Isadora am nächsten Tag zu hören: »Warum hörst du nicht mit diesem Unsinn auf? (…) Warum bestehst du darauf, auf der Bühne zu stehen und mit den Armen zu wedeln? Bleib lieber zu Hause und spitz meine Bleistifte.«[316]

Isadora hält trotz alledem unbeirrt an ihm fest. Nicht einmal die offene Ablehnung Craigs durch ihre Mutter kann sie umstimmen. Es kommt so weit, dass Dora Duncan Berlin verlässt und in die USA zurückkehrt.

Im Oktober 1905 übernimmt Craig Isadoras Management. Sie verpflichtet sich, jährlich vier neue Programme zu erarbeiten und mindestens zwölf Auftritte im Monat zu absolvieren, die er organisiert. Dafür erhält er 50 Prozent ihrer Einnahmen, Geld, das er dringend brauchen kann. Seine eigene Karriere kommt nur schleppend in Fahrt. Die angedachte Zusammenarbeit mit Max Reinhardt scheitert einmal mehr an Craigs Egozentrik. Voller Empörung schreibt er an Martin Shaw. »Ich komme mir vor, als hätte man mich vom Theater abgeschnitten – mich – der wahrscheinlich das Theater *ist* – unfassbar.«[317]

Isadora aber tanzt weiter, für die Familie, Craig und die Schule, die immer mehr Probleme hat: »Ich weiß nicht, wie

Elizabeth es in diesem Inferno aushält – sie stemmt sich dagegen mit wirklich bewundernswerter Courage.«[318] Immerhin gelingt es der Schule zwischen 1906 und 1907, 26 000 Mark zu generieren, wozu Isadora 12 000 Mark beisteuert.[319]

Im Februar 1906 gründet sich schließlich in Berlin der »Verein zur Unterstützung und Erhaltung der Tanzschule von Isadora Duncan e.V.«. Mitglieder sind unter anderem der Komponist Engelbert Humperdinck und der Schriftsteller Ernst von Wildenbruch. In Leipzig, Dresden, Hamburg und Den Haag entstehen Zweigstellen. 1927 wird die Münchner Zweigstelle ins Vereinsregister eingetragen, die bis 2010 unter dem Namen »Elizabeth Duncan Gesellschaft e.V.« fungiert. Der Verein, dem zahlreiche Damen der besseren Gesellschaft angehören, stellt die Schule zum ersten Mal seit ihrer Gründung auf solide finanzielle Beine.

Für Isadora ist dies zweitrangig: Sie ist schwanger. Überglücklich hatte sie Craig Ende des vergangenen Jahres die freudige Nachricht überbracht, doch seine Reaktion auf ein weiteres Kind war nicht die von ihr erhoffte: »Er war ruhelos, ungeduldig, unglücklich, biss sich die Nägel blutig und rief nur immer wieder aus: ›Meine Arbeit! Mein Werk!‹«[320] Als sie im Dezember in Holland auf Tournee ist, schreibt Craig, der sie begleitet, in sein Tagebuch: »Topsys ganze Gedanken kreisen um Babykleidung. Meine natürlich nicht.«[321]

Craig hat Angst um ihrer beider Existenz, die einzig und allein davon abhängt, dass Isadora tanzt. Isadora versucht ihn zu beruhigen: »Heute Morgen war der Arzt hier. Er sagt, wenn ich vorsichtig bin, kann ich bis Ende Mai tanzen. (…) Er meint, wahrscheinlich kann ich am 1. Dezember auch schon wieder tanzen – Hör mal, das klingt doch nicht schlecht – Liebe dich.«[322]

Gleich zu Jahresbeginn muss sie sich in Berlin vor Gericht verantworten, weil sie einem Gerichtsvollzieher, der in der Villa erschienen war, mit dem Erschießen gedroht hatte. In Sandalen und Chiton erscheint sie, einer griechischen Göttin gleich, im Gerichtssaal und schafft es, mit viel Charme, mit einem blauen Auge davonzukommen.

Obwohl man ihr die Schwangerschaft noch nicht ansieht, gibt es bereits erste Gerüchte: ein uneheliches Kind! Die Mitglieder des Unterstützungsvereins sind aufs Höchste alarmiert. Hatte man über Isadoras Liebesverhältnis mit Edward Gordon Craig noch großzügig hinweggesehen, fürchtet man nun um die Moral der 20 kleinen Mädchen und den guten Ruf der Schule. Schriftlich wird Isadora aufgefordert, sich aus der Leitung der Schule zurückzuziehen und Elizabeth mit allen offiziellen Aufgaben zu betrauen.

Als Reaktion auf dieses Ansinnen mietet Isadora die Philharmonie in der Bernburger Straße in Kreuzberg und stellt sich dort ihren Kritikern in einer fulminanten Rede: »Ich war durchaus in der Lage, die Namen einiger herausragender Menschen anzuführen, die unehelich zur Welt gekommen sind, was sie aber nicht daran gehindert hatte, Ruhm und Reichtum zu erwerben. Ganz abgesehen davon, fragte ich, wie kann eine Frau eine Ehe mit einem Mann eingehen, den sie für einen so niedrigen Charakter hält, dass er im Falle von Streitigkeiten nicht einmal für die Kinder aufkommen würde? Wenn sie so von ihm denkt, warum sollte sie ihn dann heiraten? Meiner Ansicht nach sind Aufrichtigkeit und gegenseitiges Vertrauen die Grundlagen jeder Liebe, und ich als Frau mit eigenem Einkommen sage, dass, wenn ich meine Gesundheit, ja mein Leben aufs Spiel setze, um ein Kind zu haben, ich dieses gewiss nicht täte, wenn ein Mann im Konfliktfall das Recht besäße, per Gesetz dieses Kind für sich zu beanspruchen, und ich dürfte es nur noch dreimal im Jahr sehen! Jede intelligente Frau, die einen Ehevertrag gelesen hat und dennoch einwilligt, verdient alle daraus entstehenden Konsequenzen.«[323]

Doch Isadora weiß, dass die Gesellschaft der Jahrhundertwende noch nicht bereit ist, ihren Idealen zu folgen. Um den Erfolg ihres Schulprojekts nicht zu gefährden, zieht sie sich aus der ersten Reihe der Schule zurück und geht auf Gastspielreise nach Dänemark und Schweden. Vor allem das liberale Dänemark, das als eines der ersten Länder der Welt das Frauenwahlrecht einführen wird und auf dessen Straßen sie emanzipierte Frauen ohne männliche Begleitung sieht, begeistert sie. Dafür erlebt sie in Schweden, dass Misogynie auch vor großen Geistern nicht haltmacht. Als sie den von ihr hochverehrten August Strindberg in Stockholm zu einer Vorführung einladen will, erlebt sie ihr blaues Wunder, wie Martin Shaw später berichtet, der sie und Craig begleitet. Der trotz seiner drei Ehen als Frauenhasser verschriene Strindberg habe sich zu Tode vor Isadora gefürchtet und ihr unter dem Vorwand, er meide Menschenmassen, abgesagt. Isadora bot ihm daraufhin an, eine geschlossene Box auf die Bühne zu stellen, von der aus er sie beobachten könne. Entsetzt schreibt Strindberg an seine dritte Frau, die Schauspielerin Harriet Bosse: »Wenn Du nicht dableibst, um mich zu retten, werde ich die Stadt verlassen.«[324] Nicht einmal durch Craig, dessen Theatertexte Strindberg sehr schätzt, lässt er sich überreden, Isadora zu sehen: »Ich werde mich nicht dem Risiko aussetzen, von einer Frau verführt zu werden.«[325]

Martin Shaw erlebt auf dieser Tour, wie schwierig es für Isadora ist, gute Musiker an ihrer Seite zu haben. Die großen Orchester weigern sich vielfach, für sie zu spielen, oder sind so teuer, dass es Isadoras Budget übersteigt. So bleibt ihr oft nichts anderes übrig, als auf drittklassige Orchester zurückzugreifen, worunter ihre Auftritte leiden.

Am 18. Mai 1906 gibt sie in Göteborg ihre letzte Vorstellung. Danach zieht sie sich in die Villa Maria, ein Häuschen am Nordseestrand unweit des bekannten südholländischen Seebads

Noordwijk zurück. Zunächst lebt sie in dem Sechs-Zimmer-Haus allein, versorgt einzig von einer Aufwartefrau. Craig hat augenblicklich nur wenig Zeit für sie. Er ist mit seiner neuen Zeitschrift *The Mask* beschäftigt. Im Juli 1906 reist er nach London, um Elena Meo zu besuchen, und ist einmal mehr beeindruckt von deren Hingabe und Verständnis. Beides Dinge, die er an Isadora vermisst. Die geht zwischenzeitlich viel am Strand spazieren, korrespondiert mit Elizabeth und entwirft Gymnastikübungen für ihre Schule. Ein paar Wochen lang ist Augustins kleine Tochter Temple zu Besuch und inspiriert Isadora zum Essay »A Child Dancing«: »Einem Kind muss man Bewegungen nicht beibringen, nur die Seele, wenn sie zur Reife gelangt, muss geleitet und unterwiesen werden; mit anderen Worten, dem Körper muss man nur zeigen, wie er sich durch natürliche Bewegung selbst auszudrücken vermag.«[326] Dass das nächste Krankenhaus viele Kilometer von ihrem neuen Zuhause entfernt ist und es außer dem Dorfarzt keinerlei medizinische Betreuung gibt, stört Isadora keineswegs. Erst als sie immer runder und unbeweglicher wird, bekommt sie es mit der Angst zu tun. Die 100 Stufen vom Strand hoch zur Villa kann sie kaum mehr bewältigen, die Nächte werden immer schwieriger: »Quälende Nächte, liegst du auf der linken Seite, drückt es auf dein Herz, drehst du dich nach rechts, wird es auch nicht besser, dann liegst du auf dem Rücken und wartest, dass die Nacht vorübergeht, unzählige Nächte lang.«[327]

Sie sehnt sich nach ihrer Mutter, doch die ist noch immer in den USA, geschockt davon, dass ihre Tochter das Kind unehelich zur Welt bringen will. Doch Isadora hält auch weiterhin nichts von der Ehe: »Ich glaube bis heute, dass diese Institution – besonders unter Künstlern – unweigerlich zu Scheidungsgerichten und widerlichen und vulgären Prozessen führt.«[328] Sie telegrafiert schließlich nach ihrer alten Freundin Kathleen Scott, die umgehend nach Holland eilt: »Ihre Not war sehr groß, sehr, sehr groß. (…) Ich fand sie in einem bemitleidenswerten, hilflosen Zustand vor. (…) Sie war einsam und unglücklich (…) Sie war nichts anderes als ein verängstigtes kleines Mädchen, verängstigt und bedauernswert. (…) Ich war erschüttert.«[329]

Isadoras Zustand hat sich inzwischen herumgesprochen. Ein Reporter taucht am Strand auf, der Fotos der schwangeren Tänzerin schießen will. Die beiden Frauen tricksen ihn aus, indem Kathleen in Isadoras Chiton am Strand entlangtanzt: »Ich trippelte an den verlassenen Strand und rannte, tanzte und warf meine Arme gen Himmel.«[330]

Zur selben Zeit, als Isadora unbeweglich und ängstlich in Holland sitzt, erscheinen im Leipziger Insel Verlag sechs Skizzen, die Edward Gordon Craig von der tanzenden Isadora angefertigt hat. Trösten kann sie das wenig, ihre Unsicherheit wächst, und er lässt kaum von sich hören: »*10* Tage ohne eine Zeile – ich dachte, Du bist von einem Taxi überfahren worden – ich dachte, Du seist krank – ich dachte, das Schiff ist in dem Sturm letzten Samstag gesunken – ich habe mir alle möglichen schrecklichen Dinge ausgemalt, die Dir passiert sein könnten.«[331] Die wenigen Male, da er sich in Noordwijk blicken lässt, sind für Isadora Festtage, wie Kathleen Scott mit deutlichem Missfallen in ihr Tagebuch schreibt: »Isadoras Liebhaber tauchte unangekündigt auf, um für ungewisse Zeit zu bleiben. (…) Er wurde behandelt wie der Messias persönlich, alles musste hinter seinen Wünschen zurückstecken. Unsere einfache Mahlzeit musste jetzt aufgepeppt werden, statt der üblichen Milch gab es nun Wein, alles musste in ein Festmahl verwandelt werden.«[332] Solange Craig da ist, hält Isadora die Fassade aufrecht, spielt die Glückliche, die nichts aus der Ruhe bringen kann. Doch als Craig wieder fort ist, entdeckt Kathleen eines Nachts bei einem Blick aus dem Fenster eine Gestalt im tiefen Wasser der Nordsee: »Das Meer war ganz ruhig, ich rannte hinein. Die Gestalt vor mir bewegte sich nicht. Als ich näher kam und sie ansprach, drehte sie sich mit einem sanften, beinahe verwirrten Gesichtsausdruck um, streckte ihre Arme nach mir aus und sagte mit schwacher Stimme und einem kindlichen Lächeln: ›Ich konnte es nicht tun und mir ist so kalt.‹ ›Du Närrin‹, sagte ich.«[333]

Das Baby ist bereits überfällig, als Ende September endlich die Wehen einsetzen. Es folgen drei schlimme Tage, wie Kathleen Scott in ihrem Tagebuch notiert: »Das waren die entsetzlichsten Stunden, die ich bis dato erlebt hatte. Im Krankenhaus hatte ich zur Genüge Schreckliches gesehen und gehört, aber das hier war die ultimative Agonie. Stunde um Stunde hielt ich ihre Hände, ihren Kopf, den sich windenden Körper – dieselben Hände, denselben Kopf und denselben zauberhaften Körper, der das europäische Publikum so begeistert hatte. Die Schreie und das Stöhnen in einem Schlachthaus konnten nicht schlimmer sein.«[334] Sie schickt ein Telegramm an Craig in Rotterdam, der gerade noch rechtzeitig eintrifft, um dabei zu sein, wie der von Kathleen verständigte Arzt das Baby am 24. September 1906 auf die Welt holt: »Zwei Tage und zwei Nächte hielt dieser unaussprechliche Horror an. Am dritten Tag zog der Dorfarzt ein ungeheures Zangenpaar hervor, und ohne mir nur ein einziges Schmerzmittel zu verabreichen, vollführte er seine Schlächterarbeit.«[335] Das Trauma ihrer ersten Geburt macht Isadora zu einer glühenden Verfechterin moderner Geburtshilfe: »Es ist mir ein Rätsel, warum in einem so hochzivilisierten Land Frauen immer noch dieser Tortur ausgesetzt werden. Es ist einfach absurd, dass mit unserer modernen Wissenschaft eine schmerzfreie Geburt nicht selbstverständlich ist. (…) Für diese Schmerzen muss eine der Zivilisation angemessene Lösung gefunden werden. Welcher lebende Aberglaube steht einer solchen Maßnahme entgegen?«[336] Am Ende hält Isadora mit zerschundenem Körper überglücklich ihr

Töchterchen in den Armen. Kathleen Scott aber schreibt einen Tag nach der Niederkunft in ihr Tagebuch: »Ich habe den Arzt aufgesucht. Er sagt, vielleicht kann sie nie mehr tanzen.«[337] Isadora heuert Marie Kist als Kindermädchen an, Craig verabschiedet sich schon nach wenigen Tagen. Auf die Frage, welchen Namen das Kind bekommen soll, antwortet er barsch: »Du kannst sie Artemis Diana Sappho Sophokles Duncan Craig nennen, wenn du möchtest.«[338] Tatsächlich wird das Baby erst im März 1908 auf den irischen Namen Deirdre getauft. Bis dahin wird es schlicht und einfach »Schneeglöckchen« genannt, und so wäre es wohl auch getauft worden, hätten die Berliner Behörden Isadoras Ansinnen nicht zurückgewiesen, wie sie im Juni 1907 an Craig schreibt: »Die Berliner Polizei war da & und hat gesagt, sie muss einen Namen haben!!! Sie haben sich geweigert sie unter ›Schneeglöckchen‹ anzumelden – sie sagen, das sei kein richtiger Name. Ach, diese Berliner. Sie wurde schließlich eingetragen unter *›Schneeglöckchen zum Besuch‹*.«[339]

Im November 1906 kehren Isadora, Marie Kist und Schneeglöckchen nach Berlin zurück. Hier wird hinter vorgehaltener Hand getuschelt, die Mädchen der Grunewald-Schule aber sind begeistert von Isadoras kleinem Schatz.

Bei einer Einladung in die Villa des Bankiersehepaars Mendelssohn, die zu den großzügigen Gönnern der Isadora-Duncan-Schule gehören, trifft Isadora auf Eleonora Duse. Die Italienerin gehört neben Sarah Bernhardt und Mrs Patrick Campbell zu den großen Charakterdarstellerinnen ihrer Zeit. Isadora und Eleonora Duse haben ganz ähnliche Anschauungen, was ihre Kunst anbelangt. So gilt Eleonora Duse, die unter Verzicht auf zu viel Requisite allein mit ihrem Körper spielt, als eine der Vorreiterinnen des sogenannten »Method Acting«. Bei dieser auf Konstantin Stanislawski zurückgehenden Schauspielmethode soll sich der Schauspieler an eigene Erlebnisse erinnern, quasi sein emotionales Gedächtnis abrufen und mithilfe diverser Entspannungstechniken an seinen Rollen arbeiten. Dies soll zu einem Spiel führen, das so realistisch wie eben möglich ist. Lee Strasberg, der 1947 in New York das weltberühmte Actors Studio mitgründet, entwickelt diese an den Naturalismus angelehnte Schauspielmethode weiter und beruft sich dabei auch auf Eleonora Duse. Zu den Schauspielern, deren Kunst mit dieser Lehre in Verbindung gebracht werden, gehören unter anderem Marlon Brando und Robert De Niro.

Zu Beginn ihrer Karriere hatte die 1858 in der Lombardei geborene Duse ihr Publikum noch verwirrt, weil sie sich rein auf Mimik und Gestik verließ und ganz entgegen dem Zeitgeist auf Masken, Requisiten und Schminke nahezu völlig verzichtete. Jetzt aber gilt sie als die Idealbesetzung für tragische starke Frauenrollen. Auch mit ihrem spektakulären Privatleben sorgt sie für Gesprächsstoff, nicht zuletzt durch ihre tragisch verlaufende Beziehung mit dem italienischen Dichter Gabriele D'Annunzio, der sie betrügt und öffentlich demütigt. 1923 wird Eleonora Duse als erste Frau auf dem Titel des *Time Magazine* abgebildet. Isadora verehrt die Schauspielerin und macht sie auch mit Edward Gordon Craig bekannt. Eine Begegnung, die zum Wendepunkt seiner Karriere werden könnte. Eleonora Duse bittet ihn, das Bühnenbild für Ibsens Drama *Rosmersholm* zu gestalten. Im Winter soll sie bei einer Aufführung im Teatro della Pergola in Florenz die Rolle der Rebekka West geben. Ein paar Tage später nehmen Craig, Isadora, Nanny Marie Kist und Schneeglöckchen den Nachtzug nach Florenz. Isadora kommt die wichtige Aufgabe zu, als Dolmetscherin zwischen Craig, der weder Französisch noch Italienisch spricht, und Eleonora Duse, die kein Englisch kann, zu fungieren: »Ich stand also zwischen den beiden Genies, die sich sonderbarerweise vom ersten Moment an zu widersprechen schienen. Mein Ziel, jeden Einzelnen glücklich zu wissen und beiden gefällig zu sein, konnte ich nur erreichen, wenn ich es beim Übersetzen nicht allzu genau nahm; ich hoffe, dass mir diese Notlügen vergeben werden, denn sie dienten einem heiligem Zweck.«[340] Es ist einiges an Geschick nötig, um die Zusammenarbeit nicht schon in den ersten Tagen platzen zu lassen. So spielt die erste Szene des Ibsen-Stücks in einem großbürgerlichen Wohnzimmer, das Craig unbedingt zu einem ägyptischen Tempel umgestalten will. Während man bei Ibsen durch ein großes Fenster auf ein etwas düsteres Gehöft blickt, ist bei Craig ein riesiges Loch in der Wand, durch das eine Landschaft zu erkennen ist, die eher nach Marokko als nach Schweden aussieht. Eleonora Duse ist reichlich verblüfft, als sie die Kulissen zum ersten Mal betritt, und fordert Craig über Isadora auf, dies doch bitte zu ändern. Die schildert in ihren Memoiren, wie Craig auf dieses Ansinnen reagiert: »›Sag ihr, dass ich keinem verdammten Frauenzimmer gestatte, sich in meine Arbeit zu mischen!‹ Ich übersetzte dies diskret mit folgenden Worten: ›Er sagt, er bewundert Ihre Auffassung und wird alles tun, um Ihnen gefällig zu sein.‹ Zu Craig gewendet übersetzte ich in überaus diplomatischer Weise den Einspruch der Duse: ›Eleonora sagt, sie hält dich für ein großes Genie, und es fällt ihr nicht ein, dir bei deinen Einwürfen Vorschriften machen zu wollen; sie wird mit allem einverstanden sein, was du vorschlägst.‹«[341] Um die beiden auseinanderzuhalten, unternimmt Isadora mit der Duse lange Spaziergänge durch Florenz. Als endlich alles fertig ist, begleitet Isadora voller Anspannung Eleonora Duse ins Theater. Was wird sie nur zu all dem sagen? Doch es zeigt sich, dass ein Genie das andere versteht. Die Duse ist hingerissen, verspricht Craig, ihn in Zukunft bei all seinen Karriereplänen zu unterstützen. »Es war ein Erfolg und ist es noch immer (…) Sie hat mich gefragt, ob ich noch bei drei weiteren Ibsen-Stücken mit ihr zusammenarbeiten möchte. Sie sagte: ›Ich will niemals mehr ein anderes Bühnenbild haben‹«, schreibt Craig an Martin Shaw.[342]

Nachdem das Florenzabenteuer überstanden ist, kehrt Isadora entgegen dem Rat ihrer Ärzte zurück auf die Bühne. Am 17. Dezember 1906 tanzt sie in Warschau zum ersten Mal seit Schneeglöckchens Geburt. Die Konten sind leer und neben aller Notwendigkeit freut sie sich auch darauf: »Letzte Nacht schlüpfte ich in meine alten Kleider und meine alten Tänze – es war wie ein Zauber. Nachdem ich den ganzen Tag mit dem Orchester geprobt hatte – & mein Geist große Qualen litt –, fühlte ich plötzlich, wie ich tanzte – was für ein Wunder (…) Jede kleine Fingerbewegung fand wieder ihren alten Platz.«[343] Die Reaktion der Polen auf Isadoras Rückkehr auf die Bühne ist gemischt. Es überwiegt die Empörung, nachdem publik geworden ist, dass sie keineswegs Mrs Gordon Craig ist, sondern Mutter eines unehelichen Kindes, das aktuell bei seinem Kindermädchen in San Remo untergebracht ist.

Die Trennung von Schneeglöckchen, die sie bis zuletzt gestillt hat, bereitet ihr nicht nur seelische Pein. Sie erleidet einen Milchstau, dazu kommen urplötzlich höllische Zahnschmerzen. Mehrere Besuche beim Zahnarzt verschaffen ihr zwar Linderung, doch sie steht weiterhin unter enormem Druck. Die Grunewald-Schule braucht einmal mehr dringend Geld, Marie Kist kann sie längst nicht mehr bezahlen. Zumindest schickt sie Geld an das Hotel in San Remo. Dass ihre Mutter aus den USA nach San Remo gereist ist, ist für Isadora immerhin eine große Erleichterung. Auf der Weiterreise zu einem von Craig organisierten Auftritt in Amsterdam erleidet sie einen Schwächeanfall. Bei der zweiten Vorstellung in Amsterdam Ende Januar 1907 bricht sie zusammen. Die Ärzte diagnostizieren eine Neuritis, eine Nervenentzündung. Tagelang liegt sie im abgedunkelten Hotelzimmer, nimmt nichts zu sich außer Milch mit Opium, während draußen der Meinungskrieg um Isadora Duncan und ihren unmoralischen Lebenswandel tobt. Craig eilt an ihre Seite, als ihn am 23. Januar 1907 ein Telegramm aus Nizza erreicht: »Ich habe ein sehr schönes neues Stück, aber ich muss es mit Ihnen besprechen. Könnten Sie nach Nizza kommen? Duse«[344] Hier soll zunächst *Rosmersholm* aufgeführt werden, doch es gibt Probleme mit dem Bühnenbild. Craig reist ab, Isadora in Vorahnung eines Debakels nach ein paar Tagen hinterher. Als sie im Rollstuhl sitzend in Nizza eintrifft, ist bereits alles verloren. Weil die Bühne des Theaters in Nizza um einiges kleiner ist als die in Florenz, hat man Craigs Bühnenbild kurzerhand zerteilt. Der bekommt einen Tobsuchtsanfall, als er das Ergebnis sieht. Seine Wut richtet sich gegen die völlig düpierte Eleonora Duse, die er lautstark und aufs Übelste beschimpft. Damit ist ihre Zusammenarbeit beendet. Craig flieht, ohne auf Isadora zu warten, nach Florenz, wo er die nächsten sieben Jahre leben wird. So wie Craig vor den Müttern all seiner Kinder floh, so flieht er jetzt auch vor Isadora, der in seinen Augen so fordernden und einnehmenden Isadora, die seiner Kunst keinen Raum lässt: »Ich bin keine dieser eisernen Naturen, die niemals zurückblicken und immer so weitermachen, deren Gedanken und unverrückbare Absichten sie immer vorwärtstreiben. Nein, so bin ich sicher nicht. Ich blicke oft zurück. (…) Aber ich ging dorthin, wo ich jetzt bin, und ich gehe weiter und ändere meinen Kurs nicht«,[345] schreibt Craig in sein Tagebuch.

Isadora zeigt Verständnis, reist nicht hinterher, sondern hofft, ihn zurückzugewinnen, indem sie ihm Zeit gibt. Noch in Nizza schreibt sie an den Geliebten: »Ich liebe dich – ich heirate Dich nicht, ich koche nicht für Dich und ich führe Dir nicht den Haushalt – obwohl ich keine Zweifel habe, dass ich glücklicher sein würde, wenn ich all dies täte – aber ich hab's nie gelernt, und ganz abgesehen davon würdest Du davonlaufen. (…)

Du willst keine Hausfrau, ja nicht mal eine Frau, sondern eine Art von Genie – das willst Du. Ich würde ja gern sein, was Du suchst, aber ich bin nur ein dummer Tanzderwisch – und jetzt auch noch das Baby…«[346]

In seinen Briefen drängt Craig Isadora, weiterhin zu tanzen, wenn sie nicht tanzt, fließt auch kein Geld. Doch die ist gesundheitlich und seelisch noch immer sehr angeschlagen: »Liebster, es bringt mich um, Dir das zu sagen, aber 10. März ist unmöglich – O du lieber Gott – ich liege noch immer flach und habe überall Schmerzen (…) Der Arzt sagt, ich muss noch eine weitere Woche das Bett hüten, und es werden mindestens noch zwei Wochen vergehen, ehe ich wieder laufen und üben kann. Es ist zum Verzweifeln.«[347]

Mit eiserner Disziplin kämpft sie sich zurück auf die Bühne. Am 30. März 1907 setzt sie ihr in Holland abgebrochenes Gastspiel fort. Sie ist nun bald 30 Jahre alt, und ihr ist klar, dass sie vor einer schweren Entscheidung steht: »Mit ihm zusammenzubleiben hieß, auf meine Kunst zu verzichten, meine Persönlichkeit aufzugeben und den Verstand zu verlieren. Ihn zu verlassen bedeutete für mich dagegen fortdauernde Depressionen und Folterqualen der Eifersucht, für die ich leider, wie sich bald zeigen sollte, allen Grund hatte. (…) Ich konnte nicht mehr arbeiten, nicht mehr tanzen, und es war mir ganz egal, ob ich dem Publikum gefiel oder nicht. Nur das eine war mir klar: entweder Craig oder meine Kunst.«[348] Sie weiß es, doch noch kann sie nicht handeln, schreibt stattdessen sehnsuchtsvolle Briefe und bittet ihn, zu ihr zu kommen. Im Frühling sehen sie einander in Heidelberg. Es ist ein geschäftliches Treffen, nicht das Treffen eines Liebespaares. Craig will nun seine Idee von der Über-Marionette auf der Bühne verwirklichen – mit Hilfe Isadoras. Die sagt ihm zu, zukünftig von jeder Abendgage 1000 Mark an ihn zu übersenden. Dann gehen sie auseinander – die Liebesgeschichte zwischen Isadora Duncan und Edward Gordon Craig ist zu Ende. Was nun geschieht, beschreibt Craig so. »Ich fuhr nach Florenz – und wartete, aber es kam kein Wort, keine Mark erreichte mich – ich wartete und begann mit der Arbeit – ich stellte sogar zwei Männer an – einen jungen Künstler aus Bordighera, der auf mein Drängen hin sein Haus dort aufgab, & verdammt sei Miss Duncan, wenn sie mich und ihn im Stich lässt und nicht einmal ein Wort des Bedauerns schickt. Von diesem Tage an habe ich eine bestimmte Sache nie mehr verziehen: Es ist mir ganz egal, was jemand tut oder über mich sagt – aber wenn jemand auf welche Weise auch immer meine Arbeit nicht respektiert, dann fällt der Vorhang und zwischen mir und dieser Person ist alles aus.«[349]

Isadora schreibt ihm weiterhin täglich und hält ihn über all ihre Aktivitäten auf dem Laufenden. Ihr Manager ist jetzt wieder Bruder Augustin, der seinen Job mehr schlecht als recht macht. Die Auftritte sind schlecht verhandelt, immer noch muss Isadora von ihrer Gage auch das Orchester bezahlen. Zudem eilt ihr nun der Ruf einer Skandalnudel voraus, das Publikum wendet sich ab. Nur einmal im Juli 1907 nach einem Auftritt in Mannheim schafft sie es, die versprochenen 1000 Mark zu übersenden.[350] Ihr Flehen, sie doch auf der Tournee zu besuchen, beantwortet er mit Sparvorschlägen. »Reduziere (…) Hotels – Essen – Ausgaben für Theater und Hallen – Löhne und stopfe die Löcher (hier 10 Mark und dort 15 Mark, die sich ganz schnell zu 200 Mark summieren)«[351]

Doch sie schickt kein Geld mehr, auch auf Nachfrage nicht: »Bitte Isadora, beantworte meinen Brief, was ist mit den 6000 Mark geschehen? Oder ist das Schiff schon wieder gesunken – wenn dem so ist, werde ich mit ihm untergehen, und dann adieu mein Werk (…) Warum sind all Deine Tourneen auf einmal so wenig lukrativ & und warum in Walts Namen war ich so dumm anzufangen? Du scheinst nicht zu begreifen, wie ernst die Lage ist. Wie kannst Du nur über alles schreiben, außer über diese eine Sache, von der wir annahmen, Du würdest genau für die arbeiten?«[352]

Craig ist außer sich, erinnert sie an ihr Versprechen: »Sagtest Du nicht, dass Du eine ›große Sache‹ mit mir vorhast? Oder habe ich das bloß geträumt?«[353] Er habe Handwerker zu bezahlen, sie solle sich gefälligst etwas borgen. Doch diesmal bleibt Isadora hart: »Zwischen all den Rechnungen und Moskitos ist das Leben hier wirklich kein Vergnügen! Du und ich, wir sind nicht sehr praktisch veranlagt, aber in diesem Sommer stößt unser Unvermögen an seine Grenzen. Du wirst Deinen Leuten sagen müssen, dass sie warten müssen – es geht nicht anders. (…) Mein Bankier würde mir nicht mal mehr etwas leihen, wenn ich ansonsten sterben würde. (…) Mein liebster Träumer, das ist eine ziemlich dumme Welt & und ich fürchte, Du brauchst jemanden, der ein bisschen stärker ist als Deine arme Topsy. Ich liebe Dich von ganzem Herzen – aber das wird Dir nicht viel helfen, stimmts …«[354]

Sie hat nichts mehr: »Ich hasse es, Dir enttäuschende Nachrichten zu senden, aber ich kann keine anderen schreiben. Ich habe kein Geld mehr.«[355]

Am 8. September reist Isadora nach Venedig. Sie hofft noch immer, Craig werde für ein klärendes Gespräch zu ihr kommen. Seit Heidelberg hat sie ihn nicht mehr gesehen: »Mein Liebster – Komm doch her, und wenn es nur für zwei Tage ist, es ist so wunderbar.«[356] Dass sie ihm ihren verzweifelten Brief ausgerechnet auf Briefpapier des Luxushotels Danieli schreibt, bringt Craig nur noch mehr in Rage: »Wie sollte ich 1000 Lire aufbringen, um für drei Tage nach Venedig zu reisen?«[357] Schließlich hält sie es nicht länger aus und fährt zu ihm nach Florenz. Das Wiedersehen wird zum endgültigen Abschied. Nach vierundzwanzig qualvollen Stunden verlässt sie die Stadt und Edward Gordon Craig: »Sie weinte, als sie mein Haus in Italien verließ und mit mir zum Bahnhof fuhr. Vielleicht hatte sie gehört, dass die Tränen einer Frau das Herz des Mannes, der sie liebt und den sie liebt, erweichen – aber ich gab kein Zeichen, dass ich ihre Tränen überhaupt bemerkt hatte: Ich litt von Kopf bis Fuß, aber mein Mantel verbarg das.«[358] Aus dem Domhotel in Köln erreicht Craig bald darauf folgender Brief Isadoras: »Lieber Ted, Du hast einen lustigen Effekt auf Deine Topsy! Du entfachst in mir eine Sehnsucht und einen Schmerz – kaum auszuhalten. Ich hatte das Gefühl, ich würde lieber sterben, als Florenz zu verlassen & und jedes Rütteln des Zuges kam einer Folter gleich. Es ist wahrscheinlich besser, dass ich nicht mehr da bin. Wenn ich in Deiner Nähe bin, habe ich absolut keine Kraft – ich möchte nur noch in Dich hineinkriechen und sterben.«[359] Für Craig nur ein weiterer Beweis dafür, was er schon immer über große Frauen gedacht hatte: »Wie schrecklich trivial doch all diese ›großen Frauen‹ sind (…) wie eitel und wie hilflos.«[360]

Damit ist die spektakuläre Liebesbeziehung zweier Genies zu Ende. Für Craig ist es ein Befreiungsschlag: »Alles vorbei, alles gesagt, alles getan … Was nun? Ich liebte sie – das tue ich noch –, aber sie, die Komplizierte, sie hätte mich zerstört … Sie war eine seltsame, entzückende, starke Person, aber es scheint, als ob ich stärker gewesen bin. Vermutlich wollte sie mich zu ihren Füßen haben und dort hat sie mich nie gesehen. Ich stand aufrecht, ganz egal, wie tief mein Schmerz war, ich stand aufrecht. Das, was sie zunächst attraktiv fand, hat sie später irritiert und am Ende …«[361] Für Isadora ist es eine sehr schmerzhafte Erfahrung, doch sie wäre nicht Isadora, würde sie sich aufgeben: »Ach, ich Arme – mein Herz ist in Stücke zersprungen & und ich lebe noch.«[362]

Oh diese stolzen verführerischen Träume,
die mein Leben von einer Katastrophe
zur nächsten führten!

(Isadora Duncan)

»Wenn die Schule weitergehen soll, muss ich einen Millionär finden!«

VI.

Eine hitzköpfige Revolutionärin und ein spendabler Nähmaschinen-Erbe

Obwohl das Jahr 1907 bereits weit fortgeschritten ist, wird die Trennung von Craig nicht die letzte sein, die Isadora verkraften muss. Im November 1907 kehrt ihre Mutter nach San Francisco zurück, das ein Jahr zuvor durch ein schweres Erdbeben nahezu vollständig zerstört worden war. Mehr als 3000 Menschen sind ums Leben gekommen, die Hälfte der 400 000 Einwohner wurde obdachlos. Ein Zuhause, in das Dora Duncan zurückkehren könnte, gibt es nicht mehr. Sie kommt bei den Treadwells unter, ihren guten Bekannten aus vergangenen Tagen. Hier wird sie die nächsten Jahre leben, was der 1973 von Judd Boynton vorgebrachten These einer Affäre Dora Duncans mit seinem Großvater neue Nahrung gibt. Isadoras Mutter hatte sich in Europa in den letzten Jahren zunehmend unwohl gefühlt. Die Aufregung um Isadora war zu viel für sie: all die

Affären und nun auch noch ein uneheliches Kind! Dass sie selbst an Isadoras Abneigung gegen die Ehe nicht ganz unschuldig ist, macht Dora Duncan zu schaffen, mindert aber nicht ihre Enttäuschung über das Verhalten ihrer jüngsten Tochter. Die wiederum ist ganz froh, das anklagende Gesicht der Mutter nicht länger mitansehen zu müssen. Insgeheim ist sie der Ansicht, ihre Mutter ist nur aus einem einzigen Grund so verdrießlich und launisch: weil sie keinen Sex mehr hat. Es werden zehn Jahre vergehen, ehe sich Mutter und Tochter 1917 wiedersehen. Isadoras finanzielle Unterstützung ist Dora Duncan aber auch in der Zeit der Trennung sicher: »Mama und die Schule bombardieren mich mit Telegrammen – schick sofort 1000, 2000 Mark – etc. Die können mich mal. Die Schule und alle anderen.«[363]

Im Dezember 1907 reist Isadora erneut nach Russland. Obwohl sie mit Craig weiterhin in Kontakt steht, hinterlässt sie ihm keine Adresse, unter der sie zu erreichen wäre. In seinem Weihnachtsbrief beklagt er sich bitter – nicht nur darüber: »Ich hätte Dir nur nach Berlin schreiben können, denn ich kenne Deine aktuelle Adresse nicht – ich sehe gerade, es ist St. Petersburg. Ich habe schon seit geraumer Zeit kein Geld mehr. Ich musste mir was borgen und nun ist das auch weg, und ich bin gezwungen, die Villa aufzugeben. Keine Ahnung, wo ich das Theater nun einrichten soll. Es war töricht, überhaupt damit zu beginnen – weiß der Himmel, was ich mir dabei gedacht habe.«[364]

Er ahnt nicht, dass Isadora nicht allein in St. Petersburg ist. An ihrer Seite ist ein neuer Mann: Willem Noothoven van Goor, genannt Pim – hübsch, gutmütig und sehr jung. Die beiden haben sich kurz vor ihrer Abreise kennengelernt, und da Pims Mutter eine starke Abneigung gegen Isadora hegt, versuchten die beiden, sich klammheimlich aus dem Staub zu machen – was nur beinahe glückt. Isadora schildert in ihren Memoiren, wie sie mit ihrem Chauffeur im Wagen durch die kalte Winternacht rasen, verfolgt von Pims Mutter mit einer Pistole. Erst gegen zwei Uhr morgens sei es gelungen, die Verfolgerin abzuschütteln und ein kleines Gasthaus zu erreichen: »Der alte Nachtportier leuchtete uns misstrauisch ins Gesicht: ›Ein Zimmer – nein, nein! Sind Sie verheiratet?‹ ›Aber gewiss‹, antworteten wir. ›O nein‹, brummte er, ›Sie sind nicht verheiratet! Das weiß ich, Sie sehen viel zu glücklich aus.‹ Trotz unseres Protests gab er uns zwei Zimmer, die durch einen langen Korridor voneinander getrennt waren. Es schien ihm ein grimmiges Vergnügen zu bereiten, die ganze Nacht vor unseren Türen mit der Laterne auf den Knien Wache zu halten; wenn einer von uns auch nur einen Spaltbreit die Tür öffnete, rief er unerbittlich: ›Nichts da, nicht verheiratet, nicht erlaubt!‹«[365] Isadora ist froh, als sie endlich den Zug nach St. Petersburg besteigen können. Dort angekommen wartet eine kleine Überraschung auf sie: Pims Reisegepäck besteht aus sage und schreibe 18 Koffern: »›Oh, das ist nur mein Gepäck‹, erklärte Pim auf meine verblüffte Frage, ›dieser Koffer hier ist für die Krawatten, diese zwei enthalten Wäsche, dort sind meine Anzüge, meine Schuhe und in diesem sind nur pelzgefütterte Westen – man hat mir gesagt, dass man die in Russland sehr gut gebrauchen kann.‹«[366] Zur Begeisterung der Gäste des Grand Hotel Europe stolziert Pim stündlich in einem neuen Outfit die große Freitreppe hinunter.

Isadora hat ihre helle Freude an ihrem jungen Galan. Er lenkt sie ab und tut ihr gut, auch wenn er weder ein Intellektueller noch ein Künstler ist: »Pim schenkte mir Vergnügen, nichts als reines, wundersames Vergnügen, gerade als ich es am meisten brauchte. Ohne ihn wäre ich rettungslos in Depressionen versunken, seine Anwesenheit verlieh mir neue Lebensfreude, neues Leben. Ich fühlte mich, vielleicht zum ersten Mal in meinem Leben, einfach nur jung und glücklich.«[367]

Am 10. Januar 1908 geht es weiter nach Moskau, wo Isadora

Konstantin Stanislawski kennenlernt, den Gründer des Moskauer Künstlertheaters. Stanislawskis neues revolutionäres Schauspielkonzept, das das innere Erleben der Rolle durch den Schauspieler, also die Identifizierung mit der Rolle, vorsieht, beeindruckt sie tief. Seit seiner Gründung 1898 sorgt sein Moskauer Künstlertheater als Avantgardebühne für zeitgenössisches Drama international für Furore. Hausautor der Bühne ist Anton Tschechow, dessen Werke *Onkel Wanja*, *Drei Schwestern* und *Der Kirschgarten* allesamt am Moskauer Künstlertheater uraufgeführt wurden. Auch Maxim Gorkis *Nachtasyl* feierte hier 1902 Weltpremiere. Isadora ist von den Aufführungen des Moskauer Künstlertheaters so angetan, dass sie, so oft es nur geht, eine Vorstellung besucht. Darin drückt sich höchstes Lob aus, das der große Theatermann nur zurückgeben kann. Stanislawski hatte Isadora bereits bei einem ihrer letzten Aufenthalte in Russland tanzen sehen und erinnert sich nur zu gut an dieses Ereignis: »Ihr erster Tanz wurde mit spärlichem Klatschen, missbilligendem Raunen und zaghaften Pfeifversuchen belohnt. Doch nach weiteren Tänzen, von denen der eine besonders überzeugend war, konnte ich die Proteste des einfachen Publikums nicht mehr ertragen und fing an, demonstrativ Beifall zu klatschen. Zu Beginn der Pause stürzte ich als frisch konvertierter Enthusiast an die Rampe und klatschte Beifall. Zu meiner Freude gewahrte ich S. I. Mamontow neben mir, der mir nacheiferte, sowie bekannte Maler, Bildhauer, Schriftsteller usw. Als das Durchschnittspublikum sah, dass bekannte Moskauer Künstler applaudierten, wurde es stutzig. Das Zischen hörte zwar auf, aber zu klatschen traute man sich doch noch nicht. Aber auch das ließ nicht lange auf sich warten: Sobald das Publikum begriffen hatte, dass hier Applaus keine Schande war, setzte es lautes Händeklatschen, dann Rufe und schließlich Ovationen. Nach dem ersten Abend ließ ich keinen Auftritt der Duncan aus.«[368]

Jetzt lernen sich die beiden Künstler endlich persönlich kennen und haben Gelegenheit, sich über ihre Ideen den Tanz und das Theater betreffend auszutauschen. Isadora erklärt Stanislawski, dass sie, ehe sie die Bühne betritt, den Motor in ihrer Seele startet. Dann würden Arme und Beine unabhängig von ihrem Willen zu tanzen beginnen: »Bewegung wird durch Emotion ausgelöst und muss mit dem ganzen Körper ausgedrückt werden.«[369]

Wie immer, wenn sie sich großen Geistern gegenübersieht, findet Isadora bald mehr als nur beruflichen Gefallen an Stanislawski. Eines Tages überfällt sie den verheirateten Russen in ihrer Künstlergarderobe mit einem stürmischen Kuss: »Als ich ihn fester an mich ziehen wollte, sprang er zurück und rief entsetzt aus: ›Was werden wir mit dem Kind machen?‹ ›Was für ein Kind?‹, fragte ich. ›Unser Kind natürlich, was sollen wir damit anfangen? Hören Sie‹, fuhr er mit gewichtiger Miene fort, ›ich könnte nie zustimmen, dass ein Kind außerhalb meines Wirkungskreises erzogen wird, und in meinem jetzigen Haushalt wäre dies mit großen Schwierigkeiten verbunden.‹ Der gewichtige Ernst, mit dem er über dieses Kind sprach, war zu viel für mich. Ich begann schallend zu lachen, worauf er mich bekümmert ansah, die Tür aufriss und den langen Hotelflur entlangeilte«.

[370] Obwohl Isadora Stanislawski in den kommenden Jahren noch einige Male mit Küssen überschütten wird, werden die beiden dicke Freunde und enge Vertraute.

Isadora ist überzeugt davon, dass Edward Gordon Craig der richtige Mann für das Moskauer Künstlertheater wäre. Sie berichtet Stanislawski von Craigs Arbeit, nennt ihn ein Genie und den größten Theatermacher des zeitgenössischen Theaters. Wieder zurück in St. Petersburg schreibt sie an Craig: »Mr Stanislawski, der Regisseur des Theaters, ist ein wundervoller Mann. Ich habe mit ihm stundenlang über Dich gesprochen. Er sagt, er wäre hocherfreut, wenn Du kommen würdest und auch noch die Regie übernehmen könntest, denn er steht lieber auf der Bühne. Für dieses Jahr steht der Spielplan schon fest, aber wenn Du nächsten August kommen könntest …«[371]

Tatsächlich erhält Craig im Sommer 1908 eine Einladung nach Moskau, um dort *Hamlet* zu inszenieren. Im Winter reist er zum ersten Mal nach Russland, um Stanislawski zu treffen. Ein Erlebnis, das diesem lange im Gedächtnis bleibt: »Craig kam bei klirrendem Frost mit Sommermantel, breitkrempigem, leichtem Hut und in einen langen Wollschal eingewickelt nach Moskau. Er nahm sich im besten Hotel der Stadt ein Zimmer mit Bad, wo ich ihn fröhlich im eiskalten Wasser plantschend in der Badewanne vorfand. Als Erstes musste er für den russischen Winter eingekleidet werden, um sich nicht eine Lungenentzündung zu holen. Unter den Kostümen für das Stück ›Verstand schafft Leiden‹ fanden wir einen Pelzmantel, eine Pelzmütze und Fellstiefel, die Craig bei seinem gesamten Aufenthalt hier in Moskau trug. (…) Als ich Craig da in seinem Adamskostüm bei minus 25 Grad im Eiswasser liegen sah, schien es mir, als würde ich ihn seit langer Zeit kennen.«[372] Für ein monatliches Salär von 500 Rubel reist Craig in den nächsten Jahren immer wieder nach Moskau, um seine Inszenierung voranzutreiben. Als sie im Februar 1912 endlich Premiere hat, wird sie zu einer Sternstunde der Theatergeschichte – Isadora sei Dank.

Nach einem kurzen Heimaturlaub in Berlin kehrt Isadora im Februar 1908 erneut nach St. Petersburg zurück. Diesmal reist sie in Begleitung ihrer Schwester Elizabeth und einigen ausgesuchten Schülerinnen, mit denen sie auftreten will. Für die ist diese Reise ein ganz besonderes Erlebnis, wie die kleine Anna an ihre Eltern schreibt: »Wir sind Freitag abends um 7 Uhr angekommen. Und sind in das schönste und teuerste Hotel von ganz Russland gegangen und haben bis zum anderen Morgen fest geschlafen. Da hatten wir Probe. Am Sonnabend d. 22. tanzten wir mit Tante Isadora im königlichen Opernhaus und hatten großen Erfolg. Am Sonntag fuhren wir in 4 kleinen Schlitten durch die Stadt bis zum Fluss, das ist die Newa. Sie ist ganz eingefroren und die elektrische Bahn fährt sogar über das Eis, wir sind auch mit unseren Schlitten über das Eis gefahren.«[373] Die Aufführung von *Iphigenie in Aulis* im Mariinski-Theater ist ein großer Erfolg und für Isadora die Erfüllung eines Traums: Endlich steht sie zusammen mit anderen Tänzerinnen auf der Bühne, tanzt nicht mehr allein: »Hätte meine Vision des Tanzes nur den Solotanz umfasst, wäre mein Weg vorgezeichnet gewesen. Ich war bereits in vielen Ländern berühmt und gefragt und hätte meine triumphale Karriere einfach fortsetzen können. Aber leider war ich der Idee zu einer neuen Schule verfallen – einem riesigen Ensemble –, tanzend zu den Klängen der Neunten Sinfonie von Beethoven. Ich war besessen von dem Gedanken, Tanzfiguren zu ersinnen, welche die Welt noch nie zuvor erblickt hatte.«[374] Nach dem Auftritt erscheint zum Entzücken der Mädchen Anna Pawlowa in ihrer Garderobe – mit Süßigkeiten. Mit dem strengen Hinweis darauf, dass die Mädchen nur einmal in der Woche Süßigkeiten essen dürften, bringt die mitgereiste Gouvernante die Köstlichkeiten aus dem Raum, nicht mit der Cleverness der berühmten Tänzerin rechnend, wie Irma erzählt: »Sobald sich die Tür hinter unserer Gouvernante geschlossen hatte, zog Anna Pawlowa (die ebenfalls in einem Internat erzogen worden war) eine weitere Schachtel mit Süßigkeiten unter ihrem langen Schal hervor. Mit ihren Händen bedeutete sie uns, sie schnell schnell zu verstecken, und half uns dabei, sie in einem unserer Weidenköfferchen zu verstauen. Wir mussten sie einfach lieben für diesen cleveren Trick! Als wir in dieser Nacht im Bett lagen, feierten wir im Schutz der Dunkelheit ein Fest. Überflüssig zu erwähnen, dass wir von den anderen Süßigkeiten, die uns abgenommen worden waren, nichts mehr sahen und hörten, außer verräterischem Papierrascheln aus dem Zimmer unserer Gouvernante.«[375]

Die Mädchen ahnen nicht, dass Isadora mit den gemeinsamen Auftritten durchaus Hintergedanken verbindet. Sie braucht dringend Förderer für die Schule, hofft auf Unterstützung aus Russland, wäre sogar bereit, den Sitz der Schule hierher zu verlegen. In Deutschland werden ihr nur noch Knüppel zwischen die Beine geworfen: »Das drückende preußische Regime verleidete mir Deutschland. Die Ansichten der Kaiserin waren so puritanisch, dass sie vor jedem Besuch bei einem Bildhauer ihren Oberhofmeister vorausschickte, der die nackten Statuen mit Schleiern verhüllen musste.«[376] Doch bei aller Begeisterung von Publikum und Kollegen, finanzielle Unterstützung gibt es keine. Das russische Ballett bleibt ein Hort des klassischen Balletts in seiner höchsten Vollendung. So interessant man Isadoras Kunst auch findet, Konkurrenz will sich hier niemand ins Haus holen. Nach Zwischenstationen in Helsinki, Warschau und Łódź kehrt Isadora mit den Mädchen nach Berlin zurück.

Hier erhält Schneeglöckchen im April 1908 endlich ihren Taufnamen. Sie trägt den irischen Namen Deirdre. Die langen Trennungszeiten von ihrem Kind setzen Isadora zu. Während ihrer Russlandtournee war sie fast drei Monate von ihrem Kind getrennt. Einzige Beruhigung ist ihr, dass Marie Kist sich aufopfernd um Deirdre kümmert und sie in langen Briefen stets über deren Fortschritte auf dem Laufenden hält. Auch in ihren Briefen an Craig ist Deirdre eines der Hauptthemen der stolzen Mutter. Isadora ist oft krank. Ähnlich wie bei Loïe Fuller rächen sich die kräftezehrenden Soloauftritte, bei denen beide Tänzerinnen ganze Abende alleine auf der Bühne stehen. Auch mit ihrer Neuralgie hat sie wieder zu kämpfen. Als sie Ende April 1908 wieder auf Tournee in den Osten fährt und dabei in Kiew,

Tiflis, Charkiw, Rostow am Don und auf der Krim tanzt, ist sie sterbensmüde: »Ich versuche, genug Geld zusammenzubekommen, um von Juni bis Oktober zu pausieren und mich an einem ruhigen Ort ganz dem Baby widmen zu können«, schreibt Isadora an Craig.[377]

Elizabeth kämpft ihrerseits ebenfalls um den Erhalt der Schule. Zusammen mit ihrem Lebensgefährten, dem Österreicher Max Merz, der 1907 als Musiklehrer zur Schule gestoßen ist, geht sie mit den Mädchen auf große Deutschlandtournee, um finanzielle Unterstützer zu generieren. Weil dadurch immer öfter der Unterricht ausfällt, bekommt die Duncan-Schule Probleme mit der Schulaufsicht. Spenden gehen, vor allem aufgrund von Isadoras von vielen als skandalös empfundenen Lebenswandel, kaum mehr ein. Am Ende geben die Schülerinnen selbst Tanzunterricht, um ihre Schule zu unterstützen. Doch aller Einsatz ist vergebens. Im Juni 1908 muss Isadora das Gebäude im Grunewald aufgeben. Eine Entscheidung, die jedoch noch lange nicht das Ende ihres Projekts bedeutet: »Ich bin meiner Kunst treu ergeben und ich liebe die Kinder meiner Schule, aber ich bin dennoch bestrebt, jemanden zu finden, der die finanzielle Belastung von meinen Schultern nimmt. Das kann ein Millionär, eine Stadtgemeinde oder eine Institution sein. Ich bin absolut bereit, weiter mitzuarbeiten, aber ich wünschte, es würde jemand auftauchen, der mich von der Notwendigkeit befreit, immer wieder Geld zu beschaffen.«[378]

Isadora packt ihre Mädchen ein und reist mit ihnen im Juli 1908 nach London auf die Suche nach neuen Mäzenen. An Craig schreibt sie: »Wünsch mir Glück! Wenn wir nur in London Erfolg hätten – ich fürchte mich zu Tode – bete für uns.«[379] Sie wäre auch bereit, den Standort ihrer Schule nach England zu verlegen. Doch daran besteht im Vereinigten Königreich kein Interesse, obwohl der Auftritt der Schule dort große Aufregung verursacht und Literaturnobelpreisträger John Galsworthy sich noch Jahrzehnte später bei einem Vortrag in Princeton daran erinnert: »Ich weiß noch, wie hin und weg ich war, als ich zum ersten Mal den Grand Canyon in Arizona erblickte, als ich Isadora Duncans Kinder tanzen sah oder beim Anblick der Wüste Ägyptens im Mondlicht.«[380] Eine berühmte Kollegin, die Isadora hier zum ersten Mal sieht, kann diesen Eindruck nur bestätigen, Ruth St. Denis: »Es ist schwierig, Worte zu finden, die dem unbeschreiblichen Genius Isadoras gerecht werden können. Ich kann nur sagen, dass in einer Armbewegung von ihr die ganze Anmut dieser Welt lag und in einer Kopfbewegung alle Noblesse.«[381]

Die gebürtige Amerikanerin, die sich ebenfalls auf die Schule Delsartes beruft, gehört wie Isadora zu den Pionierinnen des zeitgenössischen Tanzes und feiert Anfang des Jahrhunderts vor allem in Deutschland große Erfolge. Hugo von Hofmannsthal verfasst ihr zu Ehren den Essay »Die unvergleichliche Tänzerin«. Neben dem orientalischen Tanz fühlt sich St. Denis dem religiösen Tanz verpflichtet. Ihre 1915 zusammen mit ihrem Mann, dem Tänzer Ted Shawn, gegründete Tanzschule Denishawn prägt die Vorstellungswelt des frühen amerikanischen Kinos entscheidend mit, da alle großen Studios ihre Stars dorthin schicken, um tanzen zu lernen.

Isadoras große Konkurrentin während dieses Londonaufenthalts ist aber nicht Ruth St. Denis, sondern die kanadische Tänzerin Maud Allan. Die 1873 in Toronto geborene Allan ist ein Publikumsmagnet sondergleichen, auch wenn manch Kritiker in ihr vor allem eine Kopie Isadoras sieht: »Der große Unterschied im Tanz dieser zwei Damen ist der Unterschied zwischen Innovation und einer nicht sehr erfolgreichen Imitation. Es ist ziemlich lächerlich von Miss Allan und ihren Vertretern zu behaupten, ihr Tanz sei keine wohl überlegte Nachahmung von

Miss Duncans Tanz.«[382] Größter, für alle augenscheinlicher Unterschied ist wohl, dass Maud Allans Kostüm und ihre Posen die Grenze zur Schamlosigkeit in den Augen der meisten Zuschauer deutlich überschreiten, während Isadora selbst von ihren Kritikern eine gewisse religiöse Reinheit bescheinigt wird. Isadoras skandalöses Privatleben steht dem der lesbischen Maud Allan, die 1900 ein illustriertes Sexhandbuch für Frauen verfasst hat, allerdings in nichts nach. Augenblicklich gastiert Allan in »The Vision of Salomé« in ihrer Paraderolle als Salomé am Londoner Palace Theater. In dieser von Oscar Wildes Stück *Salomé* inspirierten Rolle wird sie zur Symbolfigur der Edwardischen Ära. Fünf Jahre jünger als Isadora wollte Maud Allan eigentlich Konzertpianistin werden und hatte deshalb auch die Berliner Musikhochschule besucht. Nachdem ihr Bruder Theo 1898 wegen des Mordes an zwei jungen Frauen hingerichtet worden war, hatte sie ihren Mädchennamen abgelegt und war zu Maud Allan geworden. Auch sie ist beeinflusst von Delsarte und den alten Griechen, tanzt zu Bach, Mendelssohn und Schubert. Als massentauglicher Superstar wird sie 1918 in den »Black Book Skandal« verwickelt. Der britische Unterhausabgeordnete Noel Pemberton Billing beschuldigt sie der Homosexualität und unterstellt ihr ein Verhältnis mit Lady Margot Asquith, der Frau des ehemaligen Premierministers. Pemberton Billing rühmt sich eines *Black Book*, in dem 47000 britische Homosexuelle gelistet sind, die seinem Vernehmen nach von den Deutschen während des Ersten Weltkriegs zur Spionage gegen ihr Heimatland genötigt werden konnten. In völliger Fehleinschätzung der gesellschaftlichen Stimmung geht Maud Allan gerichtlich gegen Pemberton Billing vor. Doch vor Gericht werden ihre Kenntnisse der weiblichen Anatomie sowie die bloße Verwendung des Wortes »Klitoris« als Beweise für ihre »Perversion« gewertet. Als Zeuge für Pembertons Vorwurf, dass Derartiges die Sicherheit der Nation gefährdet, tritt ausgerechnet Oscar Wildes ehemaliger Geliebter Sir Alfred Douglas auf, zwischenzeitlich zum fanatisch Homophoben mutiert. Maud Allan verliert den Prozess und wird öffentlich als Beispiel sexualisierter Vorkriegsdekadenz gebrandmarkt. Ihre Karriere ist damit zu Ende.[383]

Isadora Duncan und Maud Allan lernen sich während dieser Tage im Sommer 1908 nicht kennen, dafür trifft Isadora Craigs Mutter Ellen Terry wieder, die sie einmal mehr beeindruckt. Zu Craigs Entsetzen hat die 60-Jährige vor kurzem wieder geheiratet: einen gerade einmal 34-jährigen amerikanischen Schauspieler.

Kurz vor ihrer Abreise gibt Isadora mit den Mädchen auf dem Landsitz der Herzogin von Manchester noch eine Privatvorstellung für das Königspaar. Anschließend werden sie, wie Irma berichtet, den britischen Royals vorgestellt: »Ihre königlichen Hoheiten schüttelten uns huldvoll die Hände, und der König wollte das wissen, was jeden in dieser so prächtig gekleideten Ära zu interessieren schien: ›Ist Euch nicht kalt, wenn Ihr so wenig anhabt?‹«[384]

Um die Schulden abzubauen, die sich inzwischen häufen, unternimmt Isadora im Sommer 1908 schließlich eine Gastspielreise in die USA. Alleine – denn die strengen Arbeitsschutzbestimmungen für Minderjährige erlauben es den Mädchen nicht, mit Isadora dort aufzutreten. Auch Deirdre bleibt zurück: »Dann stand ich an einem schönen Julitag allein und verlassen auf einem riesigen Schiff, das Richtung New York abdampfte – acht Jahre, nachdem ich die Stadt auf einem Viehtransporter verlassen hatte. In Europa war ich mittlerweile berühmt. Ich hatte eine Kunstrichtung geschaffen, eine Schule gegründet und ein Kind zur Welt gebracht. Das war schon allerhand. Nur um meine Finanzen stand es nicht viel besser als damals.«[385] Sie hatte Craig eingeladen, sie zu begleiten. Vielleicht würden sie beide einen Millionär finden, der bereit wäre, sie zukünftig zu sponsern. Doch der lehnt ab, schreibt ihr zum Abschied. »Ich wünsche Dir gutes Gelingen und behalte alle Millionäre, die Du findest, für Dich. Du wirst sie brauchen.«[386]

Isadora hat einen Vertrag bei Charles Frohman unterschrieben, einem der bedeutendsten Theaterdirektoren und Produzenten der USA, der unter anderem Ethel Barrymore und Maude Adams entdeckt. Er gilt als intimer Kenner der Szene, mit einem untrüglichen Gespür für den Geschmack des Publikums – das ihn im Falle Isadoras leider im Stich lässt. In der brütenden Hitze des New Yorker Sommers 1908 tritt sie Abend für Abend am Broadway im Criterion Theater auf. Während das im Louis-Seize-Stil ausgestattete Theater mit seinen 1700 Sitzplätzen viel zu groß ist, ist das Orchester, das Isadora begleitet, viel zu klein für symphonische Musik: »Das Resultat war, wie man sich denken konnte, ein glatter Reinfall«, berichtet Isadora. »Die wenigen Leute, die in den heißen Nächten bei über 30 Grad und mehr ins Theater kamen, waren völlig überrascht, und was sie zu sehen bekamen, gefiel ihnen nicht; die spärlichen Kritiken fielen miserabel aus. Alles in allem hatte ich den Eindruck, dass es ein großer Fehler gewesen war, in mein Heimatland zurückzukehren.«[387] Frohman schickt sie schließlich auf Tournee in kleinere amerikanische Städte, wo es weder Publikum noch Orchester gibt. Am Ende hat Frohman so viel Geld verloren, dass er Isadora rät, das nächste Schiff nach Europa zu nehmen. Wütend zerreißt sie ihren Vertrag und stürmt aus seinem Büro. Sie ist kurz davor, tatsächlich nach Europa zurückzukehren, als sie den Bildhauer George Grey Barnard und seine Künstlerfreunde kennenlernt, die sie zum Bleiben überreden. Sie mietet sich ein Atelier im Beaux Arts Building am Bryant Park und tanzt hier vor handverlesenem Publikum. Bald erscheinen erste Berichte über diese Abende in den Zeitungen: »Sie trägt einen breiten Streifen wundervoller bestickter chinesischer Seide um die Hüften geschlungen, ihr schwarzes Haar, schlicht gescheitelt und in ihrem Nacken zu einem losen Knoten zusammengefasst, umrahmt madonnengleich ihr Gesicht (…) mit der Stupsnase und den graublauen Augen. Viele Presseartikel beschreiben sie als groß und statuarisch – ein Triumph ihrer Darstellung, denn in Wirklichkeit ist sie nur 1,68 m und wiegt 62 kg.«[388]

Tagsüber sitzt sie George Grey Barnard Modell für eine Statue: »Ich wäre durchaus bereit gewesen, einiges zur Inspiration zu diesem Kunstwerk beizutragen«, erinnert sie sich in ihren Memoiren, »aber George Grey Barnard war geradezu fanatisch tugendhaft, und keine meiner jugendlichen, zärtlichen Launen konnte seine fromme Rechtschaffenheit erschüttern.«[389] Nachdem Barnards Frau schwer erkrankt, wird das Projekt Statue auf Eis gelegt.

Beruflich hingegen kehrt der Erfolg zu ihr zurück, einmal mehr zahlt sich ihre Hartnäckigkeit aus. Im November 1908 bietet ihr der amerikanische Dirigent und Komponist Walter Damrosch eine Zusammenarbeit mit seinem Orchester an. Der in Breslau geborene Damrosch, Sohn des berühmten Dirigenten Leopold Damrosch, war viele Jahre Assistenzdirigent der Metropolitan Opera und leitet nun das New York Symphony Orchestra. Er gilt als Vater der Carnegie Hall, die er zusammen mit seinem Freund, dem Milliardär Andrew Carnegie, ins Leben rief. Mehr als 850-mal wird er mit seinem Orchester dort gastieren. George Gershwin komponiert eigens für Damroschs Orchesterstücke und Damrosch dirigiert die Welturaufführung von Gershwins *Ein Amerikaner in Paris*. Auf Damroschs Anregung hin finden erstmals auch Konzerte an Sonntagnachmittagen statt, um der arbeitenden Bevölkerung einen Konzertbesuch zu ermöglichen. Damrosch ist ein Klassikpionier des Rundfunks und moderiert in den 30er Jahren im NBC eine Klassiksendung, in der er den Amerikanern klassische Musik näherbringen will. In seiner Position als Klassikpädagoge der Nation zieht er allerdings die scharfe Kritik von Theodor W. Adorno auf sich, der mit Damroschs pädagogischem Impetus rein gar nichts anfangen kann.

Am 6. November 1908 tritt Isadora zusammen mit dem New York Symphony Orchestra in der New Yorker Met auf. Walter Damrosch dirigiert selbst, die Vorstellung ist ausverkauft. Für Isadora ist die Zusammenarbeit mit einem so großartigen Orchester und einem so großartigen Dirigenten eine Offenbarung. »Manchmal dachte ich mir, was für ein Irrtum, mich eine Tänzerin zu nennen: Ich bin vielmehr eine Art magnetisches Zentrum, das den emotionalen Ausdruck des Orchesters transportiert – aus meiner Seele blitzen feurige Strahlen und verknüpfen mich mit den zitternden, vibrierenden Tönen der Instrumente.«[390] Sie tanzt Beethovens 7. Symphonie. Für Isadora nur folgerichtig, für Kritiker wie Carl Van Vechten von der *New York Times* ein Sakrileg: »Es gehört zum Geschäft des Protokollanten musikalischer Affären, gegen diesen pervertierten Gebrauch der Siebenten Symphonie zu protestieren, ein Zweck, den Beethoven gewiss niemals im Sinn hatte, als er die Musik schrieb. Dass Wagner diese Musik als ›Apotheose des Tanzes‹ bezeichnete, ist noch kein ausreichender Grund, weshalb man sie tanzen sollte.«[391]

Nach einem weiteren Auftritt an der Met folgt einer in der Carnegie Hall, dann geht es weiter nach Chicago, St. Louis und Washington. Hier trifft sie auf den erbitterten Widerstand selbsternannter Moralwächter innerhalb der Regierung. Die Empörung flaut erst ab, nachdem Präsident Teddy Roosevelt höchstpersönlich eine Vorstellung besucht und sich begeistert zeigt. Ein Blick auf ihr Bankkonto beweist Isadora, wie erfolgreich ihr Aufenthalt in den USA war: »Hätte mich mein Herz nicht mit jeder Faser zu meinem Kind und meiner Schule zurückgezogen, ich wäre wohl in Amerika geblieben. So aber ließ ich eines schönen Morgens meine kleine Freundesschar aus Dichtern und Künstlern auf dem Landungssteg in New York zurück und kehrte heim nach Europa.«[392] Die Zeit mit Damrosch und dem New York Symphony Orchestra wird sie als die glücklichste Zeit ihres Lebens in Erinnerung behalten.

Sie kehrt nicht nach Deutschland zurück, sondern trifft Elizabeth, Deirdre und ihre Schülerinnen nach sechs langen Monaten in Paris wieder. Während ihres Aufenthalts in den USA hat sich auch in Europa viel getan. Mit Schließung der Grunewald-Schule war das Problem der Unterbringung der Mädchen entstanden, welches durch eine glückliche Fügung noch unmittelbar vor Isadoras Abreise nach Amerika hatte gelöst werden können. Die frisch angetraute zweite Gattin des amerikanischen Stahlmagnaten William Corey, Schauspielerin Mabelle Gilman, stellt der Schule vorübergehend ihr Chateau in Frankreich zur Verfügung. Es ist ein Hochzeitsgeschenk ihres Mannes, hatte einst Napoleon gehört und steht nun zum Großteil leer. Nur ihre Mutter lebt darin, und die würde sich über Gesellschaft sicher freuen. Als die Mädchen mit Elizabeth im Chateau Villegines ankommen, ahnen sie nicht, dass es keine Rückkehr mehr in den Grunewald geben wird. Irma schreibt: »Da gab es eine wichtige Kleinigkeit, die sie uns nicht erzählte. Als wir uns diese Nacht schlafen legten, wäre keine von uns auf die Idee gekommen, dass wir nicht mehr in den Grunewald zurückkehren würden.«[393]

Elizabeth lässt die Mädchen in der Obhut einer Gouvernante und einer Lehrerin zurück, während sie selbst sich auf den Weg nach Deutschland macht, um weitere Schulstandorte zu klären. Nach ihrer Abreise ändert sich das Leben der Mädchen dramatisch. Die alte Mrs Gilman, um ihre Möbel fürchtend, bringt die Kinder in einem unbeheizten Nebentrakt des Schlosses, ohne fließend Wasser unter. Statt Himmelbetten gibt es nun Strohsäcke und Anna schreibt nach Hause: »Ich fühle etwas, als wenn ich seit einiger Zeit ganz und gar nicht mehr zu dieser Schule passe. Aber mit 17 Jahren, da werde ich hoffentlich wieder für immer mit euch Lieben, wenigstens öfters zusammen sein. Lieber Papa, ich freue mich, dass ich demjenigen, der mir das Liebste auf der Welt ist, alles aus dem tiefsten Grunde meines Herzens sagen kann. Ich möchte Dich höflich bitten, von diesem nichts zu erwähnen, da mir sonst die ganze sowieso schon kleine Weihnachtsfreude verdorben sein würde. Ich schicke diesen Brief nicht durch Miss Elizabeth u. Herrn Merz ab, sondern durch unser deutsches Fräulein, da die Ersteren beide in Darmstadt sind und dieselben diesen Brief doch nicht abgeschickt hätten, weil wir nur immer alles Gute von der Schule schreiben sollen.«[394] Sie ist nun 14 Jahre alt und hat die Eltern sei vier Jahren nicht mehr gesehen. Weil sie monatelang keinen Lohn bekommen, kündigen Lehrerin und Gouvernante irgendwann und überlassen die Mädchen ihrem Schicksal. Elizabeth, die manchmal hereinschneit, wohnt mit Deirdre inzwischen in Paris. Anna wiederum schreibt heimlich an ihre Schwester: »Wir hatten eine französische Lehrerin, von der ich Dir schon geschrieben habe, und eb. dieselbe hat Miss Duncan auch ihre richtige Meinung ins Gesicht gesagt. Sie hat ihr in einem Briefe an sie geschrieben: ›Sie erlauben sich, in Pelz u. Seide in einem Automobil nach Hause zu kommen. Und sagen noch, dass Ihr Zimmer zu wenig geheizt sei. Kommen Sie erst in mein Zimmer, wo gar kein Feuer ist. Sie haben in Paris Vergnügen und das Personal und Lehrerinnen können auf ihr Geld 3 Monate warten. Handtücher gibt es in Ihrem Hause auch nicht.«[395]

Die Erinnerungen an diese harte Zeit nehmen auch in Irmas Memoiren breiten Raum ein:

»Während des schlechten Wetters waren wir ans Haus gefesselt. Wir saßen auf dem Boden (es gab keine Stühle), kauerten uns in der Nähe des Feuers zusammen und verweilten dort, bis es Zeit war, ins Bett zu gehen. Wir hatten weder Bücher noch Spiele, um uns abzulenken. Anscheinend war es allen egal, was mit uns geschah. Die Köchin, eine schweigsame alte Bauersfrau, kümmerte sich ausschließlich um die Zubereitung unseres kargen Mahls. Die Vorräte schwanden rapide. Bald bestand unser täglicher Speiseplan aus nichts anderem mehr als aus Kürbissuppe und Pellkartoffeln. Obwohl wir Gäste eines Millionärs waren, hatten wir keine Gabeln. Wir aßen mit Löffeln, das war alles, was Mrs Gilman uns zur Verfügung stellte.«[396] Dann kommt der Winter, und mit ihm der erste Schnee: »In diesem Jahr war der Winter in Frankreich außergewöhnlich streng. Es war so kalt, dass die Wasserpumpe einfror und die älteren Mädchen immer wieder das Eis weghacken mussten, damit wir Wasser für unsere kalten Bäder hatten. Zu dieser Zeit waren unsere offenen Sandalen längst durchgelaufen und wiesen so große Löcher auf, dass wir praktisch barfuß im Schnee liefen. Unsere Kleidung war abgetragen und wärmte kaum. Zum Glück brachten die Kohlenfeuer in den offenen Kaminen ein wenig Wärme in unsere winzigen Zimmer, sonst wären wir sicher erfroren.«[397] Als ob all das nicht schon schlimm genug wäre, erleben die Mädchen auch noch das traurigste Weihnachtsfest ihrer Kindheit: »Nachdem wir unsere Kürbissuppe gegessen hatten, saßen wir niedergeschlagen am Kamin auf dem Boden und warteten darauf, dass etwas geschah. Aber was sollte geschehen? Draußen war es kalt und es schneite. Durch den Kamin konnten wir den Wind heulen hören. Wir redeten und erinnerten uns an vergangene glücklichere Weihnachtsabende. Um zumindest ein wenig in Stimmung zu kommen, begann ich leise zu singen: ›Stille Nacht, heilige Nacht; alles schläft einsam wacht.‹ Die anderen stimmten ein und wir sangen tapfer bis zum Ende.

Bei den letzten Tönen begannen unsere Stimmen zu zittern und verstummten dann. Wir brachen in Tränen aus. Während wir weinten, nagten wir hungrig wie die Kirchenmäuse an Eicheln und Haselnüssen, die wir in den Wäldern als Weihnachtsgeschenke gesammelt hatten – die einzigen Geschenke, die wir hatten. Wir blieben auf dem Boden liegen und weinten uns in den Schlaf.«[398] Weder Isadora noch Elizabeth sind für die Mädchen greifbar. Und Mary Desti, die zusammen mit Sohn Preston plötzlich auftaucht, berichtet Isadora nur Gutes. Anders als seine egozentrische Mutter sieht ihr Sohn allerdings durchaus, was die Mädchen durchleiden: »Wer für die Schule verantwortlich war, war oft nicht ganz klar. Wenn Isadora auf Tournee ging, ihr das Ganze zu langweilig wurde oder sie etwa Besseres zu tun hatte, dann überließ sie alles Elizabeth. Wenn es Tante dann zu viel wurde, übergab diese wieder an Isadora. Da beide ein bisschen zerstreut waren, dachten sie wohl, die jeweils andere würde sich um die Finanzierung der Schule, die Angestellten und die Schülerinnen kümmern, während Isadora in Amerika war. Die alleingelassenen Schülerinnen wurden erst gerettet, als Isadora im Dezember 1908 nach Paris zurückkehrte.«[399] Gretchen Damrosch, die Tochter des Dirigenten, drückt sich deutlicher aus: »Als Künstlerin war Isadora ein Genie, als Person war sie eine Gans.«[400]

Doch dann ist Isadora plötzlich wieder da und will sofort mit den Mädchen auftreten, obwohl die seit einem halben Jahr keinen Tanzunterricht mehr hatten. Sie mietet zwei Apartments in der Rue Danton Nr. 5 an, eines für die Mädchen, das andere für sich und Deirdre. Und sie lässt die Mädchen bei Paul Poiret, *dem* Pariser Couturier, neu einkleiden: weiße Kleider, grüne Seidenmäntel und grüne Hütchen. Am 27. Januar 1909 findet ihr erster gemeinsamer Auftritt im Gaîté Lyrique statt. Gordon Craig schreibt hierzu: »An diesem Abend benutzte sie zum ersten Mal die großen blauen Vorhänge, die exakt meinen Entwürfen entsprachen, wie man in meinem Buch *Die Kunst des Theaters* von 1905 nachlesen kann, und die ich 1901-2-3 angefertigt hatte. Sie bestand darauf, sie schon 1904 in Berlin benutzt zu haben, als ich sie das erste Mal tanzen sah. Aber das stimmt nicht. Sie hat ganz andere benutzt.«[401] Die 2200 Plätze sind restlos ausverkauft. Isadora tanzt *Iphigenie in Aulis*, ein Jahrhundertereignis, wie die anwesende Dichterin Edith Wharton meint: »Plötzlich erblickte ich den Tanz, von dem ich immer geträumt hatte, in dem eine Bewegung fließend in die andere überging, eine endlose Verwobenheit von Bewegung und Musik, die alle Sinne befriedigte, ähnlich einer Blume oder einer Phrase von Mozart. Diese erste Begegnung mit Isadoras Tanz war für mich ein Wendepunkt.«[402] Isadoras Triumph ist allumfassend. Die Zeitungen fordern die Regierung auf, Isadoras Kunst mit staatlichen Mitteln zu fördern. *Le Figaro* lässt sich dazu hinreißen zu schreiben, das Ballett sei tot und Isadora die Zukunft des Tanzes.[403] Sie wird zur Muse der Pariser Künstler. Es entstehen zahlreiche Zeichnungen, unter anderem von Antoine Bourdelle, der auch das berühmte *La-Danse*-Relief am Théâtre des Champs-Élysées anfertigt, das Isadora zusammen mit Nijinsky tanzen zeigt.

Isadora ist im Glück: Sie tanzt mit ihren Schülerinnen, ist erfolgreich wie nie und lebt mit ihrem wunderbaren Töchterchen zusammen. Jetzt fehlt nur noch der Millionär: »Eines Morgens, nach einer besonders erfolgreichen Vorstellung im Gaîté Lyrique, saß ich im Morgenmantel vor meinem Spiegel; meine Haare waren für die Nachmittagsvorstellung aufgedreht, und darüber trug ich ein kleines Spitzenhäubchen. Da kam mein Mädchen und übergab mir eine Visitenkarte, auf der ich einen wohlbekannten Namen las, und sofort klingelte es in meinem Kopf: ›Hier kommt mein Millionär!‹«[404] Herein tritt, groß und blond: Paris Eugene Singer. Der 42-Jährige ist eines von 24 Kindern des Nähmaschinengiganten Isaac Singer und somit ein Bruder von Prinzessin Winnaretta Singer-Polignac, die Isadora in ihren Anfangsjahren als Förderin zur Seite stand. Isadora erscheint er wie Lohengrin, der Elsa zu Hilfe eilt, und genau so nennt sie ihn fortan. Der nach seiner Geburtsstadt benannte Paris Singer war als Spielgefährte des englischen Thronfolgers am Hofe von England aufgewachsen und hatte mit sieben Jahren einen beträchtlichen Anteil vom Vermögen seines Vaters geerbt. Der Vater von fünf Kindern, der in Cambridge studiert hat, ist verheiratet, lebt aber bereits seit geraumer Zeit von seiner Frau getrennt, die Scheidung erfolgt 1918. Er ist ein bekannter Schürzenjäger und Mäzen, gilt als kunstaffin, aber talentlos. Größtes Interesse hat er an moderner Technologie, Flugzeugen und Schiffen. Einer, der ihn bis an sein Lebensende liebt, ist Preston Sturges: »Er war ein gefeierter Antiquitätensammler, ein berühmter, wenn auch stets seekranker Segler, ein großzügiger Unterstützer von Rudolf Diesel und dessen Erfindungen und ein finanzieller Förderer des großartigen französischen Chirurgen Doyen. Er war über 1,80 groß und ich durfte ihn Onkel Mun nennen.«[405] Bei seinem Besuch in Isadoras Garderobe hat er seine Tochter Winnaretta dabei, die er angeblich in Isadoras Schule schicken möchte. In Wahrheit ist er fasziniert von der Tänzerin und bietet ihr schon bei diesem ersten Treffen an, von nun an alle Ausgaben für ihre Schule zu übernehmen. Obwohl dies genau das ist, worauf Isadora gewartet hat, zögert sie. Bei einem Spaziergang im Bois de Boulogne wenig später erzählt sie Edward Gordon Craig von Singers Angebot – der rät ihr dringend zu, es anzunehmen.

Und so reist eine bunte Truppe nach Isadoras letztem Auftritt im Frühjahr 1909 im Salonwagen erster Klasse auf Kosten von Lohengrin an die französische Riviera. Isadora, Elizabeth,

Deirdre und die Mädchen beziehen eine Villa in Beaulieu-sur-Mer, während Singer in einem Hotel in Nizza absteigt. Obgleich sie sich oft sehen, halten sie zunächst Distanz. Dies ändert sich erst nach einer schweren Diphterie-Erkrankung der kleinen Erika, einer von Isadoras Lieblingsschülerinnen, bei der Singer unerschütterlich an Isadoras Seite steht und durch seinen mitfühlenden Einsatz ihr Herz gewinnt. Bald schon segeln Isadora und Deirdre mit Singer auf dessen luxuriöser Yacht, ihr zu Ehren in Isis umgetauft, gen Italien. Sie genießt den Luxus an der Seite eines Multimillionärs, doch ihr altes Ich ganz abzuschütteln, das vermag sie nicht: »In meinem Unterbewusstsein gärte es (…) Mit schlechtem Gewissen verglich ich die Leichtigkeit dieses Lebens, den Luxus, diesen immerwährenden Feiertag, die lässige Hingabe an das Vergnügen mit dem bitteren Lebenskampf meiner frühsten Jugend.«[406] In völliger Verkennung der Tatsachen glaubt sie, dass Singer, der das Geld ja nur geerbt hat, allem Luxus zum Trotz ihre sozialrevolutionären Ansichten teilt: »Ich (…) schwatzte unaufhörlich über das Leben und meine Ideen dazu: Platons *Republik*, *Das Kapital* von Karl Marx, eine umfassende Erneuerung der gesamten Gesellschaft – das alles erörterte ich, ohne zu bemerken, was für Verheerungen ich damit anrichtete. Der Mann, der erklärt hatte, er liebe mich wegen meiner Tapferkeit und meines Edelmutes, geriet in immer größere Bestürzung, als er feststellen musste, was für eine hitzköpfige Revolutionärin er auf seine Yacht gebracht hatte. (…) Plötzlich dämmerte mir, dass *seine* Vision von Amerika Dutzende Fabriken waren, die Geld für ihn verdienten. Aber so verdreht, wie die Frauen manchmal sind, warf ich mich (…) wieder in seine Arme und vergaß unter seinen wilden Liebkosungen alles. Und ich tröstete mich mit dem Gedanken, es werde mir schon noch gelingen, ihm die Augen zu öffnen, damit er mich bei der Gründung einer Schule für die Kinder des Volkes unterstützen würde.«[407] Was Geld alles möglich macht, erfährt Isadora schon bald. Singer wünscht sich, sie möge bei Mondschein in Pompeji im Tempel von Paestum tanzen. Er engagiert dafür gleich ein ganzes Orchester. Aufgrund eines heftigen Unwetters erreicht die Yacht den Tempel erst mit einem Tag Verspätung. Dort treffen sie auf tropfnasse Musiker, die 24 Stunden lang auf Isadora und Singer gewartet haben.

Als Isadora Ende April 1909 für weitere Auftritte nach Russland reist, verwandelt Singer ihr Abteil mit Hunderten von Blumen in einen botanischen Garten. In Moskau erwartet Isadora eine Überraschung. Edward Gordon Craig ist hier und Lohengrin plötzlich ganz weit weg. Craig ist zu Gesprächen über seine *Hamlet*-Inszenierung am Moskauer Künstlertheater angereist. Isadoras Idee, einen Millionär zu finden, hat ihm keineswegs behagt, noch weniger allerdings gefällt ihm, dass sie auch einen gefunden hat. Er bringt Isadoras Gefühlswelt einmal mehr in Wallung: »Am Abend unserer Abreise nach Kiew gab ich ein kleines Dinner für Stanislawski, Craig und meine Sekretärin. Während des Essens stellte mir Craig plötzlich die Frage, ob ich bei ihm bleiben wolle oder nicht; und als ich mich nicht gleich entschließen konnte, bekam er einen seiner wohlbekannten Wutanfälle. Er hob die Sekretärin hoch, trug sie ins Nebenzimmer und schloss die Tür ab. Stanislawski war empört und wollte Craig veranlassen, wenigstens die Tür zu öffnen – vergeblich! Es blieb uns nichts anderes übrig, als zum Bahnhof zu gehen, wo wir feststellen mussten, dass wir gerade den Zug versäumt hatten. Ich ging mit Stanislawski in dessen Wohnung zurück, wo wir missgestimmt versuchten, uns über moderne Kunst zu unterhalten, um das peinliche Thema Craig zu vermeiden.«[408] Eine Episode, die Craig in seinen Aufzeichnungen bestätigt, allerdings hinzufügt, es sei nur so weit gekommen, weil Isadora ungeniert mit Stanislawski geflirtet habe und ihm der Kragen geplatzt sei:

»Wie auch immer, sie reiste mit dem Zug zurück zu Paris Singer, ihrem Millionär, auf dessen Millionen sie so setzte und dessen Millionen sie bald verwünschen würde.«[409]

In der französischen Hauptstadt erlebt Isadora am 19. Mai 1909 im Théâtre du Châtelet die Weltpremiere von Sergei Djagilews Ballets Russes. Allen, die diesem bahnbrechenden Ereignis beiwohnen, ist klar, dass sie soeben etwas revolutionär Neues gesehen haben. Die Stücke in der Choreografie von Michel Fokine, darunter *Le Pavillon d'Armide*, *Le Festin*, *Les Sylphides* und *Cléopâtre*, werden von begnadeten russischen Balletttänzern getanzt, darunter Anna Pawlowa und Vaslav Nijinsky, der die Pariser völlig in seinen Bann zieht. Bühnenbild und Ausstattung obliegt den Künstlern Léon Bakst und Alexandre Benois. Die zumeist exotischen Ballethandlungen und die sinnlich-fantastischen Kostüme der Ballets Russes werden in den nächsten Jahren weltweit Mode und Stil beeinflussen und sorgen schon jetzt dafür, dass Tanz in diesem Sommer in Paris absolut en vogue ist. Isadora, die sicherlich als eine der Geburtshelferinnen der Ballets Russes bezeichnet werden kann, ist hin- und hergerissen. Es ist klar etwas Neues, Avantgardistisches, doch die opulente Ausstattung der Inszenierungen lehnt Isadora als rückwärtsgewandt ab. Noch 1917 beklagt sie in einer Rede an der New Yorker Met bitter, dass Djagilew damit so großen Erfolg hat: »Ich muss 1000 Dollar Miete für dieses Haus bezahlen und weitere 1500 Dollar für das Orchester. Aber man gibt 180 000 Dollar aus, um das Ballets Russes nach Amerika zu bringen, eine Truppe, die ohne mich in dieser Form niemals das Licht der Welt erblickt hätte und die das Ende und nicht der Anfang einer neuen Kunst ist.«[410] Gleichwohl ist auch sie höchst angetan von Vaslav Nijinsky und bittet ihn bei einem ihrer seltenen Treffen, der Vater ihres nächsten Kindes zu werden.

Wieder in Paris kehrt Isadora in die Arme ihres »Lohen-

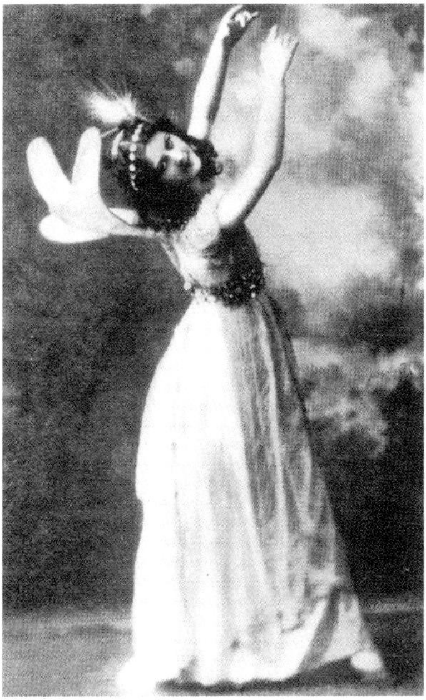

Isadora Duncan in
Ein Sommernachtstraum 1896

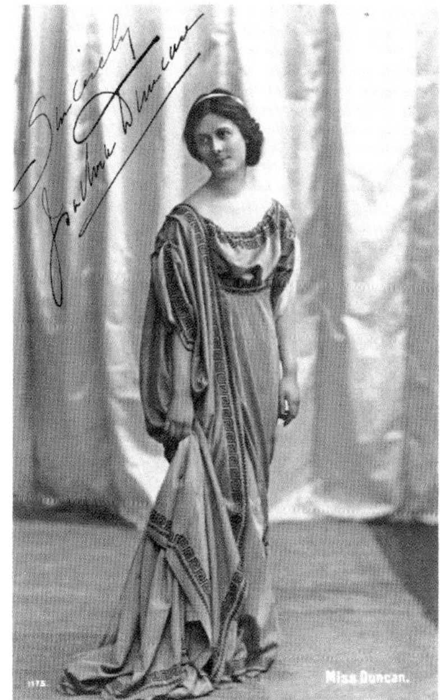

Die junge Isadora Duncan
um die Jahrhundertwende

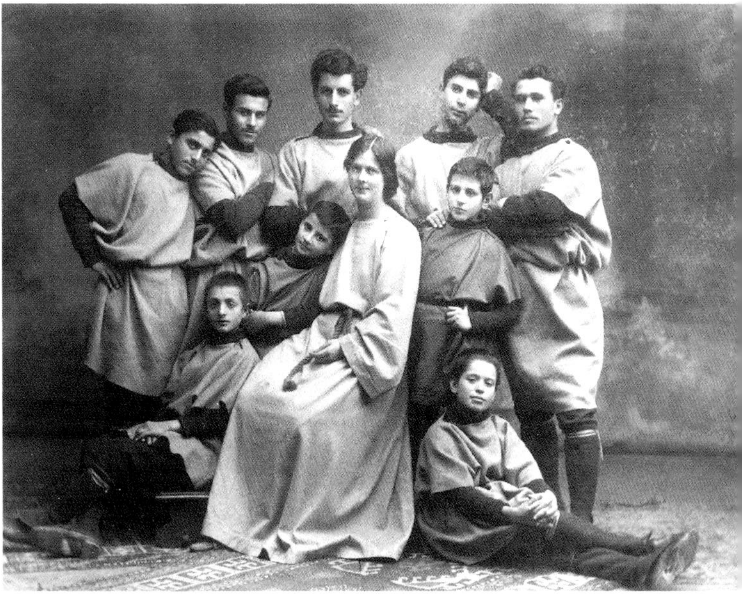

Isadora Duncan und ihre griechischen Sängerknaben 1904 in Berlin

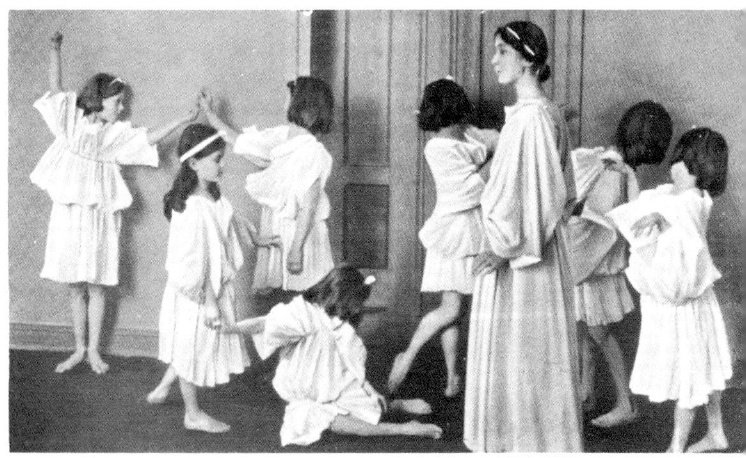

Elizabeth Duncan mit Schülerinnen der Grunewaldschule Berlin 1905

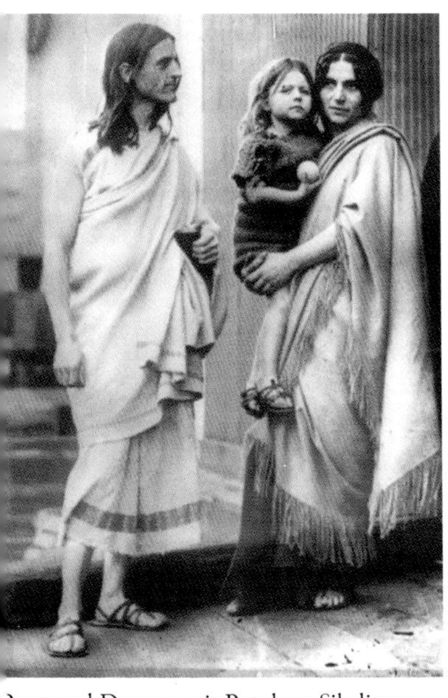

Raymond Duncan mit Penelope Sikelianos
und Sohn Menalkas

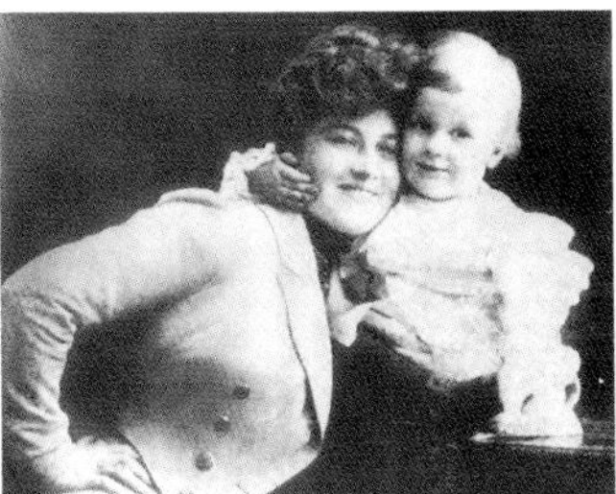

Mary Desti mit Sohn Preston Sturges

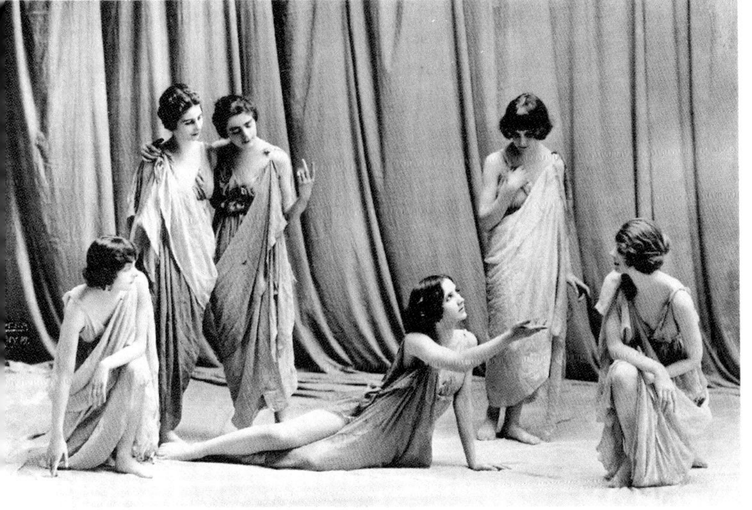

Die Isadorables

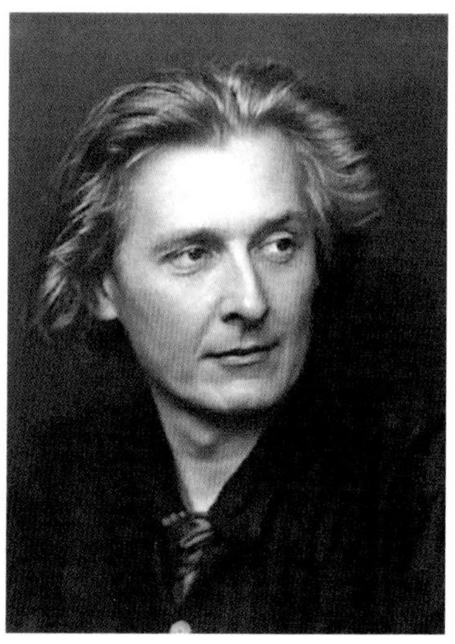

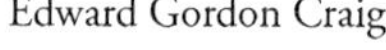

Edward Gordon Craig

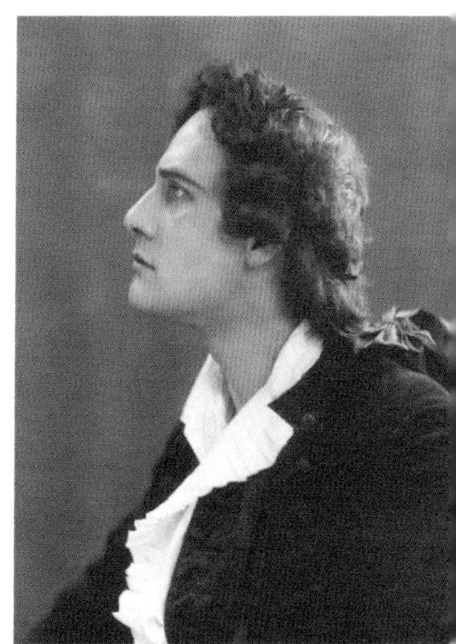

Ozkar Beregi

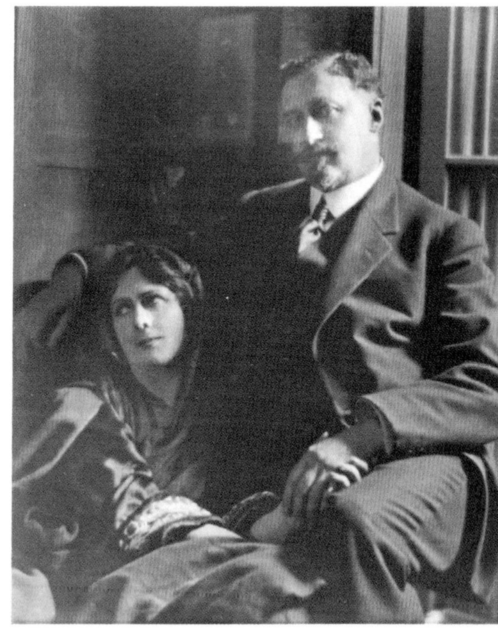

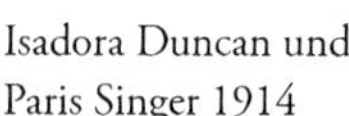

Isadora Duncan und
Paris Singer 1914

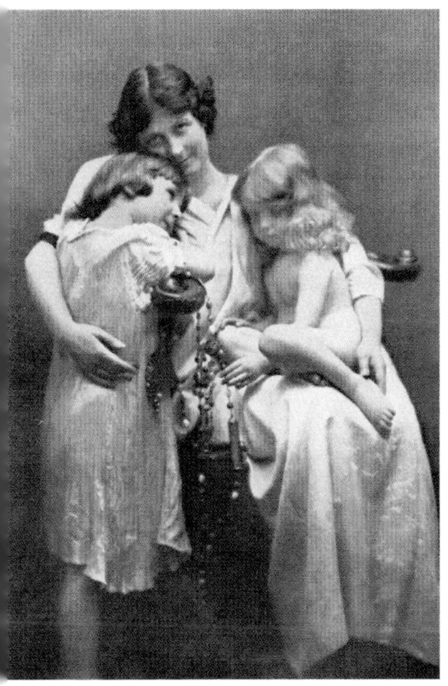

Isadora mit ihren Kindern Deirdre und Patrick 1912

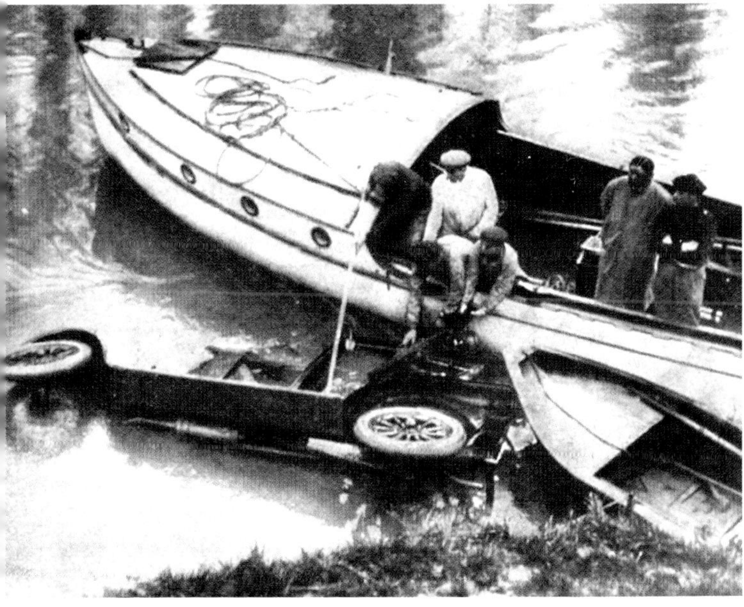

Bergung des Unglückswagens in Paris, 19. April 1913

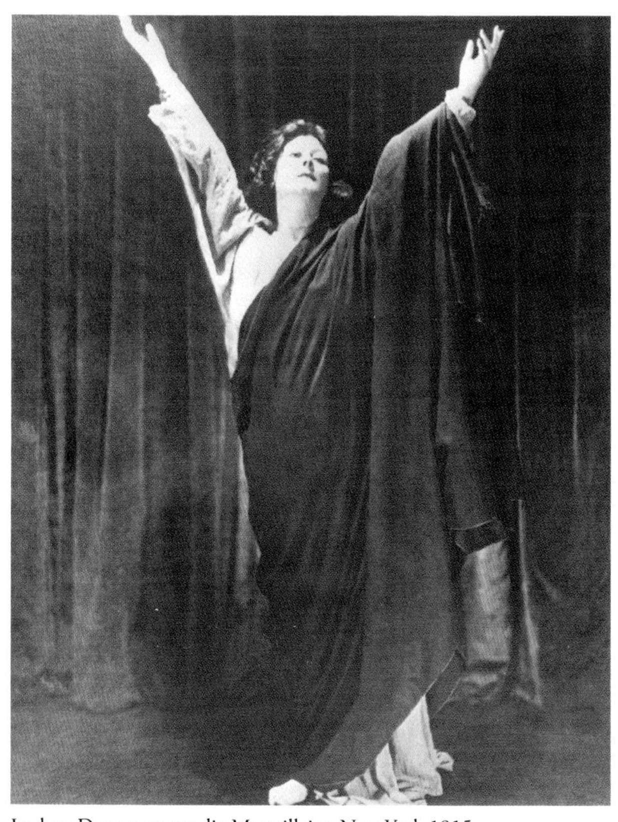

Isadora Duncan tanzt die Marseillaise, New York 1915

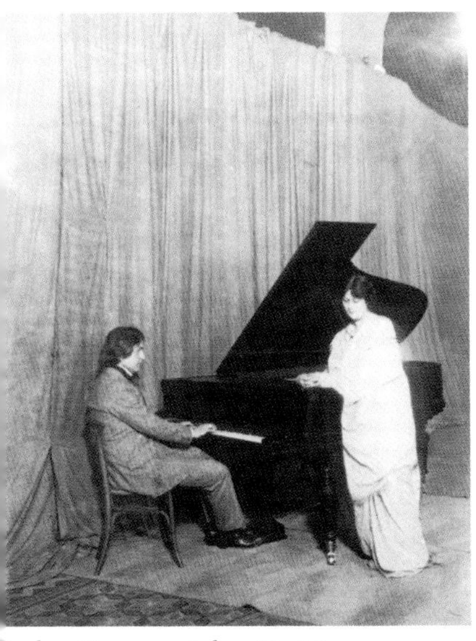

Isadora Duncan mit dem Pianisten
Walter Rummel

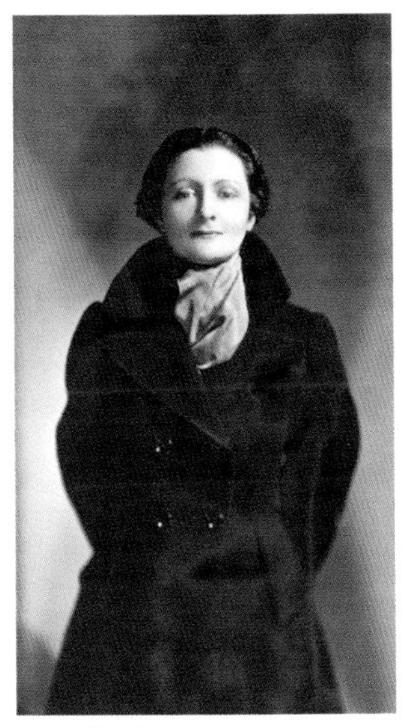

Mercedes de Acosta

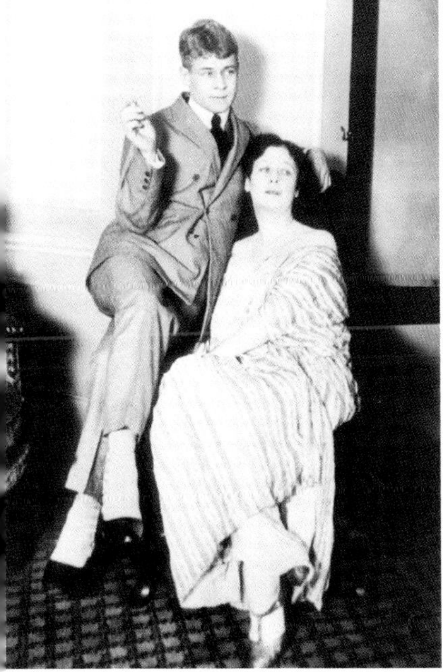

Isadora Duncan mit Ehemann
Sergej Jesseni

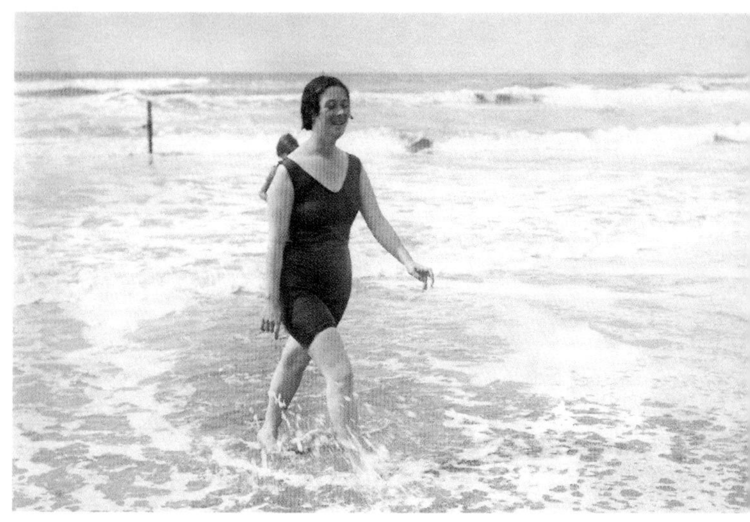

Isadora Duncan am Strand von Viareggio, Italien

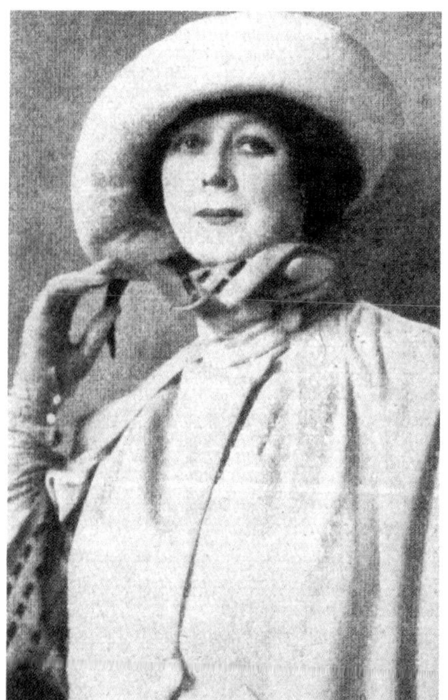

Isadora Duncan in den 20er Jahren für *Vanity Fair*

grins« zurück, in denen sie ungeahnte Freuden erfährt: »Nun erlebte ich zum ersten Mal, zu was sich Berührungen und Gefühle transformieren können. Ich erwachte in einer neuen und berauschenden Weise zum Leben, die ich noch nie zuvor erfahren hatte. Wie Zeus erschien mir mein Geliebter in vielen Formen, wie ein Stier, wie ein weißer Schwan, wie ein goldener Regenschauer. Ich wurde von seiner Liebe über Wogen getragen, zart, mit weißen Flügeln gestreift und wundersam verführt, bis ich mich in einer goldenen Wolke auflöste.«[411] In diesen Wochen tritt ihre revolutionäre Gesinnung »etwas« in den Hintergrund. In vollen Zügen genießt sie den Luxus, den Singer ihr bietet. Die Tänzerin speist in den vornehmsten Pariser Restaurants, labt sich an Trüffel, Champagner, Wachteln und edlen Weinen. Nun lässt sie nicht mehr nur ihre Mädchen bei Paul Poiret einkleiden, sondern wird selbst eine seiner besten Kundinnen. Dahin die Tage in Tunika und Sandalen. Poiret ist ein Couturier ganz nach Isadoras Geschmack, sind seine Empire-Kleider doch entgegen den üblichen Gepflogenheiten auch ohne Korsett tragbar. Dass er später den sogenannten Humpelrock kreiert, einen bodenlangen Rock, der Frauen aufgrund seiner Schnürung nur Trippelschritte erlaubt und der zu zahlreichen schweren Unfällen führt, ändert nichts am Erfolg des Designers. Margot Asquith, die Frau des Britischen Premierministers, bittet ihn sogar, seine Kleider in Downing Street No. 10 vorzustellen. Das billigste Kleid von Poiret kostet in jenen Jahren zwei Jahresverdienste eines Dinestmädchens.

Poiret richtet auch das Atelier ein, das Isadora in Neuilly-sur-Seine, einem Vorort westlich von Paris, anmietet, mit einem kleinen Gartenpavillon für Deirdre und das Kindermädchen. Das Studio mit dem herrlichen alten Garten gehörte einst dem Maler Henri Gervex. Es wird prachtvoll. Besucher schwärmen von goldenen Spiegeln, schwarzen Samtvorhängen und mit Kissen übersäten Diwanen. Wie viel Singer von dieser Pracht bezahlt, bleibt ein Geheimnis. Konstantin Stanislawski, der im Juni 1909 nach Paris kommt, ist alles andere als erfreut über die neue Isadora und schreibt entgeistert an seine Frau: »Diese ganzen Dummheiten lassen mich schier verzweifeln. Hat sie sich wirklich verkauft, oder was noch schlimmer wäre, ist es das, was sie immer wollte?«[412] Tatsächlich bleiben Isadoras Absichten und ihre Ansichten, was Singer anbelangt, nebulös. Beschreibt sie ihn einerseits als schier göttlichen Liebhaber, in dessen Arme sie sich ein ums andere Mal stürzt, flirtet sie doch weiter ungeniert mit anderen Männern, überschüttet selbst Stanislawski erneut mit Küssen und Umarmungen. Singer reagiert mit Eifersuchtsanfällen, Wutausbrüchen und anderweitigen Affären: »Wir zwei müssen auf unsere Umwelt wie zwei völlig Verrückte gewirkt haben. Immer streitend, immer liebend. Was für ein Leben«, resümiert Isadora im Nachhinein.[413] Isadora unterscheidet zwischen Liebe des Körpers und Liebe der Seele – und ihre Seele gehört Singer nie. Ihrem letzten Liebhaber, dem Russen Viktor Seroff, beschreibt sie Singer als ungebildet und ungehobelt, ein Eindruck, den Zeitgenossen keineswegs bestätigen. Im Gegenteil, der eifersüchtige Stanislawski, der Singer aufgrund seines immensen Reichtums zunächst distanziert begegnet, lernt bald dessen verantwortungsvolle, zuverlässige, immer hilfsbereite Seite kennen und ist am Ende fast so weit, Singer gegen Isadora beizuspringen. Isadora aber, die von Singers Geld durchaus profitiert, kann ihre Abneigung gegenüber reichen Menschen auch im Fall Singers nie ganz überwinden: »Was arbeitet ein reicher Mann schon? Er saß an seinem riesigen Schreibtisch und telefonierte stundenlang – mit zwei Telefonen – eines war nicht genug –, er telefonierte mit seinen Freunden und traf Verabredungen zum Lunch, für Partys, für was weiß der Himmel noch alles. Das war vielleicht harte Arbeit. (…) Er war weder kreativ noch ›interpretativ‹.«[414] Dass

Singer großzügig Krankenhäuser baut und in vielerlei Hinsicht karitativ tätig ist, erwähnt sie nicht. Stattdessen verweist sie darauf, dass zwar alle seine Häuser mit riesigen Büchereien ausgestattet gewesen seien, doch habe sie ihn niemals mit einem Buch in der Hand gesehen. Dass bei dem architekturinteressierten Singer auf seinem Klingelschild »Paris Singer Architekt« stehen hat, findet sie reichlich lächerlich. Zumindest aber wird Singer, als er in den 20er Jahren nach Florida zieht, maßgeblich dafür verantwortlich sein, dass Addison Mizner, der berühmteste amerikanische Architekt der 20er Jahre, nach Florida kommt und in den Küstenorten die bis heute prägende und berühmte spanische Art-déco-Architektur umsetzt.

Es bleibt dabei: Isadora versteht nichts von Singers Geschäften und er nichts von ihrer Kunst. Eine Tatsache, die vielleicht zu überwinden gewesen wäre, wären es beide nicht zugleich gewohnt, alle nach ihrer Pfeife tanzen zu lassen. Bevor Stanislawski Paris in jenem Sommer verlässt, gibt er Isadora diese Worte mit auf den Weg: »Du hast mich um meinen Rat gebeten … Ich habe nun alles verstanden und ich würde sagen: 1) Lauf schnell weg aus Paris. 2) Stell die Freiheit über alles. 3) Gib deine Schule auf, wenn das der Preis ist, den du dafür zahlen musst. 4) Was immer auch mit Dir geschieht – ich werde es verstehen und dir von ganzem Herzen zugeneigt bleiben.«[415]

Aber gerade das will Isadora nicht: ihre Schule aufgeben. Im Gegenteil, sie plant deren endgültige Verlegung nach Paris. Dabei hat sie jedoch die Rechnung ohne ihre Schwester Elizabeth gemacht. Die hat sich während Isadoras USA-Gastspiel intensiv um neue Gönner bemüht und ist fündig geworden. 1907 hatten die Mädchen vor Großherzog Ernst Ludwig von Hessen-Darmstadt getanzt, einem großzügigen Förderer des Jugendstils, der unmittelbar dazu beiträgt, dass Darmstadt eine Hauptstadt dieser neuen Kunstrichtung wird. Die Künstlerkolonie auf der Darmstädter Mathildenhöhe zeugt noch heute von seinem Engagement. Der Großherzog ist von den Tänzerinnen der Grunewald-Schule so begeistert, dass er Elizabeth seine Unterstützung anbietet und ihr zugleich ein Grundstück auf der Marienhöhe zur Verfügung stellt. Damit ist Elizabeths Weg in die Unabhängigkeit geebnet. Im Sommer 1908 erhalten die Eltern der Schülerinnen zwei Briefe. Einer ist von Isadora, die über den Verbleib der Schule in Frankreich informiert und die Eltern bittet, ihr, wie es das französische Gesetz vorschreibt, die Vormundschaft über die Mädchen zu übertragen: »Wenn Sie sich entschließen, mir Ihre Tochter unter den geschilderten Konditionen anzuvertrauen, dann bitte ich Sie, mir dies unverzüglich mitzuteilen. Wenn nicht, werde ich Ihre Tochter umgehend zu Ihnen zurückschicken.«[416]

Zeitgleich erreicht die Eltern ein Brief von Elizabeth und Max Merz, die über die Neugründung der Elizabeth-Duncan-Schule in Darmstadt informieren: »Bezugnehmend auf die Überlegungen meiner Schwester Isadora Duncan und ihrer Schule in Paris möchte ich betonen, dass ich der Schule seit ihrer Gründung als Lehrerin und Direktorin verbunden bin. Meine Arbeit hat in ganz Deutschland Beachtung gefunden. Ich erkläre hiermit, dass ich in keiner Form an einer Neuetablierung der Schule in Paris, Frankreich, beteiligt bin. Wie wiederholt erklärt, werde ich meine Arbeit in Deutschland fortsetzen, genauer gesagt in Darmstadt, wo gerade meine eigene Schule gebaut wird. Ich möchte Sie allerdings bitten, dies nicht zuungunsten meiner Schwester auszulegen.«[417] Das Chaos ist perfekt, als Elizabeth und Max Merz in Paris auftauchen und, wie Isadora sagt, fünf der Mädchen »entführen«. Statt des versprochenen Tees bei Rumpelmayers finden sich die Mädchen im Zug nach Frankfurt wieder, wo die Schule untergebracht ist, bis das neue Gebäude in Darmstadt fertig ist. Das Mobiliar der Grunewald-

Schule hat Elizabeth bereits dorthin bringen lassen. Isadora ist außer sich: »Das ist ein Skandal. Wie kann es sein, dass meine eigene Schwester mir so etwas antut?«[418]

Ende Juni 1909 schickt sie alle Mädchen nach Hause zu ihren Eltern. Sie sollen in Ruhe entscheiden, welche Schule sie besuchen sollen. Sie selbst verbringt den Sommer auf Singers Yacht, anschließend reist Isadora mit Deirdre nach Venedig. Hier stellt sie fest, dass sie wieder schwanger ist. Anders als beim ersten Mal ist sie nicht außer sich vor Freude, sondern zutiefst verunsichert: »Ich glaube, dass es in jedem Leben eine Art Leitlinie gibt, und in meinem Leben ist es die Kunst. Mein Leben kennt nur zwei Leitmotive, die Liebe und die Kunst, doch wie oft stand die Liebe der Kunst im Wege, bevor der gebieterische Ruf der Kunst der Liebe wieder ein Ende setzte. Diese beiden stehen nie im Einklang, sondern in ewigem Kampf.«[419] Die Angst vor der erneuten Verformung ihres Körpers, der Zwangspause vom Tanzen, den Schmerzen lässt sie nach Mailand reisen, um sich mit einem Arzt bezüglich eines Schwangerschaftsabbruchs zu beraten. Doch wie so oft in ihrem Leben hat sie einen Traum, den sie als eine Art Vorsehung begreift. Sie entscheidet sich für das Kind. Singer ist entzückt.

Die erneute Schwangerschaft hält sie nicht davon ab, ihren Vertrag mit Walter Damrosch zu erfüllen und im Oktober 1909 noch einmal auf große Amerikatournee zu gehen. Diesmal ist Singer an ihrer Seite, der, obwohl amerikanischer Abstammung, noch nie zuvor amerikanischen Boden betreten hat. An Bord des Ozeanriesen *George Washington* haben sie die größte und luxuriöseste Suite. Als sie in New York im Plaza Hotel einchecken, werden sie nicht einmal gefragt, ob sie verheiratet sind, dabei verbietet es das Gesetz, ein Doppelzimmer an unverheiratete Paare zu vermieten: »Mit einem Millionär zu reisen, vereinfacht die Dinge beträchtlich, da sich jeder um dich herum verbeugt.«[420]

Die Tournee ist abermals ein Erfolg und bestätigt Isadoras alten Aberglauben, dass Geld wiederum Geld anzieht. Eines Tages aber wird sie von einer aufgeregten Zuschauerin in ihrer Garderobe aufgesucht: »Meine liebe Miss Duncan, sie können in diesem Zustand wirklich nicht mehr auf der Bühne erscheinen, von den ersten Reihen aus sieht man es schon ganz deutlich!«[421] Isadoras Entgegnung, dass Leben, Liebe und Weiblichkeit doch genau die Botschaften ihres Tanzes sind, kann die Dame nicht zufriedenstellen. Letztlich wird die Tournee abgesagt, Singer und Isadora kehren nach Europa zurück. Mit an Bord ist auch Bruder Augustin, der sich von seiner Frau getrennt hat und mit Töchterchen Temple in Europa sein Glück versuchen will. Und auch ein anderes Mitglied der Duncan-Sippe ist wieder aufgetaucht. Raymond samt Frau und Söhnchen Menalkas ist in New York eingetroffen. Sie hatten in Kopanos eine Art Ökokommune gegründet, als Selbstversorger ihre eigenen Ziegen gehalten und versucht, im Einklang mit der Natur zu leben. Zudem hat Raymond spezielle Gymnastikübungen zur Kräftigung des Körpers entwickelt. Sein Vorbild hat Aussteiger aus aller Welt angezogen, die nun in New York größtes Aufsehen erregen, ganz abgesehen davon, dass sie mit ihren Tieren reisen und Menalkas trotz winterlicher Temperaturen barfuß läuft: »Wenn Raymond, gefolgt von seinen Aposteln und Schülern, Tieren und Schäfern irgendwo aus dem Zug stieg und den Bahnsteig entlangwanderte, dann sah das so aus, als wäre es die zweite Ankunft einer berühmten biblischen Persönlichkeit«, erinnert sich Preston Sturges, der die Kommune mehrmals erlebt.[422] Die bunte Truppe befindet sich ebenfalls auf Tournee durch die USA – sie gibt die antike Tragödie *Elektra*. Penelope spielt Elektra, Raymond tanzt den Chorus. Bevor sie sich auf den Weg zurück nach Europa machen, leben sie für einige Monate bei den Klamath Indianern an der Pazifikküste. Im Frühjahr 1910 tauchen sie dann urplötzlich in Paris auf. Preston Sturges erinnert sich, dass es für Raymond und seine Entourage unmöglich war, eine Unterkunft zu finden, woraufhin seine Mutter Mary Desti, die seit einiger Zeit in Paris lebt, ihnen ihre eigene Wohnung untervermietet. Eine Entscheidung, die zu filmreifen Szenen führt: »Ich weiß nicht, wie Raymond alle ins Gebäude reingebracht hat, vielleicht war der Concierge Besorgungen machen oder er hat irgendeine List angewandt, aber die erste Ahnung, dass er neue Mieter hatte, bekam der Vermieter, als der Urin von den Ziegen, die auf der Penthouseterrasse angebunden waren, einem alten Herrn im Rollstuhl auf dem Balkon darunter auf den Kopf floss. (…) Innerhalb kürzester Zeit zeigte die komplette Hausfassade deutliche Spuren von der Schaffarm oben auf der Terrasse. Nun, abgesehen von dem Problem mit der Schafscheiße, das dazu führte, dass die anderen Mieter sich sehr beeilten, um aus dem Gebäude raus- und wieder hineinzugelangen, und peinlichst darauf bedacht waren, ja nicht vor dem Haus stehen zu bleiben, stießen sie in der Lobby, im Treppenhaus und im Lift immer wieder auf sehr seltsam aussehende glutäugige Typen in weißen Tuniken. Im Penthouse wohnte eine stattliche Anzahl von denen und sie hatten abgesehen von Spinnrädern, Wollkämmen und Webstühlen keinerlei Möbel. Das Schreien der Babys und der Hufschlag der kleinen Schafe, die über den nackten Holzfußboden trabten und nach ihren Müttern blökten, war im ganzen Gebäude zu hören. Meine Mutter konnte kaum verstehen, was der Vermieter sagte, so aufgebracht war er beim ersten Telefonat. (…) Als sie ihm zu verstehen gab, dass sie nicht im Traum daran dachte, irgendetwas zu unternehmen, und stattdessen auf ihren Mietvertrag verwies, wonach sie Raymond und den Seinen das Apartment für die nächsten zwölf Jahre überlassen konnte, war der arme Mann einem Herzanfall nahe und schwor, dass er sie alle bis zum nächsten Morgen auf die Straße setzen würde, und wenn dafür die gesamte Pariser Polizei samt Nationalgarde aufmarschieren müsse.«[423]

Raymond und seine Jünger ziehen schließlich aus, doch sie bleiben in Paris, wo Raymond nicht nur eine eigene Schule, die »Akademia Duncan« eröffnet, sondern auch ein eigenes Theater, in dem er seine Arbeiten präsentiert. Eine seiner Inszenierungen wird Nijinsky später zu den Bewegungen des griechischen Chorus im Ballett *L'Après-midi d'un faune* inspirieren.[424]

Unbeschadet von all diesen Querelen verbringt Isadora den Winter an Bord des Hausbootes *Horus* in Ägypten: »Wie ruhig und wunderbar war diese Reise, bei der ich in mir das Versprechen eines neuen Lebens trug. (…) Die violetten Sonnenaufgänge, die scharlachroten Sonnenuntergänge, der goldene Wüstensand, die Tempel. (…) Deirdres schmale Gestalt, wie sie an Deck tanzte; wie sie durch die antiken Straßen von Theben lief.«[425] Es sind glückliche Stunden, wie sie einer Freundin schreibt: »Alles ist so himmlisch und so wundervoll … Es ist besser als alles, was ich mir je erträumt oder vorgestellt habe. Wir sind den Nil hinaufgesegelt bis Assuan und haben auf unserem Weg all die Wunder und Herrlichkeit gesehen. Jetzt kehren wir nach Kairo zurück … Ich bin schrecklich faul, die Tage vergehen und die Ufer des Nils gleiten vorbei wie in einem Traum.«[426]

Zurück in Frankreich bezieht die Neu-Familie die pompöse Villa Augusta in Beaulieu-sur-Mer an der Côte d'Azur, deren Terrassen bis ins Meer ragen. Hier wird am 1. Mai 1910 Patrick Augustin Duncan geboren. Diesmal ist es eine sanfte, von einem Arzt und Morphium begleitete Geburt: »So lag ich wieder einmal mit einem Baby in meinen Armen am Meeresstrand, nur befand ich mich diesmal statt in der kleinen, weißen, sturmumtosten Villa Maria in einem palastartigen Herrensitz, statt der düsteren, ruhelosen Nordsee sah ich die blauen Wogen des Mittelmeeres.«[427] Im Geburtenregister bleibt der Name des

Vaters frei, bei den Angaben zur Mutter heißt es: »Isadora Duncan, Künstlerin«. An Ernst Haeckel schreibt sie in grenzenlosem Glück: »Er hält mich den ganzen Tag auf Trab, aber wenn er mich mit seinen blauen Augen ansieht, dann werde ich dafür reichlich entlohnt. Der Junge wird Monist, und wer weiß, vielleicht trägt er ja Ihren großartigen und wundervollen Geist in sich. Wer weiß?«[428]

Einen Monat später wird das freudige Ereignis mit einem rauschenden Fest in einer Suite im Trianon Palace Hotel in Versailles gefeiert. Unter den hochkarätigen Gästen ist alles, was Rang und Namen hat: Djagilew, Nijinsky und der französische Impresario René Blum. Der Champagner fließt in Strömen, die Tische biegen sich unter Kaviar, Austern und allen erdenklichen Leckereien. Nur einer fehlt: Paris Singer. Wie Isadora per Telegramm erfährt, hat er kurz vor seiner Abreise aus England, wo er einen Geschäftstermin wahrnahm, einen Schlaganfall erlitten. Sie feiert dennoch, nimmt das alles nicht so tragisch, erst Stunden später reist sie zu ihm. Dass sie es nicht allzu eilig hat, zu ihm zu kommen, liegt auch an der Diskussion, die gerade zwischen ihnen stattfindet. Singer will sie heiraten, doch Isadora denkt nicht daran, nun auch hochoffiziell die Frau an seiner Seite zu werden. Sie will tanzen und ihr eigenes Leben führen, nicht als Frau eines reichen Geschäftsmannes zu Hause versauern. Nachdem alle Überredungskünste an ihr abprallen, macht Singer, der augenblicklich mit seiner Rekonvaleszenz beschäftigt ist und das Haus nicht verlassen kann, Isadora folgenden Vorschlag: Drei Monate solle sie versuchen, an seiner Seite auf seinem englischen Landsitz Paignton in Devonshire zu leben. Wenn es ihr nicht gefällt, wird er sie nicht noch einmal um ihre Hand bitten. Sie willigt ein, doch während Singer mit Ärzten und Therapeuten beschäftigt ist, langweilt sie sich tödlich. Singer bietet ihr daraufhin an, im Ballsaal zu tanzen und auf seine

Kosten einen Pianisten zu engagieren. Der Dirigent des Orchester Concerts Colonne, Édouard Colonne, schickt ihr umgehend einen seiner besten Pianisten: André Caplet, Schüler des von Isadora ganz und gar nicht geschätzten Komponisten Claude Debussy. Isadora ist entsetzt: Sie mag Caplet nicht, findet ihn unsympathisch und hässlich. Es vergehen nur ein paar Tage – dann hat sie eine leidenschaftliche Affäre mit dem so verhassten Mann: »Wir hatten nur noch das Bedürfnis, allein zu sein – im Wintergarten, im Park, wir unternahmen sogar Spaziergänge auf den schlammigen Landstraßen – aber solch hitzige Leidenschaften enden meist heftig, und es kam der Tag, an dem X. das Schloss verlassen musste, um nie wieder zurückzukehren. Wir brachten dieses Opfer, um das Leben eines Mannes zu retten, der angeblich im Sterben lag. Als ich später seine Kompositionen hörte, wurde mir klar, dass dieser Mann ein Genie war – und Genialität hat seit jeher eine fatale Anziehung auf mich ausgeübt.«[429]

Singer ist außer sich, als er von dem Treiben unter seinem Dach erfährt. Isadora leugnet nichts. Jahre später wird sie zugeben, dass dies eine ihrer wenig glorreichen Taten war: »Nach zehn Tagen voller Liebe trennten der Musiker und ich uns. Und am zehnten Tag liebte ich ihn schon weniger als am ersten. So ist das Leben… Zehn Tage lang war unsere Liebe perfekt… Aber danach… Es ist nichts, worauf ich besonders stolz bin. Aber es zeigt ein wenig, wie ich wirklich bin, ich kann nichts dagegen tun. Ich wurde geboren, um auf eine bestimmte Art zu lieben, genauso wie ich geboren wurde, um auf eine bestimmte Art zu leiden. Ich habe immer geliebt und ich habe immer gelitten. Und ich vermute, ich werde leiden und lieben bis zuletzt.«[430]

Das Leben ist ein Traum,
und das ist auch gut so,
denn wie könnte man sonst
einige seiner Erlebnisse überstehen?

(Isadora Duncan)

»Gnädige Frau, vielleicht wäre es besser, wenn die Kinder zu Hause blieben.«

VII.

Mater Dolorosa und die Frage danach, wie viel ein Mensch ertragen kann

Zu Beginn des Jahres 1911 tanzt Isadora im Théâtre du Châtelet in Paris ihre Interpretation des Orpheus zur Musik von Glucks Oper *Orpheus und Eurydike*. Während ihres Englandaufenthalts hatte sie dazu etwas völlig Neues entwickelt – scheinbar ohne jegliche Leichtigkeit. Vor allem ihr »Tanz der Furien« sorgt beim Pariser Publikum für Schaudern. Isadora tanzt Dämonen und gemarterte Seelen zugleich, wobei die Verzweiflung und Hoffnungslosigkeit der Letzteren schier unerträglich scheinen.

Im Februar 1911 geht sie erneut auf große Amerikatournee: »Damals fasste ich zum hundertsten Mal den Entschluss, von nun an mein Leben ganz der Kunst zu widmen, die zwar ein strenger Lehrmeister ist, aber bei weitem dankbarer als jedes menschliche Wesen.«[431]

Am 10. Februar trifft sie an Bord der *Provence* in New York ein. Zum Erstaunen aller Anwesenden schreitet die Tänzerin nicht wie gewohnt in Tunika und Sandalen die Gangway hinunter, sondern in Pariser Haute Couture. Ihr letztes gemeinsames Gastspiel mit Walter Damrosch verlangt dem Publikum einiges ab. Sie tanzt Bachs Orchestersuite Nr. 3 in D-Dur, Glucks Orpheus, Isoldes Liebestod aus Wagners *Tristan und Isolde*, das *Tannhäuser*-Bacchanal sowie den Tanz der Lehrlinge aus *Die Meistersinger von Nürnberg*. Vor allem der Liebestod ist problematisch, gilt dessen Musik doch als ungeeignet für Minderjährige und unverheiratete Frauen. Ehe Isadora am 15. Februar dieses Stück zum ersten Mal tanzt, wendet sich Walter Damrosch deshalb an das Publikum der Carnegie Hall. Es folge nun ein gewagtes Experiment, und allen, die sich nicht darauf einlassen wollten, werde jetzt die Gelegenheit gegeben, den Saal zu verlassen. Man habe das Stück darum bewusst ans Ende des Programms gesetzt. Niemand verlässt den Saal. Was die gespannten Zuschauer zu sehen bekommen, beschreibt der Musikkritiker der *New York Sun* folgendermaßen: »Mr Damrosch spielte die Prelude. Miss Duncan war im Dunkel vor den im hinteren Bereich der Bühne angebrachten Vorhängen kaum auszumachen. Als das Finale begann und das Licht anging, sah man, dass sie auf dem Bauch lag. Sie benötigte mehrere Minuten, um auf die Knie zu kommen. Nochmal verstrich viel Zeit, ehe sie auf den Beinen stand. (...) Bei diesem Tanz gab es keine ausgedehnten Sprünge in die Höhe oder nach vorne, und man fragt sich unwillkürlich, ob es überhaupt ein Tanz ist, denn mit tanzen hat das nicht viel mehr gemein als eine gelegentliche Bewegung vorwärts und rückwärts.« [432] Dass Isadora kein junges Mädchen mehr ist und sowohl den Körper als auch den Ausdruck einer erwachsenen Frau hat, verstärkt die Dramatik. Schon beim Tanz der Furien hatte den Zuschauern der

Atem gestockt: »Die Luft zerkratzend mit verkrampften Fingern, sich windend in scheußlichen Posen war sie abstoßend anzuschauen, die Personifizierung eines impotenten Teufels. Es war ein Tanz der hässlichen Sorte, ein schreckliches Porträt der dunklen Seite der Seele, aber kein Zweifel, dies war moderner Tanz, ohne Furcht vor der Realität.«[433]

Viele sind fasziniert, begeistert sind die wenigsten. Eine Situation, die nicht unbedingt ideal ist für Isadoras Anliegen, Geld für ihre Schule zu sammeln. Sie will unbedingt finanziell unabhängig von Singer werden. Nach allem, was vorgefallen ist, hegt sie massive Zweifel daran, dass er ihren großen Traum auch weiterhin finanzieren wird: »Das Leben der Reichen hatte ich nun drei Jahre hindurch sattsam ausgekostet, und es hatte mich zu der Überzeugung gebracht, dass ein solches Leben öde und egoistisch ist und dass es keine wahrhafte Freude bringt, außer wenn wir unser Leben der Allgemeinheit widmen. Nach meinen Auftritten hielt ich dem Publikum in den teuren Logen im Metropolitan Theater nunmehr stets eine Moralpredigt und die Zeitungen machten daraus einen Skandal mit der Schlagzeile: ›Isadora beschimpft die Reichen.‹«[434]

Schon bei ihren nächsten Auftritten in Boston bleibt das Theater halb leer. Isadora trägt es mit Fassung, weiß sie sich doch abzulenken. In ihrer Suite im Plaza Hotel in New York feiert sie rauschende Feste und empfängt ihre wechselnden Liebhaber. Sie nennt das »die Verteidigung der heidnischen Liebe«. Die hemmungslos offene Schilderung dieser Lebensphase macht ihre Memoiren später zu einem Bestseller: »Göttliche, heidnische Körper, brennende Küsse, umschlingende Arme, süßer erquickender Schlaf an der Brust eines geliebten Wesens – das waren die Freuden, die ich genoss. (…) Ich weiß, dass viele sich darüber entrüsten, aber ich werde nie verstehen können, warum wir unseren Körper, der uns so viel Schmerzen bereiten kann, nicht auch genießen sollen, wann immer sich die Gelegenheit bietet. Wenn ein Mensch den ganzen Tag hindurch schwere geistige Arbeit leistet, von Problemen und Sorgen geplagt ist – warum sollte er dann nicht abends von herrlichen Armen umfangen werden und als Lohn für seine Mühen einige Stunden der Schönheit und des Vergessenes genießen? Ich hoffe, dass alle, denen ich diese geschenkt habe, sich daran mit dem gleichen Vergnügen erinnern wie ich.«[435]

Der Öffentlichkeit bleibt all dies nicht verborgen. Die Kritik an Isadoras Lebenswandel wächst.

Im April 1911 kehrt sie nach Frankreich zurück. Patrick und Deirdre warten in Obhut der neuen schottischen Kinderfrau Annie Sim im neuen Zuhause der Familie, einer Villa in Versailles, sehnsüchtig auf ihre Mutter. Der kleine Patrick läuft seiner Mutter bei der Ankunft auf seinen kurzen Beinen entgegen. Isadora ist begeistert – bei ihrer Abreise konnte er nur krabbeln. Die Kinder sind Isadoras ganzer Stolz. Beide sind hochmusikalisch und lieben es, sich zur Musik zu bewegen und zu singen. Auch wenn sie aufgrund ihrer beruflichen Verpflichtungen oft von ihnen getrennt ist, ist das Mutter-Kind-Verhältnis innig und liebevoll, wie ihre gute Freundin, die amerikanische Journalistin Mary Fanton Roberts, bestätigt: »Die Kinder waren das Größte für sie und sie beschützte und behütete sie und lehrte sie all die wunderbaren Dinge, die das Leben bietet, und zwar auf eine Art und Weise, die sehr berührend und inspirierend war.«[436] Im Frühsommer erhält Isadora Besuch von ihrer Freundin Kathleen Scott, die mit ihrem einjährigen Baby anreist. Kathleen ist gerade aus Neuseeland zurückgekehrt, wo sie ihren Mann Robert Falcon Scott verabschiedet hat, der zu jener folgenschweren Reise zum Südpol aufgebrochen ist, die seinem Rivalen Roald Amundsen Weltruhm und Scott und seiner Mannschaft einen frühen Tod bringen wird. Im Sommer geht sie mit Isadora und den Kindern in Boulogne an Bord von Paris Singers Yacht. Das Paar hat sich wieder zusammengerauft – wie üblich, konstatiert Singers Tochter Winnaretta Jahre später in einem Interview: »Es war eine On-off-Beziehung … sie waren beide sehr eigensinnig.«[437] Aus Darmstadt stoßen Elizabeth und Irma dazu. In den nächsten Jahren wird Irma immer wieder eingeladen, die Familie als Spielkameradin für Deirdre zu begleiten. Auch bei Isadoras zweiten Ägyptenreise im Januar 1912, bei der Singer eine Villa in Alexandria mietet und einige von Isadoras Künstlerfreunden mitreisen, ist Irma dabei: »Das alte Ägypten barg eine ganz eigene Faszination in sich. Für ein Mädchen meines Alters war das etwas wie aus 1001 Nacht. So wie in den Tagen Cleopatras segelten wir gemächlich in unserem komfortablen Hausboot den Fluss hinauf. Arabische Diener in weißem Kaftan und rotem Fez bedienten uns und verneigten sich vor uns mit den Worten ›Möge Allah mit Euch sein!‹«[438]

Wenn sie an den August 1911 zurückdenkt, fallen Kathleen Scott allerdings weniger die Ruhe als vielmehr die ständigen Streitereien zwischen Singer und Isadora ein. Sie erinnert sich an zugeknallte Türen, Geschrei, Isadoras ungenierte Flirts mit anderen Männern und Singers Tobsuchtsanfälle: »Isadora und Paris waren weitaus mehr miteinander verheiratet als die meisten Ehepaare, die ich kannte. Er war oft müde und wollte seine Ruhe haben. Sie jedoch wollte ihm erzählen, was es mit der Kinderfrau auf sich hatte oder warum sie die Gouvernante entlassen musste. Dass der Chauffeur eine unverhältnismäßig hohe Rechnung geschickt habe und dabei noch nicht mal versichert gewesen sei und so weiter und so weiter (…) Am Ende lagen beider Nerven blank. Er aß dann auswärts, und sie kam zu mir und verkündete, dass sie am nächsten Morgen gleich um 6:00 Uhr nach Paris zurückkehren würde.«[439] Auf Trennungen folgen Versöhnungen und erneute Trennungen. Im August 1911 trennt sich das

Paar für immer, nur um es im Oktober 1911 erneut miteinander zu versuchen. Isadora ist nun immer öfter angetrunken. Sie hat sich angewöhnt, vor ihren Auftritten ihre Nerven mit Champagner zu beruhigen. Längst trinkt sie mehr, als ihr guttut.

Zurück in Paris löst ein Auftritt mit ihren sechs Lieblingsschülerinnen, die aus Darmstadt angereist sind, heftige Kontroversen aus. Halbnackte junge Mädchen gehören nach Ansicht vieler Theaterbesucher nicht auf eine anständige Bühne. Nachdem Isadora während eines Auftritts auch noch der Träger ihres Kleides reißt, wodurch ihre nackte Brust sichtbar wird, werden ihre Auftritte von da an von der Polizei überwacht, um Derartiges sofort zu unterbinden. Am Ende dieses Sommers untersagt ihr die Pariser Oper, das *Tannhäuser*-Bacchanal zu tanzen, dessen Aufführungsrechte seit der Premiere 1861 bei der Oper liegen. Zum ersten Mal denkt Isadora ernsthaft darüber nach, das Tanzen aufzugeben. Singer aber hat die rettende Idee: ein eigenes Theater für Isadora. Ein Haus eigens auf ihre Kunst zugeschnitten, in dem sie das Programm bestimmt. Die Tänzerin ist begeistert. Ihr schwebt ein demokratisches Theater vor: mit verbilligten Sitzplätzen für Schüler, Studenten und Künstler. Und ein Amphitheater soll es sein.

Paris Singer erwirbt in Isadoras Namen ein Stück Land in der Rue de Berri unweit der Champs-Élysées und betraut den Pariser Art-déco-Künstler Louis Süe mit der Planung. Doch Isadora will einen anderen: Edward Gordon Craig. Tatsächlich kann sie Singer von dieser Idee überzeugen, denn der schreibt an Craig und bittet ihn um seine Mithilfe – gegen ein fürstliches Salär von 50000 Franc. Craig stimmt umgehend zu: »Das ist eine sehr reizvolle Aufgabe und wir sollten sofort beginnen, denn die ersten Ideen sind immer die Besten.«[440] Als jedoch im Oktober 1912 in Zeitungsberichten über das Theater für Isadora Duncan berichtet wird, macht Craig einen Rückzieher. An einem Denkmal für Isadora will er nicht mitarbeiten. Nachdem es auch noch Probleme mit den Nachbarn gibt, die um ihre Nachtruhe fürchten, wird das Projekt Le Théâtre du Beau für unbestimmte Zeit auf Eis gelegt.

Leider bringt auch die gemeinsame Planung des Theaters Singer und Isadora einander nicht näher. Sie streiten fortwährend – bald auch ums Geld. Sie wirft es mit beiden Händen aus dem Fenster, er mahnt, trotz seines Vermögens, zur Bescheidenheit. Im Sommer 1912 schreibt Isadora an Singer: »Wenn ich Dir keine Freude mehr bereite – dann sag es jetzt. Du weißt, ich habe, ehe wir uns kennenlernten, niemals von jemandem etwas angenommen, und ich kann den Gedanken nicht ertragen, dass ich etwas von Dir annehme und Du mich nicht mehr liebst.«[441]

Sie lebt nun wieder mit den Kindern in ihrem Atelier in Neuilly-sur-Seine. Hier arbeitet sie mit dem britischen Pianisten Hener Skene, einem Cousin von Kathleen Scott, zusammen, der offenbar Gefallen daran findet, Tag und Nacht Klavier zu spielen. Die Fenster ihres Übungsraums stehen stets weit offen, Isadora sieht die Kinder im Garten spielen und tanzen. Nur allzu gern lässt sie sich beim Üben von den beiden unterbrechen. Sie genießt es, wenn ihre beiden Lieblinge in einer Ecke des Studios sitzen und Skenes Klavierspiel lauschen. Isadora ist hingerissen von der Anmut und dem Liebreiz ihrer Kinder. Niemals hätte sie ein solches Glück für möglich gehalten. Die Familie hat ihr kleines Paradies gefunden. Ein Paradies, zu dem auch rauschende Gartenfeste gehören – finanziert von Paris Singer. Es wird gefeiert, als gäbe es kein Morgen. Seit ihrem Ägyptenaufenthalt ist Isadora fasziniert vom Orient, was sich in zahlreichen orientalischen Kostümpartys niederschlägt. Mit Begeisterung besucht sie auch Bälle anderer Gastgeber, so zum Beispiel im Juni 1912 den legendären Olympischen Ball, den Paul Poiret in Versailles veranstaltet und für den die Gäste sich als Figuren aus der griechischen Mythologie verkleiden. Isadora kommt als Waldnymphe. Weil der Champagner an diesem Abend in Strömen fließt und die Gäste besonders ausgelassen tanzen und feiern, macht bald das Gerücht einer Orgie die Runde. Wenngleich man davon weit entfernt ist, so werden dennoch auch bei Isadoras Künstlerfesten die Moralvorstellungen der Zeit arg strapaziert. Ein gerngesehener Gast ist der legendäre Dichter und Frauenheld Gabriele D'Annunzio. Er hat sich in den Kopf gesetzt, Isadora zu erobern: »Was jedoch kein Kompliment für mich war, denn D'Annunzio wollte mit jeder namhaften Frau in der Stadt schlafen, er sammelte sie und hing sie sich an den Gürtel wie ein Indianer seine Skalps. Ich jedoch war fest entschlossen, ihm als einzige Frau der Welt heldenhaft zu widerstehen.«[442] Hauptgrund dafür ist vor allem ihre Freundschaft zu Eleonora Duse, deren große unglückliche Liebe D'Annunzio ist. Bei anderen Männern zeigt sie weniger Skrupel. Ganz offen verschenkt sie ihre Gunst. Ob Singer anwesend ist oder nicht, ist ihr dabei herzlich egal. Dem belgischen Schriftsteller Maurice Maeterlinck, der soeben mit dem Literaturnobelpreis ausgezeichnet wurde, bietet sie an, ein Kind mit ihr zu zeugen: »Madame, ich fühle mich geehrt. Aber Sie müssten zuerst meine Frau fragen.«[443] Bei einem Fest wirft sie sich einem gutaussehenden männlichen Gast zu Füßen, überreicht ihm Blumen und erklärt ihn zum Gott des Abends, dem zu Ehren sie tanzen wird. Auch für ihre Freunde kann Isadora manchmal peinlich sein.

Im November 1912 landet sie während einer persischen Nacht in ihrem Garten schließlich mit dem Bühnenschriftsteller Henry Bataille auf dem Diwan ihres Schlafzimmers. Singer kommt hinzu, als Bataille ihr gerade die Füße küsst. Es kommt zu einer schrecklichen Szene, Singer verlässt wütend das Haus. Isadora, im Bemühen, die Party zu retten, folgt ihm nicht, sondern tanzt für ihre Gäste. Ein Fehler, wie sich bald herausstellt: »Die Folgen des Abends waren tragisch. Lohengrin ließ sich durch nichts davon überzeugen, dass wir unschuldig waren, und schwor, mich nie mehr sehen zu wollen. Ich flehte vergeblich, und Henry Bataille war über den Vorfall so bestürzt, dass er sogar einen Brief an Lohengrin schrieb, leider ohne Erfolg. Das Einzige, was ich erreichen konnte, war, dass er mich noch einmal auf eine Autofahrt zu sehen versprach. Auf der Fahrt hallten seine bösen Beschimpfungen in meinen Ohren, dann wurde er plötzlich still, öffnete die Tür des Autos und schubste mich auf die Straße. Einsam und wie betäubt lief ich durch die nächtlichen Straßen. (…) Zwei Tage später erfuhr ich, dass er nach Ägypten abgereist war.«[444] Er reist nicht allein.

Während Isadora sich um ihr turbulentes Privatleben kümmert, haben die Mädchen ihrer Schule jegliche Hoffnung aufgegeben, noch einmal zu Isadora nach Paris zurückzukehren. Keine Rede ist mehr von einem Schulbeginn in Frankreich. Nachdem der Sommer 1910 ohne Nachricht von Isadora vergangen war, haben sich die Mädchen schließlich alle bei Elizabeth und Max Merz in Hessen eingefunden. Übergangsweise residiert die Schule in einer alten Villa in Frankfurt Sachsenhausen. Im Dezember 1911 ziehen sie in das neu errichtete Schulgebäude auf die Marienhöhe bei Darmstadt. 50 Kinder sollen hier unterrichtet werden. Eine davon ist die erst dreieinhalbjährige Sonja Gaze, die Elizabeth später ganz anders in Erinnerung hat als die Schülerinnen im Grunewald: »Die Schwester von Isadora führte die Duncan-Tanzschule auf eine warme, unkompliziert amerikanische Art. Sie war immer für uns da, von frühmorgens bis abends, leitete den Tanzunterricht, bestellte den Pianisten, plauderte mit dem Küchenpersonal, dem Gärtner, den Lieferanten und den Handwerkern. Ihre Freundlichkeit schien keine Grenzen zu kennen.«[445]

Diesmal wird von den Schülerinnen allerdings Schulgeld verlangt. Von den Berlinerinnen bleiben acht Mädchen, darunter Anna, Theresa, Irma, Lisa, Gretl und Erika, Isadoras Lieblingsschülerinnen. Anna ist nun 17 Jahre alt, und anders, als den Eltern einst angekündigt, kehrt sie nicht nach Hause zurück, sondern bleibt als Lehrerin in Darmstadt. Die Schule ist jetzt keine einfache Volksschule mehr, sondern eine Bildungsanstalt für höhere Töchter. Das ist nicht die einzige Veränderung, die Isadoras Zielen fundamental entgegensteht. Statt Freitanz stehen nun funktionale Körperkultur und musikalische Gymnastik auf dem Stundenplan. Die Kinder sollen keine Tänzerinnen werden, sondern nach Möglichkeit Lehrerinnen für körperlich-musikalische Erziehung. Isadoras Name ist aus dem Schulnamen getilgt worden. Der leitende Gedanke, der der Schule nun zugrunde liegt, ist laut Max Merz die »Veredlung der Rasse und Kultivierung, der aus diesem Streben sich notwendigerweise ergebenden ethischen wie ästhetischen Lebensäußerungen und Formen«.[446]

Max Merz will als Direktor weg von der »geistigen Überbürdung« der Frau mit allzu viel Bildung, hin zum gesunden weiblichen Körper, der mehr vom Instinkt und weniger vom Intellekt geprägt ist.[447] Der nun an der Elizabeth-Duncan-Schule herrschende Geist wird am Tag der Eröffnung, dem 17. Dezember 1911, bei der auch Isadoras alte Liebe Wagner-Schwiegersohn Henry Thode einen Vortrag hält, vor allem in einer Rede von Max Merz deutlich, in der er sich an die acht älteren Schülerinnen richtet: »Und nun noch eines, und dieses sollt ihr nie vergessen: Denkt daran, dass ihr deutsch seid und auf deutschem Boden groß gewachsen. Dass ihr dieses nie vergesst, dafür werde ich sorgen, so lange ich mit an der Spitze dieses Unternehmens stehe. Gerade ihr, die ihr internationalem Einfluss ausgesetzt seid und sein sollt, gerade ihr dürft unter keinen Umständen vergessen, dass Deutschland wenn nicht die wirkliche, so doch eure geistige Heimat ist. Ihr wisst und ihr habt es oft gehört, wie eure Führerin Elizabeth Duncan, die dem reich gesegneten Lande Kalifornien entstammt, an Deutschland hängt und Deutschland liebt, und dass sie genau weiß, warum Deutschland der richtige Boden für diese Schule ist. Vergesst nicht, dass deutscher Sinn und deutsche Art schwer wiegt in allen Höhen und Tiefen menschlichen Strebens.«[448]

Chauvinistisch patriotische Töne, nach denen es nicht verwundert, dass die Schule von den Nationalsozialisten problemlos in das Konzept der nationalsozialistischen Leibeserziehung eingegliedert werden konnte. Statt Imaginationskraft stehen nun Ausdauer- und Krafttraining auf dem Programm. Tanzen steht nicht länger im Vordergrund. Max Merz legt die neue Philosophie der Schule im Schulprogramm dar. Es gehe darum, die Vitalität zu stärken sowie die Ausbildung des Körper zu vervollkommnen, die Instinkte zu kultivieren und den Willen zu kräftigen, sowohl zu praktischer Arbeit als auch zur notwendigen wissenschaftlichen Betätigung angeleitet zu werden, den Charakter und das ethische Bewusstsein zu bilden, das natürliche Ausdrucksvermögen im ästhetischen Sinne zu vervollkommnen, und bei Talent wäre auch eine Steigerung dieses Ausdrucksvermögens hin zu einer künstlerischen Leistung möglich.[449] Ideen, mit denen Merz zwar mehr Förderer gewinnen kann, als es Isadora je vermochte, die jedoch gerade bei älteren Schülerinnen wie Irma auf heftige Kritik stoßen: »Um uns in ihr Konzept der vorbildhaften Körperkultur zu pressen, verpflichteten sie einen Offizier der schwedischen Armee, der uns in Gymnastik drillen sollte. Isadora hatte aber ausdrücklich gesagt, dass schwedische Gymnastik eine falsche Körperkulturmethode sei, weil die Vorstellungskraft darin keine Beachtung findet.«[450]

Es kommt zu offenen Auseinandersetzungen, die zunehmen, wann immer Isadora die Schule besucht, um mit den älteren Schülerinnen zu arbeiten. Die würden gern mit ihr gehen, doch

Merz und Elizabeth sind dagegen. Sie brauchen die Mädchen als Lehrerinnen und als Tänzerinnen. Die Auftritte der Schülerinnen bringen Geld und die Auftritte der kleinen Mädchen allein sind bei weitem nicht so spektakulär. Nur widerstrebend gestatten die beiden, dass die Mädchen ab und an nach Paris zu Isadora reisen. Merz ist zwar völlig dagegen, doch Elizabeth, die Frieden mit ihrer Schwester will, erlaubt es. Dennoch nehmen die Spannungen in Darmstadt, vor allem mit Irma, zu: »Ich für meinen Teil konnte während der ganzen Zeit, da ich Schülerin in Darmstadt war, Isadoras spirituellen Unterricht nicht in Einklang bringen mit der materialistischen Ideologie, die Elizabeth vertrat, oder den Rassentheorien von Max Merz. Ich war auch nicht bereit, ihre unbequeme, unkleidsame Schuluniform zu tragen, die aus kratzender grauer wollener Unterwäsche, ebensolchen Kleidern und grauen Wollsocken bestand, die wie lange Theaterhandschuhe aussahen und einen eigenen Platz für jede Zehe hatten. Letztere passten zu den eigens für uns angefertigten orthopädischen Schuhen, die ebenfalls einen Platz für jede einzelne Zehe boten. Ich kann die quälenden Schmerzen, die ich verspürte, wenn ich in diesen modernen Folterwerkzeugen herumlief, gar nicht beschreiben. Tante Miss genoss es, wenn sich ihre Schülerinnen schlecht fühlten. Nicht, dass sie mit gutem Beispiel vorangegangen wäre und diese Schuhe selbst getragen hätte. O nein, ihre unerbittliche spartanische Haltung inkludierte nicht die eigene Unbequemlichkeit.«[451]

Die Elizabeth-Duncan-Schule erlangt bald Vorbildcharakter für die Erziehung des gesunden neuen Menschen. Von Mai bis Oktober 1911 nimmt die gesamte Schule an der Internationalen Hygiene-Ausstellung in Dresden teil. Der Dresdner Industrielle Karl August Lingner, der in den 1890er Jahren mit dem Odol-Mundwasser ein Vermögen gemacht hatte, hat die Ausstellung initiiert, um das noch immer sehr rudimentäre Wissen der Menschen über Hygiene und den Umgang mit Hygieneartikeln zu verbessern. Gerade im Hinblick auf die Gefahr von Seuchen, die Ausbreitung von Tuberkulose und Geschlechtskrankheiten in den rapide anwachsenden Städten scheint dies dringend geboten. Die Sterberate von Säuglingen liegt aktuell bei 20 Prozent. Mit mehr als 5 Millionen Besuchern ist die Ausstellung ein gigantischer Erfolg. Auf dem 325 000 Quadratmeter großen Ausstellungsgelände werden 99 Pavillons errichtet, 13 davon als Länderpavillons anderer Nationen. Dort kann man sich über diverse Krankheiten und deren Vermeidung, Hygiene, Bekleidung und Körperpflege, gesunde Ernährung und Sport, Arbeitsschutz, Versicherungen, Wohnen und Verkehr informieren. Es geht um Trinkwasseraufbereitung, Schutzimpfungen und Luftverschmutzung sowie die Bekämpfung von Alkoholismus. Wachsmodelle bilden die Anatomie des Menschen ab und zeigen einzelne kranke Organe. Unter einem Mikroskop können Besucher lebende Bakterien bestaunen. Die jeweiligen Länder stellen eigene Forschungsergebnisse und Gesundheitskonzepte vor. Die Ausstellung wird zu einem wichtigen Impulsgeber für den modernen Städtebau. Der Reingewinn von über einer Million Reichsmark fließt in eine Stiftung zur Errichtung eines nationalen Hygiene-Museums ein, das im Mai 1930 eingeweiht wird. Doch neben fortschrittlicher Aufklärung sind auch die nationalistische Ideen der Zeit präsent. Während Frauenrechtlerin und Sexualreformerin Helene Stöcker in Dresden einen ersten internationalen Kongress für Mutterschutz und Sexualreform initiiert, informiert auf dem Gelände der Ausstellung ein Pavillon über Rassenhygiene.[452] Als gelungenes Beispiel für die »Überlegenheit der arischen Rasse« werden die Mädchen der Elizabeth-Duncan-Schule, die während der Ausstellung in der Villa eines Mäzens in Dresden wohnen, vorgeführt. Sie werden zum Inbegriff eines neuen gesunden Frauentypus sein, selbst wenn dafür ein wenig getrickst werden muss, wie Anna an ihre Mutter schreibt: »Ich habe nämlich von Tante Miss eine neues schönes graues Kleid bekommen. Es ist ganz lang und schmal nach einem Muster von Paul Poiret in Paris. (…) Wenn ich jetzt abends ausgehe, bin ich sehr fein. Alle meine Kleider werden lang gemacht, ich soll etwas älter und schlanker erscheinen.«[453] Gipsabdrücke von Körperteilen der Mädchen werden auf der Ausstellung als Beispiel dafür gezeigt, wie perfekt ein Körper durch die körperhygienische Erziehung der Duncan-Schule wird. Ärztliche Untersuchungen der Mädchen durch Frauenärzte und Rassehygieniker bestätigen dies und in einer Denkschrift ist zu lesen: »Während des etwa halbjährigen Aufenthalts auf der Dresdener Hygiene-Ausstellung 1911 haben wissenschaftliche Untersuchungen der Schülerinnen stattgefunden, die zu Resultaten führten, welche selbst die Erwartungen der rückhaltlosen Anhänger der Duncan'schen Bestrebungen noch um einiges übertrafen. (…) Der Rassehygieniker erblickt schon heute in ihr eine nicht unwichtige Stütze unserer in erhebliche Schwankung geratenden Volksgesundheit.«[454]

Eine Vereinnahmung, gegen die Irma aufs Heftigste protestiert: »Der Gipfel war schließlich die Hygiene-Ausstellung in Dresden 1911. In der großen Halle (wo die Besucher von dem gigantischen Modell eines durchsichtigen menschlichen Herzens, durch das man den Blutfluss sehen konnte, begrüßt wurden) waren wir Teil einer Ausstellung, die aus weißen Gipsabdrücken unserer Oberkörper und Gliedmaßen bestand. Mein eigener Beitrag war eine lebensgroße Nachbildung meines Arms von der Schulter bis zu den Fingerspitzen. Zudem wurden Modelle unserer Schuluniformen ausgestellt. Begleitet von Vorträgen von Mr Merz und Elizabeth gaben wir Mädchen täglich kostenlose Demonstrationen unserer physischen Stärke, erworben durch die Unterweisungen in schwedischer Gymnastik. Mit dieser

Ausstellung waren sie auf dem Höhepunkt ihrer Bemühungen um die Körperkultur in Deutschland angelangt. Als wir dann auch noch mit der Goldmedaille ausgezeichnet wurden, hatten sie all ihre Ziele erreicht.«[455] Mit dem Großen Preis der Hygiene-Ausstellung reist die Schule wieder nach Hause. Immerhin wartet dort Isadora, die es sich nicht nehmen lässt, ihre sechs Lieblingsschülerinnen auch weiterhin zu unterrichten. Als die Mädchen im Frühjahr 1913 wieder einmal nach Paris reisen, ist Isadora gerade von einem Gastspiel aus Russland zurückgekehrt. Nach Singers Abreise nach Ägypten hat sie im Januar 1913 zusammen mit ihrem treuen Freund, dem Pianisten Hener Skene, dort ein Engagement angenommen. Es sind seltsame Tage. Kurz nach der Ankunft in Kiew überkommen Isadora zum ersten Mal düstere Visionen. Noch schlaftrunken steigt sie am Hotel aus ihrem Schlitten, als sie an beiden Seiten der Straße aufgereiht kleine Kindersärge sieht. Entsetzt macht sie Skene darauf aufmerksam, doch der beruhigt sie: Da sei nichts, sie sei nur müde und überspannt: »Dort ist nur Schnee, der Schnee ist auf beiden Seiten der Straße verweht – eine Halluzination.«[456]

Gegen Ende der ersten Vorstellung, bei der sie ausschließlich Chopin tanzt, bittet Isadora Skene, Chopins Trauermarsch zu spielen. Ein Stück, das sie nie zuvor öffentlich aufgeführt hat. Als ihr Tanz vorbei ist, herrscht Totenstille im Publikum. Auch Skene ist leichenblass: »Verlangen Sie von mir nie wieder, das zu spielen. Ich habe den Tod selbst gespürt.«[457]

Um die trüben Gedanken zu vertreiben, lässt Isadora auf der Heimreise über Berlin Deirdre und Patrick zu sich kommen. Die fröhlichen und ausgelassenen Kinder schenken ihr einen Moment des Glücks. Doch zurück in Neuilly beginnen die Wahnvorstellungen erneut. Als sie eines Tages glaubt, durch ihr Studio würden drei schwarze Raben fliegen, erleidet sie fast einen Nervenzusammenbruch. Gut, dass inzwischen die sechs

Mädchen aus Darmstadt eingetroffen sind. Mit ihnen zu arbeiten lenkt Isadora ab, auch wenn das, was die Mädchen ihr nach zwei Jahren Darmstadt vortanzen, sie nicht glücklich macht, wie sich Irma erinnert: »Unsere Vorfreude wurde gleich am Tag unserer ersten Tanzstunde zunichtegemacht. Es war nur natürlich, dass Isadora (deren geistige Kinder wir waren) von unserem Tanz enttäuscht war. Vier Jahre reglementiertes Training unter der Anleitung ihrer Schwester hatten ihre Spuren hinterlassen. ›Sie sind grauenhaft, einfach grauenhaft! Unmöglich! Was soll ich nur mit ihnen machen?‹, klagte sie schier untröstlich ihrem Pianisten Hener Skene. Auch wenn das nicht ganz unerwartet kam, war ihr Reaktion doch ein ziemlicher Schock für ihre treu ergebenen Schülerinnen, die stumm, mit langen Gesichtern dastanden und sich wünschten, sie könnten unter einen Stein kriechen und sich dort verstecken. Ihre Worte trafen uns sehr: ›Was ist mit ihnen passiert? Sie tanzen ohne Seele, steif, ohne Ausdruck, ohne Emotion, wie Automaten!‹ Mit diesen Worten fällte sie ihr Urteil über die Elizabeth-Duncan-Schule, deren bedauernswerte Geschöpfe wir waren. Wir Mädchen, oder besser gesagt wir Opfer von Max Merz und seiner Obsession, was Körperkultur und Rassenhygiene anbelangte, ertrugen Isadoras Verdammnis schweigend. Wir schluckten ein paarmal, hielten unsere Tränen zurück und versuchten mit aller Kraft, wieder besser zu werden. Wir hofften, unter ihrer inspirierenden Anleitung würden wir ihren Geist zurückgewinnen und ihrem Ideal wieder näherkommen.«[458]

Im März 1913 tanzt Isadora zusammen mit den Mädchen im Trocadéro. Die Alpträume setzen ihr noch immer zu. Oft erwacht sie schweißgebadet, ohne sich erklären zu können, was sie so durcheinanderbringt. Seit längerem schon lässt sie nachts das Licht brennen. Mehrmals sieht sie aus dem Doppelkreuz, das ihrem Bett gegenüber an der Wand hängt, eine ganz in schwarz gehüllte Gestalt herauswachsen, die am Fuße ihres Bettes Platz nimmt. Schließlich sucht sie auf Anraten einer Freundin einen Nervenarzt auf, der ihr dringend zu einer Pause rät. Sie sei völlig überarbeitet. Weil sie ihren Vertrag mit dem Trocadéro dennoch erfüllen will, beschließt sie, sich mit den Kindern in Singers Villa nach Versailles zurückzuziehen und nur zu den Auftritten in die Stadt zu fahren. Und tatsächlich, in der Ruhe des großen Parks beruhigen sich Isadoras Nerven. Sie schöpft neue Kraft, findet wieder Freude am Tanzen. Nach einem wunderbaren Tag, den sie zusammen mit Mary Desti und Rodin im Garten von Versailles verbringt, tanzt sie am Abend des 18. April 1913, wie sie selbst sagt, so gut wie nie zuvor: »Ich war nicht länger eine Frau, ich glich einer lodernden Flamme, einem tanzenden Freudenfeuer. (…) Und plötzlich kam es mir vor, als säße Deirdre auf einer meiner Schultern und Patrick auf der anderen, in harmonischem Gleichgewicht; ich sah ihre lachenden, fröhlichen Kindergesichter, hörte ihr Kinderlachen, und meine Glieder kannten keine Müdigkeit.«[459]

Am frühen Morgen des 19. April 1913 erhält sie einen Anruf von Singer, der sie und die Kinder in Paris treffen möchte: »Es war ein milder grauer Morgen, die Fenster waren geöffnet und im Park sprossen die ersten Knospen. (…) Die Freude über den Frühling sowie der Anblick meiner glücklichen Kinder erfüllten mich mit solcher Glückseligkeit, dass ich aus dem Bett sprang und mit ihnen im Zimmer herumtanzte, bis wir alle drei vor Lachen fast umfielen. Die Kinderfrau sah uns dabei lächelnd zu.«[460]

Obwohl Nanny Sim zu Bedenken gibt, dass es angesichts des vorhergesagten Regens besser wäre, die Kinder blieben zu Hause, besteht Isadora darauf, mit allen zusammen nach Paris zu fahren. Sie nimmt zu Recht an, dass eine Versöhnung mit Singer im Angesicht der Kinder einfacher sein wird. Der freut sich tatsächlich sehr, beide Kinder zu sehen, liebt er doch Deirdre wie seine eigene Tochter. Bei einem gemeinsamen Mittagessen lässt er die Idee vom eigenen Theater wiederaufleben, das Isadora lächelnd ihrem Sohn Patrick widmen will, den sie für den Komponisten der Zukunft hält. Versöhnt und zukunftsfroh geht die kleine Gesellschaft auseinander. Isadora will in Neuilly bleiben, um sich für ihren Auftritt am Abend vorzubereiten. Annie Sim soll mit den Kindern nach Versailles vorausfahren. Vor dem Studio verabschieden sie sich und steigen in Isadoras Renault. Am Steuer sitzt ihr langjähriger Chauffeur Paul Morverand. Isadora gibt den Kindern durch die kalte Scheibe hindurch einen letzten dicken Kuss, dann eilt sie hinein. Zwei Stunden später geht ihre Welt unter: »Vor mir stand Lohengrin, der wie ein Trunkener hin und her wankte. Seine Knie gaben nach, er fiel vor mir nieder – und stammelte: ›Die Kinder… die Kinder… sie sind tot!‹«[461]

Paul Morverand war mit dem Wagen auf der Rue Chauveau nur ein paar Kilometer weit bis zur Kreuzung am Boulevard Bourdon gekommen, als er einem Taxi ausweichen muss. Dabei stirbt ihm der Wagen ab. Isadoras Wagen funktioniert, wie in jenen Jahren in Europa trotz der Erfindung des elektrischen Anlassers 1912 durchaus üblich, mit Ankurbeltechnik. Morverand muss aussteigen und den Motor neu ankurbeln. Ob er dabei vergisst, die Handbremse anzuziehen oder versehentlich den Gang einlegt, kann später nicht mehr nachvollzogen werden. Auf jeden Fall wirft er die Tür hinter sich zu. Als der Chauffeur die Kurbel betätigt, springt der Motor an. Der Wagen macht einen Satz nach vorne und fährt über den Boulevard Bourdon in Richtung Seineufer. Zwar schafft es Morverand noch, auf das Trittbrett zu springen und den Türgriff zu ergreifen, doch er stolpert und fällt vom Wagen. Dieser rollt ungebremst über den Bürgersteig und die abschüssige Böschung in die Seine. Vor den Augen des entsetzten Chauffeurs versinkt der Wagen in den Fluten. Die

Schreie der drei Eingeschlossenen sind deutlich zu hören. Wie die *London Times* berichtet, laufen einige Arbeiter, die Zeuge des Vorfalls werden, sofort zur Unglücksstelle, einer versucht wiederholt, nach dem Auto zu tauchen. Doch im trüben Wasser der Seine kann er den Wagen nicht ausmachen. Auch die umgehend alarmierte Feuerwehr ist machtlos. Erst professionellen Tauchern gelingt es, den Wagen ausfindig zu machen. Es vergeht mehr als eine Stunde, ehe er gehoben werden kann. Als man den Renault öffnet, kauern eng umschlungen auf der Rücksitzbank drei Menschen. Sie sind tot. Deirdre hat noch im Angesicht des Todes schützend ihr Ärmchen um ihren kleinen Bruder gelegt, während Nanny Sim offenbar versucht hatte, die Kinder mit Decken vor den Wassermassen zu schützen. Ihre Gesichter spiegeln eine unbeschreibliche Todesangst wieder. Augustin Duncan, der durch die Sirenen aufgeschreckt zur Seine gelaufen war, ist anwesend, als man die Wagentür öffnet. Er geht mit Fäusten auf Isadoras Chauffeur los, die Polizei kann ihn kaum zurückhalten. Dann informiert Augustin Singer, der sich umgehend zu Isadora begibt. Die reagiert mit staunender Ungläubigkeit: »Ich entsinne mich, dass mich zunächst eine auffallende Ruhe erfasste, nur meine Kehle brannte, als hätte ich glühende Kohlen verschluckt. Ich begriff einfach nichts, sprach ganz sanft zu ihm, versuchte, ihn zu beruhigen; ich sagte ihm, das könne nicht wahr sein (...) Alle um mich herum weinten – nur ich nicht. Im Gegenteil, ich hatte das ungeheure Bedürfnis, all die andern zu trösten. Im Rückblick verstehe ich kaum, in was für einer Gemütsverfassung ich mich befand. War es vielleicht ein Moment der Klarsichtigkeit, in dem ich wusste, dass der Tod nicht existiert, dass diese beiden bleichen wächsernen Abbilder gar nicht meine Kinder waren, nur deren überflüssige Hüllen? Dass die Seelen meiner Kinder im Licht weiterlebten und für immer strahlten?«[462] Als Mary Desti in Neuilly eintrifft, eilt Isadora ihr entgegen: »Mary, sag mir, dass es nicht wahr ist, sag, dass es nicht wahr ist. Meine Kinder sind nicht tot.«[463] Ähnliches erlebt die französische Schauspielerin Cécile Sorel, eine gute Freundin Isadoras: »Nachdem ich von der schrecklichen Tragödie gehört hatte, lief ich zu Isadoras Haus. Vor mir saß eine Frau, die zu Stein erstarrt war. ›Ist es wahr? Ist diese unmenschliche Qual ein Alptraum?‹, flüsterte sie. ›Wann werde ich aufwachen? Wird es lange dauern?‹ (…) Sie hatte noch nicht wirklich begriffen, was passiert war.«[464] Es dauert, bis das schier Unfassbare zu Isadora durchdringt: »Nur zweimal hört eine Mutter ihre Schreie, als kämen sie nicht von ihr selbst – bei der Geburt und beim Tod. Als mir klar wurde, dass ihre kleinen Finger den Druck meiner Hände niemals wieder erwidern würden, hörte ich meine Schreie, dieselben wie bei ihrer Geburt.«[465] Sie unternimmt es selbst, Deirdres Vater, Edward Gordon Craig, von den tragischen Ereignissen zu informieren: »Unsere kleine Tochter Deirdre wurde heute ohne zu leiden von uns genommen, ebenso mein Sohn Patrick. Dieses Leid ist nicht in Worte zu fassen. Ich sende Dir meine ewige unsterbliche Liebe = Isadora.«[466] Deirdre ist nur sechseinhalb, Patrick knapp drei Jahre alt geworden.

Isadora lässt die Kinder in ihr Studio nach Neuilly bringen. Mary Desti übernimmt es, sie zu waschen und zu kleiden. Dann holt sie Isadora: »Wie eine Statue kam sie mit Augustin auf der einen Seite und mir auf der anderen die lange Treppe herunter, die zu ihrem großen Studio führte. Nachdem wir die Bibliothek betreten hatten, kniete sie sich behutsam, ganz behutsam neben die beiden hin, nahm ihre kleinen Hände in die ihren, und nach einem Schrei, der mein Herz durchbohrte und den ich nie werde vergessen können, flüsterte sie: ›Meine Kinder, meine armen Kinder.‹«[467] Singer erleidet einen Zusammenbruch. Er wird in ein Krankenhaus eingeliefert. Wie und ob Isadora das überleben wird, weiß niemand. Die nächsten Tage isst sie nicht, schläft sie nicht, wechselt nicht einmal ihre Kleidung. Beruhigungsmittel lehnt sie ab. Die Ärzte empfehlen Mary Desti, Isadoras Lieblingsschülerinnen zu ihr zu bringen. Wie Irma berichtet, gehen die Mädchen als Erstes zu den toten Kindern: »Wir kamen durch einen Seiteneingang herein. Das Haus lag in tiefem Schweigen, nur die blauen Alabasterlampen waren entzündet und tauchten alles in gedämpftes Licht. Mit ängstlichem Herzen betrat ich die Bibliothek im Erdgeschoss. Da, auf einem Sofa, das mit einem schwarzen Seidenschal bedeckt und über und über mit kleinen Blüten geschmückt war, lagen die leblosen Körper der beiden Kinder. Sie lagen eng beieinander, ihre blonden Köpfchen berührten sich. Deirdre hatte ihren rechten Arm liebevoll um ihren kleinen Bruder gelegt, ganz so, als wolle sie ihn noch im Schlaf beschützen. Wie oft hatte ich die beiden so zusammen gesehen. Trotz der ganzen Blumen und der flackernden Kerzen, die überall aufgestellt waren, konnte ich nicht glauben, dass sie tot waren. Als ich sie sah, war ich eher geschockt als traurig. Ich konnte nicht weinen.«[468] Dann suchen sie Isadora auf. Irma steht noch Jahrzehnte später unter dem Eindruck dieser Begegnung: »Das war der Moment, den ich am meisten fürchtete. In dem halbdunklen Raum konnte ich sie zuerst kaum erkennen. Unbeweglich wie eine Statue, den Kopf in den Nacken gelegt, saß sie mit geschlossenen Augen in einem Lehnstuhl. Tränen rannen über ihr Gesicht. Ihr übliches Lächeln und ihr einnehmendes Antlitz hatten sich durch den unbeschreiblichen Schmerz in eine gequälte Maske verwandelt. Sie war das personifizierte Martyrium, glich einer hölzernen gotischen Heiligenstatue. In dem Augenblick, da wir ihre stille Agonie erblickten, begannen wir alle zu weinen. Ich stand ganz nah bei ihr und ich konnte nicht aufhören zu schluchzen. Da sah sie mich an, nahm mich in ihre Arme und zog meinen Kopf an ihre Brust. Durch mein Weinen hindurch konnte ich hören, wie sie mit zärtlicher, unendlich trauriger Stimme sagte: ›Jetzt müsst ihr meine Kinder sein.‹ Ich bezweifle, dass viele Frauen auf dieser Welt, mich eingeschlossen, in einem so tragischen Moment in der Lage wären, solch eine menschliche Größe zu zeigen. Dass sie in ihrem Herzen keinen Funken Bitterkeit gegenüber ihren angenommenen Kindern hegte, die unversehrt vor ihr standen, während ihre eigenen tot dalagen, zeigt die Erhabenheit ihrer Seele. Wenn alle Menschen am Ende danach beurteilt werden, wie sie sich auf Erden verhalten haben, dann würde ich sagen, das war Isadora Duncans größte Stunde.«[469] Isadora sorgt dafür, dass ihr Chauffeur, der von der Polizei nach dem Unglück verhaftet worden war, wieder freikommt. Sie macht ihm keine Vorwürfe: »Er ist ein Familienvater, und ich muss wissen, dass man ihn freigelassen hat, sonst werde ich keine Ruhe finden«, schreibt sie an den Staatsanwalt.[470]

Die Nachricht vom Unglück geht um die Welt, samt Fotos der Bergung. Auch dass Deirdre und Annie Sim bei der Bergung bereits tot gewesen seien, Patrick aber noch verhaltene Lebenszeichen gezeigt hätte, erfahren die geschockten Leser. Doch obwohl man ihn umgehend in ein Krankenhaus gebracht hätte, sei er nicht mehr zu retten gewesen. Preston Sturges, der an diesem Tag eigentlich mit nach Versailles hätte fahren sollen, aufgrund einer Verfehlung seinerseits aber nicht durfte, berichtet, wie geschockt alle Welt war, aber auch, mit welcher Häme einige reagierten. Wie manch braver Bürger das Unglück als Strafe Gottes für Isadoras liederlichen Lebenswandel interpretierte. Schließlich seien die Kinder ja nicht einmal getauft gewesen. Doch die Anteilnahme am Leid der Mutter überwiegt. Stella Campbell schreibt an George Bernard Shaw: »Ich öffne die Zeitung und lese von Isadora Duncans herzzerreißendem Kummer (…) Mir ist, als müsste man in diesen ersten furchtbaren Tagen zu ihr gehen und zu verhüten versuchen, dass sie wahnsinnig wird – sie kann nie wieder tanzen – Liebe wird für sie immer den Tod bedeuten – und der Anblick kleiner Kinder wird ihr immer das Herz brechen – sie liebte sie, die so liebenswert waren, und trotzte damit der Welt.«[471] Der Komponist Maurice Ravel wagt kaum, sich dem Trauerhaus zu nähern, wie aus einem seiner Briefe an Igor Strawinsky hervorgeht: »Es ist so schrecklich und so unfair!«[472]

Am 22. April 1913 findet die Beerdigung statt. Isadora, die mit der Kirche gebrochen hat, will kein christliches Begräbnis. Die Trauerfeier findet in Neuilly statt, musikalisch umrahmt vom Édouard-Colonne-Orchester. Deirdre und Patrick werden offen aufgebahrt, Annie Sims Sarg wurde geschlossen. Kein Make-up der Welt hatte den unendlichen Horror in ihrem Gesicht tilgen können. Isadora verbittet sich schwarze Kleidung, sie will den letzten Erdentag ihrer Kinder zu einem Fest der Schönheit machen. Die trauernde Mutter leistet Übermenschliches: »Keine Tränen Mary, keine Tränen. Sie kannten keine Traurigkeit und wir dürfen heute nicht traurig sein. Ich will tapfer sein und dem Tod eine Schönheit geben, als Hilfe für alle Mütter auf der Welt, die ihre Kinder verloren haben.«[473] Neuilly gleicht einem Blumenmeer. Nach einer sehr bewegenden Feier machen sich die Anwesenden auf den Weg zum Friedhof Père-Lachaise. Paris Singer bricht beim Anblick der kleinen weißen Särge erneut zusammen, kann dem Trauermarsch nicht beiwohnen. Als die weiße Kutsche mit den blumengeschmückten Särgen gezogen von weißen Pferden durch die Stadt zum Friedhof rollt, hält ganz Paris den Atem an. Preston Sturges berichtet: »Als wir die Straßen entlanggingen, blieben die Passanten stehen. Die Männer zogen ihre Hüte, die Polizei salutierte und die Frauen bekreuzigten sich.«[474] Und Cécile Sorel ergänzt: »Niemals gab es eine bewegendere Trauerfeier. Ganz Paris begleitete diese beiden jungen Blumen, die zu früh geschnitten worden waren. Allein schritt Isadora an der Spitze eines endlosen Trauerzuges. Sie ähnelte einer Trauernden in antiken Zeiten.«[475]

Da Isadora ihre Kinder unter keinen Umständen, wie sie sagt, von Würmern zerfressen lassen will, besteht sie, entgegen den herrschenden Gesetzen, die dies bei Kindern nicht vorsehen, auf einer Feuerbestattung. Durch eine Verkettung unglücklicher Umstände ist sie noch im Krematorium, als die Särge verbrannt werden. Mary Desti ist entsetzt: »Ich drehte mich zu ihr um und bat sie inständig zu gehen. (…) Ich glaube, wenn wir auch nur eine Sekunde länger geblieben wären, wäre sie gestorben.«[476] Als alles vorbei ist, kehrt Isadora nach Neuilly zurück. Niemand kann sich vorstellen, dass sie je wieder tanzen kann: »Würde Isadora jemals wieder tanzen? Diese Frage schwirrte ununterbrochen durch unsere Gedanken. Es schien nicht sehr wahrscheinlich«, schreibt Irma. »Später hat sie uns einmal gestanden, dass sie in diesen dunkeln Momenten daran dachte, sich umzubringen.«[477] Nicht wenige fürchten, Isadora werde den Verstand verlieren. Die Lieben ihres Lebens sind ihr in diesen Stunden keine Hilfe. Edward Gordon Craig, der seine Tochter verloren hat, ist nicht einmal zur Beerdigung gekommen. Harry Graf Kessler hat in seinem Namen zwei Blumenbouquets aus weißen Lilien abgelegt. Seine Mutter, Ellen Terry, ist entsetzt, mahnt ihn, sich um Isadora zu kümmern, doch er ist dazu nicht in der Lage: »Was ich fühle und denke, darüber kann ich nicht sprechen (…) Ich habe beschlossen, nicht hinzufahren. An die Arbeit! In gewisser Weise war ich dort. Das reicht und ich weiß, dass Isadora es versteht.«[478] Er stürzt sich in die Arbeit. Isadoras Leid überfordert ihn ebenso sehr wie sein eigenes. In seinen Briefen an Isadora ist seine Hilflosigkeit spürbar. Hilflosigkeit, die Isadora verzeiht.

Sie flieht aus Paris, reist zusammen mit Augustin nach Korfu. Um sich abzulenken, will sie sich Raymond und Penelope anschließen, die ein Hilfsprojekt für Flüchtlinge aus dem gerade zu Ende gegangenen Ersten Balkankrieg und dem gerade begonnenen Zweiten Balkankrieg, die dem Ersten Weltkrieg vorangehen gründen wollen. Elizabeth übernimmt es, die Mädchen nach Darmstadt zurückzubringen, und reist ihrer Schwester dann hinterher. Während die Geschwister Isadora bedingungslos zur Seite stehen, bleibt Dora Duncan als Mutter und Großmutter während dieser Tragödie seltsam unsichtbar. Dabei könnte Isadora ihre Unterstützung nur zu gut gebrauchen. Sie verharrt weiterhin in Schockstarre: »Später erzählte man mir, ich habe Tage und Wochen nur dagesessen und vor mich hin gestarrt. Ich war ohne Zeitgefühl, ich hatte eine öde graue Leere betreten, in der kein Lebenswille existiert. Wie Niobe war ich zu Stein erstarrt, ich saß da und empfand nur eine Sehnsucht: im Tod Erlösung zu finden.«[479] Stundenlang geht sie am Strand spazieren. Sie wirkt alt und gebrochen, ihr langes volles Haar ist mit einem Schlag grau geworden. Eines Tages schneidet sie es ab und wirft es ins Meer: »Ich weiß, dass ich in Wirklichkeit mit meinen Kindern gestorben bin. Ich sehe nicht, was übrig blieb.«[480] Als Paris Singer, der sich nach London zurückgezogen hat, eines Tages anreist, überfällt sie ihn mit dem Wunsch nach einem neuen Kind. Er weist sie entsetzt zurück. Ohne eine Nachricht zu hinterlassen, verlässt er die Insel: »Ich sah den Dampfer, der sich von Korfu entfernte, und wusste, dass er an Bord war; kleiner und kleiner wurde das Schiff über den blauen Wassern und ich blieb erneut alleine zurück.«[481]

Auch von Edward Gordon Craig hat sie keinen Trost zu erwarten. Zwar schreibt er ihr immer wieder aufmunternde Worte, doch aus seinen Notizen geht hervor, was er wirklich denkt: »Sie hätte ihre Kinder niemals verloren, wenn sie kapiert hätte, dass Kinder zu haben ein paar Verpflichtungen mit sich bringt. Jemand muss für sie sorgen & dieser jemand ist immer die MUTTER. Es scheint, als wäre sie sich dieser Tatsache niemals bewusst gewesen. – Sie hat sie einfach der Gouvernante überlassen oder dem Nächstbesten, der zur Verfügung stand. (…) Sie wären nicht so gestorben, wie sie gestorben sind, hätte ihre MUTTER auf sie aufgepasst. Sie hat es ganz einfach versäumt, auf sie aufzupassen – & ich glaube, ihr Kummer verliert ein bisschen an Bedeutung, wenn man sich klarmacht, dass es ihre eigene Schuld war. War es eine Strafe der Götter? Ja, das war es – es hat so etwas Homerisches an sich. Irgendwie berühren mich ihre Tränen nicht – sie machen mich nur wütend.«[482] Vorwürfe eines Mannes, der sich um seine eigenen Kinder niemals gekümmert hat, die gemeinsame Tochter Deirdre als Baby kaum wahrgenommen hat und sie nach Jahren der Trennung zum ersten Mal besucht hat, als sie schon sechs Jahre alt war. Als sie ihm dann ablehnend, ja wie feindselig gegenübergestanden hatte, führte er dies auf Isadoras schlechten Einfluss zurück. Jetzt aber maßt er sich ein Urteil an. »Isadora hat Kinder geboren und es nicht geschafft, sie zu beschützen.«[483]

Raymonds Hilfsprojekt verschafft Isadora tatsächlich ein wenig Ablenkung. Er hat in Epirus, einem besonders heiß umkämpften Gebiet zwischen Griechen und Albanern, auf Seiten der Albaner in Nordepirus ein Selbsthilfeprojekt auf die Beine gestellt, bei dem Frauen Wolle spinnen und in einer eigens für sie errichteten Weberei Bettüberwürfe anfertigen. Die Duncans verteilen Lebensmittel und helfen, wo immer sie können. Vielen Geflohenen retten sie damit das Leben. Isadora hilft tatkräftig mit. Doch nachts, wenn alles still ist, kommt der Schmerz mit aller Macht zurück: »In den Nächten liege ich wach und blicke in die Sterne – manchmal, wenn der Morgen schon graut, sehe ich einen wundervoll strahlenden Stern – ich denke, ich bin dort – das, was von mir übrig ist.«[484] Ihr Unglück hat sogar Elena Meo, Craigs Londoner Lebensgefährtin, erschüttert. Sie bietet ihr an, nach London zu kommen, und spricht aus, was viele denken: »Ihr Leid ist so groß, dass es dafür keine Worte gibt.«[485] Tatsächlich wird Isadora Elena bei einer ihrer Reisen nach London, wo sie die Bettüberwürfe aus dem Hilfsprojekt verkauft, besuchen. Der Besuch wird zum Fiasko: Eine glückliche Mutter mit vier quietschlebendigen Kindern – noch dazu von Edward Gordon Craig – zu sehen, übersteigt Isadoras Fähigkeiten: »Auch wenn man zu leben scheint, gibt es doch eine Trauer, die tötet. Man kann seinen Körper zwar noch auf seinem mühseligen Weg über die Erde schleppen, aber die Lebensgeister sind erloschen – für immer.«[486] Bald ist ihr auch das Elend in Nordepirus zu viel. Sie konstatiert zu Recht, dass sie eine Künstlerin und keine Heilige ist, und reist nach Konstantinopel ab. Dann geht es weiter in die Schweiz. Doch die Gesellschaft anderer Menschen wird für sie immer unerträglicher. Am Ende kehrt sie nach Neuilly zurück, wo sie einen Zusammenbruch erleidet: »Hier nun weinte ich zum ersten Mal. Alles im Haus erinnerte mich mit grausamer Deutlichkeit an die Tage meines Glücks. Ich glaubte fast, die Stimmen meiner Kinder im Garten zu hören, und als ich eines Tages das kleine Gartenhaus betrat, wo sie gewohnt hatten, und ihre Kleidungsstücke und Spielsachen herumliegen sah, konnte ich nicht mehr – es war mir unmöglich, in Neuilly zu bleiben. Nachts fand ich keinen Schlaf, denn der Fluss, in dessen Fluten meine Kinder ertrunken waren, strömte in beängstigender Nähe am Haus vorbei.«[487] Sie setzt sich ins Auto und fährt Richtung Italien. Rastlos streift sie durch Venedig, Rimini und Florenz. Hier lebt noch immer Edward Gordon Craig, doch sie schafft es nicht, ihn aufzusuchen. Allein und verzweifelt streift sie durch die Stadt: »Hätte mich dieser Schmerz früher im Leben ereilt, hätte ich ihn vielleicht überwunden; wäre er viel später gekommen, hätte er mich vielleicht nicht so schwer getroffen. Aber zu diesem Zeitpunkt, in der Fülle meiner Lebenskraft, zerschlug er mich und lähmte meine Schwingen.« [488]All ihre Gedanken kreisen um ihre toten Kinder: »Ich sehe Deirdre & Patrick immer Seilhüpfen und herumtanzen und dann liegen sie plötzlich weiß & starr & kalt da – und in mir drin schreit alles: ›Was soll das bedeuten?‹ Wäre ich doch nur bei ihnen gewesen – aber die Kinderfrau war an meiner Stelle.«[489]

In ihrer größten Not erhält sie ein Telegramm von Eleonora Duse aus Viareggio: »Ich bitte Dich, komm zu mir, ich will alles versuchen, um Dich zu trösten.«[490] Plötzlich wird Isadora klar, dass die Duse tatsächlich die einzige Person ist, die sie sehen möchte. Die große Schauspielerin ist die Erste, die Isadora auffordert, über ihre Kinder zu sprechen, mit ihr Fotos ansieht, sie nicht dazu drängt, alles hinter sich zu lassen. Trauerbewältigung, die Isadora so guttut, dass sie eines Tages im Salon der Duse zur Pianobegleitung des angereisten Hener Skene zu tanzen beginnt. Gleichwohl fürchtet sie sich noch immer, den Verstand zu verlieren. Als sie einmal am Strand ihre Kinder zu sehen und deren Stimmen zu hören glaubt, läuft sie ihnen glückselig hinterher. Doch es ist nur ein Trugbild. Voller Verzweiflung lässt sie sich in den Sand fallen. In diesem Moment taucht Romano Romanelli, ein italienischer Bildhauer der Avantgarde, auf, und nimmt sie mit nach Hause. Sie steht Romanelli Modell für seine Skulptur der Brünhild und beginnt eine kurze verzweifelte Affäre mit ihm, die Isadora neues Leben schenkt: Am Ende dieses Sommers ist sie schwanger. Dass Romanelli verlobt ist und zu seiner Verlobten zurückkehrt, ist Isadora einerlei. Alles, was sie wollte, ist ein Kind. Sie ist überzeugt davon, dass sie im Lächeln dieses Kindes Deirdre und Patrick wiederbegegnen wird, die beiden wieder zum Leben erwecken kann. Eleonora Duse schwankt zwischen Entsetzen und Bewunderung: »Sie war ganz von dem Wunsch erfüllt, sie noch einmal lebend zu sehen! Was für eine Kühnheit, welche Kraft, was für eine Torheit, was für ein Adel, welch qualvoller Irrtum, welch großartige Frische des Herzens. (...) Dies großartige gefährliche Geschöpf kann nicht verstehen, dass es ›Unwiederbringliches‹ gibt. Ihre Weitherzigkeit ist ebenso groß wie ihre irrige Einbildungskraft.«[491] Doch Isadora lässt sich nicht beirren. Den Jahreswechsel verbringt sie zusammen mit Hener Skene in Rom, da erreicht sie ein Telegramm von Singer. Er hat in der Nähe von Paris ein Chateau mit großer Parkanlage erworben, in dem Isadora nun endlich ihre Schule gründen soll, und bittet sie zurückzukommen. Sie soll wieder arbeiten und wieder tanzen. Mit einem neuen Leben unter ihrem Herzen kehrt Isadora nach Paris zurück, doch in ihren Ohren hallt die Warnung ihrer Freundin Eleonora Duse: »Isadora, versuche nie wieder, das Glück zu zwingen! Auf deiner Stirn erblicke ich das Mal der von Unheil Gezeichneten ... Was bisher geschehen ist, ist nur das Vorspiel!«[492]

In Paris erfährt Singer von Isadoras Schwangerschaft und ihrer Wunschvorstellung, dadurch die Kinder wieder zum Leben erwecken zu können. Er akzeptiert es, erkennt, dass sie nur dadurch in der Lage ist, ihren Schmerz auszuhalten. Vielleicht wird dieses Kind sie zurück ins Leben holen – ebenso wie die geplante Schule. Singer hat den Pavillon de Bellevue in Meudon, zwölf Kilometer südwestlich von Paris, gekauft. In dem zuletzt als Hotel genutzten Gebäude mit seinen vielen, vielen Räumen hat man von der Terrasse aus einen wunderbaren Blick auf Paris. Ludwig XV. hatte die Anlage einst für Madame de Pompadour errichten lassen. Nun soll sie das »Dionysion«, den »Tempel des Tanzes der Zukunft«, beherbergen.

Nach umfangreichen Umbauten wehen bald die berühmten blauen Vorhänge durch den ehemaligen Speisesaal, der jetzt ein Tanzsaal ist. Isadora, die noch nicht in der Lage ist, selbst zu unterrichten, möchte, dass ihre sechs Lieblingsschülerinnen aus Darmstadt ihr im Dionysion zur Seite stehen. Sie bittet sie, endgültig zu ihr nach Paris zu kommen. Obwohl Max Merz strikt dagegen ist, lässt Elizabeth die Mädchen gehen. Nach allem, was passiert ist, bringt sie es nicht über das Herz, Isadora diesen Wunsch abzuschlagen. Anna Denzler aber schreibt an ihren Vater: »Und nun ist Isadora der Sache müde, dass wir immer wieder fort sollen und ihre Arbeit ohne sie zeigen und möchte zu einem Resultat kommen, entweder sind wir ganz bei ihr oder sie unterrichtet uns nicht mehr. (…) Ich bin nun dahin gekommen, Dir, lieber Vater, zu sagen, dass meine Idee ist, bei Isadora weiter zu arbeiten, oder sagen wir ›der Idee‹ treu zu bleiben. (…) D. h. ich vergesse nicht und schätze, was ich in und durch Darmstadt gewonnen habe und sehe das nur als einen Schritt in die Zukunft an. Wenn das Schicksal mir erlaubt, aus mir einen tüchtigen Menschen zu machen, dann muss ich mir Isadora als Meister wählen, das habe ich mir nach langem Überlegen und Überzeugung zum Entschluss gemacht.«[493] Bereits im Januar 1914 treffen die Mädchen überglücklich in Paris ein. Drei Monate später reisen sie nach Russland, um auch hier geeignete Schüler zu suchen.

In Bellevue lässt Isadora auch die Idee vom eigenen Theater wieder aufleben. Sie etabliert einen Künstlersalon. Rodin, der junge Jean Cocteau, Ellen Terry und Eleonora Duse sind unter den Gästen. Rodin, der ebenfalls in Meudon lebt, zeichnet mit Begeisterung die jungen Tänzerinnen samt dem einzigen Tänzer – dem achtjährigen Jean. Es scheint, als würde Isadora wieder zu sich finden, doch das ist nur die halbe Wahrheit: »Das Leben in Bellevue begann gleich morgens mit einem Aufruhr der Freude; man hörte die kleinen Füße die Korridore entlangrennen, Kinderstimmen lachten und sangen. Bis ich hinunterkam, waren alle schon im Tanzsaal versammelt, und bei meinem Anblick riefen die Kinder: ›Guten Morgen, Isadora!‹ Wer hätte in einer solchen Atmosphäre schon Trübsal blasen können? Aber wenn meine Augen in der fröhlichen Schar vergeblich nach den zwei fehlenden Gesichtern Ausschau hielten, dann ging ich in mein Zimmer und weinte still.«[494]

Am 26. Juni 1914 treten Isadoras Elevinnen mit großem Erfolg zum ersten Mal im Trocadéro auf. Sie selbst hält sich im Hintergrund, ihre Schwangerschaft soll nicht publik werden. Zwei Tage nach dem umjubelten Auftritt im Trocadéro werden der österreichische Thronfolger Erzherzog Franz Ferdinand und seine Gemahlin in Sarajewo erschossen. Die politischen Zeichen stehen auf Sturm, alles deutet darauf hin, dass es in Europa bald Krieg geben wird. Singer bringt Isadoras Schülerinnen nach England in sein Landhaus in Devonshire. Sie sollen die Ferien dort verbringen, mit einigem Abstand zu den Geschehnissen auf dem Kontinent. Es wird still in Bellevue. Am 15. Juli 1914 bricht ein Feuer aus, Isadora flieht in ein Hotel. Die Geburt ihres Kindes steht kurz bevor. Am 28. Juli 1914 erklärt Österreich-Ungarn Serbien den Krieg. Aus dem Deutschen Reich folgt am 1. August die Kriegserklärung an Russland, am 3. August die an Frankreich. Mit Beginn des Ersten Weltkriegs setzen bei Isadora die Wehen ein. Da ihr Leibarzt bereits seinen Einberufungsbefehl erhalten hat und bei der Geburt nicht anwesend sein kann, klappert sie zusammen mit Mary Desti sämtliche Krankenhäuser der Umgebung nach einem Arzt ab. Schließlich kehren die Frauen nach Bellevue zurück. Der einzige Arzt, den sie aufgetrieben haben, wird Isadora keine Schmerzmittel verabreichen, sondern sie zu mehr Haltung ermahnen. Während draußen vor ihrem Fenster die Mobilmachung ausgerufen wird, hält Isadora nach vielen quälenden Stunden endlich ihren kleinen Jungen in den Armen: »So groß und schrecklich auch das Entsetzen und die Schmerzen dieses fürchterlichen Jahres gewesen waren – jetzt löste sich alles in einem ungeheuren Gefühl der Freude auf. Alles wurde durch diesen Augenblick gutgemacht. In einem Wimpernschlag verwandelten sich all die endlosen Stunden der Trauer und Angst in helle Freude. (…) Vor meinem Fenster wogte ein Auf und Ab von Menschen, Stimmengewirr, das Weinen von Frauen, aber ich hielt mein Baby im Arm und wagte es im Angesicht der Katastrophe, strahlend und glücklich zu sein.«[495]

Am Abend kommen die ersten Gratulanten, um den neuen Erdenbürger zu bestaunen. Es gibt keinen, der Isadora ihr Glück nicht von Herzen gönnt. Die versucht, in ihrem Baby ihre toten Kinder zu erkennen: »Wer bist du? Bist du Deirdre oder Patrick? Bist du zu mir zurückgekehrt?«[496] Da fängt der kleine Junge plötzlich an zu röcheln, er bekommt ganz offensichtlich keine Luft mehr. Isadora schreit verzweifelt nach einer Krankenschwester. In den nächsten Minuten hört sie aus dem Nebenraum Worte wie »Sauerstoff« und »heißes Wasser«. Nach etwas mehr als einer Stunde ist es schreckliche Gewissheit: Isadoras Baby ist tot. Augustin und Mary überbringen ihr die schreckliche Nachricht. Marys Mitleid mit der Freundin ist grenzenlos: »Es gibt keine Worte, die das Leid beschreiben könnten, das über Isadora kam. Sie schloss einfach nur die Augen. Augustin verließ das Zimmer und ich saß schweigend neben ihr. (…) Als sie nach einer Weile die Augen aufschlug, bat sie mich, ihr eine Tasse Tee zu bringen. Ich fürchtete mich, als ich das Zimmer verließ. Es dämmerte bereits und dieser riesige Palast mit seinen 200 eigenartigen Zimmern und den nahezu 80 Bädern, der großen unheimlichen Wendeltreppe und dem toten Baby, das da irgendwo ganz alleine lag – meine Knie zitterten, als ich die beiden Treppen hinunter in die Küche stieg. Ich kochte Tee und ging die Stufen wieder hinauf, wobei ich in jeder Ecke Geister und Schatten sah. Es wird mir immer ein Rätsel bleiben, wie ich meinen Weg durch die nun schon dunkle Halle zurück in Isadoras Zimmer fand.«[497]

Isadora wird über diese Stunden in ihren Memoiren nur Folgendes schreiben: »Ich glaube, dass ich in diesem Augenblick den Höhepunkt jedes menschlichen Leidens erreicht hatte, denn mit dem Tod dieses Kindes starben auch Deirdre und Patrick ein zweites Mal. Meine Freundin Mary kam und trug weinend die Wiege hinaus. Im Nebenzimmer hörte ich Hammerschläge, ein kleiner Sarg wurde zugenagelt, der die einzige Wiege meines armen Kindes sein sollte. Jeder einzelne dieser Schläge traf mein Herz, es waren die letzten Takte äußerster Verzweiflung. Ich lag dort auf meinem Bett, hilflos und niedergeschmettert, aus mir strömten Tränen, Milch und Blut.«[498]

Die schlimmste Phase einer großen Trauer
ist nicht der Anfang, sondern
wenn die Leute sagen:
›Oh sie ist darüber hinweg‹.

(Isadora Duncan)

»Du bist unbesiegbar und deshalb kannst du nicht scheitern!«

VIII.

Eine Amazone auf dem Kalvarienberg der Gefühle

Die politische Entwicklung lässt Isadora keine Zeit zu trauern. Die ehedem so rücksichtsvollen Freunde mahnen jetzt, das eigene Leid zähle nicht angesichts dessen, was sich auf den Schlachtfeldern abspielt. Es sei bedeutungslos, genau wie die Kunst: »Wenn ich damals nur einen Funken Verstand besessen hätte, hätte ich antworten sollen, ›Kunst ist größer als das Leben‹, und ich hätte in meinem Studio bleiben und Kunst schaffen sollen. Ich jedoch schloss mich der übrigen Welt an und sagte: ›Nehmt alle dies Betten, nehmt das ganze Haus, das der Kunst gewidmet war, und macht daraus ein Krankenhaus für die Verwundeten.‹«[499] Bellevue wird in ein Kriegslazarett umgewandelt, Isadora selbst zieht sich in ein paar wenige Räume zurück. Als man sie nach einigen Wochen auf einer Tragbahre durch ihre ehemalige Schule trägt, bemerkt sie, dass all ihre Künstlerreliefs, alle tanzenden Faune, alle Nymphen und Satyrn von den Wänden abgeschlagen und durch naive Christusdarstellungen ersetzt wurden. In den ehemaligen Tanzsälen stehen nun endlose Bettreihen mit schwer verwundeten Soldaten. Die Bibliothek hat man zum Operationssaal umfunktioniert: »Dionysos war ausgelöscht worden, dies war das Reich von Christus nach der Kreuzigung.«[500]

Ende September 1914 ist sie so weit wiederhergestellt, dass sie zusammen mit Mary Desti, die in den letzten Wochen nicht von ihrer Seite gewichen ist, Paris verlassen kann. Sie reisen ans Meer, wo es Isadora beharrlich hinzieht, wenn sie Schutz und Geborgenheit sucht. Im bei Künstlern sehr beliebten Seebad Deauville machen sie Station, steigen im Hotel Normandie ab. Mary bewirbt sich als Krankenschwester im neu errichteten Lazarett, das in Deauvilles berühmtem Casino untergebracht ist. Isadora würde ebenfalls gern helfen, doch sie ist viel zu schwach. Wenn es ihre Konstitution erlaubt, schreibt sie zumindest Briefe für die Verwundeten und liest ihnen vor. Doch selbst kurze Spaziergänge am Meer strengen sie an. Als ihr im Hotel die Anwesenheit der vielen Menschen, die sich aus Paris an die See geflüchtet haben, zu viel wird, zieht sie in eine möblierte Villa am Strand. Sie sucht einen jungen Arzt auf, der ihr zunächst äußerst reserviert begegnet, ihr dann jedoch erklärt, ihr Leiden sei nicht körperlicher, sondern seelischer Natur. Als er sie in den Arm nimmt, fühlt Isadora sich so verstanden, dass sie eine leidenschaftliche Affäre mit jenem Arzt beginnt, den sie in ihren Memoiren nur André nennt. Seine Leidenschaft tut ihr gut, sie fühlt sich lebendig. Wäre da nur nicht diese Melancholie, die über allem liegt. André wirkt so, als bedrücke ihn etwas. Je mehr Isadora versucht, sein Geheimnis zu ergründen, umso verzweifelter wird er, bis sie eines Nachts in ihm den Arzt wiedererkennt, der Patrick und Deirdre nach dem Unfall behandelt und ihr versprochen hatte, die beiden zu retten: »›Jetzt weißt du‹, sagte er, ›wie sehr ich leide! Wenn du schläfst, siehst du deiner kleinen Tochter so ähnlich, wie sie damals vor mir lag. Wie sehr habe ich mich bemüht, sie zu retten … stundenlang habe ich versucht, ihr mit diesem Mund Leben einzuhauchen – ihrem armen kleinen Mund mein Leben einzuflößen!‹ Seine Worte verursachten mir maßlosen Schmerz, ich weinte und schluchzte die ganze Nacht, und er schien ebenso betroffen.«[501] Obwohl sie sich weiter wie Ertrinkende aneinanderklammern, erkennt Isadora doch, wie nahe am Wahnsinn diese Liebe ist. Sie trägt sich ernsthaft mit dem Gedanken, ihrem Leben ein Ende zu setzen. Da ereilt sie aus den USA ein Telegramm von Augustin und Elizabeth, die sie drängen, Europa zu verlassen und sich vor dem Krieg in Sicherheit zu bringen. Sie nimmt deren Empfehlung an, vielleicht tut ihr der geografische Abstand gut. Umgehend trifft sie erste Vorbereitungen für die Abreise: »Ich hatte gebeten, mir aus Bellevue einen Koffer mit warmer Kleidung zu schicken, doch man hatte den falschen genommen, und als ich ihn öffnete, enthielt er die Sachen von Deirdre und Patrick. Als ich sie vor mir sah, all die Hemdchen, die sie zuletzt getragen, die Mäntel und Schuhe und kleinen Mützen, entrang sich meiner Seele ein Schrei, der klang, als käme er nicht von mir, sondern von einem tödlich verwundeten Tier. André fand mich bewusstlos über dem Koffer liegend, in meinen Armen hielt ich die Kinderkleider umklammert.«[502] Nachdem er ihr ein letztes Mal beigestanden hat, trennen sich ihre Wege für immer.

Isadora folgt ihrer Familie nach Amerika. Dort befinden sich bereits die Kinder ihrer Pariser Schule, die Paris Singer dorthin geschickt hat. Die älteren Mädchen aus der Berliner Zeit haben fast alle einen deutschen Pass, und Singer befürchtet, sie könnten als feindliche Ausländerinnen interniert werden, nachdem England in den Krieg eingetreten ist. Sein Anwesen in Devonshire, auf dem die Mädchen untergebracht waren, hat er zwischenzeitlich als Lazarett zur Verfügung gestellt. In Begleitung von Isadoras Bruder Augustin und seiner zweiten Frau, der Schauspielerin Margherita Sargent, sind die Mädchen nach einem unfreiwilligen Aufenthalt in Ellis Island sicher in New York angekommen. Dort werden sie von Elizabeth Duncan und Max Merz begrüßt, die ihre Schülerinnen, sofern sie nicht zu ihren Familien zurückgekehrt sind, ebenfalls zunächst nach England und dann in die USA gebracht hatten. In Tarrytown nahe New York findet die Elizabeth-Duncan-Schule vorübergehend ein neues Zuhause.

Im November 1914 treffen endlich auch Isadora und Mary hier ein. Isadora mietet ein Studio in 311 Fourth Avenue/Ecke 23rd, in das sie ihre berühmten blauen Vorhänge hängt. Hier will sie von nun an unterrichten. Um wieder eine Bühne zu betreten, fehlt ihr die Kraft. Sie lässt den älteren Schülerinnen den Vortritt, die unter dem Namen »Isadora Duncan Dancers« im November einige Tanzabende bestreiten. Rasch setzt sich für die Mädchen aufgrund der unbestreitbaren Ähnlichkeit mit Isadora jedoch der Name »Isadorables« durch. Bereits am 3. Dezember 1914 treten sie unter diesem Namen in der Carnegie Hall auf.

Isadoras erster öffentlicher Auftritt nach dem Tod ihrer Kinder findet im Januar 1915 statt. Es ist ein sehr religiös anmutendes Programm, an ihrer Seite sind Augustin, der aus der Bibel rezitiert, und die Sopranistin Marguerite Namara. Als Hommage an ihre toten Kinder nimmt sie Schuberts »Ave Maria« in ihr Repertoire auf. Die Kritiken sind durchwachsen. Zwar gilt sie aufgrund ihres tragischen Schicksals quasi als sakrosankt, dennoch wird ihr Auftritt vielfach als rückwärtsgewandt und konservativ bewertet.

Gleichwohl findet sie einen neuen Gönner. Der deutschstämmige Bankier Otto Hermann Kahn, großzügiger Mäzen der Metropolitan Oper, stellt ihr für eine Saison das Century

Theatre am Central Park zur Verfügung. Der mehr als 2300 Menschen fassende Bau gilt architektonisch als eines der schönsten Bauwerke der Stadt. Leider ist die Akustik des 3 Millionen Dollar teuren Gebäudes aber so schlecht, dass es kaum bespielt wird. Isadora ist dennoch begeistert. Weitaus weniger sagt ihr allerdings die besonders prächtige Innenausstattung des Theaters zu. Kurzerhand lässt sie die Stühle aus dem Parkett entfernen und die Logen mit weißen Vorhängen verkleiden, um das Century Theatre in ein griechisches Amphitheater zu verwandeln. Als Kahn das Theater zum ersten Mal inspiziert, grüßt ihn schon von weitem der auf dem Dach angebrachte Schriftzug »Dionysion«.

Am 25. März 1915 findet hier die erste Vorstellung statt. Die Karten für die teure Balkonreihe kosten nur 10 Cent das Stück, Isadora will für die einfachen Leute tanzen. Zu den verschiedenen Stücken, die zur Aufführung gelangen, gehört auch *König Ödipus* mit Augustin Duncan in der Hauptrolle. Das Publikum, das zum Großteil aus New Yorker Intellektuellen besteht, ist begeistert.

In diesem Frühling wird Isadora zur Ikone der rebellischen Künstler von Greenwich Village, gilt sie doch als Personifizierung der neuen Frau. Ihr Leben sei ein Paradebeispiel für Freiheit und Autonomie. Im Mai 1915 ziert gar eine Porträtzeichnung von ihr das Cover der sozialistischen Zeitschrift *The Masses*. Dass sie keine reflektierte, politisch versierte Intellektuelle ist, stört in diesen Kreisen niemanden. Mabel Dodge Luhan, schwerreiche bisexuelle Intellektuelle, Mäzenin und Schriftstellerin, berichtet, wer sich alles in ihrem 5th Avenue Salon, dem Herzstück der New Yorker Boheme trifft, ohne dabei ernsthaft in Streit zu geraten: »Sozialisten, Gewerkschafter, Anarchisten, Suffragetten, Dichter, Verwandte, Anwälte, Mörder, alte Freunde, Psychoanalytiker, Mitglieder der Industriegewerkschaft IWW,

Anhänger der Single Tax Bewegung, Verfechter von Geburtenkontrolle, Journalisten, Künstler, moderne Künstler, Mitglieder von Frauenvereinen, Vertreterinnen der Idee, dass Frauen an den Herd gehörten, Kirchenmänner oder einfach nur Männer – sie alle trafen sich dort und stammelten in dieser ungewohnten Freiheit irgendetwas in freier Rede, tauschten die unterschiedlichsten Meinungen aus und nannten das in euphemistischem Optimismus: Ansichten.«[503] Der Historiker Arthur Wertheim bezeichnete die Jahre 1908–1917 in New York später als künstlerische und literarische Renaissance, die durch ein Konglomerat aus Bildersturm, Modernität und Nationalismus geprägt war und deren Protagonisten versuchten, eine unabhängige amerikanische Kultur zu begründen.[504]

Dies alles sagt Isadora weitaus mehr zu als das gehobene Bürgertum, das horrende Preise zahlt, um sie in der Met tanzen zu sehen, aber keinen Cent für ihre Schule spendet. Bei einem Auftritt im April 1915 macht sie ihrem Ärger Luft: »Alleine mit einem Viertel dessen, was dieses grässliche Theater kostet, könnte ich eine Schule errichten. Nur die Reichen könnten mir das ermöglichen. Aber die Reichen in Amerika sind so kriminell dumm, dass mir wohl nichts anders übrigbleibt, als auf ein Schiff zu gehen und zu emigrieren.«[505]

Dafür gründet sich in den New Yorker Künstlerkreisen ein Komitee zur Unterstützung von Isadora Duncans Kunst in Amerika. Vor allem Mabel Dodge Luhan greift nicht nur Isadora, sondern auch Elizabeth helfend unter die Arme. Zusammen mit dem Publizisten Walter Lippmann, der in den USA bis heute als einflussreichster politischer US-Schriftsteller des 20. Jahrhunderts gilt, und dem Sozialreformer John Collier erwirbt sie zwei Häuser in Croton-on-Hudson nahe New York, in denen Elizabeth ihre Schule wiedereröffnen kann. Für Mabel Dogde Luhan wird Elizabeth »eine der wenigen innigen Frauenfreundschaften, die ich von Zeit zu Zeit in meinem Leben hatte«.[506] Allerdings ist Philanthropie für die Duncans, wie Mabel an Gertrude Stein schreibt, keine einfache Angelegenheit: »In diesem Winter stecke ich bis zum Hals in Duncans. John Collier & ich haben für eine von ihnen ein Schulgebäude organisiert, und was Isadora anbelangt, haben wir uns in ein völlig verrücktes Vorhaben gestürzt: Wir wollen ihr ein Gebäude beschaffen, in dem sie tausend arme Kinder von Arbeitslosen im Tanz unterrichten kann, ihnen zu essen geben und sie kleiden kann. Bezahlen sollen das die Reichen, die dafür herkommen und ihr beim Unterrichten zusehen dürfen. Wir planen große Freiluftveranstaltungen für sie im Stadion von Cambridge und im Yale Bowl. Unsere Pläne sind absoluter Wahnsinn, aber manchmal hat ja gerade der Wahnsinn Methode!«[507] Zum Glück lässt sich Mabel Dodge Luhan von ihren später durchaus gemachten schlechten Erfahrungen mit den Duncans nicht davon abhalten, 1918 in New Mexiko die Künstlerkolonie Taos zu gründen, mit der sie eine Brücke zwischen der Moderne und der Kultur der amerikanischen Ureinwohner schlagen will und die durch Künstler wie Georgia O'Keeffe und D. H. Lawrence weltberühmt wird.

Um die Verwirklichung der Isadora-Duncan-Schule voranzutreiben, organisiert Mabel Dodge Luhan ein Treffen zwischen Isadora und dem neuen, sehr populären jungen Bürgermeister von New York, John Purroy Mitchel, das allein durch Isadoras Benehmen zum Fiasko wird. Zuerst greift Isadora den Bürgermeister wegen seiner Haltung im Falle Ida Sniffen Walters an, für die sich Isadora, wie viele ihrer Freunde, einsetzt. Ida Sniffen sitzt im Gefängnis, weil sie im Dezember 1912, kurz nach der Geburt ihre zweiten Kindes, versucht hatte, sich selbst, das Baby und ihren zweijährigen Sohn zu vergiften, nachdem der Vater ihrer Kinder sich nach Weigerung seiner Ehefrau nicht hatte scheiden lassen können, um Sniffen zu heiraten und die Kinder zu legitimieren. Die Kinder starben, sie überlebte. Für Isadora ist Ida Sniffen keine Mörderin, sondern ein Opfer der herrschenden Moralvorstellungen. In einem Leserbrief an die *New York Evening Sun* hatte Isadora bereits geschrieben: »Ida Sniffen sollte nicht als teuflisch bezeichnet werden, sondern die bestehenden Gesetze, Konventionen und Vorurteile als ignorant.«[508] Sie fordert den Bürgermeister auf, Sniffen unverzüglich zu begnadigen, und lässt sich auch nicht davon abbringen, als man ihr erklärt, das stünde außerhalb seines Kompetenzbereiches. Die Stimmung in Isadoras Studio, in das sich der Bürgermeister freundlicherweise begeben hat, ist auf dem Nullpunkt und wird auch dadurch nicht besser, dass Isadora anfängt, über ihre vielen Liebhaber zu plaudern, wobei einer ihrer Träger verrutscht und ein Blick auf ihre Brust frei wird. Am Ende erklärt sie dem verblüfften Mann, ihre Mädchen hätten heute ohnehin keine Lust, ihm etwas vorzutanzen. Fluchtartig verlässt Mitchel Isadoras Studio, sie legt sich einfach wieder auf ihren Diwan: »Kommt her, lasst uns eine Pause machen, ein Glas Wein trinken und den jungen Mann vergessen. Wie könnte New York auch anders sein, bei so einem Bürgermeister.«[509] Walter Lippmann, der den Bürgermeister als Mitglied des Isadora-Duncan-Förderkomitees in Isadoras Studio begleitet hatte, schreibt anschließend außer sich vor Zorn an Mabel Dodge Luhan: »Wenn das Griechenland und die Freude und die Ägäis und der Einfluss der Musik sind, dann will ich damit nichts zu tun haben. Es ist ungebührlich, ein absurdes Chaos, und sie ist sicherlich die letzte Person, die eine Schule leiten sollte. Ich möchte, dass du mich aus der Liste der Komiteemitglieder streichst; du kannst den anderen ja sagen, ich hätte keine Zeit.«[510]

Isadora ist unterdessen nicht nur mit dem Fall Ida Sniffen beschäftigt, sondern auch mit den Ereignissen in Europa. Frankreich ist ihr längst zur Heimat geworden und sie kann die

Gleichgültigkeit der Amerikaner gegenüber dem Sterben in Europa nicht nachvollziehen. Dass man die Menschheitskatastrophe, die sich dort abspielt, hier kaum wahrnimmt, empört sie zutiefst, und so beginnt sie zu handeln: »Eines Abends hüllte ich mich am Ende einer Vorstellung im Metropolitan Theater in ein rotes Tuch und improvisierte die *Marseillaise*. Es war ein Aufruf an die amerikanische Jugend, sich zu erheben und die höchste Zivilisation unseres Zeitalters, den ganzen Kulturbesitz, den die Welt Frankreich zu verdanken hat, zu verteidigen.«[511] Am Ende steht sie mit entblößter linker Brust in Anlehnung an Eugène Delacroixs weltberühmtes Gemälde »Die Freiheit führt das Volk« gleich der Nationalfigur der Französischen Republik, Marianne, auf der Bühne.

Sie erregt größtes Aufsehen, auch, weil sie nicht müde wird, die USA nach ihren Auftritten als saturiert, bequem und herzlos zu beschimpfen, als eine Nation, der völlig egal ist, was in Europa passiert. Das Magazin *Musical America* schreibt: »Wir verschwenden all unsere Ambitionen für Leuchtreklamen und Dollars, unsere ganze Kunst besteht aus Bürogebäuden und Miss Duncan hat uns gründlich satt.«[512] Schließlich wird ihr von behördlicher Seite verboten, die *Marseillaise* zu tanzen.

Sie konzentriert sich jetzt wieder auf ihre Auftritte im Century Theatre, aber auch da steht es nicht zum Besten. Ihr Finanzgebaren ist beschönigend gesagt nicht sehr besonnen. Obwohl nahezu pleite, lässt sie die Bühne mit einer Unmenge von Rosen schmücken. Eines Nachts holt die Polizei die jüngeren Schülerinnen ab, die in einem Raum über der Bühne untergebracht sind. Das ist laut feuerpolizeilichen Bestimmungen streng untersagt – wovon Isadora vorab in Kenntnis gesetzt wurde. Die Mädchen müssen ins Hotel ziehen. Ende April hat Isadora für das Century Theatre 12 000 Dollar ausgeben und jede Menge Schulden angehäuft. Eigentlich will sie nur noch weg aus Amerika. Otto Hermann Kahn und einige andere sind so generös, zumindest ihre Schulden zu übernehmen. Für die bereits gebuchten Kabinen auf der *Dante Alighieri* bleibt allerdings nichts übrig. Die 2000 Dollar dafür legt ihr überraschenderweise ein rettender Engel in Gestalt von Ruth Mitchell auf den Tisch. Die bewundert Isadora sehr und wird zu einer lebenslangen Freundin. Mary Desti samt Sohn Preston sowie die verbliebenen Freunde aus Greenwich Village begleiten Isadora und ihre Schülerinnen am 6. Mai 1915 zum Schiff. Noch von der Reling herab bittet Isadora Mary mitzukommen, woraufhin diese den 16-jährigen Preston einfach stehenlässt. Der erinnert sich noch als Erwachsener an den kurzen Disput mit seiner Mutter: »›Du hast doch nicht im Ernst vor, etwas derartig Unüberlegtes zu tun, oder? Du hast keine Kleider dabei. Du hast kein Gepäck und kein Geld.‹ Sie aber sagte: ›Mach das Beste draus, mein Schatz! Halt die Ohren steif. Ich sende dir Geld, sobald ich kann!‹«[513] Preston wird seine Mutter erst in zwei Jahren wiedersehen. Als die *Dante Alighieri* ablegt, ziehen Isadoras Mädchen auf ihr Kommando hin kleine französischen Fähnchen hervor und beginnen lautstark die *Marseillaise* zu singen. Die Beamten, die unten am Kai stehen, trifft angesichts dieser politischen Demonstration beinahe der Schlag.

Isadoras Plan nach Ankunft in Neapel lautet: Weiterfahrt nach Griechenland. Raymond ist aus Albanien zurück und hat sich mit seinen Anhängern erneut in Kopanos niedergelassen. Er ist zum Unterstützer des griechischen Ministerpräsidenten Eleftherios Venizelos und dessen »Megali Idea« geworden, jener »Großen Idee« eines Großgriechenlands inklusive Konstantinopel und der kleinasiatischen Westküste. Zu diesem Zweck sucht Venizelos den Schulterschluss mit den Entente-Mächten Frankreich, England und Russland, wodurch Isadora sich nicht ganz zu Unrecht Hoffnung auf ein Engagement Griechenlands im Ersten

Weltkrieg macht. Und so ganz nebenbei gibt es vielleicht auch Unterstützung für ihre Tanzschule. Noch an Bord eröffnen ihr die Isadorables, dass sie nicht mit nach Griechenland kommen werden. Sie haben bis auf Anna, die Schweizer Staatsbürgerin ist, alle deutsche Pässe und wollen der Gefahr einer Internierung aus dem Weg gehen. Ihr Ziel ist die neutrale Schweiz. Isadora reagiert zunächst wütend, bringt die jungen Frauen dann aber höchstpersönlich in einer Pension in Ouchy, im Süden von Lausanne direkt am Genfersee, unter. Sie selbst macht einen kurzen Abstecher nach Paris, um dann zu Raymond zu reisen. Aus ihrem Versuch, die griechische Regierung zur Intervention zu bewegen, wird jedoch nichts, gerät sie doch mitten hinein in die Auseinandersetzung zwischen Premier Venizelos und dem griechischen König Konstantin, bei der sie leidenschaftlich für den geschassten Premierminister Partei ergreift. Als sie bei einer Abendgesellschaft am Nebentisch deutsche Offiziere auf den Sieg trinken hört, ruft sie demonstrativ: *»Vive la France.«*

Im Januar 1916 ist sie zurück in Paris, wo sie in der 23 Avenue de Messine ein Haus anmietet, das zum Treffpunkt all derjenigen wird, die noch in Paris verblieben sind: Regierungsbeamte, Soldaten und mittellose Künstler. Isadora will ihr selbstgewähltes Heimatland zumindest moralisch unterstützen, so gut sie kann. Dabei scheut sie keine Kosten und macht ihr Haus zu einem Hort der Gastfreundschaft, in dem es alles gibt, woran in Paris derzeit Mangelware herrscht: Essen, Champagner, Musik. Freunde berichten, dass täglich mehr zerlumpte Gestalten Einlass begehren: »Ach, die Armen, sie sind Künstler und sie waren so hungrig. Da war das Mindeste, was ich für sie tun konnte. Wer weiß? Vielleicht ist ein neuer Carrière oder Rodin unter ihnen. (…) Geld, Geld, was hat das schon für eine Bedeutung?«[514]

Dass sie selbst gerade kein Geld hat, hindert sie nicht daran, es auszugeben. Die amerikanische Schriftstellerin Mercedes de Acosta, die Isadora zufällig in einem Restaurant trifft, kann ein Lied davon singen. Nachdem die Gäste beim Eintreffen der Tänzerin lautstark applaudieren, bestellt diese großzügig Champagner für alle, um auf das Wohl Frankreichs anzustoßen: »Sie setzte sich zu mir und sagte dabei mit flüsternder Stimme: ›Darling, hast du genug Geld dabei?‹«[515] Sie selbst kann momentan weder ihre Miete noch die Pension der Mädchen in der Schweiz bezahlen. Gleichwohl ist ihr nächster Auftritt im Trocadéro im April 1916 eine Benefizgala, bei der sie neben der *Marseillaise* und Tschaikowskys Sinfonie Nr. 6 *Pathétique* in h-Moll u.a. auch *Rédemption* (Erlösung) des französischen Komponisten César Franck tanzt. Das Publikum rast, auch nach drei Stunden Vorstellung weigert es sich beharrlich, das Theater zu verlassen. Isadora ist überzeugt, *die* Vorstellung ihres Lebens gegeben zu haben. Eine Einschätzung, die nicht alle Kritiker teilen: »Ihre rhythmischen Anlehnungen, die nach oben gerichteten Augen und die unaufhörlich ausgestreckten Arme sind höchst ärgerlich. Man weiß im Voraus genau, in welchem Augenblick sie diese bekannten Attitüden bringt.«[516]

Doch viele zeigen sich auch beeindruckt von der veränderten Isadora und ihrem veränderten Tanz. Dass der aller Leichtigkeit enthoben ist, liegt nicht allein daran, dass Isadora älter und schwerer geworden ist. Mit dem Tod ihrer Kinder hat sich Isadoras Tanz völlig gewandelt. Ihre Bewegungen sind langsamer, ihre Gesten ausladender geworden. Bei *Rédemption* bleibt Isadora meist auf ihren Knien, tanzt mit Schultern, Nacken, Armen und Kopf. Nach einer Aufführung von *Rédemption* 1917 in New York schreibt die *New York Sun*: »Es war ein ganzer Zyklus langsamer Bewegungen, unabänderlich langsam und ernst, jeder innerliche Impuls schien sich gegen die Unterdrückung durch eine unsichtbare Macht zu wehren. Und dann am Ende, als die Selbstbestimmung kam, mit hocherhobenem Haupt und einem

Gesicht, das vor Stolz über den erlangten Frieden glänzte, war es, als ob dieser große humanitäre Kampf allumfassend von einer einzigen starken, klaren Seele geführt worden wäre.«[517] Sogar Chefkritiker Carl Van Vechten, der Isadora so oft verrissen hatte, verneigt sich nun: »Wie bei jeder neuen Art von Kunst versteht man das Ganze anfangs nicht, und ich gebe zu, auch mir hat es zunächst überhaupt nichts gesagt. Aber irgendwann fand ich Gefallen daran, ihr zuzusehen. Jetzt ist Isadoras poetische und phantasievolle Interpretation von César Franck's *Rédemption* für mich voller Schönheit und Bedeutung.«[518]

Am 29. April 1916 gibt Isadora eine zweite umjubelte Vorstellung dieses Programms im Grand Théâtre de Genève, dem Opernhaus von Genf. Die Einnahmen reichen, um die Zimmer der Mädchen zu bezahlen. Für die Miete der Pariser Wohnung bleibt nichts übrig. Als sie zurückkehrt, sind ihre Sachen beschlagnahmt und die Wohnung versiegelt. Mit Hilfe geschickter Freunde gelingt es ihr, zumindest die geliebten Gemälde von Eugène Carrière durch ein Fenster zu heben. Nachdem sie sich schließlich Kredithaien in die Hände geben muss, um zu überleben, flattert wie ein Wink des Schicksals das Angebot für eine große Südamerikatournee herein. Sie sagt zu und überredet ihren neuen Pianisten Maurice Dumesnil, mit ihr zu kommen. Dumesnil ist Soldat der französischen Armee und gerade zur Rekonvaleszenz auf Heimaturlaub. Noch weiß er nicht, auf welches Abenteuer er sich einlässt.

Anfang Mai 1916 reisen die beiden nach New York, wo Dumesnil von Isadora dazu ausersehen wird, die Fragen der wartenden Journalisten zu beantworten. Die Frage, ob es denn wahr sei, dass die Tänzerin in Champagner bade, ist dabei keineswegs die seltsamste und wird von Dumesnil souverän damit beantwortet, dass Isadora Champagner viel zu sehr liebe, um ihn derartig zu vergeuden. Andere Fragen hingegen machen ihn sprachlos: »Was ist an den Gerüchten über ihre große Weihnachtsfeier vergangenes Weihnachten dran? Wir haben gehört, sie sei von afrikanischen Sklaven auf einem silbernen Tablett ins Speisezimmer getragen worden, bedeckt von einem durchsichtigen Schleier; und dann hat sie nackt auf dem Tisch getanzt?«[519]

Die nächsten Tage, die die beiden im Plaza Hotel verbringen, lassen in Dumesnil eine erste Ahnung aufkommen, was auf dieser Reise alles geschehen könnte: »Zum Lunch bestellte sie einige Sauternes, dann eine Flasche roten Burgunder und zur Eiscreme Champagner.«[520]

Isadora überredet ihren Bruder Augustin, sie zu begleiten. Der – frisch verheiratet – ist davon nicht allzu begeistert, bemerkt jedoch Isadoras Verfassung und betrachtet es als seine Verpflichtung mitzukommen. Am 3. Juni 1916 gehen sie an Bord der *Byron*. Die eindringliche Warnung von Freunden, dass die geprellten Gläubiger ihres letzten US-Aufenthalts auf dem Weg zu ihr ins Plaza sind, beschleunigt ihre Abreise. Die *Byron* ist ein altes, muffiges, wenig komfortables Schiff, auf dem Dumesnil umgehend Erfahrung mit britischen Traditionen macht, als er die Länge seiner Koje moniert, die viel zu kurz für einen erwachsen Mann sei, und daraufhin die völlig konsternierte Antwort erhält, dies sei ein britisches Standardmaß: »Genau wie sie Händel verehren und immer verehren werden, weil das schon ihre Väter und Großväter und Urgroßväter getan haben, genauso werden sie weiterhin Schiffe mit Standardkojen bauen, allem Fortschritt und aller Weiterentwicklung des Komforts zum Trotz!«[521]

Jene drei Wochen, die sie an Bord verbringen, schildert Dumesnil später in einem Buch, dem man anmerkt, wie oft ihn Isadoras Verhalten auf dieser Reise nach Argentinien in peinliche Situationen bringt. Die verliebt sich zunächst Hals über Kopf in den spanischen Maler Ernesto Valls Sanmartin, was sie nicht davon abhält, sich auch mit einigen Mitgliedern einer New Yorker Boxmannschaft zu amüsieren. Auch der Schiffsbesatzung ist sie nicht abgeneigt, mit einem jungen Heizer teilt sie in ihrer Kabine nicht nur das Bett, sondern auch die letzte Flasche ihres Lieblingschampagners Pommery & Greno. Dass davon offensichtlich zu wenig an Bord ist, findet Isadora skandalös. Als sie sich beim Barkeeper beschwert, muss sie sich allerdings sagen lassen, sie sei eben eine außergewöhnliche Konsumentin. An Proben mit Dumesnil, geschweige denn Tanztraining, ist nicht zu denken. Weder der Pianist noch Augustin dringen mit ihren Mahnungen, doch ein wenig mehr auf ihre Gesundheit und ihren Ruf zu achten, zu ihr durch: »Worüber macht ihr euch Sorgen? Das Meer ist wundervoll. Wir haben Frieden. Keine Telegramme, keine Briefe, keine Rechtsanwälte, keine Gläubiger. Keine Probleme irgendwelcher Art. Wir sind allein mit dem Wasser und dem Himmel.«[522] Als es gegen Ende der Reise zu einer Schlägerei zwischen Ernesto Valls und einem von Isadoras zahlreichen Verehrern kommt, ist Dumesnil kurz davor abzureisen. Nicht wegen der Schlägerei, sondern wegen Isadora, die mit einer Zigarette in der einen und einem Glas Champagner in der anderen Hand auf dem Flügel sitzt und die Raufbolde anfeuert: »Ihr seid nicht viel besser als ein paar Fliegen. Hört ihr mich! Ein paar Fliegen. Ihr kämpft wie blutige Anfänger! Könnt ihr euch nicht wie Männer benehmen? Los geht's, ihr seid die Eroberer und ich bin das Reich. Ich bin Carmen!!«[523]

Schon kurz nach ihrer Ankunft in Buenos Aires im Juli 1916 verfällt Isadora dem Tango. Sie ist fasziniert von der Musik und den Bewegungen, wie sie überhaupt fasziniert ist von der in ihren Augen überall vorhandenen sexualisierten Atmosphäre. Der zwanglose Umgang der verschiedenen Ethnien miteinander ist für eine weiße Amerikanerin, die aus einem Land voller rassistischer Vorurteile kommt, absolut erstaunlich. Isadora zeigt keinerlei Berührungsängste, ist zum Entsetzen ihrer zwei Begleiter äußerst neugierig und wie immer unerschrocken. Sie besteht darauf, inkognito das Amüsierviertel La Boca zu besuchen. Hier landen die drei in einem Amüsierlokal samt Prostituierten und Pornokino. Dumesnil stirbt tausend Tode, ehe Isadora zum Rückzug bläst.

Weil ihre blauen Vorhänge verschwunden sind, kauft sie für 4000 Dollar neue – auf Pump. Bereits kurz nach der Ankunft gibt es Probleme mit ihrem neuen Management, dem italienischen Theaterimpresario Walter Mocchi, weil der sie bittet, seinem Büro doch einen Plan zu übersenden, welches Programm sie wo und wann tanzen will. Ein eigens für sie engagiertes Orchester steht ihr ganz nach ihren Wünschen zur Verfügung. Isadora findet alleine schon diese Anfrage impertinent. Sie ist Isadora Duncan und keine Maschine, die heute schon sagen kann, was morgen sein wird. Nur mit viel Mühe gelingt es Augustin und Dumesnil, sie umzustimmen.

Kurz vor ihrem ersten großen Auftritt besucht Isadora Buenos Aires' berühmtesten Nachtclub Pigalle. Zu fortgeschrittener Stunde bindet sie sich in Champagnerlaune die argentinische Fahne um die Hüften und tanzt zur argentinischen Nationalhymne. Sie selbst hält sich für einen großen Erfolg, den meisten Anwesenden ist ihr Auftreten äußerst peinlich. Die Wirkung des Abends ist in jedem Fall immens. Ein empörtes Management droht damit, alle Auftritte abzusagen, und beschuldigt sie des Vertragsbruchs. Sie hat unterschrieben, nicht außerhalb offizieller Vorstellungen öffentlich zu tanzen. Nur mit viel Mühe und dem Hinweis auf eine bereits ausverkaufte Abendvorstellung gelingt es Dumesnil, Mocchi zu besänftigen. Doch das Kind ist bereits in den Brunnen gefallen. Zwar ist das Theater bis auf den letzten Platz besetzt, doch die Zuschauer aus besseren Kreisen verfolgen Isadoras Auftritt mit eisigem Schweigen. Die Zeitungskritiken sind verheerend. Schon am dritten Abend gibt es kaum noch Publikum. An diesem Abend will Isadora zudem unbedingt Wagner tanzen. Dumesnil weigert sich strikt, dessen Musik zu spielen. Es ist Krieg mit Deutschland und er stolzes Mitglied der französischen Armee. Der Abend wird ein Fiasko. Als zu spät kommende Zuschauer in ihrer Loge zu plaudern beginnen, unterbricht Isadora die Vorstellung und wendet sich rasend vor Zorn ans Publikum: »Man hatte mich gewarnt, dass die Argentinier äußert primitiv und ungebildet seien. Man hatte mich gewarnt, dass sie niemals in der Lage sein würden, meine Kunst zu verstehen … Die Menschen, die mich gewarnt haben, hatten recht. Ihr seid nichts als ein Haufen Nigger!«[524]

Am nächsten Morgen kündigt Walter Mocchi den Vertrag, sie erhält keinen Pfennig Gage, die blauen Vorhänge behält er als Kompensation für die abgesagten Vorstellungen. Damit nicht genug, erreicht sie aus der Schweiz ein alarmierendes Telegramm. Ihre Geldsendungen aus Südamerika sind aufgrund kriegsbedingter Restriktionen nicht eingetroffen. Die Pensionswirtin, die seit Monaten auf ihr Geld wartet, droht damit, die Mädchen auf die Straße zu setzen. In ihrer Not schickt Isadora Augustin persönlich nach Genf, um Schule und Schülerinnen zu retten. Der ist heilfroh, Südamerika und seine exaltierte Schwester hinter sich zu lassen. In der Schweiz angekommen, wird er die kleineren Mädchen nach Hause zu ihren Eltern schicken und für die Isadorables einige Abende organisieren, die so gut laufen, dass den Mädchen dämmert, sie könnten auch ohne Isadora Erfolg haben. Während ihre Schule damit offiziell aufgelöst ist, hat Isadora in Buenos Aires nicht einmal mehr genug Geld, um ihre Hotelrechnung zu bezahlen, geschweige denn die 3000 Franc zu schicken, die Raymond per Telegramm von ihr erfleht. Seine Frau Penelope ist schwer an Tuberkulose erkrankt und er kann das Schweizer Sanatorium, in dem sie behandelt wird, nicht mehr bezahlen.

Wie immer, wenn sie nicht mehr weiterweiß, kommt wie aus dem Nichts ein rettender Engel um die Ecke. Diesmal in Gestalt von Cesare Giulietti, der ihr neuer Manager wird und ihr Auftritte in Montevideo und Rio de Janeiro verschafft. Sie will umgehend aufbrechen. Ihre Koffer und ihren Pelzmantel muss sie allerdings als Pfand im Hotel zurücklassen, während Maurice Dumesnil mitfährt. Überraschenderweise sind ihre Auftritte in Montevideo große Erfolge, was Giulietti nicht zuletzt auf die Rivalität zwischen Argentinien und Uruguay zurückführt: »Wenn irgendetwas dort durchfällt, dann kommt es ganz sicher hier gut an. Die Uruguayer erklären dann einfach, die Argentinier seien zu dumm gewesen, um es zu verstehen.«[525] Auch Brasilien empfängt Isadora freundlich. In Rio de Janeiro und São Paulo trifft sie auf ein wohlwollendes und angenehmes Publikum. Gleichwohl ist Monsieur Charles, Direktor des Hotels, in dem sie abgestiegen ist, nicht traurig, als er vom Ende der Tournee und ihrer bevorstehenden Abreise erfährt: »Ich bin froh darüber. Denn sonst hätte ich sie bitten müssen, uns zu verlassen. Trotz all ihres Ruhms, ich muss dafür Sorge tragen, dass dies ein respektabler Ort bleibt!«[526] Was soll's. Am Ende hat sie genug verdient, um nach Buenos Aires zurückzureisen, ihre Hotelrechnung zu bezahlen und samt Koffer und Pelzmantel die Rückreise nach New York anzutreten. Von Dumesnil trennt sie sich noch in Buenos Aires. Er hat genug und am Ende sogar Schwierigkeiten, an sein Geld zu kommen, denn Isadora denkt nicht dran, ihn zu bezahlen. Erst als er selbst Giulietti aufsucht, erhält auch er sein Geld – und das ist mehr, als Isadoras armes Dienstmädchen je von sich behaupten kann.

Als Isadora am 27. September 1916 an Bord der *Vestris* in New York eintrifft, steht niemand am Kai, um sie zu empfangen. Keines ihrer Telegramme hat seinen Adressaten erreicht. In ihrer Not ruft sie ihren Freund, den deutsch-amerikanischen Fotografen Arnold Genthe, an. Zu ihrer Überraschung meldet sich dort Paris Singer, der gerade in New York weilt. Er eilt zum Hafen, führt sie zum Lunch aus und bringt sie in einer Suite im Plaza unter. Die Freude über das Wiedersehen ist so groß, dass er die Met bucht und alles, was in der Stadt Rang und Namen hat, für den 21. November 1916 zu einer Galavorstellung einlädt. Diesmal erhält sie stehende Ovationen für die *Marseillaise* die sie von nun an am Ende jeder Vorstellung tanzt. Anschließend gibt Singer ihr zu Ehren ein Dinner bei Sherrys. Völlig euphorisiert von ihrem Erfolg bittet sie in Champagnerlaune einen fremden jungen Mann, mit ihr Tango zu tanzen. Der Tanz gerät so außer Kontrolle, dass Singer Isadoras Tänzer aus dem Restaurant wirft. Daraufhin schleudert Isadora ihm voll Verachtung das Diamantencollier vor die Füße, dass er ihr vor kurzem verehrt hatte. Noch beim Hinausrauschen raunt sie Arnold Genthe zu: »Heb es auf.«[527]

Wie immer folgt die Versöhnung auf dem Fuße, und Singer erklärt ihr, er würde ihr die ganze Welt zu Füßen legen, wenn sie sich nur in der Öffentlichkeit ein bisschen zusammenreißen könnte. Für Isadora ein zu hoher Preis. Dabei schätzt sie Singer, wie alle ihre Männer, was sie in ihren Memoiren deutlich zum Ausdruck bringt. »Als kleine Zwischenbemerkung möchte ich hier einschieben, dass ich zu meinen Liebhabern immer loyal und ehrlich gewesen bin, und ich hätte wahrscheinlich niemals einen von ihnen verlassen, wenn die Männer ebenso loyal gewesen wären. Denn so wie ich sie einst geliebt habe, so liebe ich sie heute noch und für immer. Dass ich mich von so vielen getrennt habe, muss ich der Wankelmütigkeit der Männer und der Grausamkeit des Schicksals zuschreiben.«[528]

Obwohl die Streitereien erneut zunehmen, erklärt Singer sich bereit, Geld für eine Neugründung der Schule in New York zur Verfügung zu stellen. Als Erstes lässt er auf seine Kosten die verbliebenen Schülerinnen, sprich die Isadorables, in die USA kommen. Er mietet ein Tanzstudio für Isadora an und sorgt für die Unterbringung der Mädchen. Sogar einen eigenen Wagen stellt er ihr zur Verfügung. Und als ihr der kalte New Yorker Winter zu schaffen macht, organisiert er für Isadora über Weihnachten und Silvester eine Reise ins warme Kuba. Seinen Privatsekretär Allan Ross Macdougall – nett und schwul – schickt er zur Begleitung mit. Eine gute Wahl, denn tatsächlich prallen alle Verführungskünste Isadoras an »Doughy«, wie alle Welt ihn nennt, ab: »Ich ging sogar so weit, seinen Kopf an meine Brust zu ziehen. Aber als ich merkte, dass er drauf und dran war, in dieser bequemen Position einzuschlafen, gab ich es auf.«[529]

Mitte Januar treffen die beiden Singer in Florida wieder. Zurück in New York wartet der mit einer Überraschung auf, die er Isadora bei einem festlichen Dinner mit engen Freunden im Plaza verkündet. Er hat sich das Vorkaufsrecht auf den Madison Square Garden gesichert, den er Isadora nun zu Füßen legt. Die damals größte Veranstaltungshalle der Welt, in der vor allem Boxwettkämpfe und Zirkusvorführungen stattfinden, ist finanziell unrentabel und hat einen eher zweifelhaften Ruf. Obwohl davon auszugehen ist, dass Singer plant, die Anlage nach Isadoras Wünschen umzugestalten, reagiert die ganz und gar nicht wie erwartet: »Was glaubst du, wer ich bin? Ein Zirkus? Ich vermute, du möchtest, dass ich zwischen meinen Tänzen für Boxkämpfe werbe.«[530]

Nach diesen Worten herrscht absolute Stille. Singer erhebt sich wortlos und verlässt den Raum. Drängen der Freunde, ihm nachzueilen, quittiert Isadora mit einem Lächeln. Er wird zurückkommen, er ist immer zurückgekommen. Doch diesmal täuscht sie sich. Sie wird Paris Singer sehr lange Zeit nicht wiedersehen. Er stellt alle Zahlungen an sie umgehend ein. Die Option auf den Madison Square Garden veräußert er mit einem

Verlust von 100 000 Dollar, dann verlässt er die Stadt. Ein Jahr später heiratet er Joan Balsh, die Leiterin des Lazaretts auf seinem englischen Landsitz. Das Paar lässt sich in Florida nieder, wo Singer maßgeblich dazu beiträgt, aus Palm Beach einen Hot Spot für die Schönen und Reichen zu machen.

Der endgültige Bruch zwischen Singer und Isadora fällt in etwa mit Isadoras Auftritt an der Met am 6. März 1917 zusammen. Diesmal tanzt sie vor zahlendem Publikum. Erneut ist die Begeisterung gerade für ihre *Marseillaise* groß. Die politische Stimmung hat sich gedreht. Immer mehr Amerikaner befürworten nun eine Intervention ihres Landes in den Ersten Weltkrieg. Isadoras Überzeugung, dass nur ein gemeinsames Vorgehen der Entente-Mächte mit den USA den Krieg beenden wird, gilt jetzt auch in den USA als Common Sense. Von nun an ist Isadoras Kunst Agitprop, ihr Tanz politisch. Es geht nicht länger um Ästhetik und Schönheit, sondern um Mut, Heldentum und Freiheitswillen. Sie packt die Zuschauer emotional wie nie zuvor. Am Ende hüllt sie sich in die amerikanische Flagge und wendet sich an das Publikum: »Jetzt ist nicht die Zeit für Kunst und Künstler. Männer sollten im Schützengraben dienen und Frauen als Krankenschwestern die Soldaten unterstützen. Ich habe das Gefühl, dass Amerika am Beginn eines großen Erwachens steht und dass es sehr interessant sein könnte, hier zu leben.«[531]

Ende März 1917 erfährt die Welt von der Februarrevolution in Russland. Nicht nur Isadora ist begeistert, auch viele Amerikaner bewundern den Mut und die Tatkraft der Russen, das verhasste Zarenregime abzuschütteln. Am 28. März 1917 tanzt Isadora zu Ehren der Revolutionäre Tschaikowskys »Slawischen Marsch«, mit dem sie die Unterdrückung und Befreiung des russischen Volkes darstellen will: »An diesem Abend der Russischen Revolution tanzte ich mit stolzer Freude; mein Herz floss über beim Gedanken an die Befreiung all jener, die gelitten hatten, gemartert wurden und für die Sache der Menschlichkeit ihr Leben ließen.«[532]

Am 6. April 1917 treten die USA in den Ersten Weltkrieg ein. Endlich erfüllt sich, wofür Isadora so lange agitiert hatte. Diese wird nun bereitwillig Teil der politischen Propaganda in diesem »Kampf von Gut und Böse«. Dass die meisten ihrer Künstlerfreunde aus Greenwich Village entschiedene Kriegsgegner sind, ficht sie nicht an. Ihr alter Verehrer, der amerikanische Schriftsteller Max Eastman, aber schreibt: »Sie kultivierte eine Attitüde, wonach Fakten und Vernunft irrelevant seien – ganz so, als sei das eine intellektuelle Eigenschaft – als sei das Teil davon, eine Radikale zu sein.«[533] Dass er selbst in den 1950er Jahren vom überzeugten Sozialisten und Freund Leo Trotzkis zum Unterstützer des Kommunistenjägers Senator Joseph McCarthys werden wird, kann er ja nicht ahnen.

Den amerikanischen Behörden erscheint Isadoras plötzlicher Patriotismus verdächtig. Vor allem, weil Isadora gleichzeitig auch weiterhin Wagner tanzt. Spätestens ab Ende 1917 wird sie geheimdienstlich überwacht – zu gut sind ihre Kontakte zu deutschen Künstlern, zu eng ihr eigenes Leben mit Deutschland verbunden.

Das Jahr 1917 markiert eines der wildesten Jahre im Leben der Isadora Duncan. Es zieht sie von Party zu Party, von Liebhaber zu Liebhaber: »Sie hatte eine Unzahl gelegentlicher Liebhaber und Affären. Es wurde Mode, sich damit zu brüsten, eine Woche mit Isadora verbracht zu haben, ob das nun wahr war oder nicht. Die Chance, auf Widerspruch zu stoßen, war verschwindend gering«, sagt Agnes de Mille.[534] Die 40-Jährige ist in einem verheerenden Allgemeinzustand, was sich, wie Schülerin Anna berichtet, auch auf ihren Auftritte auswirkt: »Manchmal mussten wir sie mit seidenen Bändern zusammenschnüren und auf die Bühne schleppen, ganz so, als wären wir Pferde, die eine Kutsche ziehen. Andere Male mussten wir sie umringen und so tun, als ob das zum Programm gehörte, damit man nicht sah, dass sie gestürzt war.«[535] Die immer so pragmatische und rationale Isadora lässt sich nun durch Astrologie, Wahrsagerei, Traumdeutung und allerlei Hokuspokus beeinflussen: »Die schlimmste Phase einer großen Trauer ist nicht der Anfang, wenn einen der Schock des Ereignisses in einen Zustand der Betäubung versetzt, sondern wenn die Leute sagen: ›Oh, sie ist darüber hinweg.‹ (...) Wenn dies so scheinen mag, bei einer fröhlichen Dinnerparty etwa, so umklammert immer noch die Trauer mit eisiger Hand das Herz, schnürt einem die Kehle zusammen. Hölle und Verzweiflung bezwingen alles, und während man sein Glas mit Champagner erhebt, bemüht man sich verzweifelt, dieses Elend irgendwie zum Schweigen zu bringen, egal, wie unmöglich es ist. In diesem Zustand befand ich mich. Alle meine Freunde sagten, ›Sie hat es vergessen, sie hat es überstanden‹, doch jedes Kind, das plötzlich den Raum betrat, jeder Ruf ›Mami‹ versetzte mir einen tiefen Stich ins Herz, meine Seele wand sich in Höllenqualen, und mein ganzer Geist schrie nach Vergessen.«[536]

Den Isadorables wird dies bald zu viel, doch es ist in vielerlei Hinsicht schwierig für die Mädchen, sich von Isadora zu lösen. Nicht nur emotional, auch vertraglich sind sie an die große Tänzerin gebunden, haben sie doch noch in der Schweiz einen Vertrag unterzeichnet, der sie verpflichtet, bei Isadora zu bleiben, bis sie 21 sind. Wer Isadora dann verlässt, darf sich nicht mehr als ihre Schülerin bezeichnen, geschweige denn den Namen Duncan benutzen, den Isadora ihren Mädchen ab 1917 als Bühnenname gestattet.

Isadora will die Mädchen auf Dauer an ihrer Seite wissen. Aber je älter die werden, umso mehr rebellieren sie gegen die Bevormundung einer Frau, die selbst nicht immer als Vorbild dient. Die Mädchen sind Isadora zweifelsohne dankbar für alles, was sie getan hat, doch nun streben sie nach künstlerischer und privater Autonomie. Isadora gestattet den Mädchen kaum eigene Auftritte, da sie um ihr Gesamtwerk fürchtet. In ihren Augen sind die Mädchen bei weitem nicht gut genug, um Isadora und ihre Kunst zu repräsentieren. Der Ärger, gerade der älteren Mädchen, zu deren Wortführerin Anna wird, ist groß: »Ich bin absolut überzeugt davon, dass die zweite große Tragödie in Isadoras Leben die Tatsache war, dass sie nicht damit umgehen konnte, älter zu werden.«[537]

Dass Isadora, die wöchentlich einen neuen Liebhaber anschleppt, auch das Privatleben der Mädchen kontrolliert, führt im Sommer 1917, als sich einige der Isadorables zum ersten Mal verlieben, zu heftigen Auseinandersetzungen. In diesem Sommer zieht Isadora mit den Mädchen in ein Sommerhaus nach Long Island. Hier gibt sie rauschende Feste, bei denen von Elsa Maxwell bis Marcel Duchamp alle anwesend sind, die New York in Atem halten. Die Mädchen sind begeistert von diesem Leben, wäre da nicht Isadoras strenge Kontrolle. In ihrer Not wenden sie sich an Augustin Duncan. Dieser ist Isadora seit dem Tod ihrer Kinder stets loyal zur Seite gestanden und hat sich auch um ihre Schülerinnen gekümmert. Dabei ist er längst aus dem Schatten seiner Schwester getreten und zu einem landesweit anerkannten Theaterschauspieler und Regisseur geworden. Zudem wird er als einer der wichtigsten Förderer des ersten afroamerikanischen Broadway-Stars Paul Robeson in die Geschichte eingehen. Von allen Duncans wird er bei weitem als der umgänglichste und freundlichste beschrieben. Er versucht, mit Isadora zu reden, doch die hat andere Sorgen. Das Geld ist wieder einmal alle und Schmuckstücke und Pelze längst im Pfandleihhaus. Diesmal soll es ein Gastspiel in Kalifornien richten, zu dem sie im Herbst 1917 aufbricht – alleine.

19 Jahre ist es her, dass sie San Francisco verlassen hat, um die Welt zu erobern. Nun kehrt sie zurück – als weltberühmte Tänzerin. Es ist ein seltsames Gefühl, ein Heimkommen ist es nicht. Die Stadt, die nach dem verheerenden Erdbeben 1906 völlig neu aufgebaut wurde, ist ihr fremd. Als sie in einem Leihwagen die Stätten ihrer Kindheit aufsuchen will, findet sie sich in der modernen Stadt nicht mehr zurecht. Zum ersten Mal seit Jahren sieht sie auch ihre Mutter wieder: »Sie machte einen verhärmten Eindruck und war alt geworden; und als wir eines Tages zufällig beide vor einem Spiegel standen, kam ich nicht umhin, mein trauriges Antlitz und ihre welken Züge mit den beiden abenteuerlichen Gestalten zu vergleichen, die vor beinahe 20 Jahren mit so großen Hoffnungen auf Ruhm und Reichtum in die Welt gezogen waren. Beides hatten wir erreicht – warum sah das Fazit nur so betrüblich aus?«[538]

Mehr Freude verschafft ihr das Wiedersehen mit ihrer alten Freundin Florence Treadwell, die in den Hügeln von Berkeley einen griechischen Tempel errichtet hat, in dem sie Tanz im Sinne Isadoras unterrichtet. Viel ist geschehen, seit die Freundinnen sich das letzte Mal gesehen haben. »Die dramatische Kraft und Schönheit, die zärtliche Achtung und Barmherzigkeit der Heiligen, die süße Frische der Jugend, all dies spiegelte sich in ihrer Kunst wieder. Und dennoch schimmerte da jetzt immer wieder auch eine Traurigkeit, ja fast Verzweiflung durch, die es nicht gegeben hatte, als ich sie 1910 das letzte Mal sah.«[539]

Während Isadoras Aufenthalt an der Westküste organisiert Augustin in New York für die Isadorables Auftritte im Liberty Theatre. Der erste Auftritt wird ein voller Erfolg. Allerdings dürfen die Mädchen laut Vertrag nicht ohne Isadoras ausdrückliche Zustimmung auftreten und die telegrafiert empört nach New York: »Ich verbiete es. Die Mädchen sind noch nicht so weit, um alleine aufzutreten.«[540] Augustin muss alle weiteren Vorstellungen absagen und ist bis auf die Knochen blamiert. Den Mädchen wird immer mehr bewusst, dass Isadora sie wohl niemals wird gehen lassen.

Die hat in San Francisco gerade eine inspirierende Begegnung mit einem Mann, mit dem sie nicht nur eine Affäre, sondern auch eine fruchtbare künstlerische Zusammenarbeit beginnt: der Pianist Harold Bauer, von Isadora als ihre musikalische Zwillingsseele bezeichnet. Am 3. Januar 1918 geben sie eine gemeinsame Vorstellung in Minskis Columbia Theatre in San Francisco. Isadora hält den Abend für einen der besten in ihrer Karriere. Die Kritiken sind gut, das Publikum durchaus wohlwollend: »Ganz San Francisco war im Columbia Theatre, um sie tanzen zu sehen«, schreibt der *San Francisco Examiner.* »Miss Duncan ist zu ihren Leuten zurückgekehrt, und die haben ihr den Tribut gezollt, den man inspirierender Kunst schuldet.«[541]

Doch ihre Hoffnung, hier in der alten Heimat Sponsoren für den Wiederaufbau der Isadora-Duncan-Tanzschule zu finden, erfüllen sich nicht. Als schließlich auch noch Bauers Frau eintrifft und der Liaison kurzerhand ein Ende bereitet, kehrt sie gefrustet nach New York zurück.

Hier wird ihre Stimmung nicht besser. Das Verhältnis zu den Isadorables, die sich nun auf die Unterhaltung amerikanischer Soldaten verlegt haben, ist angespannt und Augustin meidet im Augenblick jeglichen Kontakt mit seiner Schwester. Künstlerisch steht es auch nicht zum Besten. Ein neuer Musikstil erobert die Stadt, Musik, die für Isadora, die generell für moderne Musik keinerlei Verständnis hat, nichts als »Negermusik« ist: Jazz. »Es müssen (…) Verbote gegen die frivolen Karikaturen und Symbole von Sex ausgesprochen werden, die sich in Tänzen wie Foxtrott oder Black Bottom finden.«[542] Sie geht damit völlig d'accord mit Ernst Bloch, der freiweg erklärte, nichts »Roheres, Gemeineres und Dümmeres« als Jazztänze gesehen zu haben: »Außer Rand und Band geratener Stumpfsinn, mit einem entsprechenden Gejaule, das sozusagen tönende Begleitung macht.«[543]

Nur weg hier. Zurück nach Europa, zurück zu Zivilisation und Kultur. Doch mit welchem Geld? Einzig Mary Desti ist noch bereit, ihr zu helfen. Sie bittet einen alten Bekannten, Isadoras Überfahrt zu bezahlen: Harry Gordon Selfridge, ehemaliger Kaufmann aus Chicago, der in London zum Kaufhauskönig aufgestiegen ist. Einmal an Bord bleibt Isadora vom Pech verfolgt. Bei einem nächtlichen Spaziergang an Deck stürzt sie fünf Meter tief in eine offene Ladeklappe und verletzt sich schwer. Selfridge bietet ihr freundlicherweise einen Platz in seiner Luxuskabine an. Die beiden kommen sich näher und Isadora berichtet ihm von ihrer ersten Begegnung in Chicago, als er ihr auf Kredit Stoff für ein Ballettkostüm verkauft hat. Sie ist von dem Millionär sehr angetan: »Es war meine erste Bekanntschaft mit einem Mann der Tat. (…) Ich hatte mich immer in Gesellschaft von Männern befunden, die mehr oder weniger nervenschwach waren, entweder finster vor sich hin brüteten, oder sich mit Alkohol in Stimmung brachten. Selfridge aber war immer gleich charmant und liebenswürdig. (…) Ich hatte noch nie erlebt, dass jemand das Leben an sich für so erfreulich halten konnte. Mir war es immer so erschienen, als ob das Leben nur ab und zu kurze Momente vergänglicher Freuden durch die Kunst oder die Liebe bereithielt, während dieser Mann tatsächlich am Leben selbst Gefallen fand.«[544]

In England angekommen, trennen sich ihre Wege. Isadora fühlt sich zu schwach, um sofort nach Paris weiterzureisen, und mietet sich eine kleine dunkle Wohnung in London. Von dort aus telegrafiert sie an ihre Freunde mit der Bitte, das Geld für die Weiterreise zu schicken. Doch niemand antwortet, weder Paris Singer noch Augustin, noch die Isadorables, nicht einmal Mary

Desti. Ob sie alle keine Lust mehr haben oder ihre Telegramme aufgrund der kriegsbedingten Einschränkungen des Post- und Telegrafenverkehrs ihre Adressaten nicht erreichen – wer vermag das zu sagen. Es sind traurige, verzweifelte Tage für Isadora: »Ich war vollkommen pleite, einsam und krank, meine Schule war vernichtet – und der Krieg wollte kein Ende nehmen. Abends saß ich oft im Dunkeln am Fenster, verfolgte die Luftangriffe und wünschte mir, eine Bombe möge mich treffen.«[545] Da steht eines Tages Kathleen Scott vor der Tür. Sie hat großes Mitleid mit der einst so strahlenden Isadora. In den nächsten Wochen nimmt sie sie zu diversen gesellschaftlichen Ereignissen mit. Eine gute Tat, die sie bald bitter bereut, blamiert Isadora doch sich selbst und Kathleen mehrmals nach Strich und Faden. Als Kathleen ihr George Bernard Shaw vorstellt, der in jenen Jahren wohl zu den am meisten verehrten Menschen der westlichen Welt zählt, raunt Isadora ihm zu: »Auch wenn ich nicht schön anzusehen bin, ich fühle mich sehr gut an.«[546] Am Ende des Abends lädt Isadora Shaw zu sich nach Hause ein, um nackt vor ihm zu tanzen. Sie ist so beeindruckt von ihm, dass sie ihn spontan bittet, mit ihr ein Kind zu zeugen, würde doch ein Kind mit ihrem Körper und seinem Verstand zweifellos die Welt aus den Angeln heben. Shaws Antwort auf ihr Ansinnen ist legendär: »Sie haben recht, meine Liebe. Aber was machen wir, wenn es meinen Körper und ihren Verstand hat?«[547] Shaw liebt diese Geschichte so sehr, dass er sie jahrelang bei Interviews zum Besten gibt, auch wenn er am Ende selbst daran zweifelt, ob sie genau so passiert ist. Auf jeden Fall bleibt Isadora Shaw in bester Erinnerung: »Sie sagte immer genau das, was sie wollte. Dennoch steckte mehr in ihr als das. Irgendwie fühlte man sich überhaupt nicht danach, ihr zu sagen, dass sie sich zum Teufel scheren sollte.«[548] Eine Einschätzung, die nicht jeder teilen würde. Clive Bell, Mitglied der weltberühmten Bloomsbury Group und

Schwager von Virginia Woolf, wirft sie sich mit den Worten an die Brust: »Ich bin keine Frau! Ich bin ein Genie!«[549] Als Isadora im April 1918 London verlässt, atmet Kathleen hörbar auf.

Mithilfe eines Mitarbeiters der französischen Botschaft in London kehrt Isadora nach Paris zurück. Doch auch die französische Hauptstadt bietet nichts als Tristesse. Der Krieg hat alles fest im Griff, das gesellschaftliche Leben ist auf dem Nullpunkt. Isadora stürzt sich in neue Affären, eine beginnt sie mit dem französischen Fliegerhelden Roland Garros, nach dem heute das weltberühmte French Open Tennisturnier benannt ist. Garros, der als eigentlicher Erfinder des Jagdflugzeuges gilt, ist erst vor kurzem aus deutscher Kriegsgefangenschaft geflohen. Im Oktober 1918 wird er im Einsatz abgeschossen. Da aber gibt es bereits einen neuen Mann in Isadoras Leben, der keine kurze Affäre, sondern eine große Liebe ist: »Als er zur Tür hereintrat, dachte ich, ein Bildnis des jungen Liszt sei aus seinem Rahmen gestiegen – er war groß, schlank, eine braune Locke fiel über seine hohe Stirn, und seine Augen waren klare Quellen reinsten Lichts. Er begann für mich zu spielen, und bald nannte ich ihn meinen Erzengel.«[550] Ihr Erzengel heißt Walter Morse Rummel, ist in Berlin geboren und gilt als einer der besten Pianisten Europas. Sie verliebt sich mit Haut und Haaren in den 31-jährigen unverschämt gutaussehenden Rummel. Ihr ist, als falle eine tonnenschwere Last von ihr ab. Neues Leben, neue Kreativität durchströmt sie: »Es war der Beginn der himmlischsten und weihevollsten Liebe meines Lebens.«[551]

Zwar ist Rummel schwierig und überreizt, doch Isadora ist den Umgang mit schwierigen Menschen gewohnt. Dass seine Exfrau den Verstand verloren hat, als er sie verlassen hat, und eine andere sich gar erschossen hat, schreckt sie nicht. Nicht einmal die sexuellen Schwierigkeiten, von denen Isadora ihrem letzten Liebhaber Victor Seroff erzählt, ändern etwas an ihrer

Zuneigung: »Er bevorzugte es, sich hinter den verschlossenen Türen seines Zimmers selbst zu befriedigen.«[552]

Gemeinsam verlassen sie Paris und verleben einen unvergesslichen Sommer in Cap Ferrat an der französischen Riviera, wohin sie sich bis 1920 immer wieder zurückziehen: »Es war ein Leben wie im Paradies. Was für ein Wechselbad der Gefühle ist das Leben – je tiefer die Seelenqual, umso größer die Ekstase. Jedem Versinken in Trauer folgt ein Aufschwung in himmelhochjauchzende Freuden. Von Zeit zu Zeit verließen wir unsere Zuflucht, um für die unglücklichen Verwundeten ein Konzert zu veranstalten, aber meist waren wir allein, und zwischen der Liebe und der Musik schwebte meine Seele in höchster Glückseligkeit.«[553]

Während der Zusammenarbeit mit Rummel schraubt sie ihre Kunst in neue Dimensionen. Die Kritiken, die sie in der fast dreijährigen Kooperation erhält, zählen zu den besten ihrer Karriere: »Ich glaube, dass wir uns damals durch die psychische Kraft des musikalischen Augenblicks, wenn unsere Seelen so gleich gestimmt in der heiligen Energie der Liebe schwangen, an den Pforten zu einer anderen Welt befanden, und das Publikum spürte die Macht dieser vereinten Kräfte in voller Deutlichkeit.«[554] Isadora findet wieder zu sich selbst, bringt sich wieder in Form, entsagt dem Alkohol und erarbeitet neue Choreographien vor allem zur Musik von Franz Liszt. Später wird sie sagen, es sei Rummel gewesen, der sie mit dem Werk Liszts erst richtig vertraut gemacht habe. Dass sie sich von Rummel auch in Momenten tiefster Trauer verstanden fühlt, lässt sie genesen. Es scheint, als habe sie vergessen, was bisher immer für ihre Liebesbeziehungen galt: »Jede einzelne Liebesaffäre meines Lebens hätte den Stoff für einen Roman abgegeben, nur gingen leider alle schlecht aus.«[555]

Und dann ist endlich auch der Krieg aus. Isadora und Rummel kehren nach Bellevue zurück – oder zu dem, was davon noch übrig ist. Die US-Armee hat das Anwesen in Besitz genommen, und als sie es Anfang 1919 wieder verlässt, ist es eine Ruine. Obwohl sie mit Experten über eine Instandsetzung berät, muss sie letztlich einsehen, dass dies ihre finanziellen Mittel übersteigen würde. Sie verkauft Bellevue für eine Million Francs an die französische Regierung, die darin eine militärische Forschungseinrichtung unterbringen wird: »Meinen dionysischen Tempel hatte ich zunächst in ein Lazarett verwandeln müssen, und nun musste ich ihn ganz aufgeben, damit aus ihm eine Fabrik des Todes geschaffen wurde.«[556]

Sie muss wieder von vorne anfangen und das würde sie am liebsten mit den Isadorables. Die erreicht in New York ein langer Brief Isadoras, in dem sie um Verständnis wirbt: »Niemand weiß, wie der Schmerz seit dem Verlust von Deirdre und Patrick mich manchmal fast in den Wahnsinn treibt. Tatsächlich ist mein armes Gehirn weitaus öfter, als irgendjemand ahnt, völlig wirr. Wenn Ihr an die letzten Jahre zurückdenkt, denkt an den Trauermarsch von Schubert, das *Ave Maria*, *Redêmption* und vergesst jene Momente, in denen meine arme verstörte Seele in dem Versuch, dem Leiden zu entkommen, Euch allen den Eindruck von Wahnsinn vermittelt hat. (…) Eines Tages, wenn Ihr erfahren habt, was Leiden ist, dann werdet Ihr verstehen, was ich durchmache. (…) Bis dahin, arbeitet und erschafft Schönheit und Harmonie. Diese arme Welt dürstet danach. (…) Liebe Kinder, ich umarme Euch. In Liebe Isadora.«[557]

Vom Erlös aus dem Bellevue-Verkauf ersteht sie ein Haus in der Rue de la Pompe, richtet hier ein neues Studio ein und fordert die Isadorables auf zurückzukommen: »Ganz tapfer ging ich auf Tournee durch die französische Provinz, aber nach drei Abenden wurden aufgrund einer Grippewelle alle Theater geschlossen und ich fuhr zurück nach Nizza, wo ich wie immer von der Hoffnung lebte. Wenn ihr möchtet, könnte ich alles in die Wege leiten dafür, dass Ihr bald bei mir seid. Pässe etc.«[558]

Doch diesmal folgen die Mädchen ihren Anweisungen nicht sofort. Augustin hatte sich den Wünschen seiner Schwester widersetzt und für die Mädchen zwei große US-Tourneen arrangiert, eine davon mit dem berühmten russischstämmigen Ballettimpresario Sol Hurok, der auch Anna Pawlowa, Michel Fokine und die Ballets Russes unter Vertrag hat. Zuletzt haben die Isadorables mehrere ausverkaufte Vorstellungen in der Carnegie Hall gegeben. Sie sind ein großer Erfolg – auch ohne Isadora. Allerdings spüren auch sie, dass der Geschmack des Publikums sich verändert. Die 20er Jahre sind die Ära des Jazz. Satire, Understatement, Sophistikation sind jetzt gefragt. Attribute, die weder die Isadorables noch Isadora besitzen. Ihr Erfolg könnte daher von begrenzter Dauer sein und eine Rückkehr nach Europa auch künstlerisch sinnvoll. Zudem würden sich manche auch über ein Wiedersehen mit der so hoch verehrten Isadora freuen. Isadoras Angebot stößt deshalb auf geteilte Meinungen: Anna will nicht zurück, sie will nicht länger Isadoras Dreingabe sein, sondern in den USA bleiben. Theresa hingegen möchte sofort nach Frankreich und zu Isadora. Lisa und Margot wollen die älteren Mädchen für sich entscheiden lassen, und Irma will nur dann reisen, wenn ihr Isadora vertraglich zusichert, dass sie bereits geschlossene Verträge in den USA im Herbst dieses Jahres nach ihrer Zeit in Europa auch wahrnehmen darf. Erika, die Jüngste, hat sich entschieden, die Bühne zu verlassen und Malerin zu werden. Zum Erstaunen aller schickt Isadora den Mädchen tatsächlich die von Irma gewünschte schriftliche Zusicherung zur Einhaltung anderer Verträge. Nun steht einer Rückkehr nichts mehr im Wege. Unter dem Namen Duncan kehren die Mädchen nach Europa zurück. Eine Aktion Isadoras, die noch vor der Abreise zum Konflikt mit ihrem Bruder Raymond geführt hat. Der war 1917, nach dem Tod von Penelope, mit seiner neuen Lebensgefährtin Aia Bertrand und etwa dreißig Anhängern nach Paris zurückgekehrt und hatte an der Rive Droite einen Laden mit Kunsthandwerk und Biolebensmitteln eröffnet. Als durchaus cleverer Geschäftsmann hatte er es geschafft, aus seinem Geschäft einen wahren Touristenmagneten zu machen. Im Mai 1920 bringt er Isadora vor Gericht, um zu verhindern, dass die Mädchen den Namen Duncan annehmen. Seiner Ansicht nach sind Isadoras geliebte Schülerinnen nichts anderes als »Blutsauger, Vipern und Schweine«, die seine Schwester schamlos ausnutzen.[559] Er unterliegt, die Mädchen dürfen den Namen Duncan weiter benutzen, was vor allem Irma, Anna und Lisa bis an ihr Lebensende tun werden. Zu der häufig kolportierten Adoption durch Isadora kommt es, wie Anna 1975 nochmals ausdrücklich bestätigt, allerdings nie.[560] Am 22. Juni 1920 schiffen sich die neuen Duncans in Richtung Europa ein.

Während sie mit den Mädchen über deren Rückkehr verhandelt hat, ist Isadora nicht untätig geblieben. Zusammen mit Rummel macht sie eine große Tournee, die sie bis Nordafrika führt. Kurzzeitig überlegt sie sogar, hier ihre neue Schule zu errichten. Schließlich aber reist sie doch zurück nach Europa. Im Dezember 1919 trifft sie in Rom ein, wo sie nach vielen Jahren Edward Gordon Craig wiedersieht. Den gemeinsamen Spaziergang in jener Nacht des 12. Dezember 1919 wird Craig als den Spaziergang seines Lebens bezeichnen: »Wir spazierten Arm in Arm durch das nächtliche Rom. Wir sprachen nicht, als wir so gingen, wir weinten. Aber durch das Marschieren liefen wir der Traurigkeit davon und am Ende lächelten wir.«[561] Es scheint kurz, als hoffe Isadora auf eine Wiedervereinigung, doch Craig hat sich eingerichtet – ohne sie –, auch wenn er sie nach wie vor liebt: »Ich wusste, es wäre falsch – ein Fehler in jeder Hinsicht –, auch wenn wir uns noch liebten.«[562] Nachdem sie aus Rom abgereist ist, erhält sie einen wunderschönen Liebesbrief: »Vergiss niemals – Du bist ein großartiges Geschöpf – Handle, wie Du es immer getan hast – mit Größe – meine Liebste & und wenn Du zweifelst – setz noch eins drauf. Die Vergangenheit – die Gegenwart – die Zukunft – all diese Worte haben eine Bedeutung im Zusammenhang mit anderen Menschen – *sie haben überhaupt nichts mit Dir zu tun.* Du bist einer der bedeutendsten Menschen der Welt, vergleichbar – mit niemandem. Verhalte Dich wie eine ganz Große, meine Liebste (...) Du bist unbesiegbar und deshalb kannst Du nicht scheitern.«[563]

Isadora bleibt bei ihrem Erzengel und wartet nun sehnsüchtig auf die Ankunft ihrer Schülerinnen. Noch weiß sie nicht, welches Leid ihr diese bringen werden: »Oh, hätte ich doch nie daran gedacht, sie zurückzuholen! Meine Schülerinnen waren jung, schön und bezaubernd, mein Erzengel erblickte sie und – verfiel einer anderen.«[564] Sie plant, mit Rummel und den Mädchen nach Griechenland zurückzukehren, Kopanos wieder auferstehen zu lassen. Premierminister Venizelos hatte ihr signalisiert, dass sie in Griechenland höchst willkommen sei und auf die Hilfe der griechischen Regierung zählen könne: »Wie soll ich nun diese Reise schildern, diesen Kalvarienberg meiner Gefühle: unseren Aufenthalt am Lido, wo ich den ersten Verdacht schöpfte, die Fahrt nach Griechenland, wo ich Gewissheit fand, und wie mir diese Gewissheit schließlich den Anblick der Akropolis im Mondschein für immer verleidete.«[565] Niemals hätte Isadora in ihren eigenen Schülerinnen Konkurrentinnen vermutet – sie ist Isadora Duncan, die weltberühmte Tänzerin, das Genie, die Heldin. Und doch macht ihr die kleine Anna Denzler Rummel abspenstig. Eine Entwicklung, die auch den anderen Mädchen nicht verborgen bleibt. Schon am 13. August 1920 schreibt Irma in ihr Tagebuch: »Ein unglückseliger Freitag! Und was für einer!! Es scheint, als haben sich Anna und der Erzengel ineinander verliebt. Isadora ist schrecklich eifersüchtig.«[566]

Die ist tatsächlich völlig überfordert mit der Situation: »Ich hatte unsere Liebe durch die Kraft des geistigen Bandes für unverwundbar gehalten, und daher dauerte es geraume Zeit, bis mir die Wahrheit dämmerte. Alle meine Erfahrungen nutzten mir nichts; für mich war es ein entsetzlicher Schock.«[567]

Zwar bietet Anna noch auf der Hinreise nach Griechenland an, nach Paris zurückzukehren, doch Isadora denkt an ihre Schule und ihre Kunst. Niemals wollte sie persönliche Gefühle über ihre Kunst stellen. Nein, Anna soll bleiben, Isadora wird die Situation händeln. Am 22. August 1920 treffen sie inklusive des Fotografen Edward Steichen in Athen ein. Der hofft, Filmaufnahmen von Isadoras Tanz anfertigen zu dürfen. Ein Anliegen, dem sie sich am Ende verweigert. Aber er darf ihren Tanz fotografieren. Steichens Aufnahmen von Isadora und den Isadorables im Theater des Dionysos, die kurz darauf in der *Vanity Fair* erscheinen, werden ikonografisch.

Isadora freut sich, die Stadt wiederzusehen. Sie ist dort sehr beliebt, und Premierminister Venizelos gestattet ihr, im Zappeion, einem klassizistischen Multifunktionsbau im Südosten von Athen, ihr Studio einzurichten. Jeden Morgen noch vor Beginn der Proben steigt Isadora mit den Mädchen auf die Akropolis. Erinnerungen an 1903 werden lebendig. Dass Kopanos einer Ruine gleicht, in der Schafe hausen, stimmt sie traurig. Sie beschließt, mit dem restlichen Geld, das vom Verkauf von Bellevue noch übrig ist, ihren Tempel wieder aufzubauen. Umgehend engagiert sie einen Architekten, räumt eigenhändig Schutt und Abfälle aus den Räumen. Nachdem Türen und Fenster eingebaut wurden, lässt sie in einem der größeren Räume einen Tanzteppich ausrollen und einen Flügel aufstellen. Von nun an finden die Proben mit Walter Rummel am Klavier hier statt. Bach,

Beethoven, Wagner und Liszt klingen durch die Olivenhaine. Die griechische Regierung sendet deutliche Signale, wie gerne man ihre Schule hier im Land haben möchte. Am Ende einer Vorstellung im 50 000 Menschen fassenden olympischen Stadion von Athen, zu der neben König und Premierminister auch das Kabinett und der Klerus erscheinen, setzt man ihr einen Lorbeerkranz aufs Haupt.

Isadora scheint am Ziel ihrer Träume. Doch die Eifersucht macht ihr alle Momente des Triumphs zunichte. Sie beäugt jede Regung von Anna und Rummel, die sich durchaus bemühen, einander aus dem Weg zu gehen. Nächtelang läuft die Tänzerin durch die griechische Hügellandschaft, getrieben von Gefühlen changierend zwischen Schrecken und Mordgelüsten. Nie zuvor hatte sie solche Eifersucht empfunden. Als sie Zeugin zärtlicher Blicke der beiden wird, erfasst sie eine solche Wut, dass ihr vor sich selbst bang wird: »Niemals zuvor war ich von einer derartig fürchterlichen Leidenschaft besessen. Ich liebte und gleichzeitig hasste ich die beiden, und diese Erfahrung lehrte mich plötzlich, Mitleid und Verständnis für die Unglückseligen zu entwickeln, die von unvorstellbar quälender Eifersucht getrieben diejenigen töten, die sie lieben.«[568] Sie kann den Anblick von Rummel und Anna kaum mehr ertragen, doch sie braucht zumindest Rummel als Pianisten und eigentlich auch Anna als Teil der Isadorables. Rummel, zerrissen zwischen beiden Frauen, schreibt an Isadora, die er in seinen Briefen immer als »die Großartige« anspricht: »Ich liebe das Kind, aber nicht genug, um sie in meinen Gefühlen von Dir zu separieren, ich will sie auch nicht von ihrer Arbeit trennen und Dich nicht wegen ihr verlieren.«[569] Alle Mädchen fortzuschicken und dadurch die zukünftige Schule aufs Spiel zu setzen bringt sie nicht übers Herz. Und so leidet sie stumm weiter: »Während ich versuchte, meinen Zöglingen Schönheit, Beherrschung, Vernunft und Harmonie beizubringen, krümmte sich mein Innerstes im Klammergriff schrecklicher Qualen. Ich machte mir zur Gewohnheit, einen Schutzwall aus ausgelassener Fröhlichkeit zur Schau zu tragen und abends, beim Essen am Meer, mein Leiden in den schweren Weinen Griechenlands zu ertränken. Es hätte bestimmt noblere Möglichkeiten gegeben, aber ich war dazu schlicht nicht imstande.«[570]

Als ob all dies nicht genug an ihren Nerven zehrt, kommt es nun auch noch zum Streit mit den anderen Isadorables, die Ende September in die USA zurückkehren wollen, um ihre dortigen Verträge zu erfüllen. Doch obwohl Isadora ihnen dies vorab schriftlich zugesichert hat, will sie die Mädchen nun nicht mehr gehen lassen. Es kommt zu hässlichen Szenen zwischen ihr und Irma. Am Ende stellt Isadora Irma frei zu gehen – alleine. Die packt unter Schock ihre Koffer, dann schreibt sie einen langen Abschiedsbrief an ihre Mentorin: »Ich halte nichts von Selbstaufopferung. Die Schule war für dich immer auch eine Rettung. In den schlimmsten Momenten der Qual und des Kummers war sie deine einzige Freude und Inspiration. Aber sie war nicht alles für dich im Leben! Wie kannst Du erwarten, dass ich mein Leben voll und ganz der Zukunft dieser Schule verschreibe?«[571]

Für alle überraschend lenkt Isadora ein: »Ich habe nur noch ein paar Jahre vor mir. Willst Du mir nicht helfen? Bevor ich sterbe, müssen zumindest hundert Menschen meine Arbeit verstehen und an andere weitergeben können.«[572] Irma bleibt, auch wenn die Auftritte der Isadorables durch Isadoras Weigerung, sie ziehen zu lassen, damit hinfällig sind. Die Lösung für alle Probleme ist schließlich ein kleiner Affe, der den griechischen König in den Finger beißt. Die Wunde infiziert sich und der Monarch stirbt. Daraufhin kommt es im ganzen Land zu politischen Unruhen, die mit dem Rücktritt des Premierministers enden. Sämtliche Günstlinge Venizelos', darunter auch Isadora, müssen schleunigst das Land verlassen. Ein zweites Mal bleibt

Kopanos unvollendet als finanzielles Millionengrab zurück. Die Gruppe kehrt im Oktober 1920 nach Paris zurück, wo Anna die Isadorables verlässt – ohne Rummel: »Für die Zukunft ihrer Schule habe ich den Mann aufgegeben, den ich mehr als alles auf der Welt liebte. Ich ging zu ihr, um ihr meine Entscheidung mitzuteilen. Es war das letzte Mal, dass wir miteinander sprachen. Während unseres zweistündigen Gesprächs zerrstörte sie ein großes Rosenbouquet, in dem sie voller Nervosität die Blütenblätter abzupfte und sie überall auf dem Boden verstreute.«[573]

Nachdem Anna weg ist, versucht Isadora, für sich selbst eine Tournee in den USA zu arrangieren. Doch dort hat man kein Interesse. Augustin schreibt aus New York an Isadoras Privatsekretär Norman Harle: »Meiner Ansicht nach sollte Isadora davon absehen hierherzukommen. Die Konditionen wären schlechter als je zuvor, und ich glaube nicht, dass sie ihren Vertrag erfüllen würde. Keiner in der Branche sieht das anders als ich, sie sollte kein Risiko eingehen. Vorschüsse oder Reisekosten kommen zum Beispiel überhaupt nicht in Frage. Man würde sie zwingen, das komplette Risiko zu tragen. Das Vertrauen darin, dass sie einen einmal geschlossenen Vertrag auch erfüllt, ist gleich null.«[574]

Nun sitzen alle in Paris fest – ohne Geld und ohne großes Engagement. Für die Mädchen war die Rückkehr aus New York zu Isadora eine Sackgasse. Sie sind wütend und wollen weg. Isadora wiederum zieht nachts um die Häuser, tanzt Tango und lässt sich tagsüber auf Pump von Pariser Couturiers einkleiden. Auf ihren Partys wird nun neben Champagner auch Kokain gereicht. Die Liebhaber kommen und gehen. Bei ihren spärlichen Auftritten wird sie nur mehr von drei Isadorables begleitet. Erika und Anna sind weg und Margots Gesundheitszustand, um den es nie zum Besten stand, hat sich in Griechenland weiter verschlechtert. Die Kritiken ihrer Auftritte sind wohlwollend, auch wenn vielfach beklagt wird, dass ihnen das Besondere fehle. Zudem fordern die Kritiker Isadora auf, den Isadorables mehr Raum zu geben. Isadora ist außer sich.

Im April 1921 tanzt Isadora in London. Diesmal ist nur Rummel an ihrer Seite, die Mädchen sind in Paris geblieben. Um Geld zu verdienen, müssen sie auftreten, doch Isadora gestattet nur bestimmte Stücke und bestimmte Komponisten, Claude Debussy zum Beispiel verbietet sie strikt. Zudem verlangt sie ein Drittel der Einnahmen. In ihrer Not wenden sich die Mädchen an alte Freunde Isadoras, die jedoch nicht zur Klärung der Situation beitragen, sondern für weiteren Ärger und eine wütende Isadora sorgen: »Dass ich all dies von einer Fremden erfahre – also wirklich, meine Zuneigung und meine Geduld euch gegenüber ist am Ende. So wie Anna über mich gesprochen hat, denke ich, sie muss dement sein. Mein einziges Verbrechen ihr gegenüber waren zu große Nachsicht und Zuneigung. Mir reicht es. Begreift ihr nicht, dass ihr mich auf die Art und Weise, wie ihr über mich sprecht, tief verletzt und dadurch, dass ihr mich verletzt, auch euch selbst verletzt … Ich flehe euch an, bitte erzählt nicht gleich dem Nächstbesten jede kleine dumme Idee, die euch durch den Kopf geht. Wenn ihr Fahrkarten nach Amerika oder sonst wohin möchtet, dann wird Mr Harle das arrangieren, denn eure momentane Einstellung mir gegenüber scheint jegliche weitere Beziehung ziemlich schwierig zu machen. Ich habe, wie Harle zu sagen pflegt, die Nase voll.«[575]

In London feiert Isadora große Erfolge. Fast 13 Jahre ist ihr letzter Auftritt her und die *Times* schreibt nach ihrem Auftritt im Prince of Wales Theatre: »Egal welche Stimmung, Miss Duncan interpretiert sie mit außerordentlicher Kunstfertigkeit und Wahrhaftigkeit. Sie spielt mit den menschlichen Emotionen wie ein Pianist mit den Tasten seines Klaviers. Der ganze Nachmittag war ein Triumph, sowohl für die Tänzerin als auch für ihre Methoden.«[576]

Einmal besucht auch der Leiter der sowjetischen Handelsvertretung in London Leonid Borissowitsch Krassin, Ingenieur, Sprengstoffexperte und Bolschewist der ersten Stunde, eine ihrer Vorstellungen. Als er sie anschließend in ihrer Künstlergarderobe aufsucht, wird die Idee geboren, die Isadora-Duncan-Schule in der UdSSR aufzubauen. Wenige Tage später erreicht sie ein Telegramm des Volkskommissars für Bildung, Anatoli Wassiljewitsch Lunacharsky keinem Apparatschik, sondern einem der wichtigsten marxistischen Kulturpolitiker des 20. Jahrhunderts: »Kommen Sie nach Moskau. Wir werden Ihnen eine Schule und 1000 Kinder zur Verfügung stellen. Sie könnten Ihre Idee in großem Maßstab verwirklichen.«[577] Isadoras Antwort ist kurz und bündig: »Akzeptiere Ihre Einladung. Am 1. Juli bin ich aus London abfahrbereit.«[578]

Sie setzt Rummel von ihrer Entscheidung in Kenntnis, doch er kommt nicht mit. An Anna, die sich aktuell vor ihm verbirgt, schreibt er: »Ich bin müde, müde und möchte mich bei Dir ausruhen. Isadora will im Juni, Juli nach Russland gehen (…) Sie war sehr überrascht, dass ich nicht gehe. Vielleicht ist alles dies das Beste, vielleicht versteht man dort das wilde, unorganisierte Dasein besser. Ich werde mich ausruhen, auch wenn es in einer kleinen Kammer ist.«[579]

Rummel geht zu Anna, Isadora zurück nach Paris, wo sie die Mädchen über ihre Pläne informiert. Während ausgerechnet die trotzige Irma ohne Zögern ihre Bereitschaft erklärt mitzukommen, reagieren Theresa und Lisa eher zurückhaltend. Isadora ficht das nicht an. Sie hat noch immer ihren Kopf durchgesetzt.

Nachdem sich die Gerüchte überschlagen, gibt Isadora am 29. Mai 1921 eine Pressekonferenz: »Vielleicht werde ich Bolschewistin, aber schon mein ganzes Leben lang wollte ich Kinder unterrichten und eine kostenlose Schule und ein kostenloses Theater haben.«[580] Der Großteil der Presse hält sie für reichlich naiv, genau wie viele ihrer Freunde, unter denen auch zahlreiche Exilrussen sind. Bei ihrer Pariser Abschiedsparty im Juni 1921 zeigt man ihr Briefe aus der UdSSR, wonach die Bolschewisten kleine Kinder schlachten würden, um Fleisch unter die Leute zu bringen. Isadora nimmt's gelassen: »Hab keine Angst, Irma. Im Zweifel werden sie mich zuerst fressen. An mir ist eine Menge mehr dran. In der Zwischenzeit kannst du dich verdrücken!«[581]

Nach letzten Auftritten in Brüssel reist Isadora mit den Mädchen nach London, um hier ihre Abschiedsvorstellungen zu geben. Publikum und Presse bereiten ihr einen fulminanten Abschied: »Es war in jeder Hinsicht ein toller Abend. Das ist die letzte Chance, Isadora Duncan zu erleben, bevor sie nach Russland geht – wer weiß, wann sie wiederkommt.«[582]

Krassin wartet zudem mit der erfreulichen Nachricht auf, dass ihre neue Schule im Liwadija-Palast, der Sommerresidenz des letzten Zaren auf der Halbinsel Krim, errichtet werden soll. Wie herrlich, endlich scheint sich das Schicksal zu wenden. Um zu erfahren, ob dies auch so bleibt, sucht Isadora kurz vor ihrer Abreise noch eine Wahrsagerin auf, die ihr eine merkwürdige Prophezeiung macht: »Sie begeben sich auf eine lange Reise, werden manches Seltsame erleben, werden Unannehmlichkeiten begegnen, werden heiraten ...«[583] Darüber kann Isadora nur schallend lachen. Sie und heiraten? Wie absurd.

Weniger lustig ist die Tatsache, dass nur Irma mit in die UdSSR kommen wird. Theresa hat sich verlobt und wird nach New York zurückkehren, Lisa, die sich ebenfalls verliebt hat, wird in Paris bleiben. Dies ist das Ende der Isadorables. Als Irma auf Isadoras Abschiedsparty in London den Raum betritt, erhebt diese ihr Glas. »Einen Toast auf Irma. Und auf die Schule. Gott segne sie!«[584]

Am 13. Juli 1921 brechen Irma, Isadora und deren französisches Dienstmädchen von London aus in die UdSSR auf. Mit dem Schiff geht es immer weiter gen Osten. Isadora steht statuengleich an Deck: »Adieu der Ungleichheit, der Ungerechtigkeit und der Brutalität. (…) Alte Welt lebe wohl! Mein Gruß gilt einer Neuen Welt!«[585]

Jede intelligente Frau, die einen Ehevertrag liest und sich dann entscheidet weiterzumachen, hat sich alle Folgen selbst zuzuschreiben.

(Isadora Duncan)

»Komm und trink mit mir, du räudige Hündin!«

IX.

Towarischtsch Duncan und der letzte Dorfpoet

»Als sich das Schiff langsam gen Norden bewegte, blickte ich mit Verachtung und Mitleid auf alles, was ich im alten Europa zurückließ. Ich hatte kaum Kleidung mitgenommen, denn ich dachte, ich würde den Rest meines Lebens in einer roten Flanellbluse unter gleichberechtigten Genossen in brüderlicher Liebe verbringen.«[586] Isadora setzt große Hoffnung auf ihre Zukunft in Russland. Mary Desti, die sie zum Schiff begleitet hat, schreibt in ihren Erinnerungen: »Sie war auf dem Weg ins Paradies, wo alles nur perfekte Liebe, Harmonie und Kameradschaft war – wo es keinerlei dumme Regeln oder Konventionen gab – wo jeder Mensch sein Bestes gab zum Wohle der Menschheit.«[587] Obwohl Isadora die Freundin gebeten hatte mitzukommen, bleibt Mary diesmal zurück. Immerhin sorgt sie dafür, dass Harry Gordon Selfridge aus seinem Londoner Luxuskaufhaus mehrere Kisten mit Bettbezügen, Handtüchern, Champagner und Delikatessen an Bord bringen lässt. Man weiß ja nie. Bis zur estnischen Hauptstadt ist zumindest die aus den USA angereiste Ruth Mitchell mit an Bord, dann wird Isadora allein auf ihr treues französisches Dienstmädchen Jeanne und Irma gestellt sein. Bei einem Zwischenstopp in Danzig sieht Irma nach sieben Jahren zum ersten Mal ihre Mutter wieder. Sie muss feststellen, dass das familiäre Band gerissen ist: »Ich hatte mich so weit von ihr fortentwickelt, dass wir Fremde geworden waren.«[588]

Als das Schiff Danzig verlässt, steht Irmas Mutter am Kai und winkt, bis es außer Sichtweite ist: eine kleine graue Gestalt, die aus Mutterliebe ihr Kind verloren hat. Irma gehört nun zu Isadora, auch wenn sie mit Bangen in die Zukunft blickt und Isadoras Optimismus nur bedingt teilt. Noch vor der Abreise aus London hatte die Ehefrau von Leonid Krassin Irma beiseitegenommen: »Sie hat keine Vorstellung davon, was sie erwarten wird. Ich möchte sie nicht entmutigen, aber Dich möchte ich warnen. Ihr werdet eine schwierige Zeit durchmachen.«[589]

Am 19. Juli läuft Isadoras Schiff in Tallinn, wie die Hauptstadt Estlands seit Ausrufung der Republik 1918 heißt, ein. Hier werden sie von Ivy Litwinow erwartet, der englischen Ehefrau des stellvertretenden Volkskommissars für Äußere Angelegenheiten Maxim Litwinow. Auch sie versucht, Isadora in ihrem Optimismus vorsichtig zu bremsen, doch die Tänzerin lässt sich auch nicht durch die Tatsache, dass sie die Reise in der überfüllten zweiten Klasse der Eisenbahn fortsetzen muss, entmutigen. Etwas enttäuscht ist sie allerdings, dass es im ganzen Zug keine Spur von den heißblütigen Revolutionären gibt, die ihr den Kopf verdrehen. An der estnisch-russischen Grenze in Narva sieht man stattdessen sehr viele Soldaten. Weil die Grenzformalitäten sich hinziehen, lässt Isadora kurzerhand ihr Grammofon auf dem Bahnsteig aufstellen und gibt eine kostenlose Vorstellung für die Wartenden. Anschließend verteilt sie Süßigkeiten und Geschenke an die Kinder. Dann darf der Zug endlich die russische Grenze passieren. Isadora ist so euphorisiert, dass sie am liebsten umgehend der Kommunistischen Partei beitreten würde. In den nächsten Stunden füllt sich der Zug mit Familien, die samt Samowar und Bettzeug unterwegs sind. Manche haben tagelang am Bahnsteig auf eine Reisemöglichkeit gewartet. Als Erstes erreicht die Reisegesellschaft St. Petersburg, oder wie die Stadt seit Ausbruch des Ersten Weltkriegs heißt: Petrograd. Acht Jahre ist es her, dass Isadora zum letzten Mal in der wunderschönen Stadt an der Newa war. Es sind gerade die berühmten weißen Nächte und Isadora und Irma schlendern durch die Straßen. Was sie sehen, hat nur mehr wenig mit der Stadt zu tun, die Isadora kennt und liebt. Irma notiert in ihr Tagebuch: »Wir spazierten den Newski-Prospekt entlang. Wie verändert alles war! Die Stadt schien wie ausgestorben und unendlich trist. Die Fenster der Geschäfte waren leer. Doch obwohl die Menschen alle in Lumpen gekleidet waren – sie wirkten nicht hungrig. Wir waren dennoch froh, als wir nach Moskau abfuhren.«[590]

Am frühen Morgen des 24. Juli 1921 treffen die drei Frauen in Moskau ein. Mental hat sich Isadora bereits auf den triumphalen Empfang vorbereitet, der ihr hier zweifelsohne bevorstehen wird. Zwar ist sie daran gewöhnt, wo immer sie auftaucht, von Presse und Fans erwartet zu werden, aber hier in Moskau rechnet sie mit dem größten Jubel, den sie je bekommen hat: Kinderchen in roten Blusen, ein Meer an roten Fahnen, eine Musikkapelle, die die Internationale intoniert, Tausende jubelnde Genossen sowie die gesamte in Moskau akkreditierte internationale Presse. In Vorbereitung auf die Fotos, die um die Welt gehen werden, trägt sie ein Modellkleid aus der Bolschewistischen Kollektion ihres Lieblingsmodeschöpfers Paul Poiret, dazu ein leuchtend rotes Cape und rotgeschminkte Lippen. Noch im Zug feilt sie an ihrem Grußwort. Doch dann der Schock. Niemand ist gekommen, um sie abzuholen. Ja, niemand nimmt auch nur Notiz von ihrer Ankunft. Die Menschen hasten eilig an den drei Frauen vorbei, statt jubelnde Massen nur müde Reisende und Uniformierte, so weit das Auge reicht. Nicht einmal einen Wagen hat man geschickt, um sie abzuholen. Die Fahrt mit dem Taxi zum Hotel Metropol, in dem jetzt das Auswärtige Amt untergebracht ist, bringt keine Klärung. Nachdem Bildungskommissar Lunacharsky nicht aufzutreiben ist, bringt man die drei schließlich in einem Hotel unter, das kaum Isadoras üblichem Standard entspricht. Schon beim Abendessen fühlt sie sich in ihrem Pariser Modellkleid absolut fehl am Platze. Lunacharsky, der sie erst in drei Tagen erwartet hat, schreibt über den ersten Abend seiner Gäste: »Man fand ein Zimmer für sie im Savoy Hotel, das weit davon entfernt war, komfortabel zu sein, viel eher einer Ruine glich. Zudem war es voller Ratten und Bettwanzen. Isadora Duncan und ihre Begleiterinnen verließen das Hotel noch in der Nacht und machten bis zum Morgengrauen eine Stadtbesichtigung.«[591] Nach ihrer ersten Nacht in der UdSSR ist Isadora eines klar: »Einer echten Kommunistin sind Hitze, Kälte, Hunger oder jegliche anderen Entbehrungen völlig gleichgültig.«[592]

Am nächsten Morgen treffen sie endlich auf den Bildungskommissar, der bis zuletzt daran gezweifelt hat, dass Isadora seiner Einladung wirklich folgen würde: »Sie sah ziemlich seltsam aus, ihre Kleidung war eine Mischung aus reicher Thomas-Cook-Touristin und griechischer Tunika. Schals flatterten um sie herum, so als ob sie tanzen würde … Mit ihrem anglofranzösischen Akzent versicherte sie, dass sie bereit wäre, von Schwarzbrot und Salz zu leben, aber sie bestünde auf tausend Mädchen und Jungen aus den ärmsten Familien. Sie versprach, aus diesen die anmutigsten Menschen zu machen, die man sich nur vorstellen könne.«[593]

Lunacharsky stellt ihr seinen Pressereferenten Ilja Iljitsch

Schneider zur Seite. Dieser ist ein enger Freund von Ekaterina Geltser, einer Primaballerina des Bolschoi-Balletts. Die ist gerade auf Tournee und Schneider bringt die drei Frauen in deren Wohnung unter. Schneider wird eine der wichtigsten Bezugspersonen Isadoras, für die er fortan auch dolmetscht, da sie kein Wort Russisch spricht. Als er ihr Gepäck vom Bahnhof holen lässt, staunt er nicht schlecht angesichts der ungeheuren Menge an Schrankkoffern, Kisten und Taschen, welche die nach eigener Aussage mit kleinem Gepäck reisende Isadora mit sich führt. Dass sie auch körbeweise Brot bei sich hat, lässt ihn schmunzeln. Mit Schneider hat Lunacharsky den richtigen Mann gefunden, einen Mann, der der Tänzerin, die er tief verehrt, stets loyal zur Seite stehen wird: »Vor mir saß eine große Künstlerin, die Erneuerin der Tanzkunst, die ›Königin der Gesten‹, wie man sie nannte, von der Auguste Rodin sagte, dass sie ihre Kraft aus einer Natur schöpft, die nicht unter der Rubrik Talent, sondern unter der Rubrik Genie zu verbuchen sei.«[594]

Kurz nach ihrer Ankunft bekommt Isadora Besuch von ihrem alten Freund Konstantin Stanislawski. Der Theatermacher hat einige Probleme mit den neuen Machthabern, obwohl gerade Lunacharsky moderne Literatur und Kunst in jenen ersten Jahren nach der Revolution bewusst fördert. Isadora weiß für Stanislawski nur einen Rat: »Mein lieber Freund, Du steckst in folgendem Dilemma: Entweder Du betrachtest Dich als am Ende und begehst Selbstmord oder Du fängst nochmal ganz von vorne an und wirst Kommunist.«[595] Etwas, womit sie sich selbst alle Mühe gibt. Spricht man sie mit »Madame Duncan« an, fordert sie empört, man möge sie bitte schön »Towarischtsch Duncan« nennen. Bei einer Abendveranstaltung im ehemaligen Palast von Pavel Kharitonenko direkt an der Moskwa sorgt sie für einen riesen Wirbel. Gewandet in Tunika und rotem Schal erscheint sie mit furchtbar revolutionärer Gesinnung und trifft auf eine elegante Abendgesellschaft, die andächtig den französischen Volksweisen einer Sopranistin im Schäferinnenkostüm lauscht. Isadora ist außer sich: »Was fällt Euch ein, die Bourgeoisie hinauszuwerfen, nur um dann ihre Plätze einzunehmen? (…) Ihr seid keine Revolutionäre. Ihr seid die Bourgeoisie in Verkleidung. Thronräuber!«[596] Bildungskommissar Lunacharsky schreibt dazu in der *Investia*: »Genossin Duncan durchläuft momentan eine Phase des äußerst militanten Kommunismus, die uns manchmal unwillkürlich schmunzeln lässt.«[597] Ungeachtet der schwierigen Umstände, in denen das Land sich nach sechs Jahren Gewalt, verursacht durch den Ersten Weltkrieg, die Februar- und Oktoberrevolution und einen blutigen Bürgerkrieg, befindet, glaubt Isadora fest daran, dass hier eine neue Welt entstehen wird: »Ich bin überzeugt davon, dass hier in Russland das größte Wunder geschieht, das der Menschheit seit 2000 Jahren wiederfahren ist. (…) Die Prophezeiungen von Beethoven, Nietzsche und Walt Whitman werden sich hier erfüllen. Alle Menschen werden Brüder.«[598] Der Weg in dieses Paradies ist jedoch steinig. Es herrscht Hunger und vor allem in der Wolgaregion und dem Ural wird eine wahre Hungersnot in den nächsten Monaten 5 Millionen Menschen dahinraffen. Auch in Moskau sind Lebensmittel rationiert. Vor den Geschäften bilden sich lange Schlangen. Im Frühjahr 1921 hatten die Kronstädter Matrosen, einst das Aushängeschild der Revolution, gegen die Bolschewiki revoltiert. Soeben wird der Bauernaufstand von Tambow, unter Führung des Sozialrevolutionärs Alexander Stepanowitsch Antonow, mit dem sich die Bauern gegen die Requirierung von Nahrungsmitteln während des Kriegskommunismus wehren, blutig niedergeschlagen. Es gibt sieben Millionen Waisenkinder auf den Straßen. Mehr als 80 Prozent der weiblichen Straßenkinder gehen der Prostitution nach. Isadoras Überlegungen, mit tausend Kindern zu arbeiten und ihnen ein Heim zu geben, ist jenseits aller künstlerischen Motivation auch eine zutiefst humanitäre Geste, die in Russland mit Wohlwollen zur Kenntnis genommen wird. Einer, der sich ebenfalls für die Erziehung der Jugend verantwortlich fühlt, ist Nikolai Podvoisky, Volkskommissar für körperliche Erziehung, der zusammen mit Trotzki die Rote Armee ins Leben gerufen hatte. Er hat in den Sperlingsbergen, eine mehrere Kilometer lange Park- und Hügellandschaft westlich der Moscwa, ein Institut gegründet, in dem er durch Training und spartanisches Leben junge Männer zur physischen Überlegenheit führen möchte. Isadora, die Podvoisky im August dieses Jahres kennenlernt, ist begeistert vom Meister und seinen Schülern, die sie an griechische Götter erinnern. In einem Artikel für den *Daily Herald* in London schreibt sie: »Ähnlich wie Prometheus wird dieser Mann der Menschheit die Flamme für ihre Gesundung überreichen.«[599] Sie lässt sich anstecken von Podvoiskys Credo des einfachen Lebens und zieht in ein Blockhaus in die Sperlingsberge: »Tanzen Sie Ihren Tanz im Winter in kleinen Scheunen und im Sommer auf dem freien Feld. Lehren Sie den Menschen die Bedeutung Ihres Tanzes. Unterrichten Sie Kinder. Fragen Sie nicht nach Dankbarkeit!«[600] Eine ganze Woche hält sie es aus, auf dem nackten Boden zu schlafen, dann zieht es sie zurück nach Moskau in die bequemen Betten in der Wohnung der Ballerina Geltser. Sie wird langsam ungeduldig. Schon mehr als einen Monat ist sie hier und in Richtung Schule ist nichts geschehen. Unverblümt erinnert sie Lunacharsky an ihre Vereinbarung.

Nun kommt Bewegung in die Sache. Die Regierung stellt ihr ein Rokokopalais in der Prechinstenka 20 zur Verfügung, ursprünglich für die Familie des Wodkafabrikanten Smirnow erbaut. Zuletzt war es von der russischen Primaballerina Alexandra Balaschowa bewohnt worden, die längst nach Paris geflohen ist. Dort wird sie ironischerweise versuchen, Isadoras Haus zu kaufen. Das große Haus mit den unzähligen Zimmern, der weißen Marmortreppe und dem wunderbaren Festsaal eignet sich hervorragend für Isadoras Pläne. Dass es völlig ausgeplündert ist und neben dem Mobiliar sogar die Seidentapeten mitgenommen wurden, stört Isadora nicht, im Gegenteil. Nun muss sie wenigstens nicht all die schnörkeligen Möbel mit Tüchern abdecken, um einen antiken Eindruck zu erreichen. Einzig, dass zur Zeit der Übernahme noch mehrere Bauernfamilien, die vor dem Bürgerkrieg geflohen sind, darin hausen, stellt ein kleines Manko dar, das allerdings bis Ende Oktober zu ihrer Zufriedenheit gelöst wird. Dann können Isadora, Dienstmädchen Jeanne, Irma und Schneider sowie zahlreiche Angestellte endlich einziehen. Isadora hängt die blauen Vorhänge auf, Dutzende Betten werden aufgestellt, die Küche mit Geschirr, Töpfen und Pfannen versehen und der Keller mit Kartoffeln gefüllt. Aufgrund der Lebensmittelknappheit werden diese in verschiedenen Varianten zum Hauptnahrungsmittel der Truppe. Alle zwei Wochen allerdings macht sich Jeanne auf den Weg in den Kreml, um dort die Extraportion Nahrungsmittel für Geistesarbeiter abzuholen. Dies sind die Tage, an denen Isadora ein Künstlerfest gibt und freigebig wie eh und je das bisschen Zusatznahrung unter die Leute bringt. Dass von den versprochenen 1000 Schülerinnen erst einmal nur 50 kommen sollen, enttäuscht sie tief.

Von September 1921 an werben große Annoncen in den Zeitungen um Kinder für Isadoras Schule. Arbeiterkinder genießen dabei höchste Präferenz. Aus den vielen hundert Kindern, die sich melden, wählt sie 100 aus, die in die engere Wahl kommen. Unterrichtet werden sie tagsüber von Irma, während Isadora in den Abendstunden die Feinarbeit leistet. Zum Schlafen gehen die Kinder nach Hause. Reinreden lässt sie sich wie immer nicht. M. D. Eichenholz, ein Emissär von Lunacharsky, der ihr eine lange Liste von Regeln für ihre Schule überreicht, wirft sie mit dem Wort »Idiot« kurzerhand hinaus. Sie ist angekommen, wie sie in einem offenen Brief an die englische Presse schreibt: »In Russland zu sein ist eine enorme Erfahrung, und ich möchte sie um nichts auf der Welt missen. (…) Zum ersten Mal in meinem Leben habe ich das Gefühl, ich kann meine Arme ausbreiten und atmen. Man hat den Eindruck, dass vielleicht zum zweiten Mal in der Weltgeschichte eine gewaltige Macht sich erhoben hat, um dem Kapitalismus, der für monströse Gier und Niederträchtigkeit steht, einen heftigen Schlag zu versetzen.«[601] Sie trägt sich mit dem Gedanken, ein Buch über ihre Zeit in Russland zu schreiben. Doch über einige Seiten Manuskript kommt sie nie hinaus.

Anlässlich der Feierlichkeiten zum vierten Jahrestag der bolschewistischen Revolution am 7. November 1921 tritt Isadora mit ihren Kindern im Bolschoi-Theater zum ersten Mal vors Publikum. Zwar wird Isadoras Kunst von den in Russland verbliebenen Künstlern, die stark zum Avantgardismus tendieren, als rückständig betrachtet, doch die Zuschauer im Bolschoi an diesem Tag jubeln ihr zu. Die Vorstellung ist restlos ausverkauft, draußen stehen Menschenmassen und fordern lautstark Einlass. Drinnen tanzt sie vor der kompletten Führung der Bolschewiki, inklusive Lenin. Sie tanzt die »Pathétique« und den Slawischen Marsch von Tschaikowsky. Lenin applaudiert ihr begeistert. Als sie am Ende der Vorstellung nicht wie üblich die *Marseillaise* tanzt, sondern eingehüllt in eine rote Fahne die Internationale, rast das Publikum. Alles springt auf und singt die Internationale lauthals mit. Isadora weiß sich in Szene zu setzen. Nach der ersten Strophe erscheint Irma mit den Kindern der Schule an der Hand. Alle sind in rote Tuniken gekleidet und bilden Hand in Hand einen Kreis um Isadora. Agitprop vom Feinsten.

Vierzig Kinder schaffen es schließlich, in Isadoras Schule aufgenommen zu werden. Sie ziehen in die Prechistenka 20, nun kann der Unterricht beginnen. Die Freude ist groß, aber kurz. Bereits Ende des Jahres muss sie die Kinder wieder nach Hause schicken, weil die Schule keine Zuteilung an Holz erhalten hat. Wie soll man so den russischen Winter überstehen? Aufgeregt spricht Isadora bei Lunacharsky vor, der sie über Folgendes aufklärt. Mit Überlassung des Schulgebäudes sieht die Regierung ihren Teil der Abmachung erfüllt. Niemand hätte in Krisenzeiten Verständnis dafür, würde die Regierung eine Unsumme in eine Tanzschule pumpen. Doch es gibt eine Lösung. Um die verzweifelte wirtschaftliche Lage zu überwinden, setzt die Regierung seit einigen Monaten auf das Prinzip der Neuen Ökonomischen Politik, kurz NEP. Dies bedeutet eine vorübergehende Rückkehr zum Kapitalismus insoweit, dass Einzelpersonen nun privates Wirtschaften und Geldverdienen erlaubt ist. Dies gilt auch für Isadora. Sie soll kommerzielle Vorführungen geben, dann kann sie Geld für ihre Schule verdienen. Was für ein Schlag. Genau das wollte sie nie mehr tun: mit ihren Auftritten ihre Schule finanzieren. Sie weigert sich zunächst, doch schon Ende Dezember tanzt sie zum ersten Mal vor zahlendem Publikum. Bald können die Kinder zurückkehren. Essen und Kleider erhält Isadora in den nächsten Monaten auch über die American Relief Administration ARA, eine vom späteren US-Präsidenten Herbert Hoover ins Leben gerufene Hilfsorganisation für die vom Ersten Weltkrieg gebeutelte Bevölkerung Europas, die nun auch dem neuen russischen Staat zugutekommt.

Weihnachten 1921 tanzt Isadora im Zimin-Theater endlich vor dem Publikum, das sie sich seit langem wünscht: Arme und Arbeiter. Sie wiederholt das Programm der Revolutionsfeier. Es leuchtet ihr nicht ein, warum die Propaganda Musik und Tanz nicht stärker einsetzt, um die Menschen für ihre Ideen zu begeistern. Sie tritt jetzt wieder häufiger auf, in großen wie kleinen Sälen. Doch neben den Kritikern, die ihre Kunst für überholt halten, mehren sich nun auch die, die ihr ihr Gewicht, ihre stämmigen Beine und ihr Alter vorhalten. Man meint, sie solle doch wenigstens einen Büstenhalter tragen. Bei einem Auftritt Isadoras belauscht ein Freund beschämt die Zuschauer in der Nachbarloge: »Das ist doch nun ein recht unästhetischer Anblick. Die Brüste baumeln, der Bauch wabert… Mein Gott, Zeit für die Alte, Schluss zu machen! (…) Unsere Megären gehen in ihrem Alter an Krücken.«[602]

Was würden diese gehässigen Zeitgenossen wohl sagen, wüssten sie, dass »die Alte« seit einiger Zeit einen schier kultisch verehrten jungen Dichter an ihrer Seite hat? Einen Dichter, den viele für den bedeutendsten russischen Dichter seit Alexander Puschkin halten? Ja, die »Alte« hat Sergej Alexandrowitsch Jessenin, hochbegabtes 26-jähriges Enfant terrible der russischen Literatur erobert – oder war es umgekehrt?

Sie hat ihn bei einer Abendgesellschaft im Atelier des Malers Georgi Jalulow kennengelernt. Aufgedonnert, als wäre sie in Paris und nicht im revolutionären Russland, war sie zu später Stunde hereingerauscht. Ihr Blick sei sofort auf den jungen gutaussehenden Dichter gefallen, beschreiben Augenzeugen. »Sie legte sich auf den Diwan, und Jessenin flog ihr zu Füßen. Sie tauchte die Hand in seine Locken und sagte: ›Goldener Kopf!‹ Es überraschte, dass sie, die keine zwölf russischen Wörter kannte, diese zwei wusste. Dann küsste sie ihn auf die Lippen. Und wieder formte ihr Mund, der klein und rot war wie die Einschusswunde von einer Pistolenkugel, gebrochene russische Laute: ›Engel!‹ Sie küsste ihn noch einmal und sagte: ›Teufel!‹ Früh um vier verließen Isadora und Jessenin die Gesellschaft.«[603]

Laut Isadora werden sie bereits in dieser ersten Nacht ein Liebespaar: »Ich konnte kein Wort Russisch und er überhaupt keine andere Sprache. Wir redeten von der Liebe mit unseren

Augen.«[604] Wie sehr die Sprachbarriere noch zwischen ihnen stehen wird, ahnen die beiden Verliebten nicht.

Wer ist der Mann, der nicht nur Isadora, sondern im Leben wie im Tod ganz Russland in seinen Bann zieht und dort bis heute eine Verehrung genießt, die der Isadoras im Westen in nichts nachsteht? Geboren am 3. Oktober 1895 im Dörfchen Konstantinowo im Bezirk Rjasan hat der hochbegabte, gutaussehende Sohn eines armen Landarbeiters mit 21 Jahren seinen ersten Gedichtband veröffentlicht, der ihn schlagartig zum Jugendidol macht. In seinen Gedichten idealisiert er die Natur und das Landleben, und schon bald gilt er als Russlands letzter Dorfpoet. An Selbstbewusstsein mangelt es ihm nicht: »Alle waren einhellig der Meinung, dass ich Talent besaß. Ich wusste das besser als jeder andere.«[605] Schon als junger Mann bereist er nahezu jeden Winkel des riesigen russischen Zarenreiches. Er ist belesen und klug. Im Vorfeld der Revolution begeistert er sich für die Sozialrevolutionäre, die bei den Umwälzungen nicht auf das Proletariat, sondern auf die Bauern setzen. Als die Revolution im Februar 1918 endlich kommt, zieht er nach Moskau, bereit, sich der neuen Zeit zur Verfügung zu stellen. Ein wirklich politischer Künstler ist er allerdings nicht, was ihn ebenso wie sein Flirt mit den Sozialrevolutionären und seine Weigerung, in die Partei einzutreten, für die Bolschewiki zu einem unsicheren Kantonisten macht. Viel lieber zieht Jessenin mit seinen Moskauer Künstlerfreunden, allen voran dem Schriftsteller Anatoli Marienhof, um die Häuser. Dass sie dabei bevorzugt als Dandys in Zylinder, karierten Jacketts, langen Schals und bunten Krawatten auftreten, macht sie bald ebenso stadtbekannt wie der Umstand, dass sie die Nähe von Huren suchen und keiner Kneipenschlägerei aus dem Weg gehen. Geld haben sie keines, oft sind sie obdachlos und hungrig. Sie schlafen auf Parkbänken oder auf den Sofas diverser Kaffeehäuser, wo man sie einfach liegen lässt. Marienhof und Jessenin sind unzertrennlich und die Forschung streitet bis heute über die homoerotische Komponente dieser Freundschaft, die durch die Heirat Marienhofs einen tiefen Riss bekommt.

Im Januar 1919 gründen die beiden zusammen mit Rurik Ivnev und Vadim Shershenevich die Künstlergruppe der Imaginisten. Sie stellen anstatt des Wortes das von Form und Inhalt befreite Bild in den Mittelpunkt ihrer Dichtung, die geprägt ist von Metaphern und Analogien. In den Futuristen um Wladimir Majakowski, die sich für die einzig wahren Vertreter der neuen revolutionären Kunst halten, sehen sie ihren Hauptgegner. Jessenin und Majakowski sind zu dieser Zeit die berühmtesten Dichter Russlands. Erzählt der eine jedoch von der Natur und den Bauern, ist der andere ein Verkünder des Maschinenzeitalters und setzt auf die Begründung einer neuen avantgardistischen Kultur. Zur Unterhaltung ihrer jeweiligen Anhänger treffen sich Vertreter beider Gruppierungen zu öffentlichen Gerichtsverhandlungen, bei denen ein Tribunal über die jeweilige Kunstrichtung entscheidet. Anfang der 1920er Jahre genießen russische Künstler auch dank des progressiven Volkskommissars für Bildung, Anatol Lunacharsky, viel Freiheit. Dass die meisten Bolschewiki inklusive Lenin einen eher traditionellen Geschmack haben, der kaum über Puschkin hinausreicht, stört dabei – noch – nicht. Lunacharsky ist der Ansicht, dass die Gewährung künstlerischer Freiheit dazu beitragen kann, die rückständigen Massen zu bilden und neue Ideen in die Köpfe der Menschen zu pflanzen.

Haupttreffpunkt der russischen Künstler in Moskau ist der Pegasusstall, ein Kaffeehaus am Twerski Boulevard. Hier finden Dichterlesungen und Diskussionsabende statt und hier wird Jessenin aufgrund seiner herausragenden Rezitationskünste zum Star der Moskauer Kulturszene. Sein gleichaltriger Dichterfreund Georgi Iwanow, der 1922 emigrieren wird, schreibt: »Naivität, Zutraulichkeit, eine gewisse kindliche Zartheit lagen in Jessenin dicht neben einer Ausgelassenheit, die an Flegelhaftigkeit grenzte, neben einer Selbstüberheblichkeit, die nicht weit von Unverschämtheit war. In diesem Widerspruch lag ein besonderer Zauber. Man liebte Jessenin. Ihm wurde vieles vergeben, was man anderen nicht verzieh.«[606] Auch die Frauen lieben Jessenin, der, als er Isadora trifft, bereits zweimal verheiratet war und dreifacher Vater ist. Sein Umgang mit Frauen ist allerdings nicht der feinste, wie Marienhof meint: »Normalerweise lieben Menschen, um wiedergeliebt zu werden. Jessenin liebte niemanden, aber alle liebten Jessenin.«[607] Isadora betrachtet eine derartige Einschätzung eher als Herausforderung, der sie sich umso lieber stellt, als dass Jessenin sie in seiner ungestümen, unberechenbaren Art unglaublich fasziniert. Bereits nach dem ersten Abend sind die beiden unzertrennlich oder wie Marienhof schreibt: »Jessenin war fortan ihr Herr und Gebieter. Wie ein Hund küsste sie ihm die Hand, die er zum Schlag erhoben hatte, und die Augen, in denen häufiger Hass als Liebe brannte. Und doch, Jessenin war nur ihr Tanzpartner, kaum anders als das rosa Stofffähnchen: willenlos und tragisch. Sie tanzte. Sie führte den Tanz.«[608]

Es dauert nur wenige Wochen, dann zieht der Dorfpoet zu Isadora ins Palais Balaschowa und schlägt hier das Hauptquartier der Imaginisten auf. Isadora ihrerseits gibt für ihren neuen Liebhaber und seine zahlreichen Freunde, die das Palais nun mit Beschlag belegen, rauschende Feste. Dank NEP haben Feinkosthändler und Delikatessenläden wieder geöffnet und vor Isadoras Haus halten täglich Lieferanten, die Champagnerkisten entladen, ganz ungestört von den verarmten Bürgern, die ein paar Straßen weiter ihre Puschkin-Ausgaben verhökern, um nicht zu verhungern. Obwohl Isadora Jessenins Freunde aufs Herzlichste willkommen heißt, stehen die der weltberühmten Tänzerin ablehnend gegenüber, werden von Eifersucht auf diese Frau geplagt, die ihren Jessenin derart mit Beschlag belegt. Um die beiden zu trennen, überreden sie Jessenin Anfang 1922 zu einer Persienreise. Als Isadora von der Abreise des Geliebten erfährt, bricht sie zusammen, verweigert tagelang jegliche Nahrung. Doch auch Jessenin ist von Sehnsucht geplagt und kehrt bereits auf der Hinreise um. Reumütig sinkt er in Isadoras Arme.

Leider zeigt sich schon bald, dass Jessenin keinerlei Verständnis für Isadoras Kunst hat und dieses Unverständnis mit Unverschämtheit kombiniert. Eines Abends fordert er Isadora auf, für ihn und seine Freunde zu tanzen. Sie tut es, tanzt einen Walzer von Chopin. Als sie geendet hat, erhebt sich der betrunkene Jessenin und führt unter dem Gejohle seiner Freunde einen wilden Bauerntanz auf, um ihr zu zeigen, wie man richtig tanzt. Sie nimmt es mit huldvoller Güte zur Kenntnis, hat sie sich doch in den Kopf gesetzt, dass dieser zügellose junge Mann dringend ihrer Hilfe bedarf. Sie schenkt dem notorisch Unpünktlichen eine wertvolle goldene Uhr, die er stolz seinen Freunden zeigt. Als die ihn wegen des »Verlobungsgeschenks« aufziehen, zertrümmert er die Uhr vor Isadoras Augen.

Jessenin liebt seine Freiheit, fühlt sich zunehmend eingeengt und verschwindet deshalb immer wieder für mehrere Tage, was jedes Mal ein unwürdiges Schauspiel in Gang setzt, wie Marienhof, zu dem er stets flüchtet, beschreibt: »Zwei Stunden nach Jessenins Heimkehr kam der Portier der Villa Balaschowa mit einem Brief. Jessenin schrieb eine lakonische und unbeugsame Antwort. Eine Stunde später klingelte Isadoras Sekretär Ilja Iljitsch Schneider. Am Abend erschien Isadora selbst. Sie hatte kindlich geschwollene Lippen, und in ihren blauen Fayenceschälchen glitzerten salzige Tropfen. Sie ließ sich neben dem Stuhl, auf dem Jessenin saß, nieder, umschlang Jessenins Beine und überschüttete seine Knie mit dem roten Kupfer ihres Haars: ›Engel‹ Jessenin stieß sie von sich. ›Hau ab, geh zum …‹ Er brannte ihr einen Fluch über. Isadora lächelte noch zärtlicher, und noch zärtlicher flüsterte sie: ›Isch liebe disch, Serguei Alexandrowitsch.‹«[609] Am Ende nimmt sie ihn immer mit nach Hause. Hier folgen leidenschaftliche Versöhnungsnächte, die in wüste Trinkgelage münden.

Da sie sich nicht mit Worten verständigen können, kommunizieren sie mit Gesten und Knüffen. Für einen Mann des Wortes wie Jessenin ein kaum erträglicher Zustand. Und so kommt es immer wieder vor, dass der so anschmiegsame und kindliche junge Mann Isadora mit Schimpftiraden nur so überzieht. Sein dabei gängiger Satz: »Komm, trink mit mir, du räudige Hündin«, geht in eines seiner berühmtesten Gedichte ein: »Los Harmonika, wimmer« von 1922. »Durchgeknutscht bist du, zerpimpert –/ Kotzt du mich an./ He, was gaffst du aus blauen Plinkern./ Willst du paar in die Fresse hab'n?«[610]

Im Februar 1922 tanzt Isadora in Petrograd vor dreitausend Matrosen, Jessenin begleitet sie. Plötzlich gibt es einen Stromausfall. Isadora lässt daraufhin eine Laterne zu sich auf die Bühne bringen und fordert die Zuschauer auf, das populäre Revolutionslied »Warszawianka« zu singen, das sie später in ihr Repertoire aufnimmt. Der Abend ist damit nicht nur gerettet, sondern gerät zur Sensation: »Während ich so dastand, wurde mir klar, dass ich ein revolutionäres Symbol für sie geworden war. Sie sahen in mir nicht länger Isadora Duncan, sondern die rote Hoffnung auf eine bessere Zukunft.«[611] Die Menge tobt. Und endlich ist auch Jessenin von ihrer Darbietung begeistert. Aufgeregt läuft er in ihre Garderobe und umarmt sie stürmisch – für sie das wichtigste Ereignis dieses außergewöhnlichen Abends: »Zum ersten Mal fühlte ich, dass er mich wirklich liebt.«[612]

Sie fühlt immer mehr, dass sie Jessenin aus Russland wegbringen muss, weg von seinen Saufkumpanen, weg von all dem, was sie nicht versteht. Hier in Russland ist er zwar ein Star, doch dies könnte er auch weltweit sein. Sie muss ihn nach Europa und in die USA bringen, dies könnte sein Durchbruch sein und würde auch ihrer Beziehung guttun. Sie ahnt ja nicht, dass Jessenin längst eigene Pläne in diese Richtung hat, für die er auch bereits erste Schritte eingeleitet hat. Auch er will Weltruhm erlangen. Zudem gefällt ihm die in Russland eingeschlagene politische Richtung immer weniger. »Der Sozialismus ist gar nicht so, wie ich ihn mir vorgestellt habe (...). Zu eng für die Lebendigen, zu eng für den, der die Brücke baut in die unsichtbare Welt.«[613]

Die Tänzerin sendet einen Brief an den einflussreichen amerikanischen Impresario Sol Hurok nach New York mit der Bitte, eine Tournee für sie, ihre russischen Kinder und den großen Dichter Sergej Jessenin zu arrangieren. Huroks Angebot erfolgt prompt, allerdings will er neben den Reisekosten und Spesen nur 800 Dollar pro Vorstellung, statt der von Isadora geforderten 1200 Dollar zahlen.[614] Sie nimmt dennoch an. Ihr Tourneeplan wird gerade erstellt, da erreichen sie traurige Nachrichten aus Paris. Ihre Mutter ist dort am 12. April 1922 verstorben. Raymond hatte die Schwerkranke in ihren letzten Monaten zu sich geholt. Auch Elizabeth war an ihr Sterbebett geeilt. An eine schnelle Ausreise für Isadora ist aber selbst unter diesen tragischen Umständen nicht zu denken. Die Kinder erhalten trotz aller Bemühungen ohnehin keine Reisegenehmigung und müssen in der Obhut von Irma und Schneider in Moskau bleiben. Jessenin hingegen, dessen Popularität das Ansehen des neuen Staates in der Welt steigern soll, darf ausreisen. Gleichwohl ist sich Isadora darüber im Klaren, dass es sowohl in Westeuropa als auch in den USA Schwierigkeiten für den jungen Russen geben könnte. Die Angst vor dem revolutionären Russland ist groß. Um ihn zu schützen, und auch weil sie weiß, um wie viel einfacher es sich als Ehepaar reist, geht Isadora einen Schritt, den niemand je für möglich gehalten hätte: Sie heiratet. Am 2. Mai 1922 wird aus Isadora Duncan Isadora Jessenin-Duncan. Ihr Argument, dass es in Russland ja keine kirchlichen Trauungen mehr gibt und der Akt der Eheschließung einer Vertragsschließung gleichkommt, klingt angesichts ihrer offensichtlichen Freude kaum glaubwürdig: »Schreibt uns Glückwünsche … Schenkt uns Teller, Töpfe und Bratpfannen!«[615] Jessenins Freunde glauben hingegen nicht an eine Liebesheirat von Seiten des Bräutigams: »Jessenin verliebte sich nicht in Isadora Duncan, sondern in ihren Weltruhm. Auch heiratete er ihren Ruhm und nicht sie, die ältere, schwer gewordene, wenn auch immer noch schöne Frau mit dem gefärbten Haar.«[616]

Acht Tage später fliegen Isadora und Jessenin mit einer Linienmaschine vom Moskauer Trotzki Flughafen nach Königsberg. Vor ihrer Abreise hat Isadora am 9. Mai 1922 noch ihr Testament gemacht: »Dies ist mein letzter Wille und mein Testament. Im Falle meines Todes vermache ich meinen ganzen Besitz meinem Mann Sergej Jessenin. Sollten wir beide zugleich ums Leben kommen, geht mein Besitz an meinen Bruder Augustin Duncan.«[617] Als Zeugen fungieren Schneider und Irma. Aus Russland nimmt sie Lunacharskys dezenten Hinweis mit, dass alles, was sie nun tut, sich schon mit Rücksicht auf Russland in den Grenzen des Anstands halten sollte. Ihre Antwort, dass die Grenzen des Anstands in ihrem Weltbild nicht existieren, dürfte ihm wenig gefallen haben.[618]

Am 11. Mai 1922 treffen die Jessenin-Duncans mit dem Nachtzug aus Königsberg in Berlin ein. Isadora ist entschlossen, aus dem ungehobelten Revolutionär durch die Konfrontation mit den Kulturgütern des Westens einen neuen Menschen zu machen. Jessenin hingegen will nicht den Prinzgemahl geben, sondern als berühmter Dichter aus diesem Abenteuer hervorgehen. Das Paar checkt im Adlon ein, was dank Isadoras Dollars, die in Zeiten der Inflation eine Menge wert sind, ohne Probleme möglich ist. Als sie hier nach Jahren ihren alten Freund Karl Federn wiedertrifft, begrüßt sie ihn mit den Worten: »Meine Männer werden immer jünger, den nächsten bringe ich auf den Armen haltend im Kinderkleidchen.«[619]

Bereits einen Tag nach seiner Ankunft trifft Jessenin im Berliner Haus der russischen Künstler im Café Leon am Nollendorfplatz berühmte Landsleute wie Ilja Ehrenburg, Alexei Tolstoi und Maxim Gorki. Vor allem Gorki freut sich über das Wiedersehen, hält er Jessenin doch für den bedeutendsten lebenden Dichter Russland. Allerdings zeigt er sich entsetzt über die Veränderungen, die mit Jessenin vor sich gegangen sind, seit er ihn vor sechs Jahren das letzte Mal gesehen hat: »Man sah ihm an, dass er trank! (…) Der ganze Mensch war erregt und zerstreut, wie einer, der etwas Wichtiges vergessen hat, aber nicht einmal genau weiß, was er eigentlich vergessen hat.«[620] Gleichwohl rührt ihn dessen Vortragskunst noch immer tief: »Beim Zuhören hätte man weinen können. (…). Es war kaum zu glauben, dass dieser kleine Mensch eine so gewaltige Empfindungskraft besaß, eine so vollendete Ausdrucksfähigkeit.«[621] Weniger begeistert ist Gorki von Isadora. Schon 1917 hatte er nach einem ihrer Auftritte geschrieben, er habe den Eindruck, als friere diese halbnackte Frau und müsse nur deshalb auf der Bühne so herumrasen, um warm zu werden.[622] Dass sie nun die Frau an Jessenins Seite ist, findet er mehr als unpassend: »Zu Jahren gekommen, schwerfällig, mit rotem, unschönem Gesicht, in ein ziegelrotes Gewand gehüllt, kreiste und wand sie sich im engen Zimmer, einen Strauß zerdrückter, welker Blumen an die Brust pressend, ein starres, nichtssagendes Lächeln im feisten Gesicht. Diese berühmte Frau, die einst Tausende europäischer Ästheten (…) in den Himmel gehoben hatten, wirkte neben dem knabenhaft kleinen, wunderbaren Dichter aus Rjasan als vollkommenste Verkörperung alles dessen, was er *nicht* brauchte.«[623] Ihre blinde Ergebenheit an die Bolschewiki stört den vorübergehend in Ungnade gefallenen Revolutionsdichter zudem kolossal. Dass Jessenin sie in aller Öffentlichkeit als »du Stück Scheiße«[624] beschimpft, kann Gorki gut nachvollziehen: »Während sie tanzte, saß er am Tisch, trank Wein, beobachtete sie aus den Augenwinkeln und runzelte die Stirn. Vielleicht formten sich in ihm gerade in diesen Minuten die Worte des Mitleids zum Verse: ›Man hat dich verbraucht und liebt dich nicht mehr ...‹ Und ich hatte den Eindruck, als wäre seine Freundin für ihn ein längst gewohnter Alpdruck, der ihn nicht mehr schreckte, aber immer noch quälte.«[625]

Das schöne Leben in Berlin gefällt Jessenin hingegen sehr. Isadora gibt ihm Carte blanche bei einem teuren Herrenschneider und fällt aus allen Wolken, als sie erfährt, dass ihr Göttergatte dort mehr Anzüge und Hemden bestellt hat, als ein einzelner Mensch in seinem ganzen Leben tragen kann. Dass Tausende Exilrussen in der Stadt ein jämmerliches Dasein führen, nötigt Jessenin in keiner Weise zu irgendeiner wie auch immer gearteten Solidarität. Erst als ihm klar wird, dass die sehnlichst erhoffte Herausgabe seiner Werke sich nicht so bald realisieren lassen wird, wendet sich das Blatt. Er wird zunehmend unleidiger, hasst seine Rolle als Prinzgemahl dieser berühmten Frau fast so sehr wie seine zahlreichen Vorgänger. Er ist unsicher, depressiv und rasend eifersüchtig. Isadoras berühmter Koffer mit den Liebesbriefen ihrer Männer ist ein immerwährender Anlass zum Streit. Sogar auf ihre toten Kinder ist er eifersüchtig, erträgt es kaum, dass Isadora in tiefer Trauer oft stundenlang vor deren Bildern sitzt. Es geht das Gerücht, er habe in einem Anfall von Eifersucht ein Album mit Fotos der Kinder ins Feuer geworfen. Aber auch Isadora ist von Eifersucht gequält, kontrolliert Jessenin auf Schritt und Tritt. Dies führt auch in Berlin immer wieder zu spektakulären Szenen und Ausbrüchen, wie dem, den Natalia Tolstoi, die Frau seines Freundes Alexei, nach einem erneuten Verschwinden von Jessenin beschreibt: »Isadora setzte sich in ihr Auto und suchte drei Tage lang alle Pensionen in Charlottenburg und am Kurfürstendamm ab. In der vierten Nacht fiel sie – eine Amazone mit Reitpeitsche – in die stille Pension in der Uhlandstraße ein. Alles schlief. Nur Jessenin saß bei einer Flasche Bier im Pyjama im Esszimmer und spielte Dame mit Kussikow. (…) Stille und Gemütlichkeit mit dem Aroma von Zigarre und Kaffee hüllten dieses bürgerliche deutsche Nest ein – wie ein schützender Rauchvorhang gegen die Stürme und die Unwetter draußen. Aber mit Isadora kam der Sturm. Als Jessenin sie erblickte, wich er stumm zurück und versteckte sich im dunklen Korridor. Kussikow weckte die Wirtin, während im Esszimmer das Pogrom begann. Isadora raste in ihrem roten Chiton durch das Zimmer wie ein Dämon der Zerstörung… tobte so lange, bis es nichts mehr zu zerschlagen gab. Dann stieg sie über Scherben und Splitter hinaus auf den Flur und fand Jessenin hinter der Garderobe (…) Jessenin setzte seinen Zylinder auf, warf sich den Mantel über den Pyjama und folgte ihr schweigend.«[626]

In ihrem Bemühen, ihrem Mann alles zu zeigen, überfordert Isadora Jessenin gnadenlos. Sie liebt es, mit Höchstgeschwindigkeit im Automobil durch die Lande zu rasen. Jessenin steht dieser Art von Fortbewegung eher skeptisch gegenüber. Sie fährt mit ihm durch ganz Deutschland, doch in Wiesbaden erleidet Jessenin einen Zusammenbruch. Der herbeigerufene Arzt stellt eine Alkoholneuritis fest und mahnt Jessenin, die nächsten drei Monate unbedingt auf Alkohol zu verzichten, da er sonst den Verstand verlieren könnte. Aufgeschreckt nötigt Isadora ihren Mann, einige Zeit hier in Wiesbaden zur Kur zu bleiben. Am

21. Juni 1922 schreibt Jessenin an Ilja Schneider nach Moskau: »Mit Trinken habe ich aufgehört, ich beginne zu arbeiten. Wäre Isadora nicht so wahnwitzig und ließe mich irgendwo zur Ruhe kommen, dann könnte ich auch sehr viel Geld verdienen. (…) Isadoras Verhältnisse sind fürchterlich. In Berlin hat der Rechtsanwalt ihr Haus verkauft und nur 90 tausend Mark gezahlt. In Paris ist es wahrscheinlich dieselbe Geschichte. Ihr Eigentum: Bücher und Möbel – geplündert, das Geld auf der Bank gesperrt. (…) Aber als ob das alles nicht wahr wäre, rast sie im Auto bald nach Lübeck, bald nach Leipzig, bald nach Frankfurt, bald nach Weimar. Und ich in stummer Ergebenheit immer hinter ihr her, denn jeder Widerstand macht sie hysterisch.«[627] Da die Unmöglichkeit, miteinander zu sprechen, trotz Isadoras Versuche, Russisch zu lernen, noch immer ihr größtes Problem ist, engagiert Isadora die junge polnische Schriftstellerin Lola Kinel, die sowohl Russisch als auch Deutsch spricht, als Dolmetscherin.

Die berichtet in ihrer Autobiografie von heftigen Debatten des Paares, die sich immer wieder auch um deren Kunst drehen. Einmal kränkt Jessenin seine Frau tief: »Du bist nur eine Tänzerin. Mag sein, die Menschen kommen und bewundern dich – weinen vielleicht sogar. Aber wenn du tot bist, wird sich niemand an dich erinnern. Innerhalb weniger Jahre wird all dein großer Ruhm verblasst sein – keine Isadora mehr!«[628] Doch Isadora lässt sich die Verunglimpfung ihrer Kunst von niemandem gefallen, auch nicht von dem Mann, den sie liebt: »Sagen Sie ihm, dass er falschliegt«, sagt sie zu Kinel, »sagen Sie ihm, er liegt ganz falsch. Ich habe den Menschen die Schönheit gebracht. Im Tanz habe ich ihnen meine Seele geschenkt. Und diese Schönheit wird niemals vergehen. Sie wird irgendwo weiterleben.«[629] Die Gelegenheiten, in denen Jessenin Isadora demütigt, nur um dann zum Seelenretter zu werden, nehmen zu. Er hasst es, dass sie seine Gedichte nicht versteht, versucht mit Händen und

Füßen, ihr seine Lyrik zu erklären. Dass er eine Sprache lernt, die sie beherrscht, kommt ihm jedoch nicht in den Sinn. Und auch Isadora, die immer so sprachbegabt war, kommt im Russischen kaum über »Da« und »Njet« hinaus. Zurück in Berlin heiraten Isadora und Jessenin, wie er Schneider berichtet, noch einmal, da es Schwierigkeiten mit ihren Papieren gibt. Insgesamt bleiben sie vom 11. Mai bis zum 28. Juni 1922 mit einigen Abstechern in Berlin. Und obwohl Jessenin hier Lesungen abhält und innerhalb der russischen Exilgemeinde viel Anerkennung erfährt, fühlt er sich unwohl, wie aus einem Brief an Schneider hervorgeht: »Wir mögen Asiaten sein und schlecht riechen, wir mögen uns schamlos die Sitzbacken in aller Öffentlichkeit kratzen, aber wir stinken nicht so leichenhaft von innen heraus wie sie. Eine Revolution ist hier völlig ausgeschlossen. Es ist eine Sackgasse. Da rettet und ändert sie nur der Einfall solcher Barbaren wie wir. Not tut der Sturm auf Europa.«[630] Isadora möchte Berlin gern verlassen, doch zu ihrer Überraschung verweigern sowohl Belgien, wo sie demnächst auftreten soll, als auch Frankreich Jessenin die Einreise. Erst auf Intervention von Maxim Litwinow dürfen sie über Belgien nach Frankreich einreisen, allerdings mit der Auflage, sämtliche politische Propaganda zu unterlassen. Rückblickend schreibt Jessenin über seinen ersten Aufenthalt in der deutschen Hauptstadt: »In Berlin habe ich natürlich eine Menge Rabatz und Skandal verzapft. Mein Zylinder und der von meinem Berliner Schneider gemachte Manteau haben alle zur Raserei gebracht. Alle denken, ich reise auf Kosten der Bolschewiki – als Tschekist – oder Agitator. Ich finde das alles lustig.«[631]

Ende Juli erreicht das Paar Paris. Da noch weitere Formalitäten für die Weiterreise in die USA zu klären sind, fahren die beiden samt Jeanne und Lola Kinel im August erst einmal in einen zweiwöchigen Urlaub an den venezianischen Lido. Hier quartieren sie sich in einem Luxushotel ein, das Jessenin auf Anweisung Isadoras nur in Begleitung von Jeanne oder Lola Kinel verlassen soll. Dem geht ihre durchaus eifersüchtige Fürsorge verständlicherweise bald auf die Nerven. Seine Tobsuchtsanfälle nehmen zu, immer öfter wird er handgreiflich. Manchmal gegen das Mobiliar, manchmal gegen Isadora. Der Alkohol fließt weiter in Strömen. Zu Isadoras Enttäuschung zeigt sich Jessenin weder von Venedig noch von der italienischen Kultur beeindruckt. Er hat Heimweh, ein Gefühl, das der kosmopolitischen Isadora völlig fremd ist: »Wie sehr möchte ich weg von hier, von diesem schauderhaften Europa, zurück nach Russland. (...) Hier herrscht solche Langeweile.«[632]

Erneut kommt es zu heftigen Szenen, bei denen Jessenin Isadora so lange beschimpft, bis diese in Tränen ausbricht. Dann nimmt er sie zärtlich in den Arm. Nach einer Woche erklärt er Isadora, dass er von nun an nicht nur gehen wird, wohin er will, sondern auch schlafen wird, mit wem er will. Eine deutliche Ansage an die Frau, die gerade eine erste Herausgabe seiner Gedichte in Frankreich finanziert. Der belgische Schriftsteller Franz Hellens, viermal für den Literaturnobelpreis nominiert und von Wladimir Nabokov als ein Autor, der Sartre und Camus weit überlegen ist, bezeichnet, fertigt zusammen mit seiner Frau die Übersetzungen an. Ihm bleibt die Tragik, die in der Beziehung von Isadora und Jessenin liegt, nicht verborgen: »Sie gab sich keinerlei Illusionen hin. Sie wusste sehr genau, dass die Phase des großen Glücks nur kurz sein würde; (...) dass über kurz oder lang der wilde Junge, den sie erziehen wollte, diese Form liebevoller Bevormundung, die sie nicht lassen konnte, abschütteln würde – vielleicht sogar auf brutale Art und Weise. Isadora liebte ihren Dichter leidenschaftlich, aber ich fand, dass diese Liebe von Anfang an auch etwas Verzweifeltes an sich hatte.«[633]

Ende September haben Isadora und Jessenin endlich alle Papiere beisammen, um in die USA zu reisen. Die Mädchen der Schule dürfen nicht zu ihnen stoßen. Sie verbleiben bei Irma und Schneider.

Am 27. September 1922 gehen die beiden Künstler in Le Havre an Bord der *S. S. Paris*, die sie Erster Klasse nach New York bringen wird. Am 1. Oktober treffen sie dort ein. Sie haben ihre Ankunft aufs Genaueste durchchoreografiert, rechnet Isadora doch mit einem großen Presserummel. Sogar eine Grußbotschaft ans amerikanische Volk haben sie vorbereitet: »Endlich sind wir auf amerikanischem Boden angekommen. Dankbarkeit, das ist unser erster Gedanke. (…) Wir sind nach Amerika gekommen mit nur einem Ziel – vom neuen russischen Bewusstsein zu berichten und für die Völkerverständigung zwischen diesen beiden großartigen Ländern zu werben. Keine Politik, keine Propaganda!«[634] Um ihren Einsatz für die amerikanisch-russische Völkerverständigung auch modisch zu unterstreichen, trägt die Amerikanerin erneut einen Entwurf aus der Kollektion »À la Bolschewik« von Paul Poiret: Kosakenstiefelchen und einen mit weißem Fell besetzten, bestickten Folkloremantel. Jessenin seinerseits trägt einen seiner besten Anzüge. Doch aus dem geplanten Auftritt wird nichts. Die Behörden lassen die beiden nicht von Bord, sondern verfrachten die US-Amerikanerin und ihren Mann stattdessen nach Ellis Island, wo die Vereinigten Staaten Neuankömmlinge registrieren und wahlweise wieder nach Hause schicken. Die Angst vor dem Bolschewismus geht um, und während viele Amerikaner diese Maßnahme für absolut gerechtfertigt halten, kann man im *New York Herald* lesen: »Isadora Duncan in Ellis Island! Da werden die Götter schön lachen. Isadora Duncan, der die Schule des klassischen Tanzes in Amerika ihre Gründung verdankt, in eine Schublade gesteckt mit gefährlichen Immigranten. (…) Wenn wir Amerikaner den

Punkt erreicht haben, an dem wir gewillt sind, unsere eigenen Leute zu verleugnen – und Miss Duncan ist eine von uns –, und das noch dazu, wenn diese unsere Landsfrau auch noch etwas Unbezahlbares für die amerikanische Kunst geleistet hat – dann ist ganz sicher die Zeit gekommen, um zu protestieren.«[635] Die beiden müssen sich den Fragen der Einwanderungsbehörden stellen: »Wie sehen Sie aus, wenn Sie tanzen?« Isadora kann nur erwidern, dass sie sich noch nie selbst tanzen gesehen hat.[636] Am Ende unterschreiben die beiden eine Versicherung, dass sie während ihres Aufenthaltes jegliche politische Propaganda unterlassen werden, wozu auch das Absingen der Internationale gehört. Als Isadora das Büro der Einwanderungsbehörde verlässt, warten Dutzende Journalisten auf sie: »Nicht schuldig; ich bin frei«, ruft die Tänzerin ihnen lachend zu.[637] Doch ganz so leicht ist ihr nicht ums Herz, wie ein erstes längeres Statement gegenüber der Presse zeigt: »Ich fühle mich, als hätte man mich vom Vorwurf des Mordes freigesprochen. Scheinbar geht man hier davon aus, dass dieses eine Jahr in Moskau aus mir eine blutrünstige Kriminelle gemacht hat, die bei der erstbesten Gelegenheit Bomben werfen wird.«[638] Sol Hurok, der verzweifelt versucht hatte, seinen Star zu befreien, überreicht ihr einen riesigen Strauß roter Rosen. Was sie mitgemacht hat, weiß er nur zu gut, musste er sich doch bei einem Besuch Isadoras in der Quarantäne bis auf die Unterhose ausziehen: »Als man mir wieder gestattete, mich anzuziehen, hatte ich das Gefühl, als ob jedes einzelne meiner durch die Verfassung garantierten Rechte mit Füßen getreten worden war.«[639]

Jetzt geleitet er zusammen mit Modest Altschuler, dem Dirigenten des Russian Symphony Orchestra, Isadora zu Fuß ins Hotel. Der 40 Block weite Fußmarsch von Battery Park hinauf ins Waldorf Astoria wird zum Triumphzug. Begleitet von einem Tross Journalisten fallen Isadora und Jessenin in die Stadt ein.

Der junge Russe zeigt sich zunächst begeistert von New York. So eine Stadt hat er noch nie gesehen. Alles so modern, hochtechnisch, schnell. Telefon, Radio, Bügeleisen, Toiletten mit Wasserspülung und elektrisches Licht scheinen hier Standard.

Am 7. Oktober 1922 findet die erste von drei ausverkauften Vorstellungen Isadoras in der Carnegie Hall statt. Wie immer tritt sie am Ende der Vorstellung vor ihr Publikum. Diesmal hält sie aller Versicherungen auf Ellis Island zum Trotz eine Lobeshymne auf Russland. Publikum, Presse und Management zeigen sich entsetzt. Doch es soll noch schlimmer kommen. In Boston schwenkt Jessenin aus dem Fenster ihrer Künstlergarderobe eine rote Fahne und ruft: »Lang lebe der Bolschewismus.« Isadoras Auftritt hier gerät zum Skandal. Dem puritanischen Ostküstenpublikum ist ihr Chiton zu durchsichtig. Man empört sich, dass eine nicht mehr ganz junge Frau ihren Körper derart zur Schau stellt. Isadora, der der Unmut nicht verborgen bleibt, schwenkt am Ende der Vorstellung ihren roten Schal und ruft ins Publikum: »Er ist rot! Ja, so bin ich! Es ist die Farbe des Lebens und der Kraft. Ihr wart hier einst frei. Lasst euch nicht zähmen!«[640] Die Schlagzeile des nächsten Morgens lautet: »Rote Tänzerin schockt Boston«. Nachdem das Gerücht umgeht, sie habe sich die Kleider vom Leib gerissen und sei am Ende nackt auf der Bühne gestanden, verbietet die Stadt Boston alle weiteren Auftritte. Sol Hurok, der um die Tournee bangt, bittet Isadora inständig, sämtliche politischen Äußerungen zu unterlassen. Die ersten Städte haben ihre Auftritte bereits gecancelt. In Indianapolis darf sie zwar auftreten, doch neben der Bühne stehen vier Polzisten, bereit, umgehend einzuschreiten, falls sie sich danebenbenimmt. Am Ende platzt die Tournee und Isadora und Jessenin kehren nach New York zurück. Hier wird das Geld bald knapp, wie Jessenin im November an seinen Freund Marienhof schreibt: »Isadora ist eine wunderbare Frau, aber (...) alle ihre

Banken und Schlösser, von denen sie uns in Russland vorgesungen hatte, sind blanker Unsinn. Wir sitzen ohne eine Kopeke da und warten nur, dass wir uns auf den Rückweg nach Moskau machen.«[641] Doch das ist nicht so einfach. Isadora ist pleite und Sol Hurok will die Rückreise nicht bezahlen. Also heißt es zunächst einmal abwarten. An Weihnachten plant Isadora in der St. Mark's Church-in-the-Bowery, im East Village, einer der ältesten Kirchen New Yorks, wo kein Geringerer als Peter Stuyvesant begraben liegt, zu sprechen und zu tanzen. Reverend William Guthrie hat sie eingeladen in die Kirche, in der immer wieder Tänzer und andere Künstler auftreten. Doch diesmal gibt es so heftige Proteste, dass sich der episkopale Erzbischof von New York City, William T. Manning, genötigt sieht einzuschreiten. Patti Smith hingegen darf 1971 hier auftreten.

In den nächsten Wochen gerät alles zunehmend außer Kontrolle. Jessenin, den in den USA keiner kennt, leidet hier noch mehr unter seiner Rolle als Prinzgemahl als in Europa. Niemand interessiert sich für ihn und seine Kunst. Er wird als Isadoras Schoßhündchen wahrgenommen. In den zahlreichen Zeitungsartikeln über die Tänzerin ist er nur als namenloser russischer Dichter erwähnt, nett anzusehen, aber völlig uninteressant. Er trinkt nun maßlos, muss dabei aber aufgrund der Prohibition oft auf selbstgepantschten Fusel zurückgreifen. Isadora wird später behaupten, diese Alkoholika hätten ihren Mann in den Wahnsinn getrieben.

Von Natur aus misstrauisch, glaubt er, alle Welt mache sich über ihn lustig. Er entwickelt eine regelrechte Paranoia. Nach einem Abendessen mit Freunden fällt er im Hotelzimmer über Isadora her: »Kaum waren wir im Hotelzimmer – ich noch in Hut und Mantel –, da packte er mich an der Kehle und würgte mich, wie ein Othello … ›Die Wahrheit, Hündin! Sag die Wahrheit! Was hat dein amerikanisches Pack über mich gesagt?‹ Ich konnte schon nur noch röcheln. ›Gutes haben sie gesagt, nur Gutes!‹ Aber er glaubte mir nie … Niemals! Ach, es war so schrecklich, es war ein Unglück!«[642] Bei einer Party im Atelier des avantgardistischen jiddischsprachigen Dichters Mani Leib, einem in der Ukraine geborenen Juden, beleidigt Jessenin den Gastgeber als dreckigen Juden und reißt Isadora wie ein Wahnsinniger die Kleider vom Leib. Nachdem nicht einmal ein Krug über den Kopf gegossenes kaltes Wasser den Rasenden stoppen kann, fesseln ihn die Anwesenden mit einer Wäscheleine, während Isadora fluchtartig das Haus verlässt. Am nächsten Tag verfasst er zerknirscht einen Entschuldigungsbrief an den »Liebsten Manileib«.[643]

Auch erste Hotelzimmer fallen seiner Wut zum Opfer. So erhält Sol Hurok gegen drei Uhr morgens einen verzweifelten Anruf Isadoras: »Kommen Sie schnell! Er bringt mich um!« Als Hurok eintrifft, liegen beide selig in den Betten ihres verwüsteten Zimmers und schlafen. Kurze Zeit später setzt das Waldorf Astoria das Paar vor die Tür.[644] Doch auch im Hotel Breevort wird es nicht besser. Mary Fanton Roberts, die langjährige Freundin, wird Zeugin, wie Jessenin Isadora mit einem Revolver bedroht und sich diese gerade noch unter die Stiege im Treppenhaus flüchten kann. Die beiden Frauen laufen über die Treppe nach unten, während Jessenin mit dem Fahrstuhl kämpft. Mit einem Sprung ins nächste Taxi bringen sie sich in Sicherheit.

Am 1. Februar 1923 gibt Isadora ihre letzte Vorstellung in New York. Der Erlös des Abends kommt russischen Waisenkindern zugute. Einen Tag später geht das Paar an Bord der *George Washington,* die in Richtung Cherbourg ausläuft. Die zwanzig Gepäckstücke, die sie bei sich haben, werden in eine Kabine der ersten Klasse gebracht. Paris Singer hat sich Isadoras noch einmal erbarmt und auf ihre Bitten hin die Kosten für die Überfahrt übernommen. Bevor das Schiff ablegt, wendet sich Isadora – mit einem blauen Auge – ein letztes Mal an die zahlreichen Reporter, die am Kai stehen und die das Paar vier Monate lang täglich auf die Titelseiten brachten: »Ihr habt gewonnen. Ihr habt meine Tournee ruiniert, dabei hatte ich so gehofft, genug Geld für meine hungernden Kinder in Moskau zusammenzubekommen. Eure Zeitungen haben jedes noch so winzige Detail aus meinem Privatleben veröffentlicht: Was ich gegessen habe, was ich getrunken habe, wen ich getroffen habe – aber niemals ein Wort über meine Kunst verloren. (…) Dies ist das letzte Mal, dass mich Amerika zu Gesicht bekommt. Da lebe ich doch lieber in Russland von Schwarzbrot und Wodka. (…) Und nun, leb wohl, Amerika. Wir werden uns nicht mehr wiedersehen.«[645] Sie sollte recht behalten.

Wenige Wochen nachdem Isadora Amerika verlassen hat, wird ihr die amerikanische Staatsbürgerschaft aberkannt: »Isadora Duncan ist nicht mehr länger amerikanische Staatsbürgerin. (…) Wie am Freitag bekanntgegeben wurde, hat sie ihre Staatsbürgerschaft durch die Heirat mit dem Russen Sergej Jessenin verloren.«[646] Am 22. September 1922 hatten die USA mit dem Cable Act (Married Women's Independent Nationality Act) ein Gesetz verabschiedet, welches das seit 1907 geltende Verfahren aufhebt, wonach eine Amerikanerin, die einen Nichtamerikaner heiratet, ihre amerikanische Staatsbürgerschaft verliert. Gegen diese Regelung waren zuletzt immer mehr Proteste laut geworden. Sie wurde nur bei Frauen angewandt, während Männer, egal wen sie heirateten, ihre amerikanische Staatbürgerschaft behielten. Da Isadoras Ehe allerdings vor Verabschiedung des Cable Acts geschlossen wurde, fällt sie noch unter die alte Regelung und verliert durch die Heirat mit einem Russen ihre amerikanische Staatbürgerschaft. Die USA betrachten sie nun offiziell als russische Staatsbürgerin. In der Erklärung heißt es, es stehe Isadora frei, einen Einbürgerungsantrag zu stellen. Sie müsse sich jedoch demselben Einbürgerungsverfahren unterziehen wie jeder andere Bewerber. Eine Entscheidung, die nicht nur Isadora, sondern auch Amerikaner wie ihren alten Freund Max Eastman empört: »Jenes Amerika, das einen Kampf gegen den Amerikanismus kämpft – das war Isadora (...) Wenn Amerika es schafft, über sich selbst zu triumphieren – über seine Gier und seine Prüderie, seine intellektuelle und moralische Feigheit, seine lüsterne Heuchelei – wenn Amerika das überwunden hat, dann wird man Isadora Duncan ein Bronzedenkmal errichten.«[647]

Am 11. Februar 1923 erreicht die *George Washington* die französische Küste. Noch aus Cherbourg schickt Isadora ihrer Freundin Mary Desti ein flehendes Telegramm: »Wenn Du mein Leben und meinen Verstand retten willst, empfang mich in Paris, komme George Washington. Liebe Isadora.«[648] Als das Paar am Bahnhof von Paris eintrifft, wartet Mary am Bahnsteig. Obwohl sie sich bereits ein Hotelzimmer genommen hat, besteht Isadora darauf, dass sie mit ihr und Jessenin im Hôtel de Crillon eincheckt, einem Pariser Luxushotel. Sie will unbedingt, dass Mary und Jessenin sich besser kennenlernen, und arrangiert für den 14. Februar 1923 ein festliches Dinner im Hotel, bei dem sie peinlich darauf achtet, dass kein Alkohol serviert wird. Es ist ihr wichtig, dass Jessenin nicht aus der Rolle fällt. Dem behagt dieses trockene Abendessen gar nicht. Immer wieder entschuldigt er sich bei den Damen, um die Waschräume aufzusuchen oder sich Zigaretten zu holen. Jedes Mal kehrt er ein wenig betrunkener zurück. Mary spricht Isadora darauf an, doch die beruhigt sie: »Dass er trinkt, macht mir nichts aus; ich wundere mich, dass das nicht alle tun, um dieses grauenhafte Leben zu überstehen. Russen machen keine halben Sachen. Wenn sie trinken, dann trinken sie. Es macht mir nichts aus, wenn er die ganze Stadt in Schutt und Asche legt, wenn es ihm gefällt. Nur ich selbst möchte gerne heil bleiben.«[649]

Doch diesmal sieht es so aus, als würde es sie *und* die Einrichtung treffen. Jessenin beginnt in ihrem gemeinsamen Zimmer zu randalieren. Isadora und Mary verbarrikadieren sich in Marys Zimmer und beschließen, den Sicherheitsdienst zu rufen. Doch das ist gar nicht mehr nötig. Jessenin hat längst das ganze Hotel auf sich aufmerksam gemacht, gerade eben wirft er Möbel aus dem Fenster hinunter auf die Straße. In Panik fliehen Mary und Isadora aus dem Hotel. Warum bleibt Isadora bei diesem verrückten Russen? Ihre Antwort berührt Mary zutiefst: »Siehst du denn nicht die Ähnlichkeit? Er ist das Abbild von Klein-Patrick. Genau so würde Patrick eines Tages aussehen, und wie könnte ich zulassen, dass man ihn verletzt?«[650] Jessenin ist zwischenzeitlich von der Polizei festgenommen worden. Der Amtsarzt, der ihn untersucht, erklärt ihn für gemeingefährlich, will ihn in eine Anstalt bringen lassen. Am 15. Februar 1923 titelt die *New York Times:* »Isadoras Dichter randaliert in einem Pariser Hotel« Als Isadora am nächsten Morgen ins Hotel kommt, ist alles in hellster Aufregung. Man fordert sie unmissverständlich auf, das Hotel zu verlassen, zuvor aber noch die Rechnung für den verursachten Schaden zu begleichen. Jessenin hat das Hotelzimmer völlig verwüstet: Die Betten sind zerschlagen, die Laken zerrissen, die Spiegel zerbrochen. Aus den Kleinmöbeln hat er, sofern er sie nicht auf die Straße geworfen hat, Kleinholz gemacht. Isadora bekommt einen hysterischen Lachanfall, als sie die Bescherung sieht. Es kostet Mary viel Überredungskunst, den aufgebrachten Hoteldirektor davon zu überzeugen, dass die Tänzerin unter Schock steht. Das tut sie tatsächlich, denn wovon soll sie das alles bezahlen? Mary ermutigt sie, nicht nur ihre eigenen Taschen, sondern auch die von Jessenin nach Geld zu durchsuchen. Was ist mit der Aktentasche, die er immer mit sich herumschleppt und die niemand anfassen darf? Isadora ziert sich zunächst, öffnet die Tasche dann aber angesichts ihrer verzweifelten Lage doch. Was zum Vorschein kommt, raubt ihr den Atem. Während sie sich Tag und Nacht darüber Gedanken macht, wie sie die vielen Rechnungen bezahlen soll, hortet Jessenin jede Menge Geld. Mehr als 2000 Dollar kommen zum Vorschein. Vielleicht ist damit auch endlich erklärt, warum Isadora das Geld nur so unter den Fingern zerrinnt, sogar dann, wenn sie überzeugt ist, es noch gar nicht ausgegeben zu haben. Mit dem gefundenen Geld bezahlt sie die Hotelrechnung und den Schaden, dann holt sie Jessenin aus der Anstalt und schickt ihn in Begleitung von Jeanne nach Berlin. Von hier aus soll er die Heimreise nach Moskau antreten. Sie selbst zieht sich mit Mary in ein Hotel nach Versailles zurück, wo sie einen schweren Fieberanfall erleidet. Sie ist am Ende.

Jessenin hingegen blüht in Berlin so richtig auf. Er kommt bei Freunden unter und gibt bereitwillig Interviews über sein Leben mit einer der berühmtesten Frauen der Welt, die ihn gegen seinen Willen aufs Standesamt geschleppt habe. Jetzt wolle er nur zurück in seine Heimat: »Sollte sie mir nach Moskau folgen, so fliehe ich nach Sibirien. Russland ist groß, und ich werde stets ein Plätzchen finden, wo diese schreckliche Frau mich nicht erreichen kann. (…) Es war die Hölle.« Das Interview trägt den Titel: »Lieber in Sibirien – als Gatte der Duncan zu sein.«[651] Für das Scheitern seiner Ehe sei ganz allein Isadora verantwortlich: »Ich liebe Isadora über alles, aber sie trinkt so viel, dass ich es nicht länger aushalten konnte.«[652] Eine Aussage, der sämtliche Freunde und Bekannte Isadoras später heftig wiedersprechen. So zum Beispiel Mrs William A. Bradley, die Witwe von Isadoras späterem Literaturagenten: »Ich denke nicht, dass man in Isadoras Fall von Alkoholismus sprechen kann. Erst nach dem Verlust ihrer Kinder und der Trennung von Singer hat sie gelegentlich Trost in dem vagen Vergessen gesucht, das der Alkohol bietet. Aber sie trank nicht, wenn sie glücklich war, und auch nicht, wenn sie tanzte.«[653]

Mary ist entsetzt, als sie von all dem erfährt, Isadora, noch immer schwach und krank, kann es nicht glauben. Bald darauf erreicht sie ein Telegramm Jessenins, in dem er mit Selbstmord droht, sollte sie nicht umgehend zu ihm nach Berlin kommen. Nichts von all dem hätte er gesagt, alles sei ein großes Missverständnis. Und Isadora hält an ihrem Mann fest, nimmt ihn sogar vor Angriffen der Presse in Schutz. Noch im Februar verfasst sie einen offenen Brief an die Herausgeber der Pariser Ausgabe des *New York Herald,* der einen ausführlichen Bericht über die Ereignisse im Hôtel de Crillon gebracht hat. Sie erklärt, es sei unwahr, dass Jessenin mit Toilettenartikeln nach ihr geworfen habe. Er sei kein Trinker, sondern aufgrund eines Bombenschadens während des Ersten Weltkriegs Epileptiker. Die Entbehrungen der Revolutionszeit sowie eine Blutvergiftung durch gepantschten amerikanischen Whiskey während der Prohibition hätten ihn zu einem schwerkranken Mann gemacht, der Mitleid verdiene, nicht Anklage.[654] Ihr Brief wird in der Zeitung abgedruckt.

Entgegen Marys Rat entschließt sich Isadora, nach Berlin zu fahren – im Automobil natürlich. Wie sie es immer wieder schafft, einen Sponsor zu finden, bleibt ihr Geheimnis. Mary begleitet sie und wird Zeuge einer filmreifen Szene vor dem Hotel Adlon: »Da stand er in Fleisch und Blut vor uns, sein goldenes Haar glänzte im elektrischen Licht. Als er auf sie zulief, warf er seinen Hut beiseite – eine teure, aber schön anzusehende Geste. Wozu brauchte er jetzt noch einen Hut? Seine große Liebe, sein Liebling, seine Isadora war hier, also weg mit dem Hut. Es hätte nicht viel gefehlt und er hätte seinen Mantel und seine Stiefel hinterhergeworfen.«[655]

Nachdem man ihnen im Adlon mit einem diskreten Hinweis auf die Ereignisse im Crillon kein Zimmer gibt, ziehen sie ins kaum weniger vornehme Palast Hotel am Potsdamer Platz.

Es wird beschlossen, die glückliche Wiedervereinigung mit einem russischen Fest zu feiern, zu dem auch zahlreiche Berliner Freunde geladen werden. Am Beginn des Abends kniet Jessenin vor Isadora und überschüttet sie mit Zärtlichkeiten. Am Ende des Abends schlägt er alles kurz und klein. Nun müssen sie auch dieses Hotel verlassen. Mary kann nur noch den Kopf schütteln: »Mir war klar, dass ich Isadora dazu bringen musste, Sergej zu verlassen, auch wenn er sich dann umbringen würde. Lieber das, als wenn er sie umbringt.«[656] Am Ende landen sie in einer billigen Absteige an der Friedrichstraße, wo es vor Prostituierten nur so wimmelt. Sie wollen nach Paris zurück. Doch ohne ihren amerikanischen Pass braucht nun auch Isadora ein Visum für Frankreich. Wie demütigend, sie, die Paris als ihre wahre Heimatstadt ansieht. Im französischen Konsulat gibt sie auf dem Visumsantrag als Nationalität »Russisch« an und schummelt sich glatt sieben Jahre jünger. Mitte Mai sind sie zurück in Paris.

Hier beginnt das Spiel von neuem und Jessenin schreibt: »Wieder trinkt man, schlägt sich und heult zu den traurigen gelben Akkorden. Man verflucht sein Geschick, denkt nur an die alte russische Heimat. Ich verberge mein Haupt, ich tränke meine Augen in Wein, um mein Unglück nicht mehr zu sehen, um zu vergessen, und sei es nur für einen Augenblick.«[657] Nachdem sie aus dem Hôtel du Rhin, dem Château de Madrid, aus dem Continental und aus dem Ritz geflogen sind – unter anderem weil Jessenin dazu übergegangen ist, nun auch die Hotelangestellten zu attackieren –, ziehen sie in Isadoras altes Studio in der Rue de la Pompe. Isadora absolviert einige Auftritte im Trocadéro, um Geld zu beschaffen, aber für viele ist die einst so bewunderte Tänzerin jetzt ein trauriger Anblick. Der russische Kritiker André Levinsohn schreibt: »Wie muss ich zurückdenken an die aufrechte, edle Haltung des kleinen Kopfes, an den kraftvollen Körper einer Amazone. (…) Gestern sah ich zu meinem Schmerz die wenigen noch gebliebenen Züge in einem gedunsenen Gesicht, den Nacken und die massigen, von viel zu kurzer Tunika enthüllten Schenkel. Nichts war mehr übrig von der einst so eindrucksvollen plastischen Gestalt. Ihr Spiel erschien monoton, ärmlich, ihr Gang schwer, ihr Lauf müde.«[658] Auch Anna, die von Rummel längst verlassen worden ist, nimmt Anteil an der Veränderung ihrer Stiefmutter und schreibt voll Sorge an Irma: »Das, was mit Isadora gerade passiert, ist eine große Tragödie, und ich fürchte, der letzte Vorhang wird bald fallen.«[659] Annas Agent hat sie erst jüngst davor gewarnt, weiterhin unter dem Namen Duncan aufzutreten. Der sei extrem schlecht fürs Geschäft.

Isadora hingegen muss inzwischen ihr Mobiliar verkaufen, um etwas zu essen zu haben. Und so schallt es täglich durch die Räume: »Nun, was wollen wir heute essen – das Sofa, das Bücherregal oder vielleicht diesen alten Stuhl?«[660] Lisa Duncan, die ihre verehrte Lehrerin einmal besucht, schreibt an Irma: »Scheint, als wäre kein Cent im Haus und der Koch bezahle das Essen.«[661] Doch an den Tagen, an denen Geld da ist, gibt es noch immer Hummer, Kaviar und Champagner – und zwar für alle. Ihren Bruder Raymond, der abwechselnd mit Mary Desti nach ihr sieht, lädt sie bei einem Besuch ein, doch mit ihr zu speisen. Der Vegetarier lehnt schaudernd ab. Aber Isadora besteht darauf: »Raymond, das ist kein Fleisch. Das sind Früchte, Frutti di Mare!«[662]

Im Juni 1923 wird Jessenin betrunken von der Polizei aufgegriffen und in ein Sanatorium nach Saint-Mandé östlich von Paris verbracht. Er hat erneut randaliert und in der französischen Presse ist zu lesen: »Hier die neuste Episode aus dem Leben der beiden Enfants terribles: Letzte Nacht wurde die Polizei wegen Ruhestörung gerufen, woraufhin sie Sergej in die Ausnüchterungszelle brachte, gefolgt von Isadora, gewandet in einer mauvefarbenen Toga, eine Wachskerze in der Hand. Mit theatralischer Attitüde wandte sie sich an die Polizisten: ›Sie können ihn nicht mitnehmen. Er ist ein Dichter.‹ – ›Das erklärt alles‹, erwiderte einer der Gendarmen voller Verständnis.«[663]

Diesmal kann sie ihn nicht so leicht herausholen. Er verbleibt in der Anstalt und am 11. Juli stellen ihm die Behörden ein Ultimatum: Innerhalb von 24 Stunden muss er Frankreich verlassen. Den beiden bleibt nichts anders übrig, als nach Russland, das seit Ende 1922 Sowjetunion heißt, zurückzukehren.

Zu dieser Zeit hat sich Isadora emotional von Jessenin bereits gelöst. Kurz vor seinem erneuten Zusammenbruch hat er ihr ein Gedicht vorgetragen und zu übersetzen versucht, das er 1919 verfasst hatte und für eines seiner besten hält: »Song about a dog«. Es handelt von einem Hund, dessen Welpen ertränkt werden. Isadora ist starr vor Entsetzen. Hat er vergessen, was mit ihren Kindern passiert ist? »Ich werde nie begreifen, warum er sich entschied, mir gerade dieses Gedicht vorzulesen. Ich bin mir sicher, es geschah ohne Hintergedanken. Aber von diesem Moment an war mir klar, dass ich nicht länger mit ihm leben konnte. (…). Immer wenn ich ihn danach ansah, hörte ich seine Worte. (…) Dies war der Moment, in dem ich beschloss, ihn nach Russland zurückzubringen und ihn dann für immer zu verlassen.«[664]

Am 5. August 1923 treffen Isadora und Jessenin wieder in Moskau ein. Auf der Fahrt hat er sich betrunken und die Fenster ihres Zugabteils eingeschlagen. Am Bahnhof warten schon Irma und Schneider, dem sie zuraunt: »Hier bringe ich dieses Kind in sein Vaterland zurück, aber ich habe nichts mehr mit ihm zu tun.«[665] Gleichwohl wohnt Jessenin auch nach seiner Rückkehr mit ihr in der Villa Balaschowa, wo er kommt und geht, wann immer es ihm beliebt. Seinen Freunden scheint er nicht nur äußerlich völlig verändert: »Jessenin war aus dem Ausland nicht mehr als Jessenin zurückgekehrt. Eine unzerreißbare Finsternis hatte sich vor sein krankes Bewusstsein gehängt.«[666]

Seine Koffer bleiben so lange unausgepackt, bis Isadora und Irma sich ihrer annehmen und dabei eine verblüffende Entdeckung machen. Sie sind randvoll mit Kleidern und Kostümen von Isadora, teuren Geschenken, die er offensichtlich mit ihrem Geld für Freunde und Familie erworben hat, und allerlei Luxusartikeln, für die er kaum Verwendung hat. Einmal mehr sieht sie sich getäuscht.

Die nahezu bankrotte Isadora nimmt jetzt das Angebot für eine lange Tournee durch den Kaukasus an, sie braucht Geld und Abstand von Jessenin. Am 14. August 1923 bricht sie zusammen mit Irma und den Kindern auf. Mit Jessenin vereinbart sie, dass er ihr nach einer gewissen Pause folgen wird. Doch statt Jessenin kommen nur Briefe und zuletzt ein Telegramm: »Liebe eine andere. Bin verheiratet und glücklich. Jessenin.«[667]

Isadora hat kaum Zeit, sich über diese gelogene Dreistigkeit zu echauffieren, sie ist inzwischen allein unterwegs, nachdem sie Irma und die Mädchen zurück nach Moskau geschickt hat. Die Tournee ist eine Katastrophe. Weder in der Wolgaregion noch im Ural oder in Usbekistan zeigt das Publikum Verständnis für ihre Kunst. Die Auftritte vor Ort sind so schlecht vorbereitet, dass manchmal weder Publikum noch Orchester vorhanden sind. Ihre Briefe an Irma klingen zunehmend verzweifelter: »Wir haben nicht eine Kopeke. (…) Keine Zuschauer, kein Verständnis – nichts.«[668] »Wir sind frühmorgens hier angekommen und mussten den ganzen Tag auf einer Parkbank verbringen, ohne irgendetwas zu essen. (…) Die Temperaturen liegen bei 40 Grad und mehr im Schatten und die Fliegen, Mücken und Moskitos sind kaum auszuhalten.«[669] »Es ist einfach entsetzlich. Seit einem Monat habe ich weder Parfüm noch Seife, noch Zahnpasta. Mein Haar ist ganz grau geworden, weil ich kein Henna-

Shampoo mehr habe. Ich fühle mich extrem kaputt.«[670] Dieser letzte Brief ist auf Deutsch unterschrieben mit »Sterbende Isadora«.

Am Ende ist sie froh, wieder in Moskau zu sein, Geld ist keines übrig. Dafür kommt das Kapitel Sergej Jessenin nun zu einem endgültigen Abschluss. Es folgt eine letzte denkwürdige Begegnung, bei der ein volltrunkener Jessenin in Isadoras Haus erscheint und jene Büste herausfordert, die Sergej Konjonkow 1919 von ihm angefertigt hat. Er ergreift sie, taumelt und steigt durch ein offenes Fenster hinaus auf die Straße. Dies ist das letzte Mal, dass das Paar sich sieht. Geschieden werden die beiden im Übrigen nie. Verantwortlich dafür sind laut Isadora die Öffnungszeiten des Scheidungsamtes: »Um sich in Russland scheiden zu lassen, muss man den Antrag vor zwölf Uhr Mittag abgeben – aber weder Sergej noch ich schafften es je vor zwölf aufs Scheidungskommissariat. Wir lebten in der Nacht und schliefen am Tag. Also, wenn die Sowjets so entgegenkommend gewesen wären, ihr Scheidungsamt um Mitternacht zu öffnen, dann wären wir längst geschieden und wahrscheinlich schon mehrmals wiederverheiratet.«[671]

Nach dem Scheitern ihrer Ehe beginnt für Isadora in der Sowjetunion ein neues Kapitel. Sie erholt sich, nimmt 15 Kilo ab und beginnt wieder zu arbeiten. Anlässlich des Todes von W. I. Lenin choreografiert sie 1924 für ihre Schule zwei Trauermärsche, die sie in ihr Repertoire aufnimmt. Man sieht sie jetzt wieder im künstlerischen Umfeld von Konstantin Stanislawski, was ihr sichtlich bekommt. In ihrem letzten Jahr in der Sowjetunion wird Isadora zur Choreografin der Revolution. Ihr neuer Vorstellungszyklus heißt »Impressions of Revolutionary Russia« und besteht größtenteils aus alten Arbeiterliedern. Rote Fahnen und viel revolutionärer Habitus haben Natürlichkeit und Schönheit als Grundprinzipien abgelöst.

Nachdem sich aber letztlich auch im revolutionären Russland Isadoras Traum von der Schule des neuen Menschen nicht verwirklichen lässt, zieht es sie zurück in den Westen. Offiziell heißt es, sie ginge nach Deutschland, um Geld für die Schule zu verdienen. Mitte September 1924 gibt Isadora ihre letzte Vorstellung im Moskauer Bolschoi-Theater. Ein letztes Mal lässt der neue Staat die Tänzerin hochleben. Bildungskommissar Lunacharsky dankt ihr für ihre außerordentliche Leistung zur Erziehung der sowjetischen Jugend. Isadora fühlt sich geehrt. Bis zu ihrem Tod wird sie auf die Frage, welches die glücklichste Zeit ihres Lebens war, sagen: »Die russische, allein die russische. Meine drei Jahre in Russland, mit all ihren Leiden, waren alles, mein gesamtes Leben zusammen genommen, wert. Dort erfüllte sich mein gesamtes Streben am stärksten.«[672]

Am 30. September 1924 verlässt Isadora Duncan die UdSSR mit einer Fokker in Richtung Berlin. Nach wenigen Minuten hat die Maschine allerdings eine Panne und muss auf einem Acker notlanden. Der Pilot ist der Ansicht, es liege an ihr: »Kannst du dir das vorstellen? Er dachte, das sei allein deswegen passiert, weil ich an Bord war!«[673] Ein letztes Mal holt Isadora das Grammofon heraus und tanzt für die russischen Bauern, die sich um das Flugzeug scharen. Dann geht es weiter. Irma, die die Duncan-Schule all die Jahre am Leben erhalten hat, wird ihr vier Monate später folgen: »Nach zweieinhalb Jahren russischem Exil brauchte ich dringend eine Pause von all dem. Wie ein Vogel, den man in einen Käfig gesperrt hatte, wollte ich meine Flügel spreizen und für eine kleine Weile den Duft der Freiheit atmen. Mit dem Geld, das ich bei meinen Auftritten verdient hatte, beschloss ich, einen langen Urlaub anzutreten.«[674] Im Gegensatz zu Irma wird Isadora nie mehr in die UdSSR zurückkehren.

Champagner wäre mir lieber.
Blumen können sie schicken,
wenn ich tot bin.

(Isadora Duncan)

»Adieu, meine Freunde, ich fahre dem Ruhm entgegen!«

X.

Terpsichore und die Gleichgültigkeit der Welt

Isadora kehrt nach Berlin zurück, wo sie bereits am 3. Oktober 1924 im Blüthner-Saal eine erste Vorstellung gibt. Zwar schreibt Fred Hildenbrandt vom *Berliner Tageblatt* anschließend: »Diesem Wegweiser in die freiere, individuellere, schöpferische Bewegung gingen alle, alle nach, die heute Namen sind und schöne Kapitel in der Geschichte des modernen Tanzes. Was sind sie alle? Erben ebendieser Frau, die man so leicht belächeln kann, die noch als Hutzelweiblein tanzen und den Schimmer der Tänzerin behalten wird in der mühseligsten und rührendsten Bewegung.«[675] Doch die meisten Kritiker stimmen mit Dorothy Thompson von der *New York Evening Post* überein: »Die Tage ihrer Soloauftritte sind vorüber.«[676] Gnadenlos prasseln die Kritiken auf Isadora nieder. Der russische Tänzer und Choreograf George Balanchine, Mitbegründer des New York City Balletts, der gerade bei den Ballets Russes für Furore sorgt, zeigt ohne Umschweife seine Abscheu gegenüber der nicht mehr ganz jugendlichen Isadora: »Ich fand sie grauenhaft. Es ist mir unbegreiflich, wie die Leute sagen können, sie war einmal eine große Tänzerin. Für mich war das absolut unvorstellbar – eine betrunkene, fette Frau, die sich stundenlang wie ein Schwein herumrollte. Es war eine zutiefst abstoßende Sache. (…) Mag sein, dass sie in jungen Jahren einmal ein nettes, reizvolles Mädchen war. Ich weiß gar nicht, wie alt sie war, als ich sie in den 1920ern sah – vielleicht um die vierzig. Es gab jedenfalls keinen Grund, mit 40 Jahren so schlecht zu sein. Ich kann mir wirklich nicht vorstellen, dass sie mit 30 exzellent war. Diese zehn Jahre können keinen so großen Unterschied ausmachen.«[677] Dass sie unbeirrt daran festhält, Wagner, Liszt und Schubert zu tanzen, hält der Meister des modernen Balletts, der mit Vorliebe abstrakte Werke zur Musik zeitgenössischer Komponisten wie Schönberg, Strawinsky und Prokofjew erarbeitet, für spießig und rückwärtsgewandt.

Am Ende ihrer Vorstellung tanzt Isadora die Internationale. Dann tritt sie an den Bühnenrand und hält eine flammende Rede über den Kommunismus, womit sie für Irritationen sorgt: »Sie will in Berlin Arbeitertanzschulen einrichten. (…) Sie redete die Bewunderer ihrer Beine, ob sie wollten oder nicht, als Genossen und Genossinnen an und (…) sie begab sich schließlich auch in das Gebiet der hohen Politik und beschuldigte Kaiser Wilhelm II., dass er im Jahre 1905 ihre Tanzkunst missverstanden und sie deshalb gezwungen habe, mit ihren Getreuen nach Frankreich auszuwandern. All dieses Erzählen ging ein bisschen im Kauderwelsch durcheinander. Man begriff nicht recht, was Isadora Duncan eigentlich dachte. Man merkte ihr wohl an einer gewissen Atemlosigkeit an, dass sie ernsthafte Dinge sprechen wollte. Der Ton aber und die Gott sei Dank sehr graziöse Ballerinapose ließen dieses ganze Tänzerinnengerede als ein lustiges Intermezzo erscheinen. Trotzdem wäre es besser gewesen, wenn nur die Beine der Frau Duncan gesprochen hätten.«[678] Der ehemalige Ballettmeister des Bolschoi-Balletts Mikhail Mordkin findet deutliche Worte: »Sie kann nicht tanzen und benutzt die Politik als Ausrede, um auf die Bühne zu gehen!«[679]

Nach der zweiten Vorstellung erfährt Isadora, dass ihr neuer Manager mitsamt den Einnahmen auf und davon ist. Sie ist einem Betrüger aufgesessen. Nicht einmal mehr die Hotelrechnung kann sie bezahlen. Sie zieht ins Central Hotel in die Friedrichstraße, ein schäbiges Haus, das ihren Ansprüchen kaum genügen dürfte. Und sie versucht, sich Geld zu leihen, unter anderem von Karl Federn: »Sie war jetzt eine Ruine, mit kurzem, rotgefärbtem Haar; die Zahl der Cocktails, die sie täglich trank, war groß.«[680] An Geld zu kommen ist in der momentanen Situation nicht einfach. Die Rentenmark, die erst im Herbst 1923 eingeführt worden war, um die Hyperinflation zu bekämpfen, hatte zwar wahre Wunder vollbracht und war gerade erst durch die zusätzliche Einführung der Reichsmark ergänzt worden, doch bei keinem sitzt das Geld augenblicklich locker. Die Jahre der Geldentwertung steckt allen noch spürbar in den Knochen. Im November 1924 schreibt Isadora vom Hotel aus an Irma nach Russland: »Ich kann nicht weg von hier! Seit vier Wochen weigert sich das Hotel, mir etwas zu essen zu servieren. Ein amerikanischer Freund bringt mir jeden Tag ein Stück Roast Beef. (…). *Elizabeth hat mich verlassen* und ist nach Wien gereist, um einen reichen Freund zu besuchen. *Ihre Schule in Potsdam lässt mich nicht rein.* (…) Ich habe an Raymond telegraphiert, aber er ist in Nizza und kann oder will momentan nichts für mich tun. Deutschland ist das Ende, es ist zum Fürchten. Ich weiß nicht, was als Nächstes geschehen wird.«[681]

Tatsächlich hatte sie auch ihre Geschwister um Hilfe gebeten, doch die machen selbst gerade schwere Zeiten durch. Elizabeths Schule, die nach dem Ende des Ersten Weltkriegs aus den USA zurückgekehrt war, hatte sich zwischenzeitlich in Potsdam niedergelassen, da die Gebäude auf der Marienhöhe unbewohnbar waren. Hier hatte sie im Neuen Palais ein neues Zuhause gefunden, das sie nun abermals räumen muss, weil dort eine Polizeischule eingerichtet werden soll. Als Isadora auftaucht, ist Elizabeth gerade in Österreich, um die Zukunft der Schule sicherzustellen. 1925 wird die Elizabeth-Duncan-Schule nach Schloss Kleßheim bei Salzburg übersiedeln, wo sie bis 1935 bleiben wird. Prominenteste Schülerin dieser Jahre wird Lucia Joyce, Tochter des irischen Schriftstellers James Joyce. Statt auf ihre Schwester trifft Isadora nur auf Max Merz, der um den guten Ruf seines Instituts fürchtet und sich sowohl weigert, Isadora in Potsdam aufzunehmen, als auch, ihr Geld zu geben. Nicht einmal Augustin, der Lieblingsbruder, auf den Isadora sich immer verlassen konnte, ist in der Lage, ihr zu helfen. Der Schauspieler ist erblindet und lernt gerade erst, mit seiner neuen Situation zurechtzukommen.

Isadoras größtes Problem ist die Aberkennung ihrer amerikanischen Staatsbürgerschaft. Seither ist sie staatenlos, da, wie sie voller Verzweiflung an Irma schreibt, sich die russische Botschaft in Berlin weigert, ihr einen russischen Pass auszustellen: »Warum antwortest Du nicht auf meine Telegramme und Briefe? Seit sechs Wochen habe ich nichts von Dir gehört … Bist Du krank? Existiert die Schule überhaupt noch? Die russische Botschaft will mir keinen Pass ausstellen. Bitte veranlasse alles, was notwendig ist, damit ich einen Pass bekomme und die Scheidung von Sergej Alexandrowitsch. Gott schütze ihn, aber als Ehemann taugt er nichts.«[682] Nichts davon lässt sich umsetzen. Um zu ihren Auftritten in Europa zu gelangen, benötigt sie nun ein Visum des jeweiligen Landes. Doch Visa werden ihr reihum verweigert. Aufgrund ihrer politischen Ansichten hat man sie zur Persona non grata erklärt, hält sie mancherorts gar für eine russische Agentin. Ein Auftritt nach dem anderen in Österreich, Frankreich, Belgien und der CSSR muss abgesagt werden, weil die Tänzerin nicht einreisen darf. Veranstaltungen innerhalb Deutschlands vermag sie nicht wahrzunehmen, weil ihr schlichtweg das Fahrgeld fehlt. Frustriert schreibt sie an Irma: »Es war der Startschuss für eine erpresserische und verleumderische Zeitungskampagne gegen mich, unternommen von der Weltpresse ... Kein Manager, kein Theater will mit mir etwas zu tun haben.«[683] Ende des Jahres wendet sie sich an die Künstlerhilfe Berlin, um zumindest ihr Hotel bezahlen zu können. Zuletzt wohnt sie in der Studentenbude des amerikanischen Musikstudenten Allan Coe, der hier mit seinem Freund Martin lebt, einem Gesangslehrer. Großzügig teilen die beiden mit der berühmten Tänzerin Wohnung, Essen und ihren bescheidenen Monatswechsel, der allerdings in Gefahr gerät, als man zu Hause erfährt, wer da noch mitversorgt wird. In dieser Situation klopft plötzlich George Seldes von der *Chicago Tribune*, einer der berühmtesten investigativen Journalisten der USA, an ihre Tür und unterbreitet Isadora den Vorschlag, ihre Liebesbriefe zu veröffentlichen, die sie zu Tausenden in einem Koffer verwahrt. Damit würden sich ihre Geldprobleme mit einem Schlag in Luft auflösen. Eine Idee, der Isadora zunächst nicht abgeneigt gegenübersteht, noch dazu, da offenbar niemand sonst bereit ist, ihr aus der finanziellen Klemme zu helfen: »Den Verfassern, die große Geister sind, so wie Gordon Craig, macht das nichts aus. Und die anderen sind mir egal. Wahrscheinlich werden die Briefe den Ruf von einigen ganz schön ruinieren, aber warum sollte mich das kümmern.«[684] Am 14. Dezember erscheint in der *Chicago Tribune* ein Artikel, in dem Seldes auf Isadoras prekäre Lage aufmerksam macht: »Isadora Duncan ist am Ende ihrer Kräfte und weiß nicht mehr, wie sie ihre Miete bezahlen soll oder was sie nächste Woche essen wird.«[685] In seinem Artikel deutet er auch eine mögliche Veröffentlichung ihrer Liebesbriefe an. Als er jedoch mit einem Angebot der *Tribune* für die Publikation von stattlichen 5000 Dollar wieder an Isadoras Tür klopft, hat die sich anders entschieden. Sie ist wieder zu Geld gekommen. Ein Freund, vermutlich einer der Absender besagter Briefe, der eine Veröffentlichung verhindern will, hat es geschickt, und sie denkt nun nicht mehr im Traum daran, eine derartige Indiskretion zu begehen. Die Briefe bleiben im Koffer. Das angedachte Buch »What Love Means to Different Men – by Isadora Duncan« kommt nicht übers erste Kapitel hinaus. Ohnehin scheint sich das Blatt plötzlich zu ihren Gunsten zu wenden, wie sie Seldes freudig berichtet: »Was denken Sie, wer ich bin? Eine alte Frau? Bin ich tot? Nur die lebenden Toten veröffentlichen ihre Memoiren. Wenn ich tot bin, habe ich noch genug Zeit, sie zu schreiben. Alles ist jetzt anders. Das Leben beginnt wieder. Das Leben beginnt wieder.«[686]

In Frankreich haben Neuwahlen eine linke Regierung unter Édouard Herriot an die Macht gebracht, die ihr, unter Auflage einer Bürgschaft, welche die Schauspielerin Cécile Sorel übernimmt, das langersehnte Visum erteilt. Im Januar 1925 kann Isadora nach Paris reisen. Hier lebt sie, dank neuerlicher Unterstützung Augustins, zunächst im Luxushotel Lutetia. Ihren täglichen Bedarf sichert sie durch die Mieteinnahmen aus dem Haus in der Rue de la Pompe, das ihr noch immer gehört. Am 2. Februar 1925 trifft sie erneut ein schwerer Schlag. Ihre Schülerin Margot, stets von zarter Konstitution, stirbt in einem Pariser Krankenhaus im Alter von 26 Jahren an Tuberkulose. Noch ganz unter dem Schock der Ereignisse stehend, schreibt Isadora an Irma: »Sie riefen plötzlich an und sagten mir, dass Margot stirbt. Ich sprang ins Taxi und raste zum Krankenhaus, aber es war zu spät.«[687] Erneut hat sie das Gefühl, ein Kind verloren zu haben. Sie verfällt in tiefe Depression: »Keiner hat es bemerkt, aber der Tod der armen kleinen Margot hat mir den Rest gegeben. Ich habe mich beinahe komplett aufgegeben und erhole mich jetzt nur langsam von der unvorstellbaren Grausamkeit und dem Horror der ganzen Sache. Ich muss zugeben – ich kann es einfach nicht begreifen –, das alles ist nicht auszuhalten.«[688]

Da taucht plötzlich Raymond auf und bittet sie, mit ihm an die französische Riviera zu kommen. Er hat sich mit seiner zweiten Frau und der gemeinsamen Tochter Lioga in Nizza niedergelassen, wo er erfolgreich eine Manufaktur für Baumwoll- und Seidenstoffe samt Kunstgewerbeladen betreibt. Zudem hat er ein neues Theater, eine weitere Akademia Duncan gegründet und gibt die Zeitung *Exangelos* heraus. Noch immer hat er viele Anhänger und erregt mit seinen griechischen Gewändern überall Aufsehen. Isadora geht mit nach Nizza und bezieht ein kleines Zimmer oberhalb seines Ladens am Boulevard Gambetta. Doch so sehr sie ihren Bruder liebt, dessen spartanische Vegetarierwelt ist nicht die ihre. Es kommt ihr mehr als gelegen, als ihr alter Freund George Maurevert, ein Pariser Schriftsteller, der für Nizzas größte Zeitung schreibt, ihr zu günstigen Konditionen ein kleines Zimmer im Hotel Negresco an der Promenade des Anglais vermittelt.

An der Avenue de la Californie in Nizza findet Isadora ein kleines leerstehendes Theater, das sie mit geliehenem Geld als neues Atelier anmietet. Ihr Traum von der Schule erwacht neu. Nun will sie nicht in erster Linie zurück nach Moskau, sondern plant, Irma und zumindest einen Teil der Kinder hierherzubringen. Das Geld ist weiterhin knapp: »Die Welt ist ein einziges Jammertal. Ich lebe von der Hand in den Mund. All meine Freunde haben mich verlassen. Der Witz an der Sache ist, dass es da ein Gerücht gibt, wonach die Sowjets mir hohe Summen zukommen lassen. Ist das nicht drollig?«[689] Sie bettelt Augustin und Mary Desti an, ihr wöchentlich 50 Dollar zu schicken, dies würde helfen. Wütend hingegen ist sie auf Anna und Theresa, die als Duncans weiterhin von ihr choreografierte Tänze auf der Bühne zeigen, ohne daran zu denken, ihr 10 Prozent Tantiemen zu überweisen. Einmal mehr rät man ihr dazu, ihre Memoiren zu schreiben. Doch die ehemals so Lebendige und Kraftstrotzende ist müde und phlegmatisch geworden. Sie kann sich nicht überwinden, endlich loszulegen, nicht einmal, als Verleger Horace Liveright in New York sein Interesse bekundet. Ohnehin weiß sie genau, dass dessen Anforderungen an den Text andere als ihre sind: »Ich will über meine Kunst schreiben, doch alle wollen nur über meinen Körper reden.«[690]

Die nächsten Jahre wird Isadora überwiegend hier an der französischen Riviera verbringen. Ursächlich dafür ist, neben den im Vergleich zu Paris günstigeren Lebenshaltungskosten, vor allem der illustre Freundeskreis, den sie sich hier nach und nach aufbaut. Die französische Riviera ist Mitte der 20er Jahre Treffpunkt von Künstlern und Intellektuellen aus aller Welt. Zu Isadoras Freunden zählen der französische Universalkünstler Jean Cocteau und der irische Schriftsteller Frank Harris, dessen Biografie *Mein Leben und Lieben* in den USA und England aufgrund seiner unverblümten Schilderungen verboten ist und zu Isadoras Lieblingsbüchern zählt. Der britische Schriftsteller Francis Sewell Stokes wird ihr ebenfalls ein enger Freund und nach ihrem Tod einer der Ersten sein, der ein Buch über sie herausbringt. Er ist es auch, der das Drehbuch zum ersten Film über Isadora in den 60er Jahren schreiben wird. Es ist eine bunte Truppe, zu der auch der homosexuelle Maler Gabriel Atkin, langjähriger Partner des britischen Dichters Siegfried Sassoon, gehört, der sich eine Zeitlang als Stricher in Lyon durchgebracht hat. Dazu kommt der spanische Autor Blasco Ibáñez, berühmt für seine sozialkritischen Romane, die zahlreichen Hollywoodfilmen als Vorlage dienen. Zusammen speisen sie – wenn die Finanzen es zulassen – in Cap Ferrat oder Juan-les-Pins zu Abend und genießen die lauen Sommernächte an der französischen Riviera. Isadora trifft hier viele ihrer Landsleute, die genau wie sie den USA den Rücken gekehrt haben. Ernest Hemingway, Archibald MacLeish, John Dos Passos, Ezra Pound, T. S. Eliot und zahlreiche andere, die sich aus der neuen Welt zunächst nach Paris geflüchtet hatten, verbringen ihre Sommer an der Küste. Die meisten sind ehemalige Weltkriegsteilnehmer, die sich nach dem Krieg in der amerikanischen Gesellschaft nicht mehr zurechtfanden. Traumatisiert durch die Kriegserfahrungen empfinden sie den *American Way of Life* ebenso abstoßend wie den noch immer stark verbreiteten Puritanismus, der das Land beherrscht. Bei Einführung der Prohibition haben sie beschlossen, einem Staat, der seinen Bürgern das Trinken verbietet, endgültig den Rücken zu kehren. Gertrude Stein bezeichnet sie Ernest Hemingway gegenüber als eine »verlorene Generation«: »Ihr habt keinen Respekt vor gar nichts. Ihr trinkt euch zu Tode (…) Ihr seid eine verlorene Generation.«[691] Auch wenn Hemingway Gertrude Stein nicht zustimmt, stellt er diesen Satz doch als Motto vor seinen ersten Roman *Fiesta* und macht damit den Begriff »verlorene Generation« unsterblich.

Filmregisseur Rex Ingram, der für Metro-Goldwyn-Mayer gerade in den Victorine Studios in Nizza an der Verfilmung des Blasco-Ibáñez-Romans *Mare Nostrum* arbeitet, lädt Isadora ein, ihn am Set zu besuchen. In seinem Umfeld trifft sie auf die berühmtesten Schauspieler der Welt: Rudolph Valentino, der mit Rex Ingrams Stummfilm *Die vier Reiter der Apokalypse* Anfang der 1920er Jahre über Nacht zum Superstar wurde, Hollywoods Power-Couple Mary Pickford und Douglas Fairbanks senior, Drehbuchautorin Anita Loos, Charlie Chaplin und Harpo Marx. Der noch unbekannte Rumäne Jean Negulesco, der später in Hollywood als Meister des Cinemascope unter anderem mit Marilyn Monroe den Filmklassiker *Wie angelt man sich einen Millionär?* drehen wird, erinnert sich wenig schmeichelhaft an Isadora: »Die göttliche Isadora war ein dicke Gammlerin. Sie war fett. Sie war töricht. Oftmals war sie peinlich, manchmal teuflisch, aber dumm war sie nicht. Sie hatte bloß überhaupt kein Gespür dafür, wann sie sich lächerlich machte. Ihr unkonventionelles Benehmen und ihre absolute Gleichgültigkeit gegenüber der Moral waren für sie so selbstverständlich wie das Leben selbst. Vielleicht wollte sie genau so sein. Vielleicht wollte sie die Bourgeoisie schocken und provozieren.«[692] Bei einem Abendessen im Chez Basso im Hafen von Marseille mit Isadora, Cocteau, Rex Ingram und einigen Freunden erlebt Negulesco einen Wettstreit zwischen Cocteau und Isadora um einen besonders hübschen jungen Matrosen: »›Liebster Cocteau, du hattest deinen letzte Nacht. Überlass diesen jetzt mir.‹ Und zu uns gewandt: ›Macht ihm klar, wie unfair er ist.‹ Im Chorus gaben wir daraufhin unser befriedendes Urteil kund: ›Sie hat recht. Diesmal ist sie dran.‹ Er gab sich schließlich geschlagen: ›Sie kann ihn haben. Aber das ist das letzte Mal.‹«[693]

In ihren letzten Jahren wird Isadora, vor allem von Männern ihres Alters, als schier mannstoll beschrieben. Immer sei sie von jungen Männern umgeben gewesen, hätte sich aus Bars und Kneipen junge Liebhaber mit ins Hotelzimmer genommen, denen sie am nächsten Tag auch so manchen Schein zugesteckt habe. In guten Zeiten nimmt sie derartige Kritik gelassen: »Ich liebe Kartoffeln – und junge Männer. Das ist meine Schwäche! Der Schriftsteller Blasco Ibáñez hat mich einmal ›Amerikas weiblichen Casanova‹ genannt; ich fürchte, er hat recht.«[694] Viele der jungen Männer, die man in dieser Zeit an ihrer Seite sieht, sind allerdings homosexuell und lieben Isadora vor allem für ihre Großzügigkeit und ihren Witz. Zwei ihrer engsten Freunde werden der Kunstkritiker Walter Shaw und sein Liebhaber Marcel

Herrand, der einer der bedeutendsten französischen Schauspieler und in der Rolle des Lacenaire im Film *Kinder des Olymp* weltberühmt wird. Sie nennt die beiden »meine Täubchen« und ist kaum mehr ohne sie anzutreffen, gehören sie doch zu denjenigen, die Isadoras Lebensstil nicht kritisieren. Denn in Wahrheit ist sie wütend über die vor allem von Männern, vorgetragene Scheinheiligkeit und Doppelmoral, die Frauen auf der ganzen Welt veranlasst, sich ab einem gewissen Alter zurückzuziehen: »Ganz besonders ärgere ich mich über eine Schlussfolgerung, die viele Frauen ziehen, nämlich dass ab einem Alter von 40 Jahren ein würdevolles Leben ohne körperliche Liebe stattfinde. Oh, wie dumm ist das! Die Farben des Herbstes sind prächtiger, abwechslungsreicher und die Freuden des Herbstes tausendmal mächtiger, grausamer, wunderbarer. Ich bemitleide die armseligen Frauen, deren blutleere, engstirnige Überzeugung sie das prächtige, großzügige Geschenk der Liebe im Herbst des Lebens ablehnen lässt. So war auch meine arme Mutter und diesem absurden Vorurteil verdankte sie das vorzeitige Altern und Kränkeln ihres Körpers zu einer Zeit, wo er am herrlichsten sein hätte sollen, und den teilweisen Zusammenbruch eines Geistes, der einst brillant war.« [695]

Einem, dem sie in diesem Sommer ihre Gunst schenkt, ist der Schriftsteller F. Scott Fitzgerald. Er kommt im August 1925 zusammen mit seiner Frau Zelda an die französische Riviera. Nach Alkoholexzessen und Schreibblockaden hofft er hier auf ein wenig Ruhe, doch weit gefehlt: »Es war kein Mensch in Antibes, außer mir, Zelda, die Valentinos, die Murphys, Mistinguet, Rex Ingram, Dos Passos, Alice Terry, die MacLeishes, Charlie Bracket, Maude Kahn, Esther Murphy, Marguerite Namara, E. Phillips Oppenheim, Floyd Dell, Max und Chrystal Eastman, Expremier Orlando, Étienne de Beaumont – der perfekte Platz, um durchzuatmen, um vor der Welt einfach mal seine Ruhe zu haben«,[696] schreibt Fitzgerald an einen Freund. Bei einem Abendessen im La Colombe d'Or in Saint-Paul-de-Vence, einem kleinen Bergort im Hinterland der Côte d'Azur, treffen die Fitzgeralds auf Isadora Duncan. Als Scott sie erblickt, macht er ihr seine Aufwartung. Er setzt sich zu ihren Füßen, und Isadora, angetan von dem gutaussehenden jungen Schriftsteller, beginnt ungeniert mit ihm zu flirten, wobei sie ihm mit den Fingern durchs Haar streicht und ihn zärtlich ihren Centurio nennt. So ganz nebenbei steckt sie ihm noch den Namen ihres Hotels samt Zimmernummer zu. Seine Frau Zelda, psychisch äußert labil, beobachtet die Szene zunächst regungslos. Dann springt sie plötzlich auf und stürzt sich über das Terrassengeländer des Restaurants kopfüber in die Tiefe. Da die Terrasse des Colombe d'Or über einem Steilhang liegt, ist Schlimmstes zu befürchten. Doch nach einigen Schrecksekunden kehrt Zelda blutend, aber offensichtlich unbeschadet zurück. Die zur Terrasse hinaufführenden Steinstufen haben ihren Sturz abgefangen. Ihr Urteil über Isadora allerdings ist vernichtend: »Sie war zu alt und zu fett geworden, um sich noch darum zu scheren, ob die Leute ihre Theorien über das Leben und die Kunst akzeptierten, und so prostete sie der Gleichgültigkeit der Welt tapfer mit lauwarmem Champagner zu.«[697]

Im Herbst 1925 kehrt Isadora nach Paris zurück. Hier startet sie das aussichtslose Unterfangen, die Kommunistische Partei Frankreichs zur Finanzierung ihrer Schule zu bewegen. Sie träumt davon, russische Arbeiterkinder aus ihrer Moskauer Schule in Paris zusammen mit französischen Arbeiterkindern zu unterrichten. Dabei dürfen ihre Schülerinnen nicht einmal für eine Tournee aus Russland ausreisen, ganz egal, was Isadora auch anstellt. Wie sollen sie dann erst hier in Paris zur Schule gehen? Fast ein ganzes Jahr investiert sie dennoch in dieses Vorhaben, lässt den Parteioberen Cocktails und Kaviar servieren, nur um am Ende ernüchtert festzustellen, dass es außer warmen Worten nichts geben wird. Es ehrt sie, dass sie auch in dieser Zeit, da sie völlig mittellos ist, an ihre Schule und die Ausbildung der Kinder denkt. Sie selbst ist mittlerweile so abgebrannt, dass man fürchten muss, sie könnte verhungern. Die Schauspielerin Lotte Yorska sucht Isadora in ihrem Hotel auf, um ihr zu helfen: »Wo sind deine Sachen?« »Hier, in dieser Tasche.« »Aber da sind nur Papiere drin, ich meine, wo sind deine Kleider?« »Die habe ich an.«[698]

Über den englischen Schriftsteller Richard Wallace erfährt Edward Gordon Craig von Isadoras misslicher Lage. Der trifft sie eines Tages bei Walter Rummels Bruder Frank in Paris, wo sie nach einem Brandy verlangt und erzählt, dass alles, was sie heute Essbares im Haus gefunden habe, eine Dose süßer Mais gewesen sei. Mit Messern, Nagelscheren und Lockenwicklern habe sie verzweifelt versucht, die Dose zu öffnen. Schließlich sei es ihr gelungen, ein Loch hineinzubohren, durch das allerdings nur einzelne Körner herausgefallen seien: »Sie beschrieb dies alles auf sehr amüsante Weise, dabei war es in Wirklichkeit herzzerreißend. Es scheint, als fühle sie keinerlei Bitterkeit und schäme sich all dessen auch nicht – sie nimmt es tatsächlich mit Humor.«[699] Craig bittet daraufhin Paris Singer, Isadora zu helfen, woraufhin er folgenden Antwortbrief erhält: »Ich habe zwar von den Problemen in Berlin nichts mitbekommen, aber als ich erfahren habe, dass die kleine Margot in Paris gestorben ist, habe ich meinen Sekretär angewiesen, unsere Freundin umgehend mit den nötigen finanziellen Mitteln auszustatten, ohne dass sie je erfahren hat, von wem das Geld kommt … Ich hoffe, die Gefahr, in der wir beide sie sehen, ist damit fürs Erste abgewendet, vielleicht sogar gebannt.«[700]

In Paris lernt Isadora jetzt ihren letzten Lebensgefährten kennen: den georgischen Pianisten Victor Seroff. Der Bekannte von

Anna Pawlowa kann sich später rühmen, einmal mit den beiden besten Tänzerinnen der Welt getanzt zu haben. Sie trifft Seroff bei einer Abendgesellschaft in Montmartre, bei der er am Klavier sitzt. Für Isadora gehört er zu der Sorte Mann, der sie nicht wiederstehen kann: »Er ist ein Genie – ich habe einen Riecher für Genies.«[701] Der halb so alte Seroff wird ihr dauerhafter Begleiter. Allerdings hält sie die Beziehung diesmal aus den Medien heraus. Sie hat genug von all den Gerüchten und Zeitungsartikeln. Es wird keinen gemeinsamen öffentlichen Auftritt geben. Zudem achtet sie streng darauf, dass er keinen Alkohol trinkt: »Man muss sehr unglücklich sein, um zu trinken. Du hast noch nicht gelitten. Also warte noch.«[702]

Sie würde gerne mit Seroff nach Nizza zurückkehren, doch sie kann ihr Pariser Hotel nicht bezahlen. Erst als die Schauspielerin Lotte Yorska die Rechnung übernimmt, kann sie aufbrechen. Yorska beschwört sie inständig, ihren Stolz über Bord zu werfen und eine Offerte des Théâtre des Champs-Élysées anzunehmen, wo man ihr für zwei Wochen 50 000 Franc angeboten hat. Doch Isadora lehnt ab. Sie kann und will sich nicht verkaufen. Im November 1925 reist sie zusammen mit Seroff an die französische Riviera zurück.

Hier erhält sie Ende des Jahres die Nachricht vom Tod Sergej Jessenins. Der Karikaturist und Journalist James Thurber, der für die *Chicago Tribune* in Frankreich arbeitet, erreicht sie am 28. Dezember 1925 gegen 13:00 Uhr am Telefon und bittet sie um ein Statement. Isadora ist völlig geschockt, weiß von nichts. Thurber berichtet, sie habe Nein, nein, nein, gerufen, dann sei die Leitung tot gewesen. In großer Sorge wendet sich Thurber daraufhin an die Hotelrezeption des Negresco und bittet darum, umgehend nach Miss Duncan zu sehen.[703]

Nach der Trennung von Isadora hatte Jessenin versucht, sich mit der politischen Situation in der Sowjetunion zu arrangieren, doch dies war ihm mehr schlecht als recht gelungen. Daraufhin hatte er sich aufs Land geflüchtet, nur um festzustellen, dass er nicht mehr dorthin gehörte. Zurück in der Stadt kämpfte er weiter um Erfolg und Anerkennung. Sein Alkoholkonsum stieg, soweit überhaupt möglich, weiter an. Im August 1925 heiratete er eine Enkelin Tolstois, ohne von Isadora geschieden zu sein. Er litt zunehmend unter Wahnvorstellungen und Halluzinationen, landete einmal mehr in der Psychiatrie, wo man Delirium tremens und Selbstmordneigungen diagnostizierte. Nachdem er am 21. Dezember aus der Klinik entlassen wurde, verabschiedete er sich von Freunden und Familie und fuhr am 24. Dezember mit dem Zug nach Leningrad. Hier mietete er sich im Hotel Angleterre ein, im selben Zimmer, in dem er dereinst mit Isadora genächtigt hatte. Am Abend des 27. Dezember schrieb er sein letztes Gedicht mangels Tinte mit seinem eigenen Blut. Dazu öffnete er sich die linke Pulsader. Dann erhängte er sich am Fensterkreuz seines Hotelzimmers. Er wurde nur 30 Jahre alt.

Während sein Tod in Russland zu einem nationalen Trauerereignis hochstilisiert wird, erinnert sich die westliche Presse genüsslich vor allem an die Skandale, die Jessenin an Isadoras Seite produziert hatte. Die nun publizierten Geschichten über das Paar sind so grausam, dass Isadora sich genötigt sieht, mit einem offenen Brief einzugreifen: »Ich protestiere energisch gegen die frivolen und ungenauen Darstellungen der amerikanischen Presse in Paris. Niemals gab es zwischen Jessenin und mir Streit oder Scheidung. Ich beweine seinen Tod mit schmerzlicher Verzweiflung.«[704] An Irma aber schreibt sie: »Ich war von Sergejs Tod schrecklich schockiert, doch ich habe über ihn schon so viele Stunden geweint und geschluchzt, dass mir schien, er habe in mir bereits jegliche menschliche Leidensfähigkeit erschöpft.«[705] Dafür trauert ganz Russland. Der Dichter wird zu einer kultisch verehrten Figur, was auch die Regierung zunächst unterstützt. Doch nachdem sich Selbstmorde junger Leute nach seinem Vorbild häufen, setzt die Kehrtwende ein. Die kommunistische Propaganda braucht Optimismus und Aktivismus, nicht Melancholie und Todessehnsucht. Die Mythen um den toten Dichter werden als Niedergangs- und Verfallserscheinungen der Jugend gebrandmarkt. Aus dem gefeierten Revolutionsdichter wird ein verachteter Kulakendichter. Gleichwohl haben die Soldaten im Zweiten Weltkrieg seine Gedichtbände im Tornister. Nach 1945 erlebte der Dichter eine ungeheuerliche, bis heute andauernde Verehrung. Jessenin ist in Russland Kult – so wie Isadora im Westen.

Der Tod ihres Mannes trifft Isadora, doch er wirft sie nicht aus der Bahn. Zu viel ist schon geschehen, als dass dies der Fall sein könnte. Am Karfreitag, den 2. April 1926, gibt sie in ihrem Studio in Nizza eine ihrer nun selten gewordenen Vorstellungen. Alles ist dekoriert mit viel weißem Flieder und Lilien, Kerzen und Alabasterlampen. Die 100 Tickets sind im Nu verkauft, doch allein die Dekoration kostet mehr, als sie an diesem Abend einnimmt. Um zu sparen, zieht sie vom Hotel in ein Apartment in der Nähe ihres Ateliers, das der englische Maler Francis Rose, der ihr als Jugendlicher begegnet, in seinen Memoiren beschreibt. »Ihre Wohnung war im ersten Stock, ausgestattet mit falschen Louis-quinze-Möbeln aus den Galleries Lafayette, Palmen in Übertöpfen vom orientalischen Bazar und Trockenblumen in falschen Sevres-Vasen. (…) Die Wände ihres unaufgeräumten Schlafzimmers waren tapeziert mit den Fotografien ihrer unzähligen Liebhaber: berühmte Schriftsteller, schwarze Boxer, Millionäre, Matrosen in Uniform und einige Prinzen. (…) Ich erinnere mich, dass sie sich einen Cocktail mixte aus Eau de Cologne, Pernod, Brandy und den kläglichen Resten beinahe leerer Weinflaschen, die sie in ihrem Bidet versteckt hatte. (…) Sie war die Göttin des Wahnsinns – und einer verrückten

Freiheit – Lady Liberty ohne Fackel. (…) Sie war freigebig und eine wirklich große Künstlerin. Auch zu dieser Zeit war jede ihrer Gesten ein Statement. Selbst wenn sie betrunken war, war sie inspirierend.«[706]

Im Juni 1926 kehrt sie mit Seroff und ihren beiden Täubchen nach Paris zurück. Gemeinsam besucht man ein Fest in der russischen Botschaft. Isadora nimmt seit langem jede Einladung an, die sie bekommt – es ist ihre Chance, sich satt zu essen. Oft genug brüskiert sie dabei ihre Gastgeber mit ihrem unkonventionellen Benehmen. Nicht alle freuen sich, sie zu sehen. Bei einer der legendären Kostümpartys des Kunstmäzens Comte Étienne de Beaumont wird Isadora Zeugin, wie eine Dame den Gastgeber beiseitenimmt: »Mein lieber Herr, wenn ich gewusst hätte, dass Sie diese rote Hure eingeladen haben, hätte ich niemals einen Fuß in Ihr Haus gesetzt.«[707]

In diesem Sommer in Paris verwandelt sich die langjährige Freundschaft zur amerikanischen Schriftstellerin und Modedesignerin Mercedes de Acosta in ein innigeres Verhältnis. So innig, dass Alice B. Toklas später sagen wird, Mercedes habe die drei berühmtesten Frauen des 20. Jahrhunderts geliebt: Greta Garbo, Marlene Dietrich und Isadora Duncan. Tatsächlich gilt die Tochter aus schwerreichem Elternhaus als eine der berühmtesten Lesbierinnen des 20. Jahrhunderts und ihr Verhältnis mit Greta Garbo, das nicht nur Mercedes als Liebesbeziehung bezeichnete, gibt bis heute Rätsel auf. Als Mercedes in Paris eintrifft, berichtet man ihr, dass Isadora sich in einem verheerenden Zustand befindet. Voller Sorge macht sie sich auf die Suche nach der Freundin und findet sie zu ihrer Überraschung in einem der teuersten Hotels der Stadt. Als sie durch die Tür in deren Hotelzimmer tritt, erscheint sie Isadora in ihrem weißen Capemantel wie der rettende Engel, auf den sie so lange gewartet hat. Von nun an nennt sie Mercedes ihren Erzengel. Isadora erzählt von ihrer schlimmen Situation und dass sie nichts mehr zu essen habe. Auf die Frage, warum sie sich kein Geld von Freunden leihe, erhält Mercedes eine ehrliche Antwort: »Ich habe ihr Geld ausgegeben und es ihnen nicht zurückgezahlt. Das hätten sie sich doch denken können. Zu was ist Geld denn da, wenn nicht zum Ausgeben?«[708]

Großzügig lädt Mercedes sie daraufhin zum Essen ein und begleicht die offene Hotelrechnung. Sie gibt Isadora zudem noch Geld mit der Ermahnung, es sich gut einzuteilen: »Am nächsten Tag schickte sie mir eine Unmenge Blumen. Aber das war eben Isadora, und dagegen konnte man nichts machen.«[709]

Wie weit die Beziehung der beiden Frauen in diesem Sommer geht, darüber hüllen sich Zeitgenossen in Schweigen. Im Nachlass von Mercedes de Acosta findet sich jedoch folgende Nachricht Isadoras, die keinerlei Zweifel lässt: »Geliebte, ich habe mit den Flammen Deines Wesens gespielt und mich dabei schrecklich verbrannt. Ich dachte, ich würde bereits jedes menschliche Leid kennen, aber jetzt erkenne ich, das Schlimmste stand mir noch bevor. Ich leide voller Angst, aber ich nehme es hin, denn die Ursache ist so wunderbar. Wie soll ich leben mit dieser Leidenschaft in meinen Adern, die ich aus Deinem göttlichen Mund getrunken habe. Bitte mach Dich nicht über mich lustig. Ich würde sterben. Ich habe Angst davor festzustellen, dass ich erst jetzt weiß, was wahre Liebe ist. Lach nicht … Bewahre mein Geheimnis. Ich bin so gepeinigt, dass ich nur mehr um Gnade flehen kann. Isadora.«[710]

Auf ein Foto von sich hat Isadora geschrieben: »Mercedes, führe mich mit Deinen starken kleinen Händen und ich folge Dir – auf den Gipfel eines Berges bis ans Ende der Welt. Wohin immer Du willst. Isadora«[711]

Der Sommer mit Mercedes lenkt Isadora von vielen ihrer Probleme ab, doch ein Leid vermag auch er nicht zu lindern, wie

Mercedes de Acosta in ihren Memoiren schreibt: »Ich konnte es nicht ertragen, im Bois de Boulogne mit ihr spazieren zu gehen und mitanzusehen, wie sie spielende Kinder betrachtete. Manchmal, wenn ihre Augen einem kleinen blonden Kind folgten, war das Leid in ihrem Gesicht so schrecklich, dass ich mich abwenden musste.«[712] Als der Sommer zu Ende geht, reist Mercedes zurück nach Amerika.

Statt der sinnlichen Mercedes übernimmt es nun die aus den USA angereiste Ruth Mitchell, sich um Isadora zu kümmern. Zusammen fahren sie nach Nizza, wo Mitchell Isadoras Lebensunterhalt für die nächsten Wochen sicherstellt.

Am 14. September 1926 gibt Isadora in ihrem Studio zusammen mit Jean Cocteau und Marcel Herrand einen Abend für Freunde. Pablo Picasso ist da, die Malerin Marie Laurencin und der Filmregisseur Jean Negulesco. Ihr nahezu unbeweglicher Tanz einer Bach-Sonate ist atemberaubend: »War es Tanz? War es Pantomime? War es Tragödie? Ganz gleich. Es war Kunst, und es war von übermenschlicher Schönheit. Man hielt den Atem an.«[713]

Noch sind alle ganz gebannt, da tanzt sie als Dreingabe in einem schlechtsitzenden rosafarbenen Kostüm eine Mazurka von Chopin: »Ein grausamer Anblick, der sowohl das Auge wie die Erinnerung beleidigte, dieses schwitzende pausbäckige Gesicht, diese formlosen, schwerfällig hüpfenden Beine, diese wulstigen Arme, deren Posen irgendwelchen gewöhnlichen Zirkusparodien glichen, diese aus der Korsage gerutschten Hängebrüste.«[714] Der Zauber ist dahin, zurück bleiben ein peinlicher Moment des Schweigens und Mitleid mit einer scheinbar besiegten Göttin. Dabei kann sie es noch, wie sie ein paar Tage später bei einem Abend für Liszt und Wagner beweist: »Man sah, dass ihre Kunst sich geändert hatte, sie bewegte sich nur noch wenig, stand fast immer ruhig da oder machte langsame, schöne Schritte mit schönen, ruhigen Armbewegungen zur Musik, suchend, aufspürend, findend. (...) Durch sparsame Bewegungen erreichte sie eine Auswahl. Als ob die Bewegungen des Tanzes ihrer Seele überflüssig geworden wären, bewahrte sie sich vom Tanz nur seine äußere Gestalt.«[715]

Bald darauf kehrt auch Ruth Mitchell nach Amerika zurück und Isadora gerät einmal mehr in eine prekäre Situation. Sie bettelt alle um Geld an, die ihr einfallen, sogar Paris Singer. John Dos Passos schreibt über jene Phase in Isadoras Leben: »Ihr Schmuck, der berühmte Smaragd, der Hermelinmantel, die Kunstwerke, die die Künstler ihr geschenkt hatten, waren längst in die Pfandleihen gewandert oder von Hoteldirektoren beschlagnahmt worden. Sie besaß nur noch die alten Draperien, die große Triumphe miterlebt hatten, eine rote Ledertasche und einen alten, am Rücken geplatzten Pelzmantel. Sie konnte nicht aufhören zu trinken oder den Arm um den nächsten jungen Mann zu legen; sowie sie ein wenig Bargeld in die Finger bekam, lud sie Gäste ein oder verschenkte es.«[716] In dieser Situation ist es mehr als großzügig, dass sie Jessenins Erbe, das ihr als rechtmäßig angetrauter Gattin zusteht, zugunsten seiner Mutter und seiner Schwestern ausschlägt. Immerhin 400 000 Francs, zusammen gekommen durch die stetig steigenden Buchverkäufe. Geld, das sie eigentlich im Augenblick sehr gut gebrauchen könnte. Ihr Haus in der Rue de la Pompe droht aufgrund von Steuerschulden von mittlerweile 10 000 Francs zwangsversteigert zu werden. Sie fährt zurück nach Paris, doch sie kann das Geschehen nicht mehr aufhalten. Weit unter Wert wird das Haus für 310 000 Francs verkauft. Edward Gordon Craig ist entsetzt und schreibt noch 1944 als Ergänzung ins *Buch Topsy*: »Mein größter Kummer war, dass ich an dem Tag 1926, als sie meine Hilfe gebraucht hätte, zu arm war, um ihr Haus zu kaufen und es ihr zurückzugeben.«[717]

Einmal noch greifen Freunde und Bewunderer ein. Es gründet sich ein Komitee, das versucht, die Versteigerung per Einspruch rückgängig zu machen und das Haus selbst anzukaufen. Es soll eine Tanzschule daraus werden, in der Isadora lebenslanges Wohnrecht genießt. Die freut sich über das Engagement, trägt aber ihrerseits nichts dazu bei, neue Sponsoren zu gewinnen. Ihr Beharren auf teuren Hotels und guten Restaurants ist der Sache medial wenig dienlich: »Es ist nutzlos, wenn die Leute versuchen, mir das Sparen beizubringen. Du kannst ja auch einem Elefanten nicht das Radfahren beibringen.«[718] Wie sehr ihre Freunde in jenen Jahren die schützende Hand über die Tänzerin halten, ist ihr wohl kaum bewusst, beklagt sie sich doch dauerhaft darüber, wie sehr man sie im Stich lässt. Wenn man auf ihre Gesundheit trinkt, erhält man zur Antwort: »Mit meiner Gesundheit ist alles in Ordnung, Geld bräuchte ich.«[719] Dass Hotelrechnungen von Unbekannten beglichen werden, hält sie angesichts ihrer Berühmtheit für völlig normal.

Manchmal ist die göttliche Isadora nur schwer zu ertragen, wie auch Sol Hurok, der gerade in Paris weilt, feststellen muss. Isadora bittet ihn zu sich, obwohl sie ihn auf ihrer letzten USA-Tournee bis zum Äußersten gereizt hatte. Hurok, nicht nachtragend, eilt in ihr Hotel, und was er dort zu sehen bekommt, tut ihm in der Seele weh: »Ihr Gesicht war ganz gelb. Sie sah schrecklich aus.«[720] Isadora fleht ihn an, sie zum Essen auszuführen, sie habe solchen Hunger. Hurok hat bereits eine Verabredung, bittet Isadora aber, dem Dinner mit einer Freundin in seinem Hotel beizuwohnen. Es dauert nicht lange, da stoßen Freunde Isadoras hinzu, zuletzt sitzen zehn junge Männer mit am Tisch. Isadora nennt sie »liebe Freunde« und bietet umgehend an, die Rechnung zu übernehmen. Hurok und seine Begleitung treten alsbald den Rückzug an und überlassen den Tisch Isadora und ihrer Gruppe. Am nächsten Morgen bekommt Hurok vom Hotel eine saftige Rechnung präsentiert – mit den besten Grüßen von Isadora Duncan und der freundlichen Bitte um Bezahlung.

Im Januar 1927 erscheint im *New Yorker* ein großes Porträt Isadoras von Janet Flanner: »Sie ist die letzte der drei großartigen weiblichen Persönlichkeiten, die unsere Zeit hervorgebracht hat. Zwei von ihnen, Duse und Bernhardt, liegen schon im Grab. Nur Isadora Duncan, die Jüngste, wandert noch immer über europäische Erde.«[721] Der Artikel ist eine Hymne auf die Tänzerin, die dazu nur trocken bemerkt, Flanner habe über sie geschrieben, als sei sie schon tot.

Im Frühjahr 1927 gibt sie ein rauschendes Fest in ihrer Pension in Nizza, bei dem sie sich nach einem Anfall von Eifersucht auf Alice Spicer, eine alte Freundin von Victor Seroff, ins Meer stürzt. Tropfnass fischen die Freunde sie heraus. Die Zeitungen haben eine neue Schlagzeile: »Isadora Duncan – Selbstmordversuch.« Sie selbst bestreitet dies vehement: »Die Gäste waren weg, nichts zu trinken im Haus; ich war allein und fühlte mich einsamer denn je. Keiner hatte mich nötig. Ich ging ins Wasser und hatte das Gefühl, dass mich jemand am Arm führte, der für alles verantwortlich war. Es war ein eigenartiges Gefühl, er hatte völlige Gewalt über mich. (...) Ich bin zu berühmt. Die Leute wollen immer sehen, was ich mache, und was auch immer ich tue, sie übertreiben es und publizieren es in den Zeitungen der ganzen Welt. Zu berühmt, das ist das Schreckliche.«[722] Das Unterstützungskomitee in Paris zeigt sich aufgeschreckt durch die Meldungen aus Nizza. Den Sponsoren ist Isadoras Lebensstil längst nicht mehr als künstlerische Freiheit zu verkaufen. Das Komitee stellt sämtliche Zahlungen an Isadora ein. Weil sie sich nun ihre Pension nicht mehr leisten kann, zieht Isadora erneut ins Negresco, wo man anscheinend eine Engelsgeduld mit der berühmten Tänzerin hat. Victor Seroff hingegen fährt nach Paris, um mit dem Unterstützungskomitee zu verhandeln und für weitere Zahlungen zu sorgen. Es dauert nicht lange, da präsentiert ihr das Hotel die stolze Rechnung von 9000 Franc. Isadora verpfändet dem Negresco daraufhin Ruth Mitchells Renault, den die Freundin freundlicherweise zu Isadoras Verfügung in der Hotelgarage gelassen hatte. Es bleibt sogar noch so viel Geld übrig, dass sie sich in einem gemieteten Automobil auf den Weg zurück nach Paris machen kann.

Hier beginnt sie nun endlich mit dem Schreiben ihrer Memoiren. Fast ein Jahr lang hatten sich die Vertragsverhandlungen hingezogen. Am Ende stellt ihr Literaturagent William Bradley einen Vorschuss von 2000 Dollar in Aussicht, ausgezahlt in Raten gegen die Abgabe von Manuskriptseiten. Bradley finanziert ihr auch ein modernes Studio-Apartment in der Rue Delambre in Montparnasse vor, wo sie von Februar bis August 1927 über ihren Erinnerungen sitzt. Das Schreiben fällt ihr schwer. Sie sucht Rat bei befreundeten Schriftstellern, die ihr raten, eine Stenotypistin zu engagieren und das Buch zu diktieren. Einzig das Kapitel, das den Tod ihrer Kinder behandelt, schreibt sie unter Tränen selbst. Es ist ihr unmöglich, darüber zu sprechen: »Ich liege auf meinem Bett und versuche, das zu analysieren, was man Erinnerungen nennt. Ich fühle die Sonnenhitze, höre Kinderstimmen aus einem nahegelegenen Park. (…) Mir wird bewusst, dass ich seit zwölf Jahren erschöpft bin, dass diese Brust einen niemals versiegenden Schmerz beherbergt, dass die Hände vor mir von Schmerz gezeichnet sind; sobald ich allein bin, sind meine Augen voller Tränen.«[723]

Isadoras Memoiren enden mit ihrer Abreise nach Russland. Den Vorschlag, sie zu erweitern und ein zweibändiges Werk daraus zu machen, lehnt der Verleger ab: »Der Herausgeber schickt mir ein paar Dollar, sobald ich ihm tausend Worte überlassen habe. Aber wie soll man unter solch schrecklichen Umständen schreiben? Wenn ich lese, was ich geschrieben habe, könnte ich heulen. So wie letzte Nacht. Natürlich könnte ich nie ein guter Schriftsteller sein, meine ganze Kunst liegt in meinem Tanz. Aber wenn ich Zeit hätte (...) könnte ich besser arbeiten. Vor Jahren war es mein Ehrgeiz, der Welt meine Lebensgeschichte zu erzählen. Jetzt, wo ich es tue, kann ich es nicht. Ich muss schreiben, was der Herausgeber wünscht, und zwar schnell, um ein paar Dollar zu bekommen, um meine Rechnungen zu bezahlen.«[724] Besonders verärgert ist sie über die Forderung nach mehr intimen Details aus ihrem Liebesleben: »Ja, ich habe 20 000 Wörter geschrieben – und ich bin noch Jungfrau.«[725]

Am 1. Mai 1927 kommt Mary Desti nach Paris. Vier Jahre sind seit ihrer letzten Begegnung mit Isadora vergangen. Finanziell geht es auch Mary nicht mehr so gut wie früher. In New York handelt sie nun mit von Künstlern gestalteten Seidenschals. Eines dieser Stücke, lang, rot, vom angesagten russischen Künstler Roman Chatov mit chinesischen Schriftzeichen und einem leuchtend gelben Kanarienvogel bemalt, hat sie Isadora als Geschenk mitgebracht. Das erste Wiedersehen birgt für Mary manche Schrecksekunde. »Als ich in ihr Zimmer hineinsah und überall verstreut Gläser, Zitronen und Flaschen sah, rutschte mir das Herz in die Hose ... Obwohl ich zu lächeln versuchte, schien sie meine Gedanken zu erraten. Mit einem Gesichtsausdruck, der an den gemarterten Christus erinnerte, sagte sie: ›Heute ist der 1. Mai, Mary.‹ Das war alles. Und mir fiel ein, dass der 1. Mai Patricks Geburtstag war.«[726]

Einen Monat später gibt es endlich auch ein Wiedersehen mit Irma. Deren Mutter war gestorben und sie hatte sich auf den Weg nach Hamburg gemacht, um zumindest das Grab zu besuchen, wenn sie schon nicht zur Beerdigung reisen durfte. In den letzten Monaten hatte es häufiger Verstimmungen zwischen Isadora und ihrer ehemaligen Schülerin gegeben. Irma war mit der Duncan-Schule auf Tournee gegangen: Wladiwostok und dann weiter nach Harbin in China. Isadora, die davon nichts wusste, reagierte empört und übersandte eine scharfe Protestnote in die UdSSR. Sie ist noch immer absolut dagegen, die Mädchen in kommerziellem Rahmen auftreten zu lassen. Dies sei nie und nimmer so mit ihr vereinbart gewesen. Es ist ihre Schule, schließlich plant sie offiziell noch immer, nach Moskau zurückzukehren. Wie schwierig es dort für Irma ist, ist Isadora offenkundig nicht bewusst. Erst vor kurzem hatte man Irma mitgeteilt, dass sich auch die Duncan-Schule von nun an ans allgemeine Curriculum halten müsse. Zudem fordert man sie auf, Mitglied der KPdSU zu werden. Noch hält Irma durch, doch ihre Distanz zur UdSSR wächst.

Mary versucht, Isadora in diesem Sommer zu erden und sie zu unterstützen, so gut es geht, wenn es sein muss auch mit Strenge: »Ihre Lebensumstände sind sehr schlecht – aber ich weigere mich, weiterhin nachsichtig mit ihr zu sein – sie versucht ja nicht einmal, ihre Ausgaben zu reduzieren – sie besteht darauf, nur in den besten Restaurants zu essen und die teuersten Weine zu trinken – sie findet, die Welt schulde ihr das – vermutlich hat sie recht – aber sollte sie hungrig sein, kann sie jederzeit hierherkommen und ich teile mit ihr, was ich habe.«[727] Die Freundin ist auch an ihrer Seite, als Isadora sich auf ihren letzten Auftritt vorbereitet. Seit drei Jahren ist sie nicht mehr in Paris aufgetreten. Nun hat das Unterstützungskomitee für den 8. Juli 1927 eine Matinee im Pariser Théâtre Mogador anberaumt. Viel Überredungskunst und Engagement von allen Seiten machen diesen Auftritt möglich. Noch einmal kommt ganz Paris zusammen, um Isadora tanzen zu sehen: Wagners *Tannhäuser* Ouvertüre, den Liebestod aus *Tristan und Isolde*, Schuberts *Ave Maria* und *Rédemption*. Diesmal hält sie am Ende der Vorstellung keine Rede. Die französische Dichterin Henriette Sauret erinnert sich:

»Arme große Isadora! … Nach dem Applaus und den Zugaberufen stand sie vor den blauen Vorhängen in einem Blumenmeer und zeigte mit einer graziösen Geste in Richtung des Dirigenten und des Orchesters, um sie als Teil ihres Triumphes zu würdigen. Danach gingen wir alle in ihre Garderobe, um sie zu beglückwünschen. Dort lag sie, ihre nackten Beine lugten aus ihrem schon halb geöffneten Kleid hervor und ihre schönen Arme stützten den müden Kopf. Sie sah bedrückt aus, ihr geschminkter Mund war still und ihre roten Locken, die sie wie eine antike Statue zu kleinen Löckchen gedreht hatte, fielen schwer auf ihre Schultern. Sie lag da und kümmerte sich nicht um die hauchzarten Kostüme, die sie während der Matinee getragen und dann unachtsam einfach auf den Diwan geworfen hatte. Wie eine besiegte Göttin lag sie auf diesem Durcheinander von zerdrückten Schleiern in Regenbogenfarben. Ich weiß nicht, warum, aber in diesem Moment, als sie trotz der Freude, die sie uns geschenkt hatte, so traurig aussah, musste ich an jenes Bild denken, das Elizabeth von England zeigt, die sterbend auf ihrem Teppich liegt, aufgebahrt auf dicken Kissen, umgeben von Höflingen und Hofdamen.«[728]

Auch Mercedes de Acosta ist angereist, um Isadoras letzten Triumph mitzuerleben. Ein paar Tage später bringt Isadora sie zum Schiff nach Le Havre. Dabei kommt es zu einer traurigen Szene, denn Isadora wünscht sich nichts sehnlicher, als mitzukommen: »Ich habe Heimweh. Ich will nach Hause. Bitte nimm mich mit. Verstecke mich hier in deiner Kabine, bis das Schiff auf See ist, und dann gehe ich zum Kapitän. Er ist Franzose und ein zivilisierter Mensch. Er wird es verstehen. Ich bin Amerikanerin. Ich bin Amerikanerin, und ich habe Heimweh.«[729] Doch Mercedes befürchtet zu Recht, dass die amerikanischen Einwanderungsbehörden Isadora ohne Papiere niemals ins Land lassen werden. Es bleibt beim Abschied. Später findet Mercedes auf dem Bett ihrer Kabine eine weiße und eine rote Rose vor, mit einer Nachricht von Isadora: »Das Weiß, das zum Himmel strebt, bist DU, Liebling, und Rot ist die Erde, ICH. Ich bete Dich an. Isadora.«[730]

In diesem Sommer positioniert sich Isadora noch einmal politisch in Richtung Freiheit, Solidarität und Sozialismus. Sie wird Teil der internationalen Kampagne für die Freilassung von Nicola Sacco und Bartolomeo Vanzetti, zweier amerikanischer Anarchisten. Am 15. April 1920 waren in South Braintree, Massachusetts, Wachmann und Zahlmeister einer Schuhfabrik überfallen und getötet worden. Die Räuber hatten knapp 16 000 Dollar Lohngelder erbeutet. Kurz darauf wurden der Fabrikarbeiter Nicola Sacco und der Fischverkäufer Bart Vanzetti festgenommen. Die beiden 1908 aus Italien eingewanderten Männer gehören der anarchistischen Bewegung an und hatten sich vor ihrer Einberufung in den Ersten Weltkrieg nach Mexiko geflüchtet. Nun werden sie wegen zweifachen Raubmordes vor Gericht gestellt. Der Prozess gegen die beiden gilt heute als Paradebeispiel einer politisch motivierten Klassenjustiz. Ein Richter, der Ausländer hasst, ein überehrgeiziger Staatsanwalt, der Geschworene manipuliert, Belastungszeugen, die sich widersprechen, Sachverständigengutachter, die vage bleiben, und Zeugen, die den Angeklagten ein hieb- und stichfestes Alibi geben. Das Verfahren ist alles andere als fair. Dennoch werden Sacco und Vanzetti am 14. Juli 1921 von den Geschworenen schuldig gesprochen. Damit beginnt ein jahrelanger Kampf um das Leben der beiden Männer, der weit über die USA hinausgeht. Das Komitee, das sich um die Wiederaufnahme des Falls bemüht, wird unter anderem von Albert Einstein, Thomas Mann und dem Papst unterstützt. Im November 1925 gesteht ein verurteilter Raubmörder das Verbrechen, doch die Justiz zeigt sich unbeeindruckt. Am 9. April 1927 fällt das Todesurteil gegen die beiden Männer.

Der letzte Akt im verzweifelten Kampf um deren Leben beginnt und Isadora nimmt daran teil. Am 11. August 1927 verfasst sie zusammen mit anderen Aktivisten in ihrem Studio in Paris eine Protestnote gegen die Hinrichtung von Sacco und Vanzetti. Sie marschiert höchstpersönlich zur amerikanischen Botschaft, um sie dem Botschafter zu überreichen. Vergebens. In der Nacht vom 23. auf den 24. August 1927 sterben Nicola Sacco und Bart Vanzetti auf dem elektrischen Stuhl. Isadora vernimmt die Nachricht regungslos und geschockt. Vierzig Jahre später werden die beiden Arbeiter vom demokratischen Gouverneur des Staates Massachusetts Michael Dukakis rehabilitiert.

Nachdem Literaturagent Bradley die Rechte an ihrem Buch für 4000 Pfund nach England verkauft, zahlt Isadora ihm das Geld für ihr Studio zurück und reist dann mit Mary und einer neuen Erkenntnis nach Nizza ab: »Am Ende habe ich gelernt und verstanden, dass Geld das Wichtigste auf der Welt ist. Wenn ich mein Leben noch einmal leben könnte, würde ich, anstatt es auszugeben, es zusammenraffen, behalten und verstecken.«[731]

Mit dem Geld für den Vorabduck ihrer Memoiren im *Londoner Sunday Chronical* kann sie die Schulden im Negresco begleichen und Ruths Auto auslösen. Dann ist das Geld aufgebraucht. Gleichwohl ziehen Mary und Isadora wieder im Negresco ein. Auch wenn es billigere Hotels an der französischen Riviera gibt, so steckt hinter Isadoras Hotelauswahl doch Methode: »Ich habe keine müde Mark. Deshalb wohne ich hier. Kein anderes Hotel hätte mir ein Zimmer gegeben. (…) Ich musste ganz einfach ins Negresco ziehen. Man kennt mich hier, denn ich habe hier früher sehr viel Geld ausgegeben. Wie ich diesmal meine Rechnung bezahlen soll, ist mir schleierhaft. Beim letzten Mal, als ich in so großer Not war, habe ich ein Jahr gebraucht, um meine Schulden abzuzahlen. Ich musste meine gesamte Habe verkaufen. Diesmal ist es weitaus schlimmer. Ich habe keine Ahnung, woher ich das Geld nehmen soll. Und ich muss weiter fleißig den Zimmerservice nutzen, damit es so aussieht, als müsste ich mir um Geld keine Gedanken machen.« [732]

Seroff, der den Frauen nachgereist ist, fährt nach wenigen Tagen zurück nach Paris, in der Hoffnung, eine neue Geldquelle aufzutun. Am 11. September 1927 schreibt ihm Isadora, dass sie ihn so sehr vermisse, dass sie die Möbel ihres Studios verkaufen werde, um an das Fahrgeld nach Paris zu kommen: »Denk an mich und spiele Skrjabin! Vielleicht wirst Du meinem Geist näher sein, wenn der Körper mit all seinem materiellen Unfug nicht mehr da ist. Es gibt nur wenige begeisternde Höhepunkt im Leben, der Rest ist Humbug … Ich küsse Dich mit der Zärtlichkeit meiner ganzen Liebe.«[733]

Da kommt Isadora zu Ohren, dass Paris Singer in sein Sommerhaus an die Côte d'Azur zurückgekehrt ist. Sie bittet Mary, ihn aufzusuchen und um Geld zu bitten. Mary ist das äußerst unangenehm, hat sie doch läuten hören, dass Singer in Florida viel Geld verloren hat und keineswegs mehr märchenhaft reich ist. Schließlich lässt sie sich aber doch überreden. Singer, der ihr Ansinnen zunächst mit einem Hinweis auf Isadoras Verschwendungssucht negativ beantwortet, erklärt sich nach einigem Hin und Her bereit, noch einmal zu helfen. Dass Isadora, die im Laufe ihrer Karriere eine Unsumme verdient hatte, nun nichts als Schulden hat, bekümmert ihn. Am 12. September 1927 sucht er sie im Hotel auf und verspricht, ihr abermals zur Seite zu stehen. Isadora ist gerührt. Sie kann jede Unterstützung brauchen, das Leben kostet sie alle Kraft, wie ein befreundetes Ehepaar erfährt, dessen kleiner Sohn Isadora in tiefste Verzweiflung stürzt: »Ich kann nicht leben in einer Welt voll schöner, blonder, blauäugiger Kinder. Ich kann nicht, ich kann nicht.«[734]

Sie versucht, sich abzulenken, und fasst einen neuen Liebhaber ins Auge. Beim Dinner mit Mary im Restaurant Tétu in

Port Juan fällt ihr ein junger Mann am Nebentisch auf, der für Mary zwar nichts als ein einfacher Autoverkäufer ist, von Isadora aber zum griechischen Gott erklärt wird. Es ist der spätere Formel-1-Rennfahrer Benoît Falchetto, der als Autoverkäufer in der Helvetia-Garage in Nizza arbeitet und in einem schicken Amilcar Grand Sport Cabrio herumfährt. Weil dieser Wagen einem Bugatti ähnelt, verpasst Isadora Falchetto den Spitznamen »Bugatti«. Sie gibt vor, ein Auto kaufen zu wollen, und bittet ihn, sie vor dem Negresco zu einer Probefahrt abzuholen. Am 14. September 1927 gegen 21:00 Uhr steigt sie für eine kleine Spritztour entlang der Promenade des Anglais vor dem Hotel zu Falchetto in den Wagen.

Mary hat ein ungutes Gefühl, beschwört sie, nicht mitzufahren. Doch Isadora lacht nur. Der Bitte, sich zumindest wärmer anzuziehen, verweigert sie sich ebenso wie Falchettos Angebot, sich seine Lederjacke um die Schultern zu legen. Stattdessen schlingt sie Marys Geschenk aus New York, den langen roten Schal, kunstvoll um ihren Hals. Sie ist voller Vorfreude auf eine schnelle Autofahrt und eine leidenschaftliche Liebesnacht. Übermütig ruft sie Mary die Worte zu, die als berühmte letzte Worte in die Geschichte eingehen: »Adieu, meine Freunde, ich fahre dem Ruhm entgegen.«[735] Falchetto startet den Motor und fährt los. Isadoras langer Schal flattert im Wind und Mary ruft hinterher: »Isadora, dein Schal, dein Schal!« Da stoppt der Wagen plötzlich. Mary läuft los. Schon von weitem hört sie Falchetto schreien: »Ich habe die Madonna umgebracht. Ich habe die Madonna umgebracht.«[736] Nach nur wenigen Metern hatte sich Isadoras langer Schal in den Speichen eines Hinterrades verfangen, sich mit einem Ruck an ihrem Hals zusammengezogen und ihr das Genick gebrochen. Das Requisit, das sie beim Tanzen am meisten liebte, hatte sie getötet.

Mary, nicht begreifend, dass es bereits zu spät ist, versucht verzweifelt, den Schal zu lösen, um Isadora Atemluft zu verschaffen. Dann hält sie einen Wagen an und bittet das darin sitzende Ehepaar, sie mit Isadora ins nächste Krankenhaus zu bringen. An ihren Sohn Preston schreibt sie später: »Keine Sekunde lang verlor ich den Kopf. Aus Angst, dass sie erstickt, rannte ich los und holte ein Messer. Ich versuchte, den Schal erst damit durchzuschneiden, dann mit einer Schere. All das nahm nur wenige Minuten in Anspruch. Dann half ich, sie in ein Auto zu heben, das angehalten hatte, und wir fuhren los, sie und ich ganz allein und das Paar, dem der Wagen gehörte. Ich hielt ihren armen Kopf und versuchte, sie wiederzubeleben, ohne zu begreifen, dass sie längst tot war.«[737] Im Krankenhaus angekommen bleibt den Ärzten nur zu sagen: »Madame, wir können nichts mehr für sie tun. Sie war sofort tot.«[738]

Isadoras Leichnam wird in ihrem Studio aufgebahrt. Mary breitet den purpurnen Samtmantel über die Tote, den Isadora bei *Rédemption* trug, und lässt alles mit Blumen ausschmücken. Dann informiert sie Isadoras Freunde und die Familie. Sie erhält Dutzende herzzerreißender Telegramme, unter anderem von Mercedes de Acosta: »Weiß, wie einsam Du bist. Leben ohne Isadora unvorstellbar«[739] und Cécile Sorel: »Bin erschüttert. Telegrafiere, wenn ich etwas tun kann.«[740] Raymond und Singer, der alle Kosten übernimmt, eilen an ihre Seite: »Ankomme mit dem Nachtzug, um Isadora nach Paris zu bringen. Erwarte meine Ankunft am Freitagmorgen um elf. Raymond.«[741] Auch Seroff kehrt nach Nizza zurück. In einem Eichensarg wird Isadoras Leiche per Eisenbahn nach Paris überstellt. Seroff, Raymond und Mary begleiten sie. Paris Singer sieht sich wie beim Tod seines Sohnes außerstande, an der Beerdigung teilzunehmen. Elizabeth reist aus Salzburg an, Augustin ist zu krank, um die weite Reise aus den USA anzutreten. Irma versucht alles, um rechtzeitig zur Beerdigung zu erscheinen, doch sie kommt drei Tage zu spät. Zunächst erhält sie keine Ausreisegenehmigung, dann streiken die Transportmittel und am Ende geht auch noch ihr Telegramm an Raymond, mit der Bitte, die Beerdigung aufzuschieben, verloren. In Paris wird Isadoras Sarg in Raymonds Studio aufgebahrt. Die Geschwister, engste Freunde und in Vertretung die Schule legen Blumen hinein, dann wird der Sarg geschlossen und mit der amerikanischen Flagge bedeckt. Isadoras Gesicht ist durch den Aufprall am Armaturenbrett zerschmettert worden, an eine offene Aufbahrung ist nicht zu denken. Am 19. September 1927 wird der Sarg auf einer blumengeschmückten Kutsche zum Friedhof Père Lachaise gezogen. Auf einem großen roten Gladiolenstrauß prangt ein Band mit der Aufschrift: »Russlands Herz trauert um Isadora«. Mary Desti hat ihn bestellt und bezahlt. Dem Trauerzug, angeführt von Raymond in griechischem Gewand und Sandalen und Elizabeth im schwarzen Kostüm, schließen sich unzählige Freunde und Verehrer an. Am Friedhof warten etwa 10 000 Menschen auf das Eintreffen des Sarges, darunter auch Mabel Dodge Luhan, die sich an jenen Tag vor 14 Jahren erinnert, als Patrick und Deirdre zu Grabe getragen worden waren: »Das war Isadoras Ende gewesen. Danach folgte nur noch Qual. (…) Obwohl sie alles versuchte, um noch mal glücklich zu sein, waren ihre besten Momente dann, wenn sie arbeitete und tanzte. Liebhaber und Wein – nichts konnte den Hunger und Durst in ihr stillen, sie begriff es einfach nicht. Jahr für Jahr war sie weniger bei Besinnung – und das mit einer ungebrochenen Vitalität und Kraft.«[742] In seiner Rede erinnert der Dichter Fernand Divoire die Anwesenden allerdings daran, wie Isadora sich nach dieser Tragödie nochmals erhoben hätte und »sobald sie ihren zerrütteten Körper, ihr Herz und ihre Seele wieder erheben konnte, den erhabenen Tanz der Wiedergeburt getanzt [habe], den Tanz des Leidens, des Kampfes, des Triumphes. Wo ist jetzt der Triumph? Wir fragen einander und bitten einander um Antwort. Doch nur in unserer eigenen Hoffnung, in unserem eigenen Glauben finden wir sie. (…) Denken Sie daran, in ebendiesem Augenblick haben in zwei Erdteilen Tausende, ja Hundertausende nur ein einziges Wort auf den Lippen: ›Isadora‹.«[743] Als der Sarg ins Krematorium einfährt, erklingt Bachs *Air*. Schließlich steigt Rauch aus dem Kamin auf, und alle wissen, es ist so, wie Isadora es sich immer gewünscht hatte: »Meine Seele wird diese Erde niemals verlassen, ohne die Klänge von Bachs *Air* zu vernehmen.«[744]

Isadora Duncans Asche wird an der Seite ihrer Kinder, unweit ihrer Mutter beigesetzt, und ihr alter Freund, der Schriftsteller John Dos Passos, zieht ein letztes Resümee: »Isadoras Leben raste in verzweifeltem Tempo dahin – im Geschnatter empörter Tratschmäuler, zwischen spöttischen Reportermienen, unter den Drohungen der Gerichtsvollzieher und den Ermahnungen der Hoteldirektoren, welche die längst fälligen Rechnungen präsentierten. Isadora trank zu viel, sie konnte ihre Finger nicht von jungen Männern lassen, sie färbte ihre Haare in verschiedenen hellroten Schattierungen, sie nahm sich nie die Mühe, ihr Gesicht ordentlich herzurichten, ging schlampig gekleidet, achtete nicht darauf, ihre Figur in Form zu halten, konnte nie mit Geld umgehen – aber ein großes Gesundheitsempfinden füllte den Saal, wenn die Dirnengestalt mit den schönen, erhabenen Armen langsam aus dem Hintergrund der Bühne nach vorne getrottet kam. Sie fürchtete sich vor nichts. Sie war eine große Tänzerin.«[745]

Man nennt mich Isadora.
Das bedeutet Tochter der Isis.
Isis ist die Göttin der Geburt.
Isis wird mich immer beschützen.

(Isadora Duncan)

Epilog: Eine Hommage an Isadora, die Liederliche

Die außergewöhnlichen Umstände ihres Todes machten Isadora Duncan endgültig zur Legende. Ihre posthum erschienenen Memoiren wurden ein Bestseller und sind neben den Lebenserinnerungen von Benjamin Franklin die bis heute meistgelesenen Memoiren in englischer Sprache. Dorothy Parker, die Isadoras Mutter als eine der Heldinnen in dieser Chronik ausmachte, fand das Buch bewegend, grandios und furchtbar schlecht geschrieben. Gleichwohl forderte sie ihre Leser im *New Yorker* unmissverständlich auf: »Bitte lesen Sie Isadora Duncans ›Mein Leben.‹ (…) Es ist die Geschichte einer großartigen Person.«[746] New Yorks spitzeste Zunge, die Isadora schon vor langer Zeit den Spitznamen »Duncan, die Liederliche« verpasst hatte, verneigte sich in ihrer drei Seiten langen Buchbesprechung tief vor der unglücklichen Göttin des Tanzes. Dass Isadora bei der Auswahl ihrer Liebhaber ein unglückliches Händchen bewies, sei wohl das Schicksal aller großen Frauen – Dorothy Parker eingeschlossen.

Der Verkaufserfolg der Biografie wurde zusätzlich noch dadurch befeuert, dass unmittelbar nach ihrem Erscheinen ein erbitterter Streit darüber ausbrach, wer Isadora die Feder geführt habe. Edward Gordon Craig behauptete bis ans Ende seines Lebens, dass Isadora niemals so über ihn geschrieben hätte. Da hatte er selbst längst seine unerschütterliche Liebe zur Tänzerin neu entdeckt. Noch 90-jährig ließ er sich Nacht für Nacht mit dem Taxi von seinem Wohnort in Saint-Paul-de-Vence nach Nizza zur Promenade des Anglais fahren – zu ebenjener Stelle, an der Isadora verstorben war: »Die Menschen bezeichneten sie als große Künstlerin – als griechische Göttin –, aber sie war nichts dergleichen. Sie war einzigartig.«[747]

Der Kult um die tote Tänzerin trieb alsbald absurde Blüten. So wurde der Unglückswagen bereits am 21. September 1927 für 65 000 Franc von einem Sammler ersteigert. Den roten Schal, der Isadora erdrosselt hatte, kaufte die Tochter eines amerikanischen Ananaspflanzers aus Honolulu für die stolze Summe von 50 000 Francs. Gleichwohl blieb Isadora Duncan in den USA noch lange eine Unperson. Dies änderte sich erst, als mit den Jahren immer mehr Bücher von Weggefährten erschienen und das Interesse nicht nur an ihrer Person, sondern auch an ihrer Kunst einfach nicht erlosch. Während sie in Europa noch lange als »Barfußtänzerin« verspottet wurde, begann in den USA eine umfangreichende Duncan-Forschung, die jedoch einen jähen Rückschlag erlitt, als ihr kompletter Nachlass 1999 in einer Privatwohnung in New York verbrannte. 1968 entstand der erste große Kinofilm über die Tänzerin mit der britischen Schauspielerin Vanessa Redgrave als Isadora Duncan. Unter der Regie von Karel Reisz ging der Film beim Filmfestival in Cannes ins Rennen um die Goldene Palme. Vanessa Redgrave wurde als beste Schauspielerin ausgezeichnet. Der Titel des für den Oscar nominierten Films lautete schlicht und einfach *Isadora.* Alle wussten, wer gemeint war. Isadora wurde eine der Vornamenfrauen, die nicht sehr zahlreich sind: Marlene, Marilyn und Madonna haben nur wenige Schwestern.

Einst hatte Isadora Duncan Sergej Jessenin scharf gerügt, als dieser ihr prophezeite, ihre Kunst würde mit ihrem Tod verschwinden. Sie sollte recht behalten, auch wenn die Tanzkritik sie zunächst als vorübergehendes Phänomen mit mäßiger Qualität einstufte. So schrieb der deutsche Tanzhistoriker John Schikowski, der dem modernen Ausdruckstanz durchaus offen gegenüberstand, in seiner *Geschichte des Tanzes*, sie habe zwar einen »ersten Anstoß zur Reform des Kunsttanzes gegeben«, aber: »Was die Duncan bot, waren starre ›lebende Bilder‹, zwischen denen tanzähnliche Bewegungen stattfanden. Kein Aufbau, kein Zusammenhang, kein Kunstwerk. Und nicht nur in der äußeren Form blieb sie von Vorbildern abhängig, sondern auch der innere Gehalt war nicht aus der eigenen Seele geschöpft. Musik von Chopin und Beethoven, Gemälde von Botticelli suchte sie zu Tänzen zu gestalten. Zu alldem kam, dass die Duncan selber eine nur sehr mittelmäßige Tänzerin war. Ihre technischen Hilfsmittel waren eng begrenzt und wenig kultiviert. Sie kam über eine gewisse süßliche Anmut nicht hinaus (...). Für starke und tiefe seelische Erregungen fehlte ihr der Ausdruck.«[748]

Zumindest eines aber machte ihr niemand streitig: Sie stand am Anfang des modernen Tanzes, sie war die Zäsur und wurde zur Wegbereiterin unzähliger Tänzerinnen und Choreografinnen. Sie veränderte nicht das klassische Ballett, aber sie sorgte dafür, dass sich die öffentliche Wahrnehmung veränderte und eine weitere Kunstform des Tanzes Anerkennung fand: Sie machte aus Tanz Kunst. Heute erinnern Choreografinnen und Choreografen, Tänzerinnen und Tänzer sowie Festivals auf der ganzen Welt an die große Tänzerin. Dies ist durchaus überraschend, gibt es doch bis auf eine unscharfe 20-sekündige Filmsequenz nur Fotografien, anhand derer man ihren Tanz rekonstruieren kann. Zwar trugen die Isadorables zunächst durch ihre Auftritte, später durch die Gründung eigener Schulen Isadoras Ideen weiter und auch die Elizabeth-Duncan-Schule bildete immer neue Generationen von Duncan-Pädagogen aus, doch Isadoras Tanz blieb einzigartig und unerreicht. So bedauerlich dies auch ist, es war Isadoras Wunsch, keine Dogmen und Lehrsätze aufzustellen, sondern Tänzer zu eigenen freien Bewegungen zu inspirieren. Vieles, was sie tat, ist bis heute unklar, doch Tanz war für sie viel zu individuell und subjektiv, als dass sie es zugelassen hätte, eine Lehrmethode daraus zu machen. Um zumindest das System von Übungen, das Isadora für ihre Schülerinnen entwickelt hatte, darzustellen, veröffentlichte Irma 1937 das Buch *The Technique of Isadora Duncan.* Es wurde zur Grundlage all derer, die heute nach Duncan unterrichten. Sie selbst aber wollte stets Tänzerinnen, keine Imitatorinnen. Aus diesem Grunde lehnte sie es konsequent ab, gefilmt zu werden. Die Fotos, die sie beim Tanzen zeigen, sind Standaufnahmen mit langer Belichtungszeit und geben nur wenig Hinweise auf ihre Bewegungsabläufe. Ergiebiger sind da die zahlreichen von Antoine Bourdelle oder Edward Gordon Craig angefertigten Skizzen, die versuchen, ihren Ausdruckscharakter als Tänzerin wiederzugeben. Dass ihre Einzigartigkeit und Unreproduzierbarkeit sie zu einem Mythos machen würden, war Isadora Duncan nebenbei bemerkt durchaus bewusst. Sie genoss ihren Legendenstatus schon zu Lebzeiten und tat einiges dafür, dass die Legende sie überlebte.

Obwohl nur wenige sie je tanzen gesehen haben, beeinflusste Isadora Duncan Millionen Menschen auf der ganzen Welt. Denn der moderne Tanz, den sie kreierte, war auch ein Befreiungsschlag einer Frau aus männlicher Dominanz. Und so ist es kein Wunder, dass gerade im Zuge der modernen Frauenbewegung der 1970er Jahre in den USA ein wahrer Duncan-Tanzboom ausbrach, der auch nach Europa überschwappte. Überall gründeten sich Ensembles, die im Stil der verehrten Pionierin tanzten. Der freie Tanz stellte eine Form der Emanzipation von männlichen Choreografen, Librettisten und Tanzpädagogen dar. Isadora Duncan war ihre eigene Choreografin und ihre eigene Tanzlehrerin. Während das klassische Ballett auch körperlich das junge Mädchen feierte, tanzte sie kraftvoll noch als reife Frau mit dem Körper einer dreifachen Mutter und brachte ein völlig neues Weiblichkeitsbild auf die Bühne.

Isadora Duncan öffnete den Tanz für alle Menschen, denn für sie konnten jede und jeder ein Tänzer sein. Ihr Traum »Ich sehe Amerika tanzen« hat sich längst erfüllt. Seit der zweiten Hälfte des 20. Jahrhunderts wird in Kindergärten, Highschools, Universitäten und in Gemeindehallen getanzt. Freier Tanz steht heute auf dem Stundenplan jeder amerikanischen Schule. Dass damit zweifellos auch ein gewisser Dilettantismus einhergeht, hätte Isadora in Kauf genommen. Denn Tanz war für sie nicht nur Kunst, sondern eine Lebensanleitung, die allen Menschen zugutekommen sollte. Nie wurde sie müde zu betonen, wie wichtig es für die gesunde Entwicklung eines Kindes sei, in der Natur frei zu laufen, zu hüpfen und zu springen. Für Isadora war die freie ungezwungene Bewegung eine wichtige Voraussetzung für einen freien kritischen Geist. Und so ist sie auch mitverantwortlich dafür, dass Kinder heute in Kitas und Vorschulen barfuß durch den Garten toben und nicht still an Tischen sitzen müssen. August Rodin sagte zu Recht: »Sie hat das Leben mit einem Gefühl und einer visionären Schau abgeformt, die weit über diese Generation hinaus wirken werden. Es wird noch hundert Jahre dauern, bis man sie versteht.«[749]

In jeder freien Bewegung lag für Isadora Duncan Schönheit. Und diese Schönheit, die einmal mehr vor allem die Frau im Blick hatte, war viel umfassender, als man zunächst vermuten möchte. Isadora feierte den weiblichen Körper in all seinen Facetten, galt sie doch selbst nicht als klassische Schönheit. Zeitgenossen waren oftmals enttäuscht, wenn sie ihr begegneten. Doch wenn sie tanzte, sich bewegte, dann ging ein ungeheurer Zauber von ihr aus, dem auch das Alter nichts anhaben konnte. Dennoch wurde sie in ihren letzten Jahren scharf dafür kritisiert, sich noch immer so ungezwungen in der Öffentlichkeit zu zeigen. Der Berliner Kritiker Fred Hildenbrandt schrieb nach einem ihrer letzten Auftritte: »Über ihren Tanz war nicht viel zu sagen. Längst hatten ihre Schülerinnen die Meisterin überflügelt. Außerdem war sie eine ziemlich umfangreiche, ältere Dame geworden. Und es war meine Überzeugung, dass man als Tänzerin in sehr leichten Gewändern von einem gewissen Alter und einem gewissen Umfang ab nicht mehr gegen Eintrittsgeld in der Öffentlichkeit auftreten dürfe.«[750] Als Hildenbrandt dies schrieb, war Isadora Mitte vierzig und ermunterte Frauen dazu, ihren Körper besser kennenzulernen, um ein besseres Bewusstsein für sich und die eigenen Bedürfnisse zu entwickeln: »Jungen Mädchen (...) wird nicht gelehrt, sich mit ihrem Körper und dessen Entwicklung auseinanderzusetzen. Es wird ihnen nur gesagt, dass es unanständig sei, ihre aufblühenden Brüste zu zeigen. (...) Nein, jungen Mädchen wird nicht beigebracht, sich mit ihrem eigenen Körper zu beschäftigen, sondern nur mit den Korsetts und Petticoats berühmter Designer – und was dann dabei herauskommt, wird mitnichten als unanständig bewertet, sondern von den meisten Frauen auch noch als schön empfunden.«[751] Sie wandte sich energisch gegen jedwede Form von *body-shaming*. Der nackte Körper sei immer schön, denn Nacktheit sei natürlich, und alles, was natürlich war, konnte in ihren Augen niemals hässlich sein. Schönheit war für Isadora kein Zustand, sondern eine Idee: »Für die meisten bedeutet Schönheit etwas Süßes, Liebliches. Für einen Künstler aber hat Schönheit eine viel komplexere Bedeutung. Schönheit ist für ihn immer Ausdruck. Rodins Balzac-Denkmal ist nach alltäglichen Standards hässlich. Aber wir Künstler wissen, dass es aufgrund seines allumfassenden Ausdrucks der Inbegriff von Schönheit ist.«[752]

Isadoras Überlegungen zu Tanz und Bewegung waren stets von politischen Ideen getragen. Für sie waren Tanz und Bewegung eine universelle Sprache, die auf der ganzen Welt verstanden wurde: »Ich habe den Traum, alle Kinder dieser Welt zu vereinen. Ich will, dass Kinder aller Länder sich vereinen. Ich werde sie die eine gemeinsame Verständigungsmöglichkeit lehren, die eine Sprache – Schönheit. In der Schönheit werden sie die Liebe, die Wahrheit und die Kameradschaft erblicken. Ich werde sie tanzen lehren, nicht nur mit ihren Körpern, sondern mit ganzem Herzen und ganzer Seele. Über alle Grenzen hinweg werden sich Kinder aller Länder bei den Händen fassen und gemeinsam einen großen und glorreichen internationalen Tanz der Freude, des Friedens und der Brüderlichkeit tanzen. Der Geist der Kinder wird den Krieg abschaffen. Ich träume von einem Ideenaustausch der Kinder auf der ganzen Welt. Wenn man die Kinder in fremde Länder schickt und ihnen die Sprache und Sitten anderer beibringt, werden sie lernen, Universalisten zu werden, statt Nationalisten, so dass sie niemals Krieg führen wollen.«[753] Internationalismus war ihr großes Credo, und so lehnte sie es auch ab, ihre Kunst als griechisch zu klassifizieren: »Es wäre falsch, meine Kunst als griechisch zu bezeichnen. (...) In meinen Augen ist sie viel universeller. (...) Dort, wo die griechische Kunst in einem beengten Sinne national ist, ist sie nicht die meine. Mein Ziel ist es, in der Sprache der Menschlichkeit zu sprechen, nicht im Dialekt eines Volkes.«[754] Kein Wunder, dass sie vor allem bei linken Intellektuellen mit ihrem Traum von der Schule des Tanzes großen Anklang fand: »Durch diese befreiten Körper fließt die Melodie der ganzen Welt, die Freude aller Altersgruppen. Sie bringen Hoffnung auf die Zukunft –

für alle Menschen.«[755] Für Isadora war ihr Tanz Träger revolutionärer und emanzipatorischer Gedanken. Vielen galt sie deshalb als naiv, was bis zu einem gewissen Grad wohl auch die Voraussetzung für so viel Optimismus und Enthusiasmus ist. Dass sie bei ihren Auftritten politische Ereignisse wie den Ersten Weltkrieg oder die Oktoberrevolution thematisierte, war ein absolutes Novum. Der deutsche Ausdruckstanz tat dies erst in den 1920er Jahren. Mit zunehmendem Alter wurde Isadora immer politischer: Sie weigerte sich, gegen Eintritt zu tanzen und Geld fürs Unterrichten zu nehmen. Stattdessen forderte sie Chancengerechtigkeit und soziale Teilhabe für alle, und forderte Frauen auf, ihr Leben selbst in die Hand zu nehmen. Dabei riss sie nicht nur mit, sondern überforderte auch – Freund und Feind. Helene von Nostitz schrieb in ihrem Nachruf für das *Berliner Tageblatt:* »Ihr Leben war ein fortwährendes Wagnis. (…) Die Furcht war ihr fremd. Sie kannte keine Gesetze. Es war, als wenn sie am ersten Tag der Schöpfung allein vor der Welt gestanden hätte, ohne Bindung, in dionysischen Freuden weiterschwingend, jeden mitreißend, der ihren Rhythmus verstand. (…) eine Vorkämpferin, eine Bahnbrecherin.«[756]

Und als solche konnte sie sich keine Schwäche erlauben, stand immer mit dem Rücken zur Wand. In allem, was sie tat, glich sie dabei mehr einer modernen Frau des 21. Jahrhunderts als einer Dame der Jahrhundertwende. Immer stand sie auf Kriegsfuß mit dem Sittenkodex ihrer Zeit. Ob der Wunsch nach materieller Selbstständigkeit, der freien Partnerwahl, des öffentlichen Auftrittes und der öffentlichen Meinungsäußerung – alles, was sie anstellte, galt als unmoralisch und unschicklich. Da sind wir heute ein klein wenig weiter. Isadoras Probleme als berufstätige alleinerziehende Mutter mit und ohne Mann sind aber auch uns nicht fremd: die Interessenskonflikte, in denen sie steckte, die Sehnsucht nach den Kindern, die Schwierigkeiten, sie in ihrer

Abwesenheit adäquat betreuen zu lassen. Die Notwendigkeit, aber auch der Wunsch, erwerbstätig zu sein, sich zu verwirklichen als Frau, Künstlerin und Mensch stellte sie wie uns vor täglich neue Herausforderungen. Und auch Altersdiskriminierung haben wir keineswegs überwunden. Selbst wenn es moralisch nicht mehr als verwerflich gilt, werden ältere Frauen mit jüngeren Männern an ihrer Seite noch immer scheel beäugt, und eine öffentliche Meinung, was Frauen ab einem gewissen Alter zu tun und zu lassen haben, gibt es nach wie vor. Das Anrennen gegen Konventionen legt heute wie damals die Verlogenheit der Gesellschaft bloß.

Isadora Duncan nahm sich das Recht auf Glück. Sie ging ihren eigenen Weg und bestand auf das Recht zur Rebellion. Janet Flanner nannte sie eine praktische Idealistin: »Sie hat bestimmte Ideale von Kunst, Mutterschaft und politischer Freiheit, die die Leute lieber als Theorien auf dem Papier lesen, einfach in die Tat umgesetzt.«[757]

Isadora selbst sagte hierzu nur: »Ich habe es tapfer zu Ende gebracht, auch wenn ich bereits die Stimmen der sogenannten ›anständigen‹ Frauen hören kann, die zetern: ›Was für eine schamlose Geschichte!‹ oder ›Ihr ganzes Unglück ist nur die Quittung für ihre Sünden.‹ Doch ich bin überhaupt nicht der Ansicht, dass ich gesündigt habe.«[758]

Vive la Isadora!

Anmerkungen

1 Isadora Duncan, in: Victor Seroff: *The Real Isadora*, New York 1971, S. 288
2 Mary Fanton Roberts: »Isadora The Dancer« Sommer 1925, S. 9 Mary Fanton Roberts Papers 1880–1956 Series 8: Writings, 1915–1926 Box 4, Archives of American Art, Smithsonian Institution
3 Allan Ross Macdougall: Isadora – Revolutionary in Art and Love, New York 1960, S. 7
4 Floyd Dell: Women As World Builders, Chicago 1913, S. 25
5 John Butler Yeats an W. B. Yeats 11. November 1908 aus New York in: Letters to His Son. W. B. Yeats and Others (1869–1922) hrsg. v. Joseph Hone, London 1944, S. 115 f.
6 Isadora Duncan: I've only danced my life, Berlin 2016, S. 75 f.
7 Frederick Jackson Turner: Die Bedeutung der Frontier in der amerikanischen Geschichte, in: ders: Demokratisches Selbstverständnis und der Westen, Ditzingen 2019, S. 8
8 Frederick Jackson Turner: The West and American Ideals (1914), in: ders.: The Frontier in American History, New York 1920, S. 293
9 Frederick Jackson Turner: Beiträge des Westens zur amerikanischen Demokratie, in: ders.: Demokratisches Selbstverständnis, S. 78.
10 Frederick Jackson Turner: Die Bedeutung der Frontier, in: ders.: Demokratisches Selbstverständnis, S. 50 f.
11 John Dos Passos: USA Trilogie. Die Hochfinanz, Reinbek bei Hamburg 1996, S. 169
12 Friedrich Nietzsche: Die Geburt der Tragödie, Hamburg 2017, S. 24 f.
13 Janet Flanner: Isadora, *The New Yorker* 1. Januar 1927
14 Max Niehaus: Isadora Duncan, München 1988, S. 123
15 Isadora Duncan: I've only danced, S. 227
16 *Cincinnati Commercial*, 29. August 1908
17 Irma Duncan/Allan Ross Macdougall: Isadora Duncan's Russian Days and Her Last Years in France, New York, 1929, S. 184
18 Isadora, in: Mercedes de Acosta: Hier liegt das Herz. Die Geschichte meines Lebens, Göttingen 1996, S. 211

19 Mercedes de Acosta, S. 212
20 Paul Hertelendy: Isadora's Childhood. Clearing Away the Clouds, *Dance Magazine,* Juli 1977, S. 48
21 Isadora Duncan: Memoiren, Frankfurt a. M. 1988, S. 11
22 Stefan Zweig: Sternstunden der Menschheit: Die Entdeckung Eldorados, Frankfurt a. M. 2018, S. 139 f.
23 Mark Twain: Durch Dick und Dünn, München 1982, S. 355
24 Raymond Duncan im Interview mit der *New York Herald Tribune,* 21. April 1948
25 John Dos Passos: Hochfinanz, S. 166
26 Theodor Kirchhoff: Norton der I. Kaiser der Vereinigten Staaten. *Die Gartenlaube,* Heft 32, Leipzig 1869, S. 512
27 *San Francisco Chronicle*, 9. Januar 1880
28 William Drury: Norton I, Emperor of the United States. Dodd, New York 1986
29 The Golden Gate Bridge: Vision, Genius and Expert Care: Plakette an der Golden Gate Bridge in San Francisco
30 Isadora Duncan: I've only danced, S. 291
31 Isadora Duncan: Memoiren, S. 11
32 Harold Kirker: Eldorado Gothic: Gold Rush Architects and Architecture, California Historical Society Quarterly Vol. 38, No. 1 März 1959, S. 31–46
33 *San Francisco Chronicle,* 11. Oktober 1877
34 Frederika Blair: Isadora. Portrait of the Artist as a Woman, Wellingborough 1986, S. 4
35 Ebenda, S. 5
36 Peter Kurth: Isadora. A Sensational Life, Boston 2001, S. 11
37 Isadora Duncan: I've only danced, S. 14
38 Isadora Duncan: I've only danced, S. 14
39 Gertrude Stein: Orta or One Dancing, in: Gertrude Stein: Stein Reader hrsg. v. Ulla E. Dydo, Evanston 1993, S. 120–136
40 Isadora Duncan: Continually Surrounded by Flames (1924), in: Isadora Speaks. Writing and Speeches, hrsg. v. Franklin Rosemont, Chicago 1994, S. 26
41 Isadora Duncan: I was Born in America, (1924), in: Isadora Speaks, S. 23 f.
42 Isadora Duncan: Memoiren, S. 18
43 Isadora Duncan: Continually Surrounded by Flames (1924), in: Isadora Speaks, S. 28
44 Isadora Duncan: Memoiren, S. 17
45 Walt Whitman: Gesang von mir selbst, Leipzig Wien 1920, S. 19

46 Isadora Duncan: I was Born in America (1924), in: Isadora Speaks, S. 24
47 Isadora Duncan: »The Dance and Nature«, in: Francis Steegmuller: (Hrsg.) »Your Isadora«: The Love Story of Isadora Duncan and Gordon Craig Told through Letters and Diaries Never Before Published, New York 1974, S. 91
48 Florence Treadwell, in: Millicent Dillon: After Egypt. Isadora Duncan and Mary Cassatti, New York 1990, S. 162
49 Isadora Duncan: I've only danced, S 22.
50 Mabel Dodge Luhan: Movers and Shakers, Albuquerque 1963, S. 332
51 Dos Passos: Hochfinanz, S. 165
52 Intimate with Walt: Selections from Whitman's Conversations with Horace Traubel, hrsg. v. Gary Schmidgall Iowa 2001, S. 81
53 Isadora Duncan: Memoiren, S. 13
54 Isadora Duncan: I've only danced, S. 13
55 Isadora Duncan: Memoiren, S. 21
56 Jack London: Brief an Ina Coolbrith https://web.archive.org/web/20091024140039/http://www.jacklondons.net/inacoolbrith.html
57 Samuel Dickson, in: Aleta George: Ina Coolbrith, San Francisco 2015, S. 101 f.
58 Isadora Duncan: I've only danced, S. 22
59 Ebenda, S. 15
60 Kurth, S. 13
61 Isadora Duncan: Memoiren, S. 16
62 Ebenda, S. 17
63 Isadora Duncan: Leserbrief an die New *York Evening Sun* zitiert in: Mary Fanton Roberts: The Modern School, Mary Fanton Roberts Papers 1880–1956 Series 9: Printed Material undated, Box 4 Folder 17, Archives of American Art, Smithsonian Institution
64 Isadora Duncan: Memoiren, S. 14 f.
65 Konstantin Stanislawski: Mein Leben in der Kunst, Berlin 1987, S. 404
66 Shelley Rideout: Berkeley Bohemien, Layton 2008, S. 94
67 Florence Treadwell and Berkeley: Oral History Transcript and Related Material 1973–1978, Interview von Suzanne B. Riess mit Judd Boynton, Bancroft Library, Regional Oral History Office, University of California Berkeley
68 Isadora Duncan: I've only danced, S. 21
69 Isadora Duncan Interview *The Director,* März 1898
70 Isadora Duncan: The Art of Dance (1928), in: Jochen Schmidt: »Ich sehe Amerika tanzen«. Isadora Duncan, München 2001, S. 33
71 Isadora Duncan: »I see America Dancing«, in: Maureen Needham: I see America Dancing. Selected Readings 1685–2000, Chicago 2002, S. 199
72 Ebenda

73 Hertelendy: Isadora's Childhood, *Dance Magazine,* Juli 1977, S. 50
74 Isadora Duncan: Der Tanz der Zukunft. Eine Vorlesung, S. 36
75 Isadora Duncan: I've only danced, S. 16
76 Ebenda, S. 20
77 Isadora Duncan Notebook 11. Mai 1902, Irma Duncan Collection of Isadora Duncan Materials, 1914–1934 II. Manuscripts C Notebooks f 141, MGZMC-Res. 23 Jerome Robbins Dance Division, The New York Public Library for the Performing Arts
78 Isadora Duncan: Memoiren, S. 22
79 Isadora Duncan an Paul Kennaday 12. Mai 1925, Irma Duncan Collection of Isadora Duncan Materials, 1914–1934 II. Manuscripts A, Duncan, Isadora. Autobiographical writings f 125, MGZMC- Res. 23 Jerome Robbins Dance Division, The New York Public Library for the Performing Arts
80 Ebenda
81 Isadora Duncan: Memoiren, S. 23
82 Ebenda
83 Isadora Duncan: My Life, New York 2013, S. 18
84 Isadora Duncan: Memoiren, S. 24
85 Harry Graf Kessler: Gesichter und Zeiten. Erinnerungen, Frankfurt a. M. 1988, S. 272
86 Isadora Duncan: I've only danced, S. 29
87 Isadora Duncan: My Life, S. 23
88 Isadora Duncan: Memoiren, S. 28
89 Ebenda, S. 30
90 *New York Times,* 19. November 1895
91 Isadora Duncan: Memoiren, S. 29 f.
92 George Bernard Shaw: A Midsummer Night's Dream, *The Saturday Review,* 13. Juli 1895, in: Shaw on Shakespeare, London 1961, S. 130
93 Programmheft Much Ado About Nothing 28./29. Mai 1897, Chicago Public Library Special Collections and Preservation Division, Chicago Theater Collection-Historic Programms
94 Albert Parry: Garrets and Pretenders: A History of Bohemianism in America New York 2005, S. 183
95 Margaret Lloyd: »Fifty Years of ›La Boheme‹ – The Stage and Art – Brother of a Legend: Augustin Duncan Recalls Earlier Days of Isadora«, *Christian Science Monitor,* 16. Februar 1946
96 Schmidt, S. 34
97 Isadora Duncan: I've only danced, S. 34
98 Ebenda, S. 39

99 *The Director,* Oktober/November 1898
100 *The New York Post,* 1898, in: Kurth, S. 47
101 Isadora Duncan: Fragments and Thoughts, in: The Art of Dance, S. 129
102 »Low Cut Gowns and High Morals, Suffrage and Sex.« *The Courier,* Harrisburg, Pennsylvania 11. Mai 1913
103 Isadora Duncan: Memoiren, S. 34
104 Vanderbilt II, Arthur T.: Fortune's Children. The Fall of the House of Vanderbilt, New York 1989, S. 239
105 Isadora Duncan: I've only danced, S. 40 f.
106 Edith Wharton: A Backward Glance, An Autobiography, New York 1964, S. 320 f.
107 *Town Topics,* 15. September 1898, in: Walter Terry: Isadora Duncan. Her Life, Her Art, Her Legacy, New York 1963, S. 121
108 Isadora Duncan: I've only danced, S. 41
109 Ebenda
110 *Broadway Magazine,* Juni 1899, in: Blair, S. 30 f.
111 *New York Herald,* 18. März 1899
112 Isadora Duncan: I've only danced, S. 38
113 »A southful function«, Zeitungsbericht vom 19. April 1899, in: Macdougall: Isadora Revolutionary, S. 46
114 Isadora Duncan: I've only danced, S. 44
115 Ebenda, S. 44 f.
116 Ebenda, S. 45
117 Ebenda, S. 46 f.
118 Ebenda, S. 48
119 Ebenda, S. 48 f.
120 Ebenda, S. 49
121 Ebenda
122 Ebenda, S. 52
123 Ebenda
124 Ebenda, S. 53 f.
125 Ebenda, S. 54
126 Jerome Kilty: Geliebter Lügner, Spectaculum 77: Moderne Theaterstücke, Frankfurt a. M. 2006, S. 25
127 Karl Federn: Einleitung zu: Isadora Duncan: Der Tanz der Zukunft, Leipzig 1903, S. 8
128 John Fuller-Maitland: A Door-keeper of Music. London 1929, S. 202/203
129 Al Dawson: Sometimes Sins Yield Dividends: Who was Ainslie? *Michigana* Volume 58 Nr. 4, Oktober/Dezember 2012, S. 143–148

130 Isadora Duncan: I've only danced, S. 61
131 Ebenda, S. 62
132 Ebenda, S. 64 f.
133 *New York World* 16. Dezember 1900
134 Isadora Duncan: I've only danced, S. 75
135 Ebenda, S. 67
136 Alfred Kerr: Die Welt im Drama. Gesammelte Schriften. Erste Reihe in 5 Bänden, Berlin 1917, S. 406
137 Oscar Wildes letzte Worte am 30. November 1900 im Hotel d'Alsace https://www.spiegel.de/fotostrecke/weise-worte-scheitern-fuer-fortgeschrittene-fotostrecke-72965-6.html
138 Isadora Duncan: My Life, Original, S. 59
139 Sabine Fringes: Winarretta Singer-Polignac. Kunstmäzenin mit Geld und Sachverstand, Deutschlandfunk, 08. Januar 2015
140 Richard Hollis: Ghostly realist, *The Guardian*, 26. August 2006
141 Isadora Duncan: I've only danced, S. 69 f.
142 Isadora Duncan: My Life, Original S. XIX
143 Isadora Duncan: I've only danced, S. 71
144 Isadora Duncan im Gespräch mit Hans Bahr in Wien 1902, in: Max Niehaus: Isadora Duncan. Triumph und Tragik einer legendären Tänzerin, München 1981, S. 36 f.
145 Isadora Duncan: I've only danced, S. 75
146 Blair, S. 44
147 Princess Der Ling: Lotus Petals, New York 1930, S. 240 f.
148 Isadora Duncan Notebook 1900–1903, Irma Duncan Collection of Isadora Duncan Materials, 1914–1934 II. Manuscripts C Notebooks f 141, MGZMC-Res. 23 Jerome Robbins Dance Division, The New York Public Library for the Performing Arts
149 »Poetry Rather than Millions«, *New England Magazine*, Boston, 23. Juni 1901
150 Mary Desti: The Life of Isadora Duncan 1921–1927. The Untold Story, New York 1929, S. 25
151 Pamela Hutchinson: »Truth is funnier than anything«. The life of Preston Sturges told by his son, *The Guardian*, 18. September 2019
152 Princess Der Ling: Lotus Petal, S. 249 f.
153 Isadora Duncan: I've only danced, S. 81
154 Ebenda, S. 83 f.
155 *L'Illustration*, 30. Januar 1896.
156 Kurth, S. 86
157 Isadora Duncan: I've only danced, S. 85

158 Ebenda, S. 86
159 Ebenda, S. 89 f.
160 Ebenda, S. 90
161 Loïe Fuller: Fifteen Years of a Dancer's Life, Boston 1913, S. 228
162 Ebenda, S. 228
163 Ebenda, S. 230
164 Ebenda, S. 231
165 Isadora Duncan Notebook 20. April 1902, Irma Duncan Collection of Isadora Duncan Materials, 1914–1934 II. Manuscripts C Notebooks f 141, MGZMC- Res. 23 Jerome Robbins Dance Division, The New York Public Library for the Performing Arts
166 Julius Pekar in *Pesti Napló,* 20. April 1902, in: Blair S. 58
167 Isadora Duncan: I've only danced, S. 92
168 Oszkár Beregi: Isadora, *The Hungarian Quarterly,* Volume 40, 1999, S. 41
169 Isadora Duncan: I've only danced, S. 94
170 Beregi: Isadora, *The Hungarian Quarterly,* Volume 40, 1999, S. 50
171 Isadora Duncan: I've only danced, S. 96
172 Beregi: Isadora: *Hungarian Quarterly,* Volume 40, 1999, S. 52
173 Ebenda
174 Beregi: Isadora: *Hungarian Quarterly,* Volume 40, 1999, S. 53
175 Ebenda
176 Isadora Duncan: I've only danced, S. 99
177 *Münchner Neueste Nachrichten,* 21. November 1902
178 Isadora Duncan: I've only danced, S. 103
179 Ebenda, S. 105
180 Wolfgang Bode: Isadora in München, in: Wolfgang Bode (Hrsg.): Bewegung und Rhythmus, Schorndorf 2002, S. 43
181 Isadora Duncan: I've only danced, S. 106
182 Ebenda, S. 108
183 Karl Federn: Einleitung zu Isadora Duncan: Der Tanz der Zukunft. Eine Vorlesung, Leipzig 1903, S. 7
184 Ebenda, S. 9 f.
185 Isadora Duncan: Kann die tanzende Mänade tanzen, Leserbrief an die *Berliner Morgenpost*, in Irma Duncan: Duncan Dancer S. 24 f.
186 Isadora Duncan: Der Tanz der Zukunft, S. 28 f.
187 Ebenda, S. 29
188 Ebenda, S. 36
189 Ebenda, S. 30
190 Ebenda, S. 33–37

191 Ebenda, S. 29 f.
192 Ebenda, S. 40
193 Ebenda, S. 45
194 Ebenda, S. 44
195 Ebenda, S. 45 f.
196 Louisa Young: A Great Task of Happiness. The Life of Kathleen Scott, London 1995, S. 40
197 Ebenda, S. 41
198 Blair, S. 56
199 Isadora Duncan: Meine Lehrmeister, Zeitschriftenartikel in einer deutschen Zeitschrift 1904
200 Isadora Duncan: I've only danced, S. 111
201 Raymond Duncan im Interview mit Orson Wells, in: Around the World with Orson Wells: Paris Saint-Germain-des Prés 1955
202 Isadora Duncan: I've only danced, S. 111
203 Ebenda, S. 111 f.
204 Ebenda, S. 113
205 Ebenda, S. 114
206 Ebenda, S. 114 f.
207 Isadora Duncan im Interview mit der *New York World*, 3. November 1903
208 Isadora Duncan: I've only danced, S. 118
209 Lord Byron: Childe Harolds Pilgerfahrt, Zweiter Gesang, in: George Gordon Lord Byron: Sämtliche Werke, Band I, München 1977, S. 69
210 Kathleen Bruce Young Kennet: Self-Portrait of an Artist. From the Diaries and Memoirs of Lady Kennet, London 1949, S. 72–75
211 Isadora Duncan: I've only danced, S. 119
212 Ebenda, S. 120
213 Ebenda, S. 123
214 Ebenda, S. 124
215 Isadora Duncan: The Parthenon, in: Isadora Duncan: The Art of Dance, hrsg. v. Sheldon Cheney, New York 1928, S. 64 f.
216 Isadora Duncan: I've only danced, S. 125
217 Hermann Bahr Rezension zum Auftritt Isadora Duncans im Hotel Bristol 13. Februar 1902, in: Hermann Bahr: Mittler der europäischen Moderne, Linz 1998, S. 83
218 Ed. Klam: Bei Miss Isadora Duncan. In: *Münchner Neueste Nachrichten,* 14. Januar 1904
219 Isadora Duncan: I've only danced, S. 128
220 Ebenda, S. 127

221 Ebenda

222 Ebenda, S. 127 f.

223 Ebenda, S. 128

224 Schmidt, S. 109

225 »Beethoven und Isadora«, *Jugend* Nr. 13, 16. März 1904, S. 257

226 Desti, S. 35

227 Isadora Duncan: I've only danced, S. 130

228 https://www.br-klassik.de/themen/oper/tannhaeuser-oper-von-richard-wagner-drei-fassungen-historie-100.html

229 Isadora Duncan: I've only danced, S. 131

230 Ebenda, S. 138

231 Ebenda, S. 137

232 Ebenda, S. 132

233 Ebenda, S. 133 f.

234 Preston Struges: Preston Sturges. His Life and His Words, New York 1990, S. 32

235 Isadora Duncan: I've only danced, S. 135

236 Isadora Duncan et al. an Ernst Haeckel aus Berlin, 16. Februar 1904, Ernst Haeckel Archiv Jena A 9535

237 Isadora Duncan an Ernst Haeckel aus Bayreuth, 6. Juli 1904, Ernst Haeckel Archiv Jena A 3972

238 Ernst Haeckel an Isadora Duncan aus Bordighera, Italien, 2. März 1904, Irma Duncan Collection of Isadora Duncan Materials, 1914–1934 I. Correspondences B Letters to Isadora Duncan f 93–94, MGZMC- Res. 23 Jerome Robbins Dance Division, The New York Public Library for the Performing Arts

239 Isadora Duncan: I've only danced, S. 140

240 Ebenda, S. 142

241 Ebenda

242 Ebenda, S. 144

243 https://www.otto-reutter.de/index.php/couplets/texte/208-ist-ja-einfach-laecherlich.html

244 Erika von Watzdorf-Bachoff: Im Wandel und in der Verwandlung der Zeit, Stuttgart 1997, S. 114

245 Lucretia M. Davison: »Bayreuth Revisited«, *The Theater Magazine*, 2. Oktober 1904

246 »Bayreuth: Für Fortgeschrittene« *Der Spiegel*, Nr. 32, 1961

247 Sturges, S. 34

248 Isadora Duncan: I've only danced, S. 144 f.

249 Ebenda, S. 146

250 Isadora Duncan an Edward Gordon Craig von der Reise nach St. Petersburg, Dezember 1904 in: Steegmuller, S. 33

251 Isadora Duncan an Edward Gordon Craig aus St. Petersburg, 25. Dezember 1904 in: Steegmuller, S. 34

252 Isadora Duncan: I've only danced, S. 146

253 Isadora Duncan an Edward Gordon Craig aus St. Petersburg, 25. Dezember 1904, in: Steegmuller, S. 34

254 Niehaus, S. 60

255 Valerian Svetlov: *Stock Exchange Journal*, 15. Dezember (russischer Kalender) 1905

256 Isadora Duncan: I've only danced, S. 149

257 Arnold L. Haskell/Walter Nouvel: Diaghilev: His Artistic and Private Life, New York 1935, S. 167 f.

258 Isadora Duncan: I've only danced, S. 151

259 Mary Fanton Roberts: Isadora – The Dancer, *Denishawn Magazin*, 1925, Mary Fanton Roberts Papers 1880–1956 Series 8: Writings, 1915–1926 Box 4, Archives of American Art, Smithsonian Institution

260 Natalia Stüdemann: Dionysos in Sparta: Isadora Duncan in Russland. Eine Geschichte von Tanz und Körper, Bielefeld 2008, S. 78

261 Mathilde Kschessinska: Dancing in Petersburg, 1960, o.O., S. 86 f.

262 Michail Fokine: Gegen den Strom. Erinnerungen eines Ballettmeisters, Ostberlin 1974, S. 112 f.

263 Michail Fokine: Protiv tecenija. Vospominanija baletrnejstera. Stat'i, pis'ma, Leningrad 1962, S. 256. In die deutsche Ausgabe der Erinnerungen wurden die Aufsätze und Briefe, aus denen dieses Zitat stammt, nicht mit übernommen, siehe Stüdemann, S. 74.

264 Dorée Duncan/Carol Pratl/Cynthia Splatt: Life Into Art. Isadora Duncan and Her World, New York 1993, S. 75

265 Isadora Duncan an Gordon Craig von der Rückreise aus Russland, 30. Dezember 1904, in: Steegmuller, S. 51 f.

266 Isadora Duncan: I've only danced, S. 145

267 Kurth, S. 131

268 Ellen Terry Brief an Bernard Shaw, 13. Oktober 1896, in: Ellen Terry/George Bernard Shaw: A Correspondence, hrsg. v. Christopher St. John, London 1949, S. 90

269 Edward Gordon Craig: Dezember 1904 Berlin, in: Edward Gordon Craig: Index to the Story of my Days, Cambridge 1981, S. 256

270 Edward Craig (jun.): Gordon Craig. The Story of His Life, New York 1969, S. 190

271 Kurth, S. 136f.

272 Isadora Duncan: BBC Radio Talk mit Edward Gordon Craig, 31. Mai 1952, Edward Gordon Craig Collection 1951–1956, MS 344, Special Collections and University Archives, University of Massachusetts Amherst Libraries

273 Niehaus, S. 63

274 »Isadora Duncan and Edward Gordon Craig«, 1904, Jerome Robbins Dance Division, The New York Public Library Digital Collections. http://digitalcollections.nypl.org/items/8782bb4f-64ae-dda2-e040-e00a1806496c

275 Edward Gordon Craig, Januar 1917, Craig Duncan Collection 1901–1957 A. Correspondence 2. Edward Gordon Craig Letters and Notes f 289 ZBD-75, Jerome Robbins Dance Division, The New York Public Library for the Performing Arts

276 Edward Gordon Craig: 17. Dezember 1904, The Book Topsy, Edward Gordon Craig Collection, Manuscript Collection MS 00960, Box 6.8, Harry Ransom Center, University of Texas, Austin

277 Isadora Duncan: I've only danced, S. 166f.

278 Edward Gordon Craig: 17. Dezember 1904, The Book Topsy, Edward Gordon Craig Collection, Manuscript Collection MS 00960, Box 6.8, Harry Ransom Center, University of Texas, Austin

279 Edward Gordon Craig, Ende Dezember 1904, The Book Topsy, Edward Gordon Craig Collection, Manuscript Collection MS 00960, Box 6.8, Harry Ransom Center, University of Texas, Austin

280 Isadora Duncan: I've only danced, S. 167

281 Isadora Duncan an Edward Gordon Craig aus Berlin, 23. Dezember 1904, in: Steegmuller: Letters, S. 30

282 Edward Gordon Craig, Notizbuch zitiert in: Gordon Craig (jun.), S. 195

283 Isadora Duncan: I've only danced, S. 166

284 Edward Gordon Craig: Dezember 1904, The Book Topsy, Edward Gordon Craig Collection, Manuscript Collection MS 00960, Box 6.8, Harry Ransom Center, University of Texas, Austin

285 Isadora Duncan: I've only danced, S. 156

286 *Münchner Neueste Nachrichten,* 11. November 1904

287 Isadora Duncan: I've only danced, S. 132

288 Irma Duncan: Duncan Dancer. An Autobiography, Middletown 1966, S. 3

289 Ebenda, S. 12

290 Edward Gordon Craig: Index, S. 270

291 Isadora Duncan: I've only danced, S. 161

292 Die Namensliste der ersten Schülerinnen der Isadora Duncan-Schule siehe: Kay Bardsley: Isadora Duncan's First School: The First Generation, Foun-

ders of the Tradition, in: Dance Research Collage hrsg.v. Patricia a Rowe / Ernestine Stodelle, New York 1979, S. 227

293 Irma Duncan: Duncan Dancer, S. 15

294 Anna Denzler an ihre Eltern 1905 aus Berlin, zitiert in: Frank-Manuel Peter (Hrsg.) Isadora & Elizabeth Duncan in Deutschland, Köln 2000, S. 93f.

295 Isadora Duncan: I've only danced, S. 158

296 Irma Duncan; Duncan Dancer, S. 27

297 Anna Duncan Talks to Parker Taylor, Parker Tyler Collection 1904–1974, Works 13.1 Manuscript Collection MS-04300 Harry Ransom Center, University of Texas, Austin

298 Irma Duncan: Duncan Dancer, S. 58

299 Ebenda, S. 55

300 Isadora Duncan: I've only danced, S. 147

301 Edward Gordon Craig an Martin Shaw aus Berlin, April 1905, in: Steegmuller, S. 98

302 Edward Gordon Craig an Martin Shaw aus Moskau, Januar 1905 in: Gordon Craig (jun.), S. 208

303 Isadora Duncan an Edward Gordon Craig wahrscheinlich aus Berlin, 10.–15. März 1905, in: Steegmuller S. 83

304 Isadora Duncan an Edward Gordon Craig wahrscheinlich aus Berlin, Sommer 1905, in: Steegmueller S. 102

305 Young, S. 42

306 Isadora Duncan an Edward Gordon Craig aus Frankfurt a. M., 25. Februar 1905, in: Steegmüller S. 76

307 Isadora Duncan an Prinzessin Marie Reuß zu Köstritz aus Berlin, im Sommer 1905, in: Steegmuller S. 103/104

308 Isadora Duncan: I've only danced, S. 159

309 Isadora Duncan an Edward Gordon Craig aus Magdeburg, 16. März 1905, in: Steegmuller S. 84

310 Schmidt, S. 136

311 Walter Paetow: »Theater und Musik, Neues Königliches Opernhaus«, *Tägliche Rundschau,* 21. Juli 1905

312 Willy Pastor: »Aus Kunst, Wissenschaft und Leben, Isadora Duncan und ihre Schule, *Tägliche Rundschau,* 18. Januar 1906

313 Niehaus, S. 66

314 Edward Gordon Craig: Tagebuch, 13. April 1906, Amsterdam, in: Index, S. 287

315 Edward Gordon Craig, The Book Topsy, Edward Gordon Craig Collection, Manuscript Collection MS 00960, Box 6.8, Harry Ransom Center, University of Texas, Austin

316 Victor Seroff: The Real Isadora, New York 1971, S. 81

317 Edward Gordon Craig an Martin Shaw aus Berlin, Januar 1906, in: Steegmuller S. 108

318 Isadora Duncan an Edward Gordon Craig https://www.sk-kultur.de/tanz/duncan/seiten/elisa.html

319 Kay Bardsley: »Isadora Duncan's First School«, S. 238

320 Isadora Duncan: I've only danced, S. 173

321 Edward Gordon Craig: Index, S. 285

322 Isadora Duncan an Edward Gordon Craig Januar 1906 aus Berlin, Craig-Duncan Collection 1901–1957 A. Correspondence, f 55 1906 Jan-May, ZBD-75 Jerome Robbins Dance Division, The New York Public Library for the Performing Arts

323 Isadora Duncan: I've only danced, S. 171

324 August Strindberg an Hariet Bosse, in: Strindbergs brev till Harriet Bosse, Stockholm 1932, S. 227

325 Albert Engström: August Strindberg och jag, Stockholm 1932, S. 39 f.

326 Dorée Duncan: Life into Art, S. 82

327 Isadora Duncan: I've only danced, S. 176

328 Ebenda, S. 175

329 Bruce Young Kennet, S. 61

330 Ebenda, S. 63

331 Isadora Duncan an Edward Gordon Craig aus Noordwijk, Juli/August 1906, in: Steegmuller, S. 142

332 Young, S. 65

333 Bruce Young Kennet, S. 63

334 Young, S. 66 f.

335 Isadora Duncan: I've only danced, S. 177

336 Ebenda

337 Young, S. 66

338 Edward Gordon Craig in einem Briefentwurf an Isadora Duncan, Juli 1907, in: Steegmuller, S. 242

339 Isadora Duncan an Edward Gordon Craig aus Berlin, Juni 1907, in: Steegmuller, S. 240

340 Isadora Duncan: I've only danced, S. 179 f.

341 Ebenda, S. 181

342 Edward Gordon Craig an Martin Shaw aus Florenz, Dezember 1906 in: Gordon Craig (jun.), S. 220

343 Isadora Duncan an Edward Gordon Craig aus Warschau, 18. Dezember 1907 in: Steegmuller, S. 165

344 Gordon Craig (jun.), S. 222
345 Edward Gordon Craig: Index, S. 300
346 Isadora Duncan an Edward Gordon Craig aus Nizza, März 1907, in: Steegmuller, S. 206
347 Isadora Duncan an Edward Gordon Craig aus Nizza, 23. Februar 1907, in: Steegmuller, S. 201
348 Isadora Duncan: I've only danced, S. 190 f.
349 Edward Gordon Craig: Notizen, in: Steegmuller, S. 228
350 Steegmuller, S. 251
351 Edward Gordon Craig an Isadora Duncan aus Florenz, Juni 1907, in: Steegmuller, S. 248
352 Edward Gordon Craig an Isadora Duncan aus Florenz, Juli oder August 1907, in: Steegmuller, S. 253 f.
353 Ebenda, S. 253
354 Isadora Duncan an Edward Gordon Craig aus Berlin, Juli oder August 1907, in: Steegmuller, S. 254 f.
355 Isadora Duncan an Edward Gordon Craig aus Berlin, August 1907, Craig-Duncan Collection 1901–1957 A. Correspondence 1. Isadora Duncan Letters, Notes and Cards f 194–198 ZBD-75 Jerome Robbins Dance Division, The New York Public Library for the Performing Arts
356 Isadora Duncan an Edward Gordon Craig aus Venedig, September 1907, in: Steegmuller, S. 261
357 Handschriftliche Notiz von Edward Gordon Craig auf den Brief von Isadora Duncan aus Venedig, September 1907, in: Steegmuller, S. 261
358 Edward Gordon Craig: Tagebuch, September 1907, Steegmuller, S. 263
359 Isadora Duncan an Edward Gordon Craig aus Köln, Oktober 1907, in: Steegmuller, S. 263
360 Edward Gordon Craig, Oktober 1906, Index, S. 291
361 Edward Gordon Craig, S. 223
362 Isadora Duncan an Edward Gordon Craig No Date, Craig-Duncan Collection 1901–1957 A. Correspondence 1. Isadora Duncan Letters, Notes and Cards f 258 ZBD-75 Jerome Robbins Dance Division, The New York Public Library for the Performing Arts
363 Isadora Duncan an Edward Gordon Craig aus St. Petersburg, Januar 1908, Craig-Duncan Collection 1901–1957 Correspondence 1. Isadora Duncan Letters, Notes and Cards f 215 ZBD-75 Jerome Robbins Dance Division, The New York Public Library for the Performing Arts
364 Edward Gordon Craig an Isadora Duncan aus Florenz, Weihnachten 1907, in: Steegmuller, S. 281 f.

365 Isadora Duncan: I've only danced, S. 192 f.
366 Ebenda, S. 193
367 Ebenda, S. 194
368 Stanislawski: Kunst, S. 403
369 Joseph H. Mazo: Prime Movers: The Makers of Modern Dance in America, Princeton 2000, S. 42
370 Isadora Duncan: I've only danced, S. 154
371 Isadora Duncan an Edward Gordon Craig aus St. Petersburg, Januar/Februar 1908, in: Steegmuller, S. 286
372 Constantin Stanislawski: My Life in Art, London, 2016, S. 409 (Dieses Zitat fehlt in der deutschen Übersetzung.)
373 Anna Denzler an ihre Eltern Februar 1908 aus Russland, in: Peter: Isadora & Elizabeth Duncan, S. 108
374 Isadora Duncan: I've only danced, S. 194
375 Irma Duncan: Duncan Dancer, S. 65 f.
376 Isadora Duncan: I've only danced, S. 195
377 Isadora Duncan an Edward Gordon Craig aus Russland, 2. April 1908, in: Steegmuller, S. 292
378 John Ava Carpenter, The *Times Gazette,* London, Juli 1908, in: Kurth, S. 222
379 Isadora Duncan an Edward Gordon Craig vermutlich aus Paris, Juni/Juli 1908, in: Steegmuller, S. 297
380 Irma Duncan: Duncan Dancer, S. 85
381 Ruth Denis zitiert in: Doreen Duncan: Life into Art, S. 97
382 »Miss Maud Allan's Salome Dance« *The Academy,* 21. März 1908
383 James Russell: The Maud Allan Affaire, Barnsley 2008
384 Irma Duncan: Duncan Dancer, S. 82
385 Isadora Duncan: I've only danced, S. 197
386 Edward Gordon Craig an Isadora Duncan aus Florenz, August 1908, Craig-Duncan Collection 1901–1957 A. Correspondence 2. Edward Gordon Craig Letters and Notes f 282 ZBD-75 Jerome Robbins Dance Division, The New York Public Library for the Performing Arts
387 Isadora Duncan: I've only danced, S. 198
388 *The Sun,* New York, 15. November 1908
389 Isadora Duncan: I've only danced, S. 200
390 Ebenda, S. 202
391 Schmidt, S. 156 f.
392 Isadora Duncan: I've only danced, S. 203
393 Irma Duncan: Duncan Dancer, S. 78
394 Anna Denzler an ihren Vater aus Frankreich, 1908, in: Peter, S. 111/112

395 Anna Denzler an ihre Schwester aus Frankreich, 1908, in: Peter, S. 112
396 Irma Duncan: Duncan Dancer, S. 93
397 Ebenda, S. 92
398 Ebenda, S. 93
399 Sturges, S. 62
400 Gretchen Finnletter (Damrosch): From the top of the stairs. An Autobiographie, Boston 1946, S. 215
401 Zitiert in: Irma Duncan: Duncan Dancer, S. 79
402 Edith Wharton, S. 322
403 Joseph Paul-Boncour: »L'art de la danseuse sublime« *Le Figaro,* 22. Mai 1909
404 Isadora Duncan: I've only danced, S. 206
405 Sturges, S. 62
406 Isadora Duncan: I've only danced, S. 211
407 Ebenda, S. 210 f.
408 Ebenda, S. 213
409 Edward Gordon Craig: The Book Topsy, Zusätzliche Notizen, 1944, Edward Gordon Craig Collection, Manuscript Collection MS 00960, Box 6.8, Harry Ransom Center, University of Texas, Austin
410 Isadora Duncan: Rede an der Metropolitan Oper New York, *Musical America,* 12. Mai 1917
411 Isadora Duncan: I've only danced, S. 214
412 Natalja Petrovna Roslavleva: »Isadora Duncan and Constantin Stanislavsky«, *Dance Magazine,* 37, No.7, Juli 1963, S. 41
413 Sewell Stokes: Isadora Duncan, London 1928, S. 144
414 Seroff, S. 165
415 Natalja Petrovna Roslavleva: »Isadora Duncan and Constantin Stanislavsky«, *Dance Magazine,* 37, No.7, Juli 1963, S. 40–43
416 Irma Duncan: Duncan Dancer, S. 102
417 Ebenda
418 Ebenda
419 Isadora Duncan: I've only danced, S. 216
420 Ebenda, S. 218
421 Ebenda
422 Sturges, S. 70
423 Ebenda, S. 71 f.
424 Doreèn Duncan: Life into Art, S. 113
425 Isadora Duncan: I've only danced, S. 218
426 Isadora Duncan an Mary Fanton Roberts aus Ägypten, 25. Januar 1910, in: Millicent Dillon: After Egypt, New York 1990, S. 10

427 Isadora Duncan: I've only danced, S. 220
428 Isadora Duncan an Ernst Haeckel aus Beaulieu, 8. Mai 1910, Ernst Haeckel Archiv Jena A 3978
429 Isadora Duncan: I've only danced, S. 225
430 Stokes, S. 152
431 Isadora Duncan: I've only danced, S. 225
432 *New York Sun,* 16. Februar 1911
433 »Musik ver-körper-t«, SWR2 Musikstunde mit Ines Pasz: Der moderne Tanz (1) – Vom Spitzenschuh zur blanken Sohle, 24.Januar 2011
434 Isadora Duncan: I've only danced, S. 225 f.
435 Ebenda, S. 226 f.
436 Marie Fanton Roberts: »Isadora The Dancer« *Denishawn Magazine,* Vol. 1, No. 4, Sommer 1925, S. 9, Mary Fanton Roberts Papers, 1880–1956 Box 4 Folder 15, Archives of American Art, Smithsonian, Washington DC
437 Nesta MacDonald: »Isadora Reexamined« Part V. Isadora and Paris Singer, *Dance Magazine,* November 1977, S. 46
438 Irma Duncan: Duncan Dancer, S. 118
439 Young, S. 130
440 Edward Gordon Craig an Paris Singer aus Paris, 30. Juli 1911, in: Steegmuller S. 315
441 Isadora Duncan an Paris Singer, 1912, in: Dillon, S. 34
442 Isadora Duncan: I've only danced, S. 228
443 Agnes de Mille: Portrait Gallery, Boston 1990, S. 9
444 Isadora Duncan: I've only danced, S. 231
445 Sonja Gaze: Die barfüßige Tänzerin, Berlin 2000, S. 17 f.
446 Max Merz: Die Ziele und die Organisation der Elizabeth Duncan-Schule, in: Die Elizabeth Duncan-Schule Marienhöhe/Darmstadt, Jena 1912, S. 9
447 »Die Elizabeth Duncan-Schule« *Münchner Neueste Nachrichten,* 5. November 1910
448 Ansprache des Direktors (Max Merz) der Elizabeth Duncan-Schule an die sieben ältesten Schülerinnen, welche ihr seit der Gründung angehören, in: Die Elizabeth Duncan-Schule Marienhöhe/Darmstadt, S. 54 f.
449 Max Merz: Die Ziele und die Organisation der Elizabeth Duncan-Schule, in: Elizabeth Duncan Schule: Marienhöhe/Darmstadt, S. 12
450 Irma Duncan: Duncan Dancer, S. 109
451 Ebenda, S. 109 f.
452 Katalog der Internationalen Hygiene-Ausstellung in Dresden 1911, Berlin 1911
453 Anna Denzler an ihre Eltern während der Hygiene-Ausstellung in Dresden 1911, in: Peter, S. 116

454 Dr. Ernst Leopold Stahl: Rückblick und Ausblick, in: Die Elizabeth Duncan-Schule Marienhöhe/Darmstadt, S. 58 f.
455 Irma Duncan: Duncan Dancer, S. 110
456 Isadora Duncan: I've only danced, S. 232
457 Ebenda, S. 233
458 Irma Duncan: Duncan Dancer, S. 127
459 Isadora Duncan: I've only danced, S. 237 f.
460 Ebenda, S. 239 f.
461 Ebenda, S. 241 f.
462 Ebenda, S. 242
463 Desti, S. 53
464 Cécile Sorel: Les belles heures de ma vie, Paris 1946, S. 125
465 Isadora Duncan: I've only danced, S. 242
466 Isadora Duncan an Edward Gordon Craig Telegramm aus Neuilly-sur-Seine, 19. April 1913, in: Steegmuller, S. 317
467 Desti, S. 56
468 Irma Duncan: Duncan Dancer, S. 132
469 Ebenda, S. 132 f.
470 Isadora Duncan an Staatsanwalt Lescouvé aus Neuilly, April 1913, abgedruckt in: Blair, S. 446
471 Stella Campbell an Bernard Shaw, in: Bernard Shaw: Briefwechsel mit seiner Freundin Stella Patrick Campbell, hrsg.v. Alan Dent, Reinbek bei Hamburg 1960, S. 111
472 Maurice Ravel an Igor Stravinsky aus Paris, April 1913, in: Eric White: Stravinsky: The Composer and his Works, London 1966, S. 594
473 Desti, S. 57
474 Sturges, S. 98
475 Sorel: Les belles heures, S. 125
476 Desti, S. 58
477 Irma Duncan: Duncan Dancer, S. 137
478 Edward Gordon Craig an Ellen Terry aus Florenz, 28. April 1913, Howard Holtzman Collection on Isadora Duncan, UCLA Library Special Collection Coll. No.1729 Primary Writings about Isadora Duncan Box 2 Folder 11
479 Isadora Duncan: I've only danced, S. 245
480 Niehaus, S. 105
481 Isadora Duncan: I've only danced, S. 246
482 Edward Gordon Craig: Notizen, in: Steegmuller, S. 330
483 Edward Gordon Craig: On a few of the people who claim to have known Isadora, Manuskript 1943, Harry Ransom Center, University of Texas Austin

484 Isadora Duncan an Edward Gordon Craig aus Korfu, 31. Mai 1913, in: Steegmuller, S. 323
485 Elena Meo an Isadora Duncan aus London, 19. Juni 1913, Irma Duncan Collection of Isadora Duncan Materials I Correspondence B Letters to Isadora Duncan f. 42 MGZMC- Res. 23 Jerome Robbins Dance Division, The New York Public Library of the Performing Arts
486 Isadora Duncan: I've only danced, S. 235
487 Ebenda, S. 256 f.
488 Ebenda, S. 244
489 Isadora Duncan aus Korfu an Elena Meo, 7. Juli 1913 und an Edward Gordon Craig, 8. Juli 1913, in: Steegmuller, S. 325 ff.
490 Isadora Duncan: I've only danced, S. 257
491 Eleonora Duse an Lugné Poe aus Viareggio, 1913, in: Niehaus, S. 107
492 Dillon, S. 61
493 Anna Denzler an ihren Vater aus St. Petersburg, Mai 1914, in: Peter, S. 120
494 Isadora Duncan: I've only danced, S. 264
495 Ebenda, S. 267
496 Ebenda
497 Desti, S. 65
498 Isadora Duncan: I've only danced, S. 268
499 Ebenda, S. 268
500 Ebenda, S. 269
501 Ebenda, S. 273
502 Ebenda, S. 274
503 Dodge Luhan: Movers and Shakers, S. 83
504 Arthur Wertheim: The Little New York Renaissance, New York 1976
505 Isadora Speaks, S. 40
506 Patricia R. Everett: »A History of Having a Great Many Times not Continued to be Friends« The Correspondence between Mabel Dodge and Gertrude Stein 1911–1934, Albuquerque 1996, S. 239
507 Mabel Dodge Luhan an Gertrude Stein aus New York, Januar 1915, in: Everett, S. 240
508 Blair, S. 239
509 Dodge Luhan, S. 329
510 Walter Lippmann an Mabel Dodge aus New York 26. Januar 1915, in: Mabel Dodge Luhan: »Isadora Duncan«, *Town and Country*, Juli 1936, S. 180
511 Isadora Duncan: I've only danced, S. 275
512 *Musical America*, 13. Februar 1915
513 Sturges, S. 127

514 Maurice Dumesnil: An Amazing Journey. Isadora Duncan in South America, London 1932, S. 25
515 Walter Terry: Isadora Duncan. Her Life, her Art, her Legacy, New York 1963, S. 61
516 Antoine Banés, *Le Figaro,* zitiert nach: Niehaus S. 113
517 »Music and Musicians«: Isadora Duncan Dances World Struggle with »Star Spangled Banner« Climax, *New York Sun,* 7. März 1917
518 Carl Van Vechten: The Dance Writings of Carl Van Vechten, hrsg. v. Paul Padgette, New York 1974, S. 27
519 Dumesnil, S. 54
520 Ebenda, S. 55
521 Ebenda, S. 61
522 Ebenda, S. 70
523 Ebenda, S. 88
524 Ebenda, S. 139 f.
525 Ebenda, S. 155
526 Ebenda, S. 277
527 Arnold Genthe: As I remember, New York 1936, S. 183
528 Isadora Duncan: I've only danced, S. 284
529 Seroff, S. 232
530 Genthe, S. 181
531 *New York Herald,* 7. März 1917
532 Isadora Duncan: I've only danced, S. 287
533 Max Eastman: »Heroism Plus Heroics«: Difficulties in Worshipping Isadora Duncan, in: Max Eastman: Heroes I have Known: Twelve who Lived Great Lives, New York 1942, S. 86
534 De Mille, S. 7
535 Kathleen Quinlan / Erik Näslund (Hrsg.): Anna Duncan: I Isadoras fotspår / In the Footsteps of Isadora, Stockholm 1995, S. 122
536 Isadora Duncan: I've only danced, S. 286
537 Anna Duncan an Nadine Robertson, 20. August 1975, Anna Duncan Collection, Deutsches Tanzarchiv Köln/SK Stiftung Kultur
538 Isadora Duncan: I've only danced, S. 289
539 Florence Treadwell, zitiert in: Dillon S. 154
540 Seroff S. 241
541 Redfern Mason: »Miss Duncan Triumphes in Homecoming at Columbia«, *San Francisco Examiner,* 26. November 1917
542 Lilian Karina/Marion Kant, Berlin 1996: Tanz unterm Hakenkreuz, S. 48
543 Ernst Bloch: Wunschbild im Tanz, die Pantomime und das Filmland, S. 457

544 Isadora Duncan: I've only danced, S. 293
545 Ebenda
546 Young, S. 178
547 Duncan Relevation: George Bernhard Shaw tells More Life Secrets, *Daily Express*, Toronto, 6. März 1930
548 Sewell Stokes: Interview mit George Bernard Shaw, in: Hear the Lions Roar, London 1931, S. 37
549 Kurth, S. 378
550 Isadora Duncan: I've only danced, S. 295
551 Ebenda, S. 296
552 Seroff, S. 385
553 Isadora Duncan: I've only danced, S. 297
554 Ebenda, S. 298
555 Ebenda, S. 296
556 Ebenda, S. 297
557 Allan Ross Macdougall: Isadora, S. 173 f.
558 Irma Duncan: Duncan Dancer, S. 173
559 Lisa Duncan an Irma Duncan aus Paris, 7. Juni 1923, Irma Duncan Papers 1905–1977 Correspondence f 130 MGZMD 47 Jerome Robbins Dance Division, The New York Public Library for the Performing Arts
560 Anna Duncan an Nadine Robertson, 20. August 1975, Anna Duncan Collection, Deutsches Tanzarchiv Köln/SK Stiftung Kultur
561 Edward Gordon Craig: Notizen, in: Steegmuller, S. 347
562 Ebenda, S. 347
563 Edward Gordon Craig an Isadora Duncan aus Rom, 13. oder 14. Dezember 1919, in: Steegmuller, S. 345
564 Isadora Duncan: I've only danced, S. 299
565 Ebenda, S. 299
566 Irma Duncan: Tagebuch, 13. August 1920, in: Irma Duncan: Duncan Dancer, S. 189
567 Isadora Duncan: I've only danced, S. 301
568 Ebenda, S. 301
569 Walter Rummel an Isadora Duncan, 21. Februar 1921, Irma Duncan Collection of Isadora Duncan Materials I Correspondence B Letters to Isadora Duncan f 112 MGZMC- Res. 23 Jerome Robbins Dance Division, The New York Public Library of the Performing Arts
570 Isadora Duncan: I've only danced, S. 303 f.
571 Irma Duncan an Isadora Duncan, Hotel d' Angleterre, Athen, 30. September 1920, in: Irma Duncan: Duncan Dancer, S. 195

572 Isadora Duncan an Irma Duncan, Hotel d' Angleterre, Athen, 2. Oktober 1920, in: Irma Duncan: Duncan Dancer, S. 197

573 Kurth, S. 402

574 Augustin Duncan an Norman Harle, Isadoras Privatsekretär aus New York, 25. November 1920, in: Harlow Robinson: The Last Impresario, New York 1995, S. 61

575 Isadora Duncan an die Isadorables aus Brüssel, 30. April 1921 in: Irma Duncan: Duncan Dancer, S. 207

576 *The Times,* London, 13. April 1921

577 Telegramm von Anatoly Lunacharsky an Isadora Duncan aus Moskau, April 1921, Irma Duncan Collection of Isadora Duncan Materials, 1914–1934 II. Manuscripts A, Duncan, Isadora. Autobiographical writings f 123, MGZMC-Res. 23 Jerome Robbins Dance Division, The New York Public Library

578 Telegramm von Isadora Duncan an Anatoly Lunacharsky aus London, April 1921, Irma Duncan Collection of Isadora Duncan Materials, 1914–1934 II. Manuscripts A, Duncan, Isadora. Autobiographical writings f 123, MGZMC- Res. 23 Jerome Robbins Dance Division, The New York Public Library of the Performing Arts

579 Walter Rummel an Anna Duncan, 17. April 1921, Anna Duncan Collection, Deutsches Tanzarchiv Köln/SK Stiftung Kultur

580 Desti, S. 74

581 Sabrina Jones: Isadora Duncan a Graphic Biography, New York 2008, S. 88

582 *The Observer,* London, Juni 1921, in: Irma Duncan: Duncan Dancer, S. 212

583 Isadora Duncan: I've only danced, S. 306

584 Irma Duncan: Duncan Dancer, S. 214

585 Isadora Duncan: I've only danced, S. 306 f.

586 Ebenda, S. 306

587 Desti, S. 77

588 Irma Duncan: Duncan Dancer, S. 219

589 Ebenda, S. 218

590 Ebenda, S. 221

591 Seroff, S. 274

592 Isadora Duncan unveröffentlichtes Manuskript: Irma Duncan: Russian Days, S. 46

593 Natalia Roslasleva: »Prechistenka 20. The Isadora Duncan School in Moscow«, *Dance Perspektives,* 16, Nr. 84, Winter 1975, S. 7 f.

594 Ilya Ilyich Schneider: Isadora Duncan. The Russian Years, New York 1968, S. 26

595 Irma Duncan: Russian Days, S. 53

596 Ebenda, S. 58
597 Lunacharsky: *Izvestia,* Nr. 186. 24. August 1921 in: Schneider, S. 37
598 Isadora Duncan: *Humanité,* 1921 in: Macdougall, S. 193/194
599 Isadora Duncan: *London Daily Herald,* 1921, in: Isadora Speaks, S. 71
600 Isadora Duncan: A Meeting with Comrade Podvoisky, in: Isadora Speaks, S. 77
601 Isadora Duncan: The Art of Dance, New York 1928, S. 109
602 Anatoli Marienhof: Roman mit Freunden, Berlin 1988, S. 187 f.
603 Anatoli Marienhof: Roman ohne Lüge, Berlin 1984, S. 141
604 Isadora Duncan: I've only danced, S. 311
605 Gordon McVay: Isadora & Esenin, London 1980, S. 14
606 Carola Stern: Isadora Duncan und Sergej Jessenin. Der Dichter und die Tänzerin, Berlin 1996, S. 38/39
607 McVay, S. 33
608 Marienhof: Roman ohne Lüge, S. 143
609 Ebenda, S. 149 f.
610 Sergej Jessenin: Ein Rest von Freude, Gedichte, München 2001, S. 86
611 Isadora Duncan im Gespräch mit Sewell Stokes, in: Stokes, S. 162
612 Niehaus, S. 140
613 Stern, S. 59
614 Sol Hurok Telegramm an Isadora Duncan aus New York, 18. April 1922, in: Robinson, S. 87/88
615 Marienhof: Roman mit Freunden, S. 193
616 Ebenda, S. 182
617 Isadora Duncan: Isadora Speaks, S. 93
618 Schneider, S. 87
619 Isadora Duncan: I've only danced, S. 93
620 Maxim Gorki: Sergej Jessenin, in: Erinnerungen an Zeitgenossen, Frankfurt a. M. 1962, S. 160
621 Ebenda, S. 163
622 Ebenda, S. 161
623 Ebenda, S. 161
624 Kurth, S. 445
625 Gorki, S. 162
626 Stern, S. 88
627 Sergej Jessenin an Ilja Schneider aus Wiesbaden, 21. Juni 1922, in: Fritz Mierau: Sergej Jessenin, Leipzig 1992, S. 251 f.
628 Lola Kinel: This Is My Affair, Boston 1937, S. 251
629 Ebenda, S. 252

630 Sergej Jessenin an Ilja Schneider aus Wiesbaden, 21. Juni 1922, in: Robert C. Williams: Culture in Exil, Ithaca/London 1972, S. 257

631 Sergej Jessenin an Anatoli Marienhof aus Ostende, 9. Juli 1922, in: Marienhof: Roman ohne Lüge, S. 154

632 Sergej Jessenin an Anatoli Marienhof aus Venedig, Sommer 1922, in: Stern, S. 99

633 Macdougall: Revolutionary, S. 212

634 Isadora Duncan: Greetings to the American People, 1922, in: Isadora Speaks, S. 94

635 Anna Fitziu: Isadora Duncan's Case, *New York Herald*, 3. Oktober 1922

636 Seroff, S. 326

637 Schmidt, S. 210

638 Irma Duncan: Russian Days, S. 160

639 Sol Hurok, in: Robinson, S. 88

640 Isadora Duncan: I've only danced, S. 314

641 Sergej Jessenin an Anatoli Marienhof aus New York, 12. November 1922, in: Mierau, S. 271

642 Marienhof: Roman mit Freunden, S. 197

643 Sol Hurok: Impresario. A Memoir, New York 1946, S. 110/115

644 Ebenda, S. 109/110

645 Macdougall: Revolutionary, S. 220/221

646 »Isadora loses U.S. Citizenship«, *Toledo Blade*, Washington, 9. März 1923

647 Max Eastman zitiert in: Isadora Duncan: The Art of Dance, S. 37–40

648 Desti, S. 120

649 Ebenda, S. 124

650 Ebenda, S. 125

651 »Lieber in Sibirien – als Gatte der Duncan zu sein«, *8-Uhr-Abendblatt*, Berlin, 19. Februar 1923

652 »Isadora's Thirst Blamed by Poet«, *Toledo Blade*, Washington, 24. Februar 1923

653 Steegmuller, S. 273

654 Isadora Duncan an die Herausgeber der Pariser Ausgabe des *New York Herald* aus Paris, 17. Februar 1923, in: McVay, S. 160 f.

655 Desti, S. 137

656 Ebenda, S. 148

657 Isadora: I've only danced, S. 316

658 Niehaus, S. 150

659 Anna Duncan an Irma Duncan aus Paris, 11. Juni 1923, in: Irma Duncan: Duncan Dancer, S. 237

660 Desti, S. 164
661 Lisa Duncan an Irma Duncan aus Paris, 14. Mai 1923, in: Kurth, S. 476
662 Irma Duncan: Russian Days, S. 193
663 »Isadora Duncan in Russia Again« *Special Cable Service of the Toledo Balde and the Philadelphia Public Ledger*, 4. September 1923
664 Seroff, S. 341
665 Schneider, S. 145
666 Marienhof: Roman mit Freunden, S. 175
667 McVay, S. 173
668 Isadora Duncan an Irma Duncan aus Samara, 20. Juni 1924, in: Irma Duncan: Russian Days, S. 259
669 Isadora Duncan an Irma Duncan aus Taschkent, 10. Juli 1924, in: Irma Duncan: Russian Days, S. 264/265
670 Isadora Duncan an Irma Duncan aus Vyatka, 12. August 1924, in: Irma Duncan: Russian Days, S. 270
671 George Seldes: »What live meant to Isadora Duncan«, in: *The Mentor*, Februar 1930, S. 26
672 Isadora Duncan: I've only danced, S. 318
673 Schneider, S. 201
674 Irma Duncan: Duncan Dancer, S. 243
675 *Berliner Tageblatt*, 5. Oktober 1924
676 *New York Evening Post*, 25. Oktober 1924
677 Ivan Nabokov/Elizabeth Carmichael: »Balanchine: An Interview«, *Horizon*, Januar 1961. S. 47
678 Niehaus, S. 156
679 *New York World*, 6. Oktober 1924
680 Karl Federn in Isadora Duncan: I've only danced S. 318
681 Isadora Duncan an Irma Duncan aus Berlin, 27. November 1924 in: Irma Duncan: Russian Days, S. 302
682 Isadora Duncan an Irma Duncan aus Berlin 16. Dezember 1924, in: Irma Duncan: Russian Days, S. 303
683 Niehaus, S. 159
684 George Seldes: »Isadora Duncan Starving, Offers to Sell Love Letters«, in: The George Seldes Reader, hrsg.v. Randolph Holhut, New York 1994, S. 103
685 George Seldes: Isadora Duncan *Chicago Tribune*, 14. Dezember 1924
686 George Seldes: »Isadora Duncan Starving, Offers to Sell Love Letters«, in: George Seldes Reader, S. 108
687 Isadora Duncan an Irma Duncan aus Paris, 1. Februar 1925 in: Irma Duncan: Duncan Dancer, S. 263

688 Isadora Duncan an Irma Duncan aus Nizza, 30. März 1925, in: Irma Duncan: Russian Days, S. 312

689 Ebenda, S. 313

690 *New York World*, 22. April 1925

691 Ernest Hemingway: Paris. Ein Fest fürs Leben, Reinbek bei Hamburg 2011, S. 66.

692 Jean Negulesco: Things I did and Things I Think I Did, New York 1984, S. 74

693 Ebenda, S. 77

694 Stokes, S. 30

695 Isadora Duncan: I've only danced, S. 305

696 F. Scott Fitzgerald an John Peale Bishop aus Paris, 21. September 1925, in F. Scott Fitzgerald: A Life in Letters, hrsg. v. Matthew J. Bruccoli, New York 1994, S. 126.

697 Zelda Fitzgerald: Auction – Model 1934, in: Zelda Fitzgerald. The Collected Writings, New York 1992, S. 433

698 Macdougall: Revolutionary, S. 269

699 Richard Wallace an Edward Gordon Craig aus Paris, ohne Datum, Craig-Duncan Collection 1901–1957 A. Correspondence 2. Edward Gordon Craig Letters and Notes f. 306 ZBD-75 Jerome Robbins Division, The New York Public Library of the Performing Arts

700 Paris Singer an Edward Gordon Craig, 12. Mai 1925, Craig-Duncan Collection 1901–1957 A. Correspondence 2. Edward Gordon Craig Letters and Notes f. 340 ZBD-75 Jerome Robbins Division, The New York Public Library of the Performing Arts

701 Isadora Duncan: I've only danced, S. 323

702 Kurth, S. 520

703 Harrison Kinney: James Thurber. His Life and Times, New York 1995, S. 300

704 Isadora Duncan: Isadora Speaks, S. 103

705 Isadora Duncan an Irma Duncan aus Nizza, 27. Januar 1926, in: McVay S. 242

706 Dillon, S. 344 f.

707 Seroff, S. 379

708 Mercedes de Acosta, S. 204

709 Ebenda, S. 206

710 Isadora Duncan an Mercedes de Acosta, Mercedes de Acosta Papers, Folder 21, The Rosenbach Museum & Library, Philadelphia

711 Isadora Duncan an Mercedes de Acosta, 28. Juni 1926, in: Mercedes de Acosta: Bildteil

712 Mercedes de Acosta, S. 210
713 Niehaus, S. 165
714 Maurice Lever: Primavera, München 1988, S. 331
715 Isadora Duncan: I've only danced, S. 322
716 Dos Passos: Hochfinanz, S. 172
717 Edward Gordon Craig: 10. Oktober 1944, The Book Topsy Edward Gordon Craig Collection, Manuscript Collection MS 00960, Box 6.8, Harry Ransom Center, University of Texas, Austin
718 Lever, S. 331
719 Stokes, S. 111
720 Terry, S. 79
721 Janet Flanner: Isadora, *The New Yorker*, 1. Januar 1927
722 Isadora Duncan: I've only danced, S. 324
723 Ebenda, S. 8
724 Ebenda, S. 325
725 Niehaus, S. 172
726 Desti, S. 194f.
727 Mary Desti an Preston Sturges aus Paris, 3. Juni 1927, in: Dillon, S. 354
728 Macdougall: Revolutionary, S. 272
729 Mercedes de Acosta, S. 227
730 Ebenda
731 Desti, S. 229
732 Stokes, S. 61
733 Isadora Duncan an Victor Seroff aus Nizza, 11. September 1926, in: Seroff S. 429
734 Niehaus, S. 175
735 Macdougall: Revolutionary, S. 275
736 Desti, S. 272
737 Mary Desti an ihren Sohn Preston aus Nizza, September 1927, in: Sturges, S. 227
738 Desti, S. 274
739 Mercedes de Acosta Telegramm an Mary Desti aus New York, 18. September 1927, Mary Desti Collection on Isadora Duncan, Correspondence Box 13 Folder 3 MS- P5, Special Collections and Archives, University of California, Irvine, The UCI Libraries
740 Cécile Sorel Telegramm an Mary Desti aus Paris, 15. September 1927, Mary Desti Collection on Isadora Duncan, Correspondence Box 13 Folder 3 MS-P5, Special Collections and Archives, University of California, Irvine, The UCI Libraries

741 Raymond Duncan Telegramm an Mary Desti aus Paris, 15. September 1927, Mary Desti Collection on Isadora Duncan, Correspondence Box 13 Folder 3 MS- P5, Special Collections and Archives, University of California, Irvine, The UCI Libraries

742 Dodge Luhan, S. 335

743 Niehaus, S. 178

744 Desti, S. 280

745 Dos Passos, S. 170

746 Dorothy Parker: »Poor, Immortal Isadora«, Reading and Writing, *The New Yorker* 14. Januar 1928, S. 71

747 »Isadora Duncan« BBC Radio Talk mit Edward Gordon Craig, 31. Mai 1952, Edward Gordon Craig Collection, 1951–1956, MS 344, Special Collections and University Archives, University of Massachusetts Amherst Libraries

748 John Schikowski: Geschichte des Tanzes, Berlin 1926, S. 134/135

749 Mercedes de Acosta, S. 212

750 Fred Hildenbrandt: Der feuerrote Schal der Isadora Duncan, in: Ders.: … ich soll dich grüßen von Berlin, München 1966, S. 182

751 Ann Daly: Done into Dance. Isadora Duncan in America, Middleton 1995, S. 171

752 Nesta MacDonald: »Isadora Reexamined«, Part IV: Isadora in London 1921, *Dance Magazine,* Dezember 1977, S. 72

753 Mercedes de Acosta, S. 213

754 *San Francisco Examiner,* 26. November 1917

755 Mary Fanton Roberts: Isadora Duncan's School, *Dionysion,* Volume 1 No.1 New York 1915

756 Helene von Nostitz: Nachruf auf Isadora Duncan, *Berliner Tageblatt,* September 1927

757 Janet Flanner: Isadora, *The New Yorker,* 1. Januar 1927

758 Isadora Duncan: I have only danced, S. 307

Literatur und Dokumente

ARCHIVE

The University of California, Los Angeles
UCLA Library Special Collection Charles E. Young Research Library
Howard Holtzman Collection on Isadora Duncan 1878–1990, Coll. No.1729

The University of California, Berkeley
Bancroft Library, Oral History Center

The University of California, Irvine
The UCI Libraries Special Collections and Archives
Mary Desti Collection on Isadora Duncan 1901–1930, Col. No. MS -P5

Chicago Public Library
Harold Washington Library Center, Special Collections and Preservation Division, Chicago Theater Collection-Historic Programs

Deutsches Tanzarchiv Köln/SK Stiftung Kultur
Isadora Duncan Collection 1877–1927, Signatur 20
Anna Duncan Collection 1894–1982, Signatur 20
Lisa Duncan Collection 1898–1976, Signatur DTK-TIS-20

Ernst Haeckel Haus, Institut für Zoologie und Evolutionsforschung, Jena
Museum und Archiv des Ernst Haeckel Hauses, Korrespondenz

The Library of Congress, Washington
Prints & Photographs Division Arnold Genthe Collection

The University of Massachusetts, Amherst
Amherst Libraries Special Collections and University Archives,
Edward Gordon Craig Collection 1951–1956, MS 344

The New York Public Library for the Performing Arts
Jerome Robbins Dance Division, Archives and Manuscripts
Agnes De Mille Collection 1914–1984 MGZMD 37
The Craig-Duncan Collection 1901–1957 ZBD-75
Irma Duncan Collection of Isadora Duncan Materials, 1914–1934 MGZMC-Res. 23
Irma Duncan Papers 1905–1977 MGZMD 47

The New Yorker, New York
Archiv

The Rosenbach Museum & Library, Philadelphia
Mercedes de Acosta Papers

Smithsonian Institution, Washington D.C.
Archives of American Art, Mary Fanton Roberts Papers 1880–1956

The University of Texas, Austin,
Harry Ransom Center
Edward Gordon Craig Collection 1878–1973, MS 00960
Parker Tyler Collection 1910–1982, MS-04300

The Isadora Duncan Archiv
https://www.isadoraduncanarchive.org/

ZEITUNGEN UND MAGAZINE

8-Uhr-Abendblatt, The Academy London, Berliner Morgenpost, Berliner Tageblatt, Broadway Magazine, Chicago Tribune, The Courier, Christian Science Monitor, Cincinnati Commercial Daily Express Toronto, Dance Magazine, Dance Perspectives, Denishawn Magazine, The Director, Die Gartenlaube, The Guardian, Horizon, Humanité, Hungarian Quarterly, Izvestia, Jugend, Le Figaro, L'Illustration, London Daily Herald, The Mentor, Michigana, Münchner Neueste Nachrichten, Musical America, New England Magazine, The New Yorker, The New York Post, New

York Evening Post, The New York Evening Sun, New York Herald, New York Sun, New York World, The Observer, Pesti Napló, San Francisco Chronicle, The San Francisco Examiner, Der Spiegel, The Saturday Review, Stock Exchange Journal, Tägliche Rundschau, The Theater Magazin, The Times, The Times-Gazette, Toledo Blade, Town and Country, Town Topics

LITERATUR

Acosta, Mercedes de: Hier liegt das Herz. Die Geschichte meines Lebens, Göttingen 1996.

Aschengreen, Erik: Jean Cocteau and the Dance, Kopenhagen 1969.

Bablet, Denis: Edward Gordon Craig, New York 1966.

Bardsley, Kay: Isadora Duncan's First School: The First Generation Founders of the Tradition, Dance Research Collage. CORD Dance Research Annual X, New York 1979, S. 219–249.

Bardsley, Kay: Social Cause as Dance, Enter Isadora, *Ballet Review*, Vol. 22, No. 2, Summer 1994, S. 73–83.

Beachy, Robert: Das andere Berlin. Die Erfindung der Homosexualität. Eine Deutsche Geschichte 1867–1933, München 2015.

Belford, Barbara: Oscar Wilde. Eine Biographie, Zürich 2004.

Blair, Fredrika: Isadora: Portrait of the Artist As a Woman, New York 1986.

Bloch, Ernst: Das Prinzip Hoffnung, Kapitel 1–32, Frankfurt a. M. 1985.

Bode, Wolfgang (Hrsg.): Bewegung und Rhythmus, Schorndorf 2002.

Bodenheim, Maxwell: My Life and Loves in Greenwich Village, New York 1954.

Bordeaux, Jeanne: Eleonora Duse. The Story of her Life, New York 1924.

Bresciani, Jeanne: Myth and Image in the Dance of Isadora Duncan, PhD New York University 2000.

Buckle, Richard: Nijinsky, New York 1971.

Bruce Young Kennet, Katharine: Self-Portrait of an Artist. From the Diaries and Memoirs of Lady Kennet, London 1949.

Byron, George Gordon Lord: Childe Harolds Pilgerfahrt und andere Verserzählungen, Sämtliche Werke, Band 1, München 1977.

Caddy, Davinia: The Ballets Russes and Beyond: Music and Dance in Belle-Époque Paris, Cambridge 2012.

Capote, Truman: Die Grasharfe, Frankfurt a. M. 2017.

Chambers, Colin: Here We Stand. Politics, Performers and Performance. Paul Robeson, Charlie Chaplin, Isadora Duncan, London 2006.

COPELAND, Roger/Marshall Cohen: What Is Dance? Readings in Theory and Criticism, Oxford 1983.
CRAIG, Edward Gordon: The Artists of the Theater of the Future, *The Mask*, Vol.1 Nr. 3 & 4, Mai – Juni 1908.
CRAIG, Edward Gordon: Memories of Isadora Duncan, *The Listener* 5. Juni 1952, S. 913–914.
CRAIG, Edward Gordon: Index to the Story of My Days, Cambridge 1981.
CRAIG, Edward: Gordon Craig. The Story of His Life, New York 1968.
DALY, Ann: Done into Dance: Isadora Duncan in America. Bloomington 1995.
DALY, Joseph Fancis: The Life of Augustin Daly, New York 1917.
DAVIAU, Donald, G.: Der Mann von Übermorgen. Hermann Bahr 1863–1923, Wien 1984.
DAVIES, Jessie: Isadora Duncan's Russian Husband. Chippenham 1991.
DELL, Floyd: Women as World Builders; Studies in Modern Feminism, New York 1913.
DE MILLE, Agnes: The Revolution of Isadora Duncan, *New York Times Magazine*, 14. September 1952.
DE MILLE, Agnes: Portrait Gallery, Boston 1990.
DER LING, Princess: Lotus Petals, New York 1930.
DESTI, Mary: The Untold Story: The Life of Isadora Duncan 1921–1927, New York 1929.
DIKOVSKAYA, Lily: In Isadora's Steps: The Story of Isadora Duncan's School in Moscow, Told by her Favourite Pupil, Brighton 2008.
DILLON, Millicent: After Egypt: Isadora Duncan & Mary Cassatt, New York 1990.
DILS, Ann/Albright, Ann Cooper: Moving History, Dancing Cultures. A Dance History Reader, Middletown 2001.
DODGE LUHAN, Mabel: Movers and Shakers, Albuquerque 1985.
DONOGHUE, Denis: William Butler Yeats, London 1972.
DOS PASSOS, John: USA-Trilogie. Die Hochfinanz, Reinbek bei Hamburg 1979.
DOUBEK, Katja: Die Astors: Glanz und Elend einer legendären Gelddynastie, München 2010.
DRURY, William: Norton I, Emperor of the United States. Dodd, New York 1986.
DUMESNIL, Maurice: An Amazing Journey. Isadora Duncan in South America, London 1932.
DUNCAN, Dorée/PRATL, Carol/SPLATT, Cynthia: Life Into Art. Isadora Duncan and Her World, New York 1993.
DUNCAN, Isadora: Der Tanz der Zukunft. Eine Vorlesung, Leipzig 1903.
DUNCAN, Isadora: The Dance, *Theatre Arts* New York. Dezember 1917, S. 20–22.

DUNCAN, Isadora: A Child Dancing, *The Dancing Times,* London August 1925, S. 1146–1147.
DUNCAN, Isadora: Dancing, in the Relation to Religion and Love, *Theatre Arts,* New York August 1927, S. 584–585.
DUNCAN, Isadora: The Dance in Relation to Tragedy, *Theatre Arts,* New York Oktober 1927, S. 755–761.
DUNCAN, Isadora: What Love Means to Different Men, in: Seldes, George: What Love Meant to Isadora Duncan, in: *The Mentor* Springfield, Vol. 18, Nr. 1, Feb. 1930, S. 26–27, 64-65.
DUNCAN, Isadora: The Art of the Dance. Hrsg. v. Sheldon CHENEY, New York 1969.
DUNCAN, Isadora: Isadora Speaks: Writings & Speeches of Isadora Duncan. Hrsg. v. Franklin ROSEMONT, San Francisco 1981.
DUNCAN, Isadora: Mein Leben, meine Zeit, Wien 1981.
DUNCAN, Isadora: Memoiren, Berlin 1988.
DUNCAN, Isadora: My Life. The Restored Edition, New York, 2013.
DUNCAN, Isadora: I've only danced my life. Die Autobiografie der Isadora Duncan, Berlin 2016.
DUNCAN, Irma: Duncan Dancer: An Autobiography. Middletown 1966.
DUNCAN, Irma: Isadora Duncan: Pioneer in the Art of Dance, New York 1959.
DUNCAN, Irma: The Technique of Isadora Duncan, New York, 1937.
DUNCAN, Irma/Macdougall, Allan Ross: Isadora Duncan's Russian Days and Her Last Years in France, New York 1929.
DUNNING, Jennifer: The Spirit of Isadora Dances On, *The New York Times,* 6. Januar 1978.
EASTMAN, Max: Heros I have Known. Twelve who Lived Great Lives, New York 1942.
ELIZABETH DUNCAN-SCHULE, Marienhöhe/Darmstadt, Jena 1912.
EVERETT, Patricia R.: A History of Having a Great Many Times not Continued to be Friends. The Correspondence Between Mabel Dodge & Gertrude Stein 1911–1934, Albuquerque 1996.
FANGER, Iris: Isadora Duncan. The Feminist Spirit of Revolution, *Dance Magazine,* Mai 1999, S. 44–45.
FINLETTER DAMROSCH, GRETCHEN: From the Top of the Stairs. An Autobiography, Boston 1946.
FOLKINE, Michail: Gegen den Strom. Erinnerungen eines Ballettmeisters, Ostberlin 1974.
FITZGERALD, F. Scott: A Life in Letters. Hrsg. v. Matthew J. Bruccoli, New York 1994.

FITZGERALD, Zelda: The Collected Writings. Hrsg. v. Matthew J Bruccoli, New York 1992.
FRIEDELL, Egon: Kulturgeschichte der Neuzeit, Band 2, München 1997.
FULLER, Loïe: Fifteen Years of a Dancer's Life, Boston 1908.
FULLER-MAITLAND, John Alexander: A Door-Keeper of Music, London 1929.
GANNON, Thomas: Newport Mansions. The Gilded Age, Little Compton 1982.
GARMS, Silke: Tanzfrauen in der Avantgarde: Lebenspolitik und choreographische Entwicklung in acht Porträts, Kiel 1998.
GAZE, Sonja: Die barfüßige Tänzerin. Autobiographie, Berlin 2000.
GEDDES BESSER, Minna: Isadora: The Last Year, *Dance Magazine*, Januar 1978, S. 67–70.
GENTHE, Arnold: The Book of the Dance, Boston 1920.
GENTHE, Arnold: Isadora Duncan. Twenty-Four Studies, New York/London 1929.
GENTHE, Arnold: As I Remember, New York 1936.
GEORGE, Aleta: Ina Coolbrith. The Bittersweet Song for California's First Poet Laureate, San Francisco 2015.
GOLDMAN, Debra: Mother and Father: A View of Isadora and Fokine, *Ballet Review*, Vol. 6, Nr. 4, 1977/1978, S. 33–43.
GORKI, Maxim: On Literatur, Moskau, o.J.
GORKI, Maxim: Erinnerungen an Zeitgenossen, Frankfurt a.M. 1962.
GRAY, Amelia: Isadora, New York 2017.
HAAS, Willy: Die Belle Époque, München 1967.
HAECKEL, Ernst: Biographie in Briefen mit Erläuterungen, Gütersloh 1984.
HARRIS, Dale: Isadora: How Duncan Extended the Possibilities of Dance, *Ballet News*, Vol. 3, Nr. 8, Feb. 1982, S. 12–16.
HASKELL, Arnold L. / NOUVEL, Walter: Diaghileff: His Artistic and Private Life, New York 1935.
HAUPT, Sabine/WÜRFFEL, Bodo (Hrsg.): Handbuch Fin de Siècle, Stuttgart 2008.
HERING, Doris: The Loves of Isadora. The Life of Isadora Duncan, with Vanessa Redgrave, *Dance Magazine*, Juni 1969, S. 29.
HEMINGWAY, Ernest: Paris. Ein Fest fürs Leben, Reinbek bei Hamburg 2009
HERTELENDY, Paul: Isadora's Childhood. Clearing Away the Clouds, *Dance Magazine*, Juli 1977, S. 48–50.
HILDENBRANDT, Fred: … ich soll dich grüßen von Berlin. Berliner Erinnerungen ganz und gar unpolitisch 1922–1932, München 1966.
HOLUB, Joan: What was the Gold Rush?, New York 2013.
HOLHUT, Randolph T: The George Seldes Reader. An Anthology of the Writings of America's Foremost Journalistic Gadfly, New York 1994.

Hone, John (Hrsg.): John Butler Yeats Letters to His Son W.B. Yeats and Others 1869–1922, London 1944.

Jakoby, Susan: The Great Agnostic. Robert Ingersoll and American Freethought, New Haven 2013.

Hurok, Sol: Impresario. A Memoir, New York 1946.

Jeschke, Claudia: Isadora Duncan in ihrer Zeit, *Tanz aktuell*, Jg. 5, Nr. 8, Oktober 1990, S. 26–35.

Jessenin, Sergej: Ein Rest von Freude. Gedichte, München 2001.

Johnson, Harriet: Isadora Duncan and Walt Whitman – their Infatuation with America, *Dance Observer* Februar 1949, S. 20–21.

Jones, Sabrina: Isadora Duncan: A Graphic Biography, New York 2008.

Karina, Lilian/Kant, Marion: Tanz unterm Hakenkreuz, Berlin 1999.

Kaye, Joseph: The Last Chapters of Isadora's Life, *Dance Magazine*, April–July 1929.

Kessler, Harry Graf: Gesichter und Zeiten. Erinnerungen, Frankfurt a.M. 1988.

Kerr, Alfred: Die Welt im Drama. Gesammelte Schriften. Erste Reihe in 5 Bänden, Berlin 1917.

Kilty, Jerome: Geliebter Lügner, Spectaculum 77. Sechs moderne Theaterstücke, Frankfurt a.M. 2006.

Kinel, Lola: This Is My Affair, Boston 1937.

Kinney, Harrison: James Thurber: His Life and Times, New York 1995.

Kisselgoff, Anna: What Happened to Isadora in Russia?, *The New York Times*, 31. August 1969, S. 12.

Kozodoy, Ruth: Isadora Duncan. American Women of Achievement, New York 1988.

Kschessinska, Mathilde: Dancing in Petersburg. The Memoirs of Kschessinska – Prima Ballerina of the Russian Imperial Theatre, and Mistress of the Futur Tsar Nicholas II, New York 1960.

Kurth, Peter: Isadora: A Sensational Life, Boston 2002.

Laban, Juana de: The Triumph of the Ego. The Legacy of Isadora Duncan, *Dance Magazine*, Juli 1950, S. 11–13, 38 (Teil 1); Aug. 1950, S. 16–17 (Teil 2).

Lever, Maurice: Primavera: Tanz und Leben der Isadora Duncan, München 1988.

Levien, Julia: Duncan Dance: A Guide for Young People Ages Six to Sixteen, Pennington 1994.

Loeb Shloss, Carol: Lucia Joyce. Die Biographie der Tochter, München 2003.

Loewenthal, Lilian: The Search for Isadora: The Legend & Legacy of Isadora Duncan. Pennington 1993.

Lloyd, Margaret: Fifty Years of »La Boheme« – The Stage and Art-Brother of a

Legend: Augustin Duncan Recalls Earlier Days of Isadora, *Christian Science Monitor*, 16. Februar 1946.

MACDONALD, Nesta: Isadora Reexamined: Lesser Known Aspects of the Great Dancer's Life, *Dance Magazine*, July–Dezember 1977.

MACDOUGALL, Allan Ross: Isadora Duncan and the Artists *Dance Index*, Jg. 5, Nr. 3, März 1946, S. 61–83.

MACDOUGALL, Allan Ross: Isadora: A Revolutionary in Art and Love, New York, 1960.

MAGRIEL, Paul (Hrsg.): Nijinsky, Pavlova, Duncan: Three Lives in Dance, New York, 1947.

MARIENHOF, Anatoli: Roman ohne Lüge, Berlin 1984.

MARIENHOF, Anatoli: Roman mit Freunden, Berlin 1993.

MAYNARD, Olga: American Modern Dancers: The Pioneers; an Introduction to Modern Dance through the Biographical Studies of the First Creative Dancers of that Art, Boston 1965.

MAYERHOFER, Lukas/IFKOVITS, Kurt: Hermann Bahr – Mittler der europäischen Moderne, Linz 1998.

MAZO, Joseph H.: Prime Movers: The Makers of Modern Dance in America, Hightstown 2000.

MCAULIFFE, Mary: Dawn of the Belle Époque, Lanham 2011.

MCAULIFFE, Mary: Twilight of the Belle Époque, Lanham 2014.

MCDONAGH, Don: Complete Guide to Modern Dance, New York 1977.

MCVAY, Gordon: Isadora & Esenin, Ann Arbor 1980.

MEINZENBACH, Sandra: Neue alte Weiblichkeit. Frauenbilder und Kunstkonzepte im freien Tanz. Loïe Fuller, Isadora Duncan und Ruth St. Denis zwischen 1891 und 1934, Marburg 2010.

MERZ, Richard: Tanzaufbruch als Religion. Isadora Duncan als Pioniergestalt des 20. Jahrhunderts, *Tanz & Gymnastik*, Jg. 57, H. 2/2001, S. 18–23.

MIERAU, Fritz: Sergej Jessenin, Leipzig 1991.

MINDEN, Eliza Gaynor: The Ballet Companion. A Dancer's Guide to the Technique, Traditions, and Joys of Ballet, New York 2005.

NEEDHAM, Maureen (Hrsg.): I See America Dancing. Selected Readings 1685–2000, Urbana 2002.

NEGULESCO, Jean: Things I Did and Things I Think I Did. A Hollywood Memoir, New York 1984.

NIEHAUS, Max: Isadora Duncan. Triumph und Tragik einer legendären Tänzerin, München 1993.

NIETZSCHE, Friedrich: Die Geburt der Tragödie, Hamburg 2017.

NOSTITZ, Helene: Aus dem alten Europa. Menschen und Städte, Berlin 1933.

PALMER SIKELIANOS, Eva: A Life in Ruins, Princeton 2019.
PARRY, Albert: Garrets and Pretenders: A History of Bohemianism in America, New York 2005.
PETER, Frank-Manuel (Hrsg.): Isadora & Elizabeth Duncan in Germany, Köln 2000.
QUINLAN, Kathleen / NÄSLUND, Erik (Hrsg.): Anna Duncan: I Isadoras fotspår/ In the Footsteps of Isadora, Stockholm 1995.
RATHER, Lois: Lovely Isadora, Oakland 1976.
RIDEOUT, Shelley: Berkeley Bohemien, Layton 2008.
RIESS, Suzanne B. / BOYNTON, Judd Ive: Florence Treadwell, and Berkeley, Berkeley 1978.
ROBINSON, Harlow: The Last Impresario. The Life, Times and Legacy of Sol Hurok, New York 1985.
ROSE, Francis Sir: Saying Life. Memoirs, London 1961.
ROSEMAN, Janet Lynn: Dance was Her Religion: The Spiritual Choreography of Isadora Duncan, Ruth St. Denis and Martha Graham. PhD Chino Valley 2004.
ROSLAVLEVA, Natalia: Era of the Russian Ballet 1770–1965, New York 1966.
ROWE, Patricia / STODELLE, Ernestine: Dance Research Collage, New York 1979.
RUSSELL, James: The Maud Allan Affair, Barnsley 2008.
SCHIKOWSKI, Jochen: Geschichte des Tanzes, Berlin 1926.
SCHMIDGALL, Gary (Hrsg.): Intimate with Walt: Selections from Whitman's Conversations with Horace Traubel 1888–1892, Iowa 2001.
SCHMIDT, Jochen: »Ich sehe Amerika tanzen«. Isadora Duncan, München 2000.
SCHNEIDER, Ilya Ilyich: Isadora Duncan: The Russian Years, New York 1968.
SCHOPENHAUER, Arthur: Die Welt als Wille und Vorstellung. Textkritische Ausgabe in zwei Bänden. Hrsg. v. Wolfgang Freiherr von Löhneysen, Frankfurt a.M./Leipzig 1996.
SHATTUCK, Roger: Die Belle Époque. Kultur und Gesellschaft in Frankreich 1885–1918, München 1963.
SHAW, George Bernard: Briefwechsel mit seiner Freundin Stella Patrick Campbell. Hrsg. v. Alan Dent, Reinbek bei Hamburg 1960.
SHAW, Martin: Up to Now, Oxford 1929.
SHAWN, Ted: The American Ballet, New York 1926.
SEIDEL MANTELL, Andrea: Isadora Duncan in the 21st Century: Capturing the Art and Spirit of the Dancer's Legacy, Jefferson 2015.
SELDES, George: What Love Meant to Isadora Duncan, *The Mentor*, Vol. 18, Nr. 1, Feb. 1930, S. 25–27, 64–65.
SEROFF, Victor: The Real Isadora, New York 1971.
SOREL, Cécile: Autobiography, New York 1953.

Souritz, Elizabeth: Isadora Duncan's Influence on Dance in Russia, *Dance Chronicle,* Vol. 18, No. 2, 1995, S. 281–291.

Soyka, Amelie (Hrsg.): Tanzen und tanzen und nichts als tanzen. Tänzerinnen der Moderne von Josephine Baker bis Mary Wigman, Berlin 2017.

Splatt, Cynthia: Isadora Duncan & Gordon Craig: The Prose & Poetry of Action, San Francisco 1988.

St. John, Christopher (Hrsg.): Ellen Terry/George Bernard Shaw: A Correspondence, London 1949.

Stanislawski, Konstantin: Mein Leben in der Kunst, Berlin 1987.

Stanislawski, Constantin: My Life in Art, London/New York 2016.

Starr, Kevin: Americans and the California Dream 1850–1915, New York 1973.

Steegmuller, Francis (Hrsg.): »Your Isadora«: The Love Story of Isadora Duncan and Gordon Craig Told Through Letters and Diaries Never Before Published, New York 1974.

Steichen, Edward: A Life in Photography, Garden City 1963.

Stein, Gertrude: Orta or One Dancing, in: Stein Reader. Hrsg. v. Ulla E Dydo, Evanston 1993.

Stern, Carola: Isadora Duncan und Sergej Jessenin: Der Dichter und die Tänzerin, Berlin 1996.

St. Denis, Ruth: An Unfinished Life. Autobiography, New York 1939.

Stokes, Sewell: Isadora: An Intimate Portrait, New York, London 1928.

Stokes, Sewell: Hear the Lions Roar, London 1931.

Stüber, Werner J.: Isadora Duncan: Im Gefolge des Dionysos, Ballett Journal *Das Tanzarchiv, Köln,* Heft 4, 27. Jg., April 1979, S. 169–174 (Teil 1). Heft 5, 27. Jg., Mai 1979, S. 237–244 (Teil 2).

Stüdemann, Natalia: Dionysos in Sparta: Isadora Duncan in Russland. Eine Geschichte von Tanz und Körper, Bielefeld 2008.

Sturges, Preston: Preston Sturges. His Life and His Words, New York 1990.

Terry, Walter: Isadora Duncan: Her Life, her Art, her Legacy, New York 1963.

Terry, Walter: The Legacy of Isadora Duncan and Ruth St. Denis, New York 1960.

Terry, Walter: The Dance in America, New York 1971.

Tichi, Cecilia: What Would Mrs. Astor Do? The Essential Guide to the Manners and Mores of the Gilded Age, New York 2018.

Todd, Arthur: Isadora's Monument. How the Prophecy of Isadora Duncan has been Fulfilled, *Dance Magazine,* Mai 1948, S. 12–14.

Traub, Ulrike: Theater der Nacktheit: Zum Bedeutungswandel entblößter Körper auf der Bühne seit 1900, Bielefeld 2010.

Turner, Frederick Jackson: The Frontier in American History, New York 1920.

Turner, Frederick Jackson: Demokratisches Selbstverständnis und der Westen. Texte über Amerika, Ditzingen 2019.

Twain, Mark: Durch Dick und Dünn, München 1982.

Twain, Mark/Warner, Charles Dudley: Das vergoldete Zeitalter. Eine Geschichte von heute, Norderstedt 2010.

Urban, Thomas: Russische Schriftsteller im Berlin der zwanziger Jahre, Berlin 2003.

Vanderbilt II, Arthur T.: Fortune's Children. The Fall of the House of Vanderbilt, New York 1989.

Van Vechten, Carl: The Dance Writings of Carl Van Vechten. Hrsg. v. Paul Padgette, New York 1974.

Voswinckel, Ulrike: Freie Liebe und Anarchie. Schwabing – Monte Verità. Entwürfe gegen das etablierte Leben, München 2009.

Wangenheim, Annette von: Eine Pionierin des Tanzes. Vor 70 Jahren verunglückte Isadora Duncan an der Côte d'Azur, Ballett-Journal *Das Tanzarchiv*, 45. Jg., Nr. 4, Oktober 1997, S. 5.

Watzdorf-Bachoff, Erika von: Im Wandel und in der Verwandlung der Zeit, Stuttgart 1997.

Weiss, David: Isadora Duncan, Actress, and her Influence on the Theater, *Dance Magazine*, Februar 1960, S. 40–43, 74–75.

Wertheim, Arthur: The Little New York Renaissance, Iconoclasm, Modernism and Nationalism in American Culture, 1908–1917, New York 1976.

Wharton, Edith: A Backward Glance. An Autobiography, New York 1998.

White, Eric Walter: Stravinsky. The Composer and his Works, London/Boston 1979.

Whitman, Walt: Gesang von mir selbst, Leipzig 1920.

Wilde, Oscar: Sämtliche Werke in sieben Bänden. Hrsg.v. Norbert Kohl, Band 7: Essays II, Frankfurt a.M. 1982.

Williams, Robert C.: Culture in Exile, Ithaca/London 1972.

Wilson, Edwin (Hrsg.): Shaw on Shakespeare. An Anthology of Bernards Shaw's Writings on the Plays and Production of Shakespeare, London 1961.

Wiser, William: The Crazy Years: Paris in the Twenties, New York 1983.

Wissen Heute: Biographie: Der Wilde Westen. Wahre Geschichten von Rebellen und Helden, Dezember 2019/März 2020.

Wunderlich, Dieter: WageMutige Frauen: 16 Porträts, Regensburg 2004, S. 156 176.

Young, Louisa: A Great Task of Happiness. The Life of Kathleen Scott, London 1995.

Zweig, Stefan: Sternstunden der Menschheit, Frankfurt a. M. 1998.

FILME

»Around the World with Orson Wells«: Paris Saint-Germain-des Prés 1955, UK 1955.

»Isadora« Regie: Karel Reisz, UK 1968.

»Isadora Duncan – Ich habe nur mein Leben vertanzt«, Regie: Elisabeth Kapnist, Frankreich 2007.

»Die Tänzerin«, Regie: Stéphanie Di Giusto, Frankreich 2016.

Personenregister

Bildnachweis

1 PALM/RSCH/Getty Images (Isadora jung mit Flügeln)
2 Heritage Images/Getty Images (Isadora Postkarte)
3 Atelier Elvira/Ullstein Bild (I. & griech. Sängerknaben)
4 Mary Evans/Interfoto (E. Duncan und Schülerinnen)
5 From »Preston Sturges on Preston Sturges,« Touchstone copyright 1990.
6 Apic/ Getty Images (R. Duncan & Frau & Kind)
7 Hulton Deutsch/Getty Images (Isadorables)
8 Becker & Maass/Ullstein Bild (Oscar Beregi)
9 the Edward Gordon Craig Estate/contact:
ANTHONY TAYLOREGCraig@blueyonder.co.uk
10 National Portrait Gallery/The Smisothonian (I. & Paris Singer)
11 Photoaisa/Interfoto (Isadora & Kinder)
12 Friedrich/Interfoto (Unfall)
13 Bettmann/Getty Images (Isadora erhobene Arme)
14 adoc-photos/Getty Images (I. & W. Morse_Rummel)
15 Nickolas Muray/Ullstein Bild (Mercedes de Acosta)
16 © SZ Photo / Bridgeman Images I. & Jessenin)
17 Ullstein Bild (Isadora am Meer)
18 ArenaPAL/Ullstein Bild (Isadora mit Hut)

Danksagung

Mein besonderer Dank gilt:

Dr. Ingeborg Beer, Berlin – die immer an Isadora geglaubt hat

Cathleen Chandler, The Rosenbach Museum & Library, Philadelphia

Moira Danehy, Greenwich Library, Connecticut

Christel Dreiling, Deutsches Tanzarchiv Köln/SK Stiftung Kultur, Köln

Dietmar Holzapfel, München

Derek Quezada, Special Collections & Archives University of California, Irvine

Garnet Schuldt-Hiddemann, Deutsches Tanzarchiv Köln/SK Stiftung Kultur, Köln

Eric Stolarski, Jerome Robbins Division, The New York Public Library for the Performing Arts, New York

Kristen Wilson, Harry Ransom Center, University of Texas at Austin

Jobi Zink, The Rosenbach Museum & Library, Philadelphia

Und vor allem: Attila Zoltan

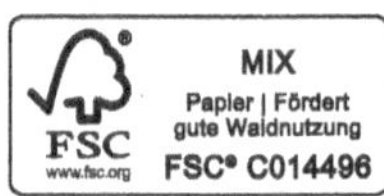

Penguin Random House Verlagsgruppe FSC® N001967

2. Auflage
Genehmigte Taschenbuchausgabe November 2023

Neumarkter Straße 28, 81673 München
produktsicherheit@penguinrandomhouse.de
(Vorstehende Angaben sind zugleich Pflichtinformationen nach GPSR.)

Umschlaggestaltung: semper smile, München
nach einem Entwurf von Hannah Kolling © Hoffmann und Campe
Covermotiv: © Getty Images / Nina Leen; © Shutterstock / Canicula
Druck und Einband: GGP Media GmbH, Pößneck
SL · Herstellung: sc
Printed in Germany
ISBN 978-3-442-77369-5

www.btb-verlag.de
www.facebook.com/penguinbuecher

Michaela Karl

»Noch ein Martini und ich lieg unterm Gastgeber«

Dorothy Parker. Eine Biografie

288 Seiten, btb 74493

In den Roaring Twenties war sie die Königin von New York. Ihre scharfe Zunge und ihr beißender Witz wurden Legende. Sie stritt mit Ernest Hemingway, schlief mit F. Scott Fitzgerald und soff mit Truman Capote. Dorothy Parker schrieb für »Vogue«, »Vanity Fair« und den »New Yorker«. Ihre sarkastischen Verse und pointierten Kurzgeschichten erzählen von zerplatzten Träumen und dem Warten auf das Klingeln des Telefons. Michaela Karl porträtiert das unkonventionelle Leben der Dorothy Parker und entdeckt hinter der zynischen Fassade eine sensible Frau auf der Suche nach dem großen Glück.

»Aufsässig, geistreich, kompromisslos.«
Frankfurter Allgemeine Zeitung

btb